EL DÍA
QUE
NACISTE

FÉLIX LLAUGÉ DAUSÀ

(MAGO FÉLIX)

EL DÍA QUE NACISTE

★★ TU ★★
ESTRELLA DE
NACIMIENTO

EDICIONES OBELISCO

Si este libro le ha interesado y desea que le mantengamos informado sobre nuestras publicaciones, escríbanos indicándonos qué temas son de su interés (Astrología,Autoayuda, Ciencias Ocultas, Artes Marciales, Libros Infantiles, Naturismo, Espiritualidad, Tradición) y gustosamente le complaceremos.

Puede consultar nuestro catálogo en http://www.edicionesobelisco.com

Colección Astrología
EL DÍA QUE NACISTE
Félix Llaugé Dausà

1.ª edición: noviembre de 2012

Cubierta: *Enrique Iborra*
Maquetación: *Marta Rovira*
Corrección: *Sara Moreno*

Edita: Ediciones Obelisco, S. L.
Pere IV, 78 (edif. Pedro IV) 3.ª planta, 5.ª puerta
08005 Barcelona - España
Tel. 93 309 85 25 - Fax 93 309 85 23
E-mail: info@edicionesobelisco.com

ISBN: 978-84-9777-887-9
Depósito legal: B-17.940-2012

Printed in India

Introducción sideral

Además de nuestro signo solar: Aries, Tauro, Géminis, Cáncer, etc., hay una o más estrellas que influyen en el día de nuestro nacimiento, las cuales desconoce la mayoría de las personas. Con este manual sideral o de estrellas, damos a conocer las que gobiernan nuestra fecha de natalicio. Y al mismo tiempo explicamos su significado e indicamos sus tendencias negativas o positivas y hacemos una descripción, día a día, para todo el año. De esta manera, el lector, buscando su fecha de venida al mundo, encuentra rápidamente la definición y los datos principales que le corresponden y lo que ha de tener en cuenta si quiere evitar graves problemas.

Lógicamente, también reseñamos el significado popular de cada estrella, el cual hemos heredado de culturas ancestrales, en especial la arábiga.

Indudablemente, las inclinaciones descritas de un día correspondiente deben conjugarse con los datos de la carta natal personal, los cuales dependen tanto del día de nacimiento como de la hora y lugar de éste.

Asimismo, hemos de aclarar que en el firmamento no hay nada «firme» o «fijo», que todo se mueve o está en movimiento continuo. Por consiguiente, a través de los siglos se han corrido las estrellas y las zodiacales ya no se corresponden con su signo solar, tal como se establecieron en un principio. De esta manera, no debe sorprender que muchos Géminis de hoy en día estén dominados por estrellas de la constelación de Tauro; que nativos de Cáncer lo estén por estrellas de la constelación de Géminis; que gran número de Leo estén bajo el influjo de estrellas de Cáncer, etc.

Con este manual popular llenamos un gran vacío existente en el mundo de la astrología cara al público. Y su objetivo es ayudar a comprenderse mejor uno mismo y al prójimo, ya que la estrella de nacimiento puede ser más determinante en la suerte de la persona que su signo solar.

Este tratado estelar es fácil, comprensible y huye de los tecnicismos y cálculos que sólo son entendibles a los expertos.

Sólo nos queda añadir que hemos señalado las referencias diarias de acuerdo con los parámetros recogidos durante siglos. Y hemos prescindido de si a la persona le «va a gustar o no» lo que se dice del día de su natalicio. No hemos querido «contentar» a nadie. Hemos preparado unos pormenores y una información lo más realistas posibles, pensando únicamente en ser útiles y que el lector los use como una guía práctica para «sortear» los avatares del destino o de los hados. ¡Que la suerte os sea propicia!

FÉLIX LLAUGÉ DAUSÀ
(Mago Félix)
Expresidente del Primer Congreso Internacional
de Ciencias Ocultas

Los nacidos en este día se hallan bajo el influjo –aunque muy suavizado o debilitado– de la estrella *Nunki*, de la constelación de Sagitario. El nombre parece derivar del babilonio *Nun-ki*, «la estrella del yugo del mar». A esta estrella también se le dio el nombre latino de *Pelagus*, «piélago», o sea, «alta mar», probablemente como traducción de la anterior.

La *Nunki* o *Pelagus* es una estrella blanco-azulada que confiere dosis de carácter fuerte, vigoroso, seguro de sí, decidido y, en muchas ocasiones, intransigente, sin piedad, con riesgo de caer en fanatismos y obsesiones por falta de flexibilidad o diplomacia.

Por lo común, los venidos al mundo bajo esta estrella y día suelen ser personas muy ambiciosas, individualistas, independientes y que suelen encontrar apoyos en grupos políticos, financieros u otras personas influyentes para sacar sus proyectos adelante. Son perseverantes en sus objetivos y tienen mucha capacidad de mando, organización y planificación, por lo que suelen ocupar altos empleos, cargos o misiones dentro de la sociedad. El carácter es tesonero y capacitado para luchar en solitario y desde las sombras cuando es necesario.

Es una fecha que suele dar personas que acaban obsesionadas con su trabajo, empresa o ideología, lo que señala soltería, inestabilidad conyugal o familiar y el máximo de independencia. La vida sexual es tormentosa, falta de ternura o esconde pasiones inconfesables.

En lo profesional-social, son personas a las que no asustan las grandes responsabilidades ni los peligros. Suelen tener un gran sentido del deber, militen en el campo que militen. Y también pueden ser extremadamente intransigentes, tercas y agresivas.

Los nacidos, además, en día de *luna nueva* (como en los años 1938, 1957, 1976 y 1995), corren más peligro de tener problemas de salud y conflictos en el hogar paterno.

En el plano de la salud, han de vigilar los huesos, rodillas, caderas, artrosis y procesos reumáticos.

L os nacidos en este día y en la noche anterior se hallan bajo el completo dominio de la estrella *Nunki,* de la constelación de Sagitario. El nombre parece derivar del babilonio *Nun-ki,* «la estrella del yugo del mar». A esta estrella también se le dio el nombre latino de *Pelagus,* «piélago», o sea, «alta mar», probablemente como traducción de la anterior. La *Nunki* o *Pelagus* es una estrella blanco-azulada que confiere carácter fuerte, vigoroso, seguro de sí, decidido y, en muchas ocasiones, intransigente, sin piedad. Los nacidos en esta jornada corren peligro, además, de obsesionarse o volverse fanáticos de sus ideas, de no ser suficientemente diplomáticos o flexibles.

En general, la persona nacida bajo esta estrella es muy consecuente con sus ideas, actividades, estudios, proyectos y ambiciones. Se trata de un día y una estrella que inclinan mucho a las ciencias políticas, a la bioquímica, a las invenciones, a la investigación de cualquier tipo, a lo industrial y empresarial, pero todo ello con una mentalidad abierta y vanguardista, por lo que todos los nativos de esta estrella tienen algo de innovadores y precursores.

Pero, por otro lado, los nacidos en este día deben estar siempre alerta contra enemigos, delincuentes y conspiradores, particularmente si se mueven en el campo de la política y las altas finanzas o empresas multinacionales.

Aunque es un día que ha dado muchos escritores, políticos, industriales y financieros, no faltan fuertes personalidades artísticas y deportivas. Todos tienen en común su individualismo, independencia y firmeza de voluntad. Como trasfondo está el canto, la música y las bellas artes.

Los nacidos en día de *cuarto menguante* (como los de 1929, 1932, 1940, 1959, 1978, 1997 y 2016) corren mayor riesgo de sufrir decepciones familiares y profesionales. Y los venidos al mundo en día de *luna llena* (como los de 1942, 1980 y 1999) tienen mayores posibilidades de alcanzar fama o renombre y de destacar en su medio ambiente social, pero acompañado todo de inestabilidad sentimental o conyugal.

En primer lugar hay que destacar que los nacidos en este día se hallan bajo los influjos de la estrella *Nunki,* de la constelación de Sagitario. El nombre parece derivar del babilonio *Nun-ki,* «la estrella del yugo del mar». A esta estrella también se le impuso el nombre latino de *Pelagus,* «piélago», o sea, «alta mar», probablemente como traducción de la anterior. La *Nunki* o *Pelagus* es una estrella blanco-azulada que confiere carácter fuerte, vigoroso, seguro de sí, decidido y, en muchas ocasiones, intransigente, sin piedad, con riesgo de caer en obsesiones o fanatismos.

En segundo lugar, ya empiezan a notarse los efectos intensos de la estrella *Ascella,* también de la misma constelación. El nombre es latín y significa «la axila», por hallarse esa estrella cerca de esa parte de la figura del Sagitario en los antiguos mapas celestes. También se escribe *Axilla.* En realidad, es una estrella binaria; en lo positivo, comunica vivacidad, agilidad, optimismo y altos ensueños e ideales, al tiempo que genera buena suerte, ganancias y premios, pero con períodos alternativos de negatividad, pesadumbre y mala suerte.

En conjunto, los nativos de esta fecha marchan tras empresas, objetivos o ideales casi imposibles, alejados de la realidad o pertenecientes a otros mundos, épocas o planos.

El carácter es combativo y de instinto guerrero, lo que les permite enfrentarse con las situaciones más conflictivas, adversas o misteriosas.

Sirven más para guiar al prójimo que para acatar las directrices de otros. Por lo común, marchan a contracorriente de la masa. Incluso puede haber un sentido espiritual o de renuncia al boato de la vida y dominar una necesidad religiosa de entrega a la comunidad doliente o necesitada. Han de enfrentarse a enemigos, conspiradores, intrigantes, competidores, etc. Pero en otro plano, también pueden sublimarse sentimientos y deseos hacia lo artístico, musical, letras, arqueología, filología, historia, etc., ya que a la inclinación innata por lo misterioso y enigmático se añade mucha paciencia y tesón para alcanzar los estudios u objetivos propuestos.

Existe capacidad para aislarse, imbuirse en un trabajo, quehacer o investigación y vivir otra vida imaginativa. Además de cierta dosis de introversión, hay una tendencia innata a ráfagas de melancolía, pesimismo y tristeza.

Los nacidos en este día lo hacen bajo unas complejas, confusas y laberínticas influencias astrales y estelares. Por un lado, se notan los fuertes influjos e inducciones de la estrella *Ascella* de la constelación de Sagitario. El nombre es latín y significa «la axila», por hallarse esa estrella cerca de esa parte de la figura del Sagitario en los antiguos mapas celestes. También se escribe Axilla. En realidad, es una estrella binaria; en lo positivo comunica vivacidad, agilidad, optimismo y altos ensueños e ideales, al tiempo que genera buena suerte, ganancias y premios, pero con períodos alternativos. Por otro lado, en ese día se notan de manera intensa y variopinta las inducciones generadas por las estrellas *Manubrium* o *Mannubrium* (M 22) y de Sagitario.

En realidad son unas estrellas rojo-anaranjadas que forman parte de un cúmulo estelar de forma asimétrica en la cara del Arquero o Sagitario. Su nombre latín significa «asa», «mango», «empuñadura», probablemente por la figura que parecen formar las estrellas cercanas. En lo positivo, tales estrellas comunican coraje, resistencia, obstinación, perseverancia, etc. Pero en lo negativo advierten del riesgo de problemas con la vista y peligros o percances con el fuego y las explosiones, por lo que se debe ser muy precavido en todo momento con el gas, electrodomésticos, combustibles, productos químicos, etcétera.

Y en tercer lugar, aunque de manera suave, se notan los efectos de la estrella *Vega,* de la constelación de la Lira, que es la estrella más brillante del hemisferio norte. Vaticina fama, renombre, celebridad, brillo social y protección. También confiere talento creador (en especial musical) y amor y facultades para las bellas artes. Muchos compositores, escultores, diseñadores, decoradores, pintores y cantantes de todos los estilos han nacido en este día tan especial. También se pueden hallar físicos y matemáticos, así como deportistas de fuerza (luchadores y boxeadores) y grandes literatos, inventores, astrónomos humanistas, actores, actrices y cineastas. Y en menor grado, políticos y diplomáticos.

Los nacidos en día de *luna nueva* y *eclipse de Sol* (como los de 1973, 1992 noche y 2011) corren mayor peligro de problemas en el hogar paterno y de sufrir baches de salud, por lo que deben aprender a ser muy cautelosos y diplomáticos en todos los terrenos.

L os nacidos en este día lo hacen bajo el influjo variado, singular y fuera de serie de las estrellas *Ascella* y *Vega* y del conglomerado globular de estrellas rojas M 22 *(Mannubrium)*.

La estrella *Ascella* pertenece a la constelación de Sagitario. El nombre es latín y significa «la axila», por hallarse esa estrella cerca de esa parte de la figura del Sagitario en los antiguos mapas celestes. También se escribe *Axilla*. En realidad, es una estrella binaria; en lo positivo, comunica vivacidad, agilidad, optimismo y altos ensueños e ideales, al tiempo que genera buena suerte, ganancias y premios, pero con períodos alternativos.

Por su parte, la estrella *Vega* pertenece a la constelación de la Lira. Su nombre parece derivar del árabe *En Neser el Uakáa*, «el buitre que cae», «el buitre que desciende». En los atlas antiguos suele verse dibujada la lira que da nombre a la constelación (la lira de Orfeo o de Apolo) suspendida del pico de un buitre, lo que explica el origen de tan extraño nombre. Incluso hubo astrónomos que llamaban Buitre a esa constelación de estrellas.

Constelación de la Lira

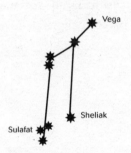

Vega es la estrella más brillante del hemisferio norte y vaticina fama, celebridad y brillo social. Confiere especial talento creador (en especial musical) y amor a las bellas artes. Todo lo que sea estética, armonía, poesía y literatura está bien influenciado, por lo que es otro día que da vida a muchos artistas y artesanos de todo tipo. Pero, además, augura el favor de los grandes, potentados y poderosos y la obtención de premios y honores. También suele comunicar un carácter paciente y previsor, así como pericia para el trato social, diplomático y político. Muchos hábiles políticos y diplomáticos han nacido en esta fecha.

Y por otro lado, la M 22 (NGC 6656) es un conglomerado globular de estrellas rojas en la cara del Arquero (Sagitario). En conjunto, comunica coraje, resistencia, obstinación, perseverancia…; pero en lo negativo advierte del riesgo de problemas con la vista y peligros con el fuego y las explosiones, por lo que se debe ser muy precavido en todo momento y evitar las imprudencias. Las capacidades creativas que confiere son polifacéticas y variables. Tal conglomerado contribuye a que los nacidos en esta jornada se vean atraídos por varias profesiones, aficiones y deportes, como navegación, hípica, tiro, vuelo, etc.

Y en un plano más corriente, este día confiere aptitudes para comerciar y negociar y para todo lo relacionado con tierras, cultivos y productos agrícolas.

En amor, se busca la estabilidad, la seguridad y lo armónico, si bien los nacidos en día de *luna llena* (como los de 1939 noche, 1958 noche, 1977 y 2015) pueden alcanzar más celebridad que estabilidad sentimental o familiar.

Y los nacidos en día de *luna nueva* y *eclipse solar* (como los de 1935 y 1954) tienen que vigilar mucho su salud, sistema nervioso, aparato digestivo y son los que corren mayor peligro de rachas de mala suerte, tanto personales corno familiares.

Este día está dominado por los influjos e inducciones del cúmulo estelar *Manubrium* (M 22) de la constelación de Sagitario. Su nombre latín significa «asa», «mango», «empuñadura»…, probablemente por la figura que parecen formar las estrellas cercanas. En lo positivo, comunica coraje, energía, resistencia, obstinación, perseverancia, regularidad… Pero en lo negativo advierte del riesgo de problemas con la vista y peligros con el fuego, los incendios y las explosiones, por lo que se debe ser muy precavido en todo momento, sobre todo si se labora en el campo de la química, fabricación de explosivos y armas, vida militar, fuerzas de orden público…

Asimismo, los influjos de este cúmulo estelar son variables, diversos y dispersos, por lo que estimulan varias empresas y trabajos, con el riesgo de empezar muchos estudios, proyectos y empresas y terminar pocos.

Por otro lado, en este día también se notan los influjos de la estrella *Vega* de la constelación de la Lira. Su nombre parece derivar del árabe *En Neser el Uakáa,* «el buitre que cae», «el buitre que desciende». En los atlas astronómicos antiguos suele verse dibujada la lira que da nombre a la constelación (la lira de Orfeo o Apolo) suspendida del pico de un buitre, lo que explica el origen de tan extraño nombre. Incluso hubo astrónomos que llamaban Buitre a esa constelación de estrellas.

Vega es de color blanco-azulado, la quinta del cielo por orden de brillo y la estrella más brillante del hemisferio norte. Vaticina fama, celebridad y brillo social. Confiere talento creador (en especial musical) y amor a las bellas artes. Todo lo que sea estética, armonía, poesía y literatura está bien estimulado, por lo que este día da vida a muchos artistas, pensadores, intelectuales, artesanos…

Los nacidos en este día tienen mucho de maestro, de pedagogo, de entrenador, de director, de gerente, de empresario… Les gusta dirigir y aconsejar a los demás. Son personas atrevidas y lanzadas en sus empresas y, una vez han madurado sus planes, no dan su brazo a torcer fácilmente… Son perseverantes hasta las últimas consecuencias, con riesgo de caer en obsesiones, terquedades y agresividades. Sus problemas y fracasos suelen venir de su falta de flexibilidad o carencia de diplomacia o no saber cambiar a o cuando un negocio o proyecto no funciona.

Jornada más calmada que las anteriores, dominada por la estrella blanco-amarillenta *Abaldah (Albaldah),* de la constelación de Sagitario.

Constelación de Sagitario

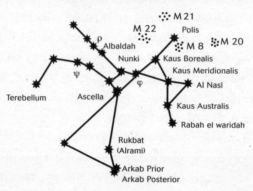

Es un astro que tiende a inducir la búsqueda del equilibrio y de la armonía, por lo que no debe sorprender que en este día predomine lo musical, poético, literario y creativo artístico. El carácter es perseverante, pero menos compulsivo y más suave y reflexivo. Confiere sentido de la elocuencia y aptitudes para las artes escénicas y espectáculos. Los deportes también quedan muy vinculados a este día: fútbol, baloncesto, tenis, atletismo, hípica, montañismo…

En el plano amoroso-sentimental da más conflictos que alegrías. Se reciben muchas dosis de independencia e individualismo y la persona se autorrealiza más a través de su ingenio que de su vida romántica o familiar. El carácter posee tendencia introvertida, o sea, a replegarse sobre sí mismo, a encerrarse en su mundo interior, a refrenar su sociabilidad y a buscar satisfacciones interiores a través del intelecto, los ideales y los ensueños. Casi siempre hay un matiz narcisista-egocéntrico en la personalidad, la cual busca destacar de una manera fuera de lo corriente.

Los nacidos en *luna llena* (como los de 1947, 1966, 1985 y 2004) recibirán mayores estímulos para alcanzar sus objetivos profesionales, mientras que los venidos al mundo en *luna nueva* (años 1951, 1970 noche y 1989) sufrirán más frustraciones y decepciones sentimentales y hogareñas, con riesgo de depresiones, melancolías y rachas hipocondríacas.

En el plano de la salud, habrá que cuidar los huesos, las rodillas, la piel, el hígado, el páncreas, la artrosis, la dentadura…

Fecha más bien conflictiva, carente de flexibilidad y que genera altibajos muy acusados de la suerte. Está gobernada por la estrella *Psi* (Ψ), de la constelación de Sagitario. Las fricciones están a la orden del día y las ambiciones de los Capricornio adquieren tintes autocráticos con suma facilidad. Hay cualidades para las ciencias políticas, las artes marciales y las actividades sociales y públicas. Sin embargo, lo musical y literario está como trasfondo de todo, al igual que las fuertes ambiciones de fama y riqueza.

Vaticina viajes y salud delicada, con riesgo de enfermedades graves para los que abusen del alcohol, del tabaco y de las drogas. También se corre peligro de sufrir violencia por parte de enemigos y opositores, particularmente los que sean políticos, militares, policías o grandes empresarios. La personalidad es muy creativa, temperamental y sensual.

Por otro lado, es una jornada que comunica cualidades para la sociología y la psicología, ya que se posee un sexto sentido para el análisis y la comprensión de los problemas humanos.

Por la tarde ya empiezan a notarse los efectos de la estrella *Deneb al-Okab,* de la constelación del Águila. El nombre deriva del árabe y quiere decir «la cola del ave», la cual incrementa el sentido individualista y la capacidad para el mando y la organización, aunque con tendencias autoritarias.

Los nacidos en *luna llena* (como los de 1936, 1955, 1974 y 1993) gozarán de mayores oportunidades para sobresalir en su profesión, pero a costa de sacrificar relaciones de pareja y estabilidad familiar.

os nacidos en este día se hallan bajo el influjo directo y patronaz-go de la estrella *Deneb al-Okab* o *Deneb Okab* de la constelación del Águila. El nombre es árabe y significa «la cola del ave». El término *Deneb* (del árabe *dánab*, «cola»), figura en varios nombres compuestos de estrellas.

Constelación del Águila

Por lo que se refiere a la *Deneb al-Okab,* es una estrella blanca que comunica habilidad para maniobrar o moverse en el mundo, vaticina encumbramiento, popularidad y suerte, pero advierte de un revés de fortuna por culpa de enemigos, opositores o falsas amistades. El carác-ter es firme, autoritario, con sentido crítico y mucha dosis de empeño y tenacidad en el logro de objetivos.

Por otro lado, se es muy inconformista o vanguardista a nivel de espiritualidad, religión o ideas místicas, por lo que igual puede ser un día que dé vida a un espiritista o metapsíquico como a un pensador o polémico filósofo de la religión.

Además, esta jornada tiene como sedimento general atracción por lo intelectual, literario y medios de comunicación social. La perso-nalidad es muy activa, laboriosa y volitiva, con riesgo de caer en una superaceleración en los estudios o trabajos y acusar un grave estrés u otra alteración nerviosa.

Los nacidos en día de *luna llena* (como los de 1963 noche, 1982 y 2001) pueden alcanzar particular renombre y fortuna si aprenden a refrenar sus intemperancias de carácter y terquedades y adquieren el don de planificación, paciencia y mesura.

Dominado por la estrella blanco-amarillenta *Deneb al-Okab*, de la constelación del Águila. Como ya sabemos, el nombre es de origen árabe y significa «la cola del ave», por hallarse en esa parte de la figura que configuraba la constelación. *Deneb* es «cola» y es un término que llevan añadido varias estrellas. Es un astro de buen augurio.

En general, sigue la firmeza de carácter, la tendencia individualista y los deseos de destacar y ser admirado, en ocasiones al precio que sea. Por consiguiente, puede inclinarse la voluntad hacia lo formal y oficial o hacia lo marginal o inmoral. Es un día que da vida a personalidades muy contradictorias.

Hay aptitudes para trabajos y profesiones conectadas con diseño, decoración, ornamentación, retablo, música, escultura y artes suntuarias habitualmente.

En amor, hay cierta inclinación a la coquetería y a explotar los encantos personales, además de complicarse la vida sentimentalmente. En conjunto, más que buena fortuna en amor, facilita romances de una duración muy variable. Puede haber promiscuidad y a servirse del sexo, según el año de nacimiento y de la carta natal personal.

Los nacidos en *luna nueva* (como los de 1967, 1986, 2005 y 2016) han de cuidar más la salud y son los que tienen mayor inclinación a sufrir frustraciones y desengaños sentimentales y familiares. Idéntica propensión poseen los venidos al mundo en *cuarto menguante* (años 1942, 1961 y 1980).

En el plano de la salud, han de preocupar las rodillas, la piel, los huesos, las articulaciones, las cervicales, los procesos reumáticos y artrósicos...

Bajo el poder de las estrellas *Rho Sagittarii* (P^1, P^2), de la constelación de Sagitario. Fortalecen el individualismo, la independencia y se inclinan a buscar asociaciones sólidas y prácticas, sea en amor, trabajo, comercio o deporte. Se posee un fuerte sentido de cooperación y sociabilidad, si bien en el fondo subyacen las ambiciones y la idea de trepar en sociedad. Lo internacional y extranjero es tan importante como lo nacional para la autorrealización de los nacidos en esta fecha, por lo que harán bien en aprender idiomas desde la infancia.

Hay mucha tendencia al pluriempleo o doble ocupación o profesión. Asimismo, se poseen aptitudes para las ciencias y las letras, si bien las habilidades sociales y la astucia de los venidos al mundo en esta fecha los inclina mucho hacia el campo de la política, en el que ha dado muchas celebridades en todos los países. Como trasfondo, genera muchos funcionarios estatales, municipales y del cuerpo diplomático.

En el plano de la salud deben preocupar los procesos reumáticos y artrósicos, las rodillas, la piel y todo lo concerniente al hígado y pulmones. En conjunto, son personas a las que perjudica de una manera especial el tabaco y el alcohol, por lo que harán bien en llevar una dieta alimentaria frugal y natural.

Riesgo de fuertes intemperancias de carácter, impulsividades agresivas y ofuscaciones mentales para los nacidos en *luna llena* (como los de 1993, 1971, 1990 y 2009).

ominio de las estrellas *Rho Sagittarii* (P^1, P^2), de la constelación de Sagitario. Otra fecha que da vida a personajes Capricornio que están destinados a mandar, dirigir y sobresalir en la sociedad, para bien o para mal, para lo positivo o para lo negativo. El carácter es individualista, independiente y con arranques ariscos, que pueden llegar a la agresión física en un momento de ofuscación. Está lleno de contradicciones y no sabe enfrentarse a los problemas de manera serena y perspicaz, por lo que resiste muy mal los desencantos o los fracasos.

Como se posee mucha capacidad y resistencia para la lucha, no debe sorprender que en este día hayan nacido muchos aventureros, luchadores, boxeadores, militares, guerreros, políticos, etc., a quienes no asusta nada y se complican la vida con sus obsesiones, fanatismos y terquedades.

Los nacidos en *luna llena* (como los de 1952, 1998 y 2017) o en *cuarto creciente* (años 1954, 1973 y 2011) deben vigilar mucho su sistema nervioso y evitar estimulantes, si no quieren tener algún susto cardiovascular.

En el plano de la salud, los venidos al mundo en esta ornada deben cuidar las rodillas, la piel, las cervicales, el hígado, el aparato digestivo, la columna…

Como trasfondo de todo está el influjo muy suave, por orbe, de la estrella rojo-anaranjada *Terebellum,* de la constelación de Sagitario *(véase* lo dicho el 15 de enero). Induce al nacimiento de personalidades vigorosas, resistentes, vitales y volitivas que no tardan en destacar en su entorno social con luz propia. Es otro día eminentemente político y sociológico. Como telón de fondo se mantiene lo intelectual y literario, con mucha dosis de misticismo e inclinación por lo filosófico, metafísico y metapsíquico, lo que significa que no todos los nacidos en esta fecha se dejan dominar por lo materialista, práctico y utilitario, sino que también nacen espíritus con aptitudes y atracción por lo misterioso, empírico y esotérico.

Los venidos al mundo alrededor del mediodía son más brillantes y consecuentes con sus ideologías y tienen mayores facilidades para ser populares. En cambio, los nacidos por la noche son más emocionales, imprevisibles y sentimentales.

En el plano de la salud, los Capricornio de esta jornada han de vigilar las rodillas, el hígado, la artrosis, el reumatismo, los procesos neurológicos…, en especial los nacidos en *luna nueva* (como los de 1956, 2002 y 2021). Los que lo han hecho en *cuarto creciente* (años 1943, 1962, 1981 y 1992) tienen más oportunidades para conseguir fama y beneficios con su profesión.

En este día empieza a notarse el influjo de la estrella *Terebellum (Terebelo)*, de la constelación de Sagitario. Se encuentra en la cola del Sagitario y ya habló de ella Ptolomeo. Es una estrella rojo-anaranjada que augura renombre, fuerte magnetismo personal y espíritu creativo. Es una fecha que da muchas vocaciones en el campo médico-sanitario. Como trasfondo persiste la capacidad práctica y de organización, por lo que se mantiene el nivel de políticos, funcionarios y empresarios nacidos bajo esta estrella.

Los venidos al mundo alrededor del mediodía o en *luna llena* (como los de 1930 noche, 1949 noche y 2006) pueden conseguir sus objetivos más fácilmente. En cambio, los nacidos en *luna nueva* (años 1926, 1945, 1964 y 1983) corren mayor riesgo de sufrir altibajos emocionales, crisis nerviosas, depresiones y problemas psicológicos.

Los Capricornio de esta fecha son especialmente individualistas y perseverantes, rayando en la terquedad.

En el plano de la salud, hay que vigilar las rodillas, los huesos, la piel, el hígado, el páncreas…

Se halla bajo el completo dominio y patronazgo de la estrella *Terebellum. (Terrebelum, Terebelo)*, de la constelación de Sagitario. Al principio se daba este nombre a las cuatro estrellas que formaban la cola del Sagitario; pero posteriormente se aplicó sólo a la *omega*. Se trata de una estrella rojo-anaranjada que confiere fuerte magnetismo, afán de lucha y espíritu creativo, aumentando los ideales y ambiciones naturales de Capricornio.

Es una fecha de personalidades singulares y duales, que se mueven entre el materialismo y mercantilismo y lo idealista y sublime. Suelen mantener una lucha constante entre su ángel o lado positivo y su demonio o lado vicioso, buscando el equilibrio que pocas veces encuentran. O hay una inclinación por lo blanco o por lo negro, por lo idealista o lo carnal.

Además, este día confiere cierta atracción o inclinación por lo místico, religioso, mágico, ocultista, por lo que no debe extrañar que haya dado personalidades tan dispares como antagónicas, aunque todas dotadas de un fuerte tesón y temperamento, que necesitan para enfrentarse con enemigos y contrincantes tan poderosos como acérrimos.

Los nacidos en *luna nueva* (como los de 1934, 1953 y 2010) y en *cuarto menguante* (1955 noche, 1974, 1993 y 2004) son los que sufrirán más frustraciones y tendrán que vigilar más su salud, sobre todo rodillas, huesos y piel, sin olvidar que tendrán que tener mucha paciencia y espíritu de sacrificio en el ámbito familiar y hogareño.

Los nacidos en este día se hallan bajo los fuertes influjos de la estrella *Terebellum,* de la constelación de Sagitario. Se trata de una estrella rojo-anaranjada que confiere fuerte magnetismo, afán de lucha, impetuosidad y espíritu creativo, pero algo compulsivo o a ráfagas.

Esta jornada suele incrementar las aptitudes y vocaciones para laborar en el campo de las leyes, la jurisprudencia y la legislación. En segundo plano se hallan las ciencias empresariales, los viajes y los deportes, en particular los relacionados con velocidad, como automovilismo, ciclismo, motociclismo, etc.

En lo creativo-inspirativo ayuda a obtener éxito en el plano de las artes escénicas, música, canto… Hay un claro sedimento poético en la mayoría de los que vinieron al mundo en este día, en el que no faltan dibujantes, publicistas y pintores.

Los nacidos en día de *luna nueva* (como los de 1942 noche, 1961 noche y 1972) deben vigilar mucho su salud y el riesgo de lesiones, sobre todo en el campo deportivo. En particular deben cuidar su aparato digestivo, el hígado y los procesos reumáticos y artrósicos.

Los venidos al mundo en día de *luna llena* (como los de 1938, 1957 y 1995 noche) tienen mayores probabilidades de alcanzar renombre o popularidad con su trabajo que de gozar de estabilidad familiar o sentimental. Y en el campo de la salud también tienen que vigilar los huesos, el aparato digestivo y el sistema nervioso.

En este día aún se notan (sobre todo por la mañana) los efectos muy suavizados de la estrella *Terebellum* o *Terebelo* de la constelación de Sagitario. Está situada a la cola de la figura del Centauro y se trata de una estrella rojo-anaranjada que confiere fuerte magnetismo, afán de lucha y superación y espíritu creativo, aumentando los ideales y ambiciones naturales del signo y constelación.

En lo positivo, esta fecha favorece estudios, trabajos, profesiones y cargos relacionados con jurisprudencia, juzgados, ministerios de justicia, dirección de empresas, comercio, especulaciones e inversiones financieras, ciencias económicas y políticas, estadística, matemáticas, etc. En segundo plano, más disminuidas, están las vocaciones médico-sanitarias, canto, dibujo, pintura...

En lo negativo, si no hay una buena educación moral y una adecuada canalización de las energías hacia lo creativo, la libido del sujeto puede degenerar en compulsiones intensas hacia un materialismo tan absorbente que ahogue el idealismo y la conciencia. Entonces, las consecuencias son imprevisibles, ya que las compulsiones e impulsividades pueden conducir hacia los derroteros más terribles, incluidos los delictivos.

No debe sorprender a nadie, pues, que esta jornada haya dado tristes celebridades de los negocios sucios, de las actividades inmorales o viciosas y hasta del crimen. Si no se actúa con mesura, reflexión y cautela hay una cierta facilidad natural en dejarse arrastrar por el ego violento, por el individualismo agresivo y rencoroso, por lo que genera pendencieros, practicantes de las artes marciales, la lucha, el boxeo, deportes de aventura, deportes arriesgados, etc.

En conjunto, la persona que aprenda a relajarse, a reflexionar, a ser diplomática y controlar sus impulsos, encaminando su energía en cualquier arte o técnica creativas, puede alcanzar renombre, popularidad y satisfacciones que la ayudarán a autorrealizarse.

Aún persiste el influjo de la estrella *Terebellum,* de la constelación de Sagitario *(véase* lo dicho en los días anteriores); sus efectos serán más evidentes en la segunda mitad del siglo XXI. Además, empiezan a notarse, aunque suavemente, los efluvios de la estrella *Albireo,* de la constelación del Cisne, la cual hace a la persona hábil y diestra para cualquier trabajo u oficio.

Los nacidos en esta jornada del siglo solar de Capricornio reciben amor a los viajes, las exploraciones, la geografía, la historia, los idiomas y las culturas de otros países. Como trasfondo de la personalidad hay una tendencia filosófica, literaria y poética, además de un fuerte sentido humorístico y sarcástico. Igual puede dar una mentalidad agnóstica que un moralista religioso. De una forma u otra, lo sobrenatural, lo metafísico, lo parapsicológico, lo misterioso y ocultista no pasa inadvertido para los nativos de esta fecha.

En otro aspecto, es un día que inclina al movimiento, a la actividad, al dinamismo, a la gimnasia... por lo que da vida a muchos deportistas que corren o que utilizan primordialmente sus piernas, como pueden ser atletas, jugadores de fútbol, baloncesto y béisbol, esquiadores, etc. Y aunque también hay cantantes y músicos, los políticos y funcionarios predominan.

Los venidos al mundo en *luna llena* (como los de 1973 noche, 1984 y 2003) o en *cuarto menguante* (años 1944, 1990 noche y 2009) deben vigilar más su salud y corren riesgo de mayor inestabilidad en el hogar y la familia.

Se perciben las inducciones de la estrella anaranjado-azulada *Albireo,* de la constelación del Cisne. Es una binaria, es decir, que se trata de una estrella doble. Se cree que comunica destreza y habilidad para hacer las cosas más diversas, así como dualidad profesional: estudiar dos carreras, tener dos trabajos, etc. Pero psicológicamente genera angustias y compulsiones internas que se agravan para los nativos de esta jornada de Capricornio, si su Sol se halla en el torturado y peligroso grado 29 del signo. Una vez más, hay que consultar a un astrólogo o las *efemérides* astrológicas para saberlo.

Constelación del Cisne

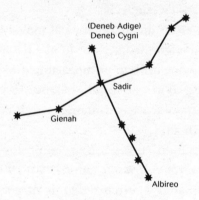

Por consiguiente, no debe sorprender que esta fecha haya dado personalidades tan individualistas, independientes y egocéntricas. Son líderes, precursores, inventores, iniciadores… Pero también son pesimistas y melancólicos, de los que se torturan interiormente de una manera muy gratuita, tal vez porque hay una inclinación masoquista innata.

Se trata de personas que se marcan objetivos muy altos y lejanos. Y muchas veces esas mismas metas son la causa de su ruina interna, puesto que pasan por muchos altibajos emocionales, alteraciones nerviosas y depresiones, por lo que corren el peligro de buscar escapismos artificiales para estimular su ego, como el tabaco, el alcohol, los estimulantes, el café, la droga, etc.

Los nacidos en *luna nueva* (como los de 1958 noche, 1977, 1988 y 2007) son los que tienen mayor riesgo de sufrir baches del sistema nervioso.

De una forma u otra, son personalidades o sujetos muy singulares y difíciles de comprender y aguantar, pues acaban con la paciencia de amigos y familiares. Los venidos al mundo en esta jornada harán muy bien en buscar el consejo de psicólogos, neurólogos o maestros adecuados, cuando noten los primeros síntomas de agresividad o de malquerencia social, o que beban demasiado. El que sepa canalizar su imaginación y su fuerza creativa de una manera pausada y perseverante, huyendo de irritaciones y compulsiones inútiles, alcanzará sus ambiciones de modo más lento pero mucho más constructivo y útil.

Es un día que presagia inestabilidad en el hogar paterno y en el propio, por lo que harán bien en elegir a su pareja de una manera calculadora y con sentido común, si no quieren caer en el mundo de las frustraciones familiares y conyugales. Es una fecha que da muchos solteros, separados e individualistas que tienen que hacer grandes sacrificios por familiares o parientes. La vida no es fácil ni cómoda, en particular en la primera mitad de la existencia. Y siempre se tiene que estar en guardia ante la posible actuación de enemigos y delincuentes.

Jornada especialmente extraña y sorprendente, pues da una amplia y variopinta gama de personalidades y destinos, según el año y hora de nacimiento, toda vez que es un día de frontera entre los signos solares de Capricornio y Acuario, de tal manera que en muchos años los nacidos por la tarde ya son Acuario, mientras que en otros años todo el día pertenece a Capricornio. Por otro lado, todos los nacidos en este día se hallan bajo el influjo de la estrella *Albireo,* de la constelación del Cisne. El nombre, de origen árabe, significa «el pico del ave» (hembra). Es una estrella doble anaranjada que comunica habilidad, destreza, prestancia, pulcritud, inclinación por las buenas maneras, amor a las bellas artes y sentido de la hospitalidad.

Además, los nacidos por la tarde y noche notan los suaves efectos de la estrella *Altair,* de la constelación del Águila. El nombre deriva del árabe *En Nesér et Táir,* «el buitre volante», «el buitre volador», si bien hay eruditos que prefieren la expresión «el águila en vuelo». De una manera u otra es una estrella blanca nueve veces más luminosa que nuestro Sol que impulsa a la obtención de honores, premios, reconocimientos y celebridad, y comunica al mismo tiempo, fuerza, coraje y osadía para obtenerlos. De ello se desprende que los nacidos bajo esta estrella son muy independientes, individualistas, inconformistas y ambiciosos y que buscan el destacar o figurar a cualquier precio.

En particular, a los nacidos en este día les debe preocupar más la salud que el dinero o las capacidades creativas, dado que es una jornada que advierte que la persona tiene que ser muy estricta y cuidadosa con su alimentación, pues hay propensión a tener problemas de circulación, así como con el hígado, las piernas, las rodillas… Hay que evitar el tabaco, el alcohol y las grasas animales y consumir el máximo de ensaladas, frutas y verduras.

No obstante, hay que recalcar que se posee mucha capacidad de resistencia para superar baches de salud y adversidades familiares o frustraciones sentimentales.

Los nacidos en día de *luna llena* (como los de 1962 y 1981) tienen mayores probabilidades de destacar profesional o empresarialmente, mientras que los nacidos en día de *luna nueva* (como los de 1939 y 1996) tienen que vigilar más su salud y su sistema nervioso.

Los nacidos en este día lo hacen, en primer lugar, bajo el influjo y fuerte dominio de la estrella *Albireo*, de la constelación del Cisne. El nombre, de origen árabe, significa «el pico del ave» (hembra). Es una estrella doble anaranjada que comunica habilidad, destreza, prestancia, pulcritud, inclinación por las buenas maneras, amor a las bellas artes y sentido de la hospitalidad.

Pero, al mismo tiempo, reciben los particulares influjos e inducciones de la estrella *Altair*, de la constelación del Águila. El nombre deriva del árabe *En Neser et Táir*, «el buitre volante», «el buitre volador», si bien los eruditos prefieren la expresión «el águila en vuelo». Es una estrella que posee un movimiento de rotación de extraordinaria rapidez y, de una manera u otra, impulsa a la obtención de honores, premios, reconocimientos y celebridad, y comunica a la vez fuerza, coraje, perseverancia y osadía para obtenerlos. De ello se desprende que los nacidos en esta jornada son muy inquietos, individualistas, independientes y ambiciosos y que buscan figurar a cualquier precio, si bien con un trasfondo de humanismo, sociabilidad y filantropía.

En lo positivo, es un día que favorece lo artístico y artesanal, con predominio del canto, la música, la danza y el baile, si bien no faltan peluqueros, esteticistas y modistas en esta jornada. Pero, por otro lado, según las particularidades de la carta natal, da vocaciones en el campo de la aviación, viajes y exploraciones. Y según la hora de nacimiento, hay cualidades para investigación en el campo de la química, de la bioquímica y de las nuevas energías.

Los nacidos en día de *luna llena* (como los de 1943, 1989 noche y 2000) o en día de *luna nueva* (años 1966, 1985 y 2004 noche) corren peligro de inestabilidad económica o profesional por imprudencias financieras o arranques temperamentales, que incluso pueden generar falta de armonía conyugal. Además, ambos, deben vigilar estrechamente su alimentación y salud, pues hay riesgo de problemas de circulación y cardiovasculares.

Los venidos al mundo alrededor del mediodía tendrán más facilidades o suerte para alcanzar sus objetivos personales y profesionales.

os nacidos en esta jornada del signo solar de Acuario, poseen una personalidad tan variable como incomprensible, ya que se notan los influjos de las estrellas *Albireo* y *Altair,* si bien la primera muy debilitada y sólo por la mañana. Y ya sabemos que pertenece a la constelación del Cisne. En cambio, la segunda cobra especial incidencia a medida que avanza el día. *Altair* es de la constelación del Águila.

Y por la tarde y noche ya empiezan a notarse los complejos efectos de la estrella *Algedi,* de la constelación de Capricornio. Es doble, ya que existe la *Algedi prima* y la *Algedi secunda,* las cuales generan particulares alternancias entre períodos de buena suerte y problemas o circunstancias conflictivas de índole inesperada o imprevista.

Constelación de Capricornio

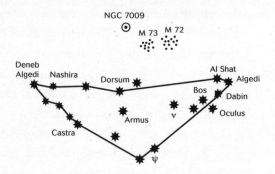

Por todo ello, los nativos de esta fecha son de complicadas acciones y reacciones y hasta tan osados y valientes como imprudentes y anárquicos. Es un día que ha dado personajes tan raros como singulares y extraordinarios, que se han movido más por los vericuetos del alma y de la mente que por los caminos trillados del mercantilismo o de los oficios fáciles.

Dichos influjos contribuyen a crear personalidades que saben encontrarse a sí mismas y apartarse de las normas vulgares que rigen a la masa.

En el apartado de la salud, han de vigilar la circulación general, las piernas, la vista, las rodillas, las articulaciones, la piel…

Los nacidos en *cuarto creciente* (como los de los años 1934, 1953, 1964 y 1983) tendrán más oportunidades para sobresalir en su trabajo, carrera y profesión, pero con riesgo de inestabilidad sentimental o de mariposeo amoroso.

Jornada que se halla bajo el influjo de varias estrellas y de efectos tensionales y variopintos. En primer lugar hay que señalar que los nacidos en este día se hallan bajo el patronazgo e influencia intensa de la estrella *Algedi*, de la constelación de Capricornio. Conocida también como *Giedi*, el nombre viene del árabe *Al-Jadi, El Yedí*, «el cabrito», haciendo referencia a la constelación de Capricornio, que ya sabemos que es una cabra. El nombre correcto en castellano tendría que ser el de *Alyedí*. En algunos mapas celestes está como *Giedi*.

Los efectos e inducciones de esta estrella no están bien estudiados o determinados, puesto que es una estrella supergigante doble, hasta el punto de que hay una *Algedi prima* y una *Algedi secunda*. De momento se sabe que la combinación de ambos influjos es variable y que por un lado trae ventajas, beneficios y encumbramientos y por otro, frustraciones, problemas domésticos e imprevistos y exaltaciones sentimentales o eróticas. De cualquier manera, vaticina una existencia rica en acontecimientos, sean positivos o negativos, personales o familiares. Además, inclina a los apasionamientos y demostraciones de afectos, al extremo de dejarse llevar por vanidades y ostentaciones vanas.

Por otro lado, los nacidos en este día también están bajo el dominio de la estrella *Dabih,* de la misma constelación. El nombre deriva del árabe *Ed Dabíh*, «el sacrificador», que viene de *debáh*, «degolló», «sacrificó». No obstante, hay eruditos que opinan que el nombre completo procede del árabe *Sa'd adh-Dhabih*, «la estrella afortunada del matarife». Es una estrella enana blanco-amarillenta, también doble, y que advierte de frustraciones sentimentales, tristezas de amor, melancolías, infortunios..., pero que ayuda a obtener renombre, popularidad y hasta riquezas (aunque éstas se derrochen o pierdan más tarde). Lo que no hay que olvidar es que vaticina percances, violencias y el recibir daño por parte de enemigos emboscados o traidores. Por la mañana –de manera suave– y por la noche –ya más intensamente– se notan los efectos de otra estrella principal: la *Oculus,* también de la constelación de Capricornio. Es blanco-amarillenta y confiere cualidades de observador y capacidad para penetrar en la intimidad de personas, objetos y situaciones, lo que equivale a poseer cierto grado de clarividencia.

Los nacidos en este día se hallan bajo los efectos singulares, extraordinarios, compulsivos, variopintos y conjugados de cuatro estrellas de la constelación de Capricornio: las de *Algedi (Algiedi)*, *Dabih*, *Oculus* y *Bos*.

La primera, conocida también como *Giedi,* nombre que viene del árabe *El Yedí,* «el cabrito», hace referencia a la figura Capricornio, que ya sabemos que es una cabra. Como indica muy acertadamente el arabista Joaquín García Campos, el nombre castellano tendría que ser *Alyedí.*

Los efectos de esta estrella no están aún bien estudiados o determinados, puesto que es una estrella supergigante doble, hasta el punto de que hay una *Algedi prima* y una *Algedi secunda.* De momento se sabe que la combinación de ambos influjos es variable y que por un lado trae ventajas y beneficios y por otro, frustraciones, problemas domésticos e imprevistos. De cualquier manera, vaticina una existencia rica en acontecimientos, sean positivos o negativos. Además, inclina a los apasionamientos y demostraciones de afecto, al extremo de dejarse llevar por vanidades y ostentaciones vanas.

Por lo que respecta a la segunda, *Dabih,* el nombre deriva del árabe *Ed Dabíh,* «el sacrificador», que viene de *debáh,* «degolló», «sacrificó».

No obstante, otros eruditos opinan que el nombre completo procede del árabe *Sa'd adh-Dhabih,* «la estrella afortunada del matarife». Es una estrella enana que, en apariencia, está muy cerca de varias otras y que advierte de frustraciones sentimentales, tristezas de amor, melancolías, infortunios…, pero que ayuda a obtener renombre, popularidad y riquezas o bienes, se pierdan luego o no. No obstante, no hay que olvidar nunca que es una estrella que vaticina percances, violencias y el recibir daño por parte de enemigos ocultos o emboscados.

Por lo que se refiere a la tercera, la *Oculus,* es un término latino que significa «ojo». Sabemos que es una estrella que comunica cualidades de observador, de saber mirar, de penetrar en la intimidad o el corazón de las cosas, las personas o las situaciones, por lo que hace a los sujetos algo clarividentes, telepáticos, adivinos o futurólogos. En lo negativo, advierte de que hay que cuidar la vista y estar alerta ante dolencias que afecten a los ojos.

Por la madrugada y la mañana aún se notan los efectos, a veces conflictivos y frustrantes, de la estrella *Dabih,* de la constelación de Capricornio. Es una estrella enana que advierte de conflictos sentimentales, tristezas de amor, melancolías, infortunios, percances y violencias, pero que ayuda a obtener renombre, popularidad y fortuna. Los nacidos hasta la mañana corren mayor riesgo de sufrir accidentes o percances, casi siempre por osadías o imprudencias propias.

Los venidos al mundo alrededor del mediodía y primeras horas de la tarde tienen mayores posibilidades de tener éxito en su profesión.

Recordemos que *Dabih* viene del árabe *Ed Dabíh,* «el sacrificador», que procede de *debáh,* «degolló», «sacrificó».

Además, en este día se acentúa el dominio de la estrella blanco-amarillenta *Oculus,* que en latín significa «ojo», la cual se halla situada en el ojo derecho de la figura de la Cabra (Capricornio). Comunica mentalidad abierta y aguda, sentido de la observación y capacidad de videncia. Estimula el sexto sentido de la persona, que puede prever cosas o hacer buenas conjeturas.

Otra estrella que se deja sentir intensamente en esta jornada es la *Bos,* pequeña estrella blanca, asimismo de la constelación de Capricornio. Está ubicada en la cara de la figura de la Cabra y el nombre viene del latín *bos,* «buey», «vaca». Su influjo aumenta la capacidad intelectual y hace que la mente sea abierta, flemática, penetrante y especulativa. Parece contribuir a generar políticos, funcionarios y sindicalistas.

En lo creativo, hay una clara predisposición para la música, la pintura, la cerámica, el esmalte, la literatura, la poesía, la danza, las artes escénicas... Y en deporte es una jornada que inclina más al motociclismo, automovilismo, atletismo, aeromodelismo, baloncesto, golf, fútbol...

Los nacidos en día de *luna nueva* y *eclipse de Sol* (como los de 1944, 1963 y 1982) están más predispuestos a sufrir desengaños familiares y hogareños y a tener problemas de salud.

Sobre todo por la mañana, aún se notan los efectos de la estrella *Bos,* de la constelación de Capricornio. Está ubicada en la cara de la figura de la Cabra y el nombre deriva del latín *bos,* «buey», «vaca». En conjunto, es un día más calmado y menos tenso que los anteriores, pero que sigue generando singulares personalidades. Es una estrella blanca que contribuye a aumentar la agudeza mental y el sentido de la inventiva.

Es una jornada que ha dado políticos y militares que se han encumbrado por su agudeza mental, conocimientos y capacidad de relaciones humanas y públicas, pero que a la larga ellos mismos se han perjudicado profesionalmente por hablar demasiado, por ser intransigentes y nada sumisos.

Siempre hay que estar alerta contra las traiciones, delaciones, opositores y parientes deshonestos.

En otro plano, confiere cualidades manuales, artesanales y artísticas, aunque abundan los políticos, sindicalistas, ecologistas y funcionarios. Asimismo, hay especiales cualidades y destreza para las ciencias médicas, con lo que se podría denominar «mucho ojo clínico».

En deportes, existe particular incidencia en ciclismo, hockey, fútbol, atletismo, baloncesto…

Como trasfondo, figuran todos los estudios y especialidades relacionadas con electrónica, medios audiovisuales, electricidad, ordenadores, informática…

Los nacidos en *luna nueva* (como los de 1952 noche, 1971 noche, 1990 y 2009) deben vigilar mucho su salud y dieta alimentaria y evitar trabajos y deportes arriesgados.

En este día de Acuario se notan los efectos de las estrellas *Psi* (Ψ) y *Nu* (υ), de la constelación de Capricornio. Contribuyen a que predomine el sentido estético y armónico, que no sólo puede derivar hacia lo musical y pictórico, sino también a las relaciones personales, sentimentales y laborales. Tendencia a buscar lo constructivo y creativo en el ser humano, por lo que suelen nacer maestros, pedagogos, sociólogos, psicólogos y pediatras en esta fecha. Además, hay una atracción muy acentuada por lo misterioso, enigmático, parapsicológico, ocultista y místico.

Como trasfondo de la personalidad y de lo creativo, se mantiene el aspecto intelectual, literario y todo lo relacionado con los medios de comunicación social. Y en salud han de preocupar las piernas, las rodillas, la circulación general, lo cardiovascular, las disfunciones intestinales... Hay riesgo de intoxicaciones, reumatismos articulares...

Lo extranjero y los idiomas son particularmente importantes para los nativos de esta jornada, ya se trate de viajes de estudios, culturales o comerciales o de relaciones sentimentales.

Los nacidos en *luna llena* (como los de 1956, 1975, 1994 y 2013) tienen una personalidad más brillante, individualista, inconformista, rebelde y con mayores posibilidades de destacar en el mundo.

Jornada bajo el influjo de las estrellas *Psi* (Ψ) y *Nu* (υ), de la constelación de Capricornio. Se reciben fuertes dosis de independencia, individualismo y libertad, que no siempre saben emplearse en la adolescencia, con riesgo de caer en matrimonios prematuros, que pocas veces sale bien. Rompimiento de las ataduras familiares o sociales que limitan las propias libertades de expresión o creatividad. Es un día que da muchas vocaciones en el campo de la publicidad, diseño, editoriales, revistas, periódicos, medios de comunicación audiovisual, dibujo, pintura, etc.

Para los políticos y sindicalistas nacidos el 28 de enero hay cierto peligro de detención, proceso o persecución por el poder establecido, con riesgo de ser encarcelados o tener que exilarse. Se deben rehuir los pleitos y querellas criminales, aunque sea uno el que tenga razón, sobre todo si ha venido al mundo en los años 1958, 1959, 1977, 1978, 1995 y 1996.

Los nacidos en *luna nueva* (como los de 1960, 1979, 1998 y 2017) corren mayor peligro de sufrir inestabilidad familiar y conyugal y depresiones emocionales o alteraciones nerviosas, por lo que deben evitar situaciones de agotamiento y estrés. Igual puede decirse de los que pertenezcan al *cuarto menguante* (años 1981 y 2000).

En el plano de la salud, hay que vigilar la circulación general, lo cardiovascular, la presión, el colesterol, las piernas, las rodillas, la piel, los tobillos, las varices…

Siguen notándose, aunque débilmente, los influjos de las estrellas *Psi* (Ψ) y *Nu* (υ), de la constelación de Capricornio. Aunque marcan, para los Acuario de este día, un espíritu individualista, no por ello dejan de estar capacitados para las relaciones y actividades públicas y humanas. Carácter decidido, intrépido y aventurero, con gran sentido de la amistad y del servicio social o cívico. Inclinación muy enamoradiza y variable, con poca resistencia para los sacrificios y adversidades familiares o conyugales.

Tendencia viajera y polifacética. El trasfondo sigue siendo muy cerebral e intelectual, con dones para las letras y mucha atracción por lo desconocido, enigmático y metafísico, si bien con una predisposición general a practicar más de una profesión. Capacidad para las investigaciones parapsicológicas, telepáticas y ocultistas.

Su talón de Aquiles consiste en el dinero, en la economía… Derrochan cuando tienen y siempre pasan por baches crematísticos importantes, deudas, hipotecas que no pueden pagar…

Los nacidos en *luna nueva* (como los de 1930, 1949, 1968, 1987 y 2006) deben ser muy prudentes en el conducir, volar, navegar, viajar y con la salud.

En conjunto, hay que vigilar la circulación general, la presión arterial, las piernas, las rodillas, la columna, la vista, el colesterol, los procesos reumáticos…

Se reciben, aunque muy débilmente (por orbe), los efluvios de la estrella *Armus,* de la constelación de Capricornio. Además, no deben descartarse los efectos de la nebulosa MGC 7009 y cúmulos M 72 y M 73, lo que complica mucho el carácter y suerte de los Acuario de este día.

Confiere especial gusto artístico y sentido de la forma, se trate de pintura, escultura, cerámica, esmalte, arquitectura, dibujo… Eso no es obstáculo para que la personalidad reciba, además, mucha dosis de humanismo, sociología y oratoria. El carácter es resuelto, rebelde y entusiasta, con muchas posibilidades de fama y encumbramiento.

Pero, por otro lado, los nativos de esta jornada corren el riesgo de accidentes, fracturas, heridas, operaciones quirúrgicas y ataques de los enemigos, opositores, delincuentes, etc., lo cual deben tener muy presente quienes se dediquen a la política, vida castrense, fuerzas de orden público, funcionarios, etc. De una forma u otra, hay peligro de accidentes y percances en la familia.

En el plano de la salud, ha de preocupar lo cardiovascular, el colesterol, el azúcar, las piernas, los huesos, la columna, la vista, las rodillas, la piel…

Los nacidos en *luna llena* (1934 y eclipse de Luna, 1972 y eclipse de Luna, 1991 y eclipse de Luna y 2010) deben ser muy prudentes y diplomáticos, ya que está acentuado el peligro de problemas personales y familiares, con muchas posibilidades de divorcio y conflictos profesionales o comerciales. Igual puede decirse de los venidos al mundo en *cuarto menguante* (años 1932, 1951, 1970, 1989 y 2008).

Los nacidos en este día ya empiezan a estar bajo el suave influjo de la estrella *Armus*, de la constelación de Capricornio. Es nombre latín que significa «espalda», «unión de la espalda y el brazo», por hallarse esta estrella situada en esa parte de la figura de la Cabra, que configura ese grupo de estrellas.

Armus ayuda a obtener renombre y popularidad. Impulsa a la actividad, al movimiento, al dinamismo, a la necesidad de realizaciones personales.

La personalidad de los nacidos en esta fecha es muy autocrática e individualista, lo que no es obstáculo para que sea un relaciones públicas por excelencia o que se mueva dentro del marco de las comunicaciones sociales. Al respecto, es una jornada que ha dado muchos periodistas, escritores, articulistas, críticos, locutores y presentadores de televisión, sin descartar técnicos de ese medio.

En otro plano, es un día y estrella que pueden conferir un carácter errático, incomprensible, extraño, arrastrado por impulsos inexplicables y atracción por lo misterioso, cósmico, metafísico y parapsicológico, con aptitudes para la clarividencia, la telepatía, las artes adivinatorias, la astrología, la magia, etc.

Hay tendencia a sufrir abusos de confianza por parte de amistades o colaboradores, por su costumbre de relacionarse con la gente que le es simpática o agradable y no preocuparse de ver cómo son en realidad, qué hay detrás de las apariencias.

Además, los problemas hogareños y familiares son el talón de Aquiles de la mayoría de los nacidos en esta jornada, en particular si lo han hecho en día de *luna nueva* (como los de 1938 y 1976) o en día de *luna llena* (como los de 1961 y 1999).

En temas de salud, han de vigilar la espalda, la circulación general, las piernas, las varices…

Fecha que está bajo el influjo y padrinazgo intenso de la estrella *Armus,* de la constelación de Capricornio. Es un nombre latín que significa «espalda», «unión de la espalda y el brazo», por hallarse ese astro ubicado en esa parte de la figura de la Cabra. Es una estrella blanca que facilita la obtención de fama y renombre e impulsa a la actividad, al movimiento, al dinamismo, pero de una manera febril. Presagia éxito en las relaciones públicas, por diplomacia y trato agradable. Sin embargo, el carácter es bastante crítico, pensador, polémico, rebelde y enemigo de lo rutinario, lo que vaticina muchos cambios políticos y sociales a lo largo de la existencia y, además, mezclados con actos alocados y arranques nerviosos.

En amor, tendencia a las aventuras, al mariposeo, a lo imprevisible, a los arrebatos eróticos, a las neurosis sexuales, a las pasiones incontroladas, etc. Riesgo de caer en explotaciones del sexo o en la pornografía.

Aparte las frustraciones personales, está acentuado el peligro de accidentes con equipos eléctricos, radiactividad, aviación, gas, combustibles…, por lo que se deberá ser muy cauteloso en todo momento. Asimismo, presagia peleas o pleitos por herencia o repartición de bienes en sociedades o empresas.

Por la noche ya se notan los efectos de la estrella *Dorsum,* también de la constelación de Capricornio, que en latín quiere decir «lomo», «dorso», «espalda»…, por estar situada en el lomo de la figura de la Cabra. Aunque estimula todo lo relacionado con el canto, la poesía, la novelística, las artes escénicas, los medios audiovisuales, etc.; presagia luchas intensas para abrirse camino y cosecha de frustraciones y reveses de la suerte.

Los nacidos en *luna nueva* (como los de 1965, 2003 y 2022) corren mayor riesgo de sufrimientos y desengaños en el ámbito del hogar paterno y, más tarde, en el matrimonio.

En el plano de la salud, hay que vigilar la circulación general, lo cardiovascular, las piernas, la artrosis, la columna…

Los nacidos en esta fecha lo hacen bajo el dominio intenso de las estrellas *Armus* y *Dorsum,* de la constelación de Capricornio. La primera, como sabemos, es un nombre latín que significa «espalda», «unión de la espalda y el brazo», «lomo», por hallarse esa estrella rojo-anaranjada situada en dicha parte de la figura de la Cabra, cerca del corazón, la cual conformaba la constelación de Capricornio.

Y la *Dorsum,* que en latín significa «lomo», «espalda», «dorso»…, es una estrella blanco-azulada ubicada en el lomo de la figura de la Cabra.

En lo positivo, ambos astros ayudan a sobresalir, a obtener fama o renombre y a cosechar éxitos profesionales. Pero en lo negativo advierten de cambios repentinos, de fortuna inestable, de apoyos que se pierden o que se vuelven en contra de uno…, por lo que después de una buena racha hay que estar preparado para soportar o resistir un bache. Y todo lo contrario: después de un período dificultoso o adverso hay que esperar una racha de buena suerte.

Es una jornada que presagia mayores éxitos en la edad madura que en la juventud y advierte de procesos, pleitos o escándalos familiares.

Referente a la salud, augura problemas reumáticos y artrósicos que afectan de manera especial a la espalda y región lumbar. Además, habrá de preocupar la circulación general y las piernas.

En lo profesional-creativo hay cierta predisposición para lo público, relaciones humanas, actividades sociales, abogacía, pedagogía, historia, ciencias políticas…

Por otra parte, el carácter es soñador, comodón y pacifista. Se cree más en la hermandad humana que en la violencia, y se es más partidario del diálogo, de la negociación y de las componendas que de los fanatismos ideológicos o intransigencias. Sus éxitos y logros están basados en las relaciones públicas y en la diplomacia más que en el esfuerzo agotador o en la agresividad profesional o comercial.

Es un día que ha dado literatos, pintores, políticos, actores y actrices, deportistas, músicos… Los nacidos en día de *luna llena* tienen más posibilidades de triunfar en lo que ambicionan (como los de 1950 noche, 1969, 1988 y 2007).

Sigue el dominio de la estrella *Dorsum,* de la constelación de Capricornio, que en latín significa «lomo», «espalda», por estar ubicada en el lomo de la figura de la Cabra. Por un lado, ayuda a actividades sociales y públicas y, por otro, provoca frustraciones, fracasos, altibajos inesperados de la suerte, etc. En otras palabras, es una estrella y fecha de dos caras, el anverso y el reverso, por lo que se debe ser muy prudente y precavido con el dinero, las inversiones, las empresas que uno tenga en marcha, el cargo político que ocupe, etc., ya que la otra cara de la moneda o de la suerte no tardará en presentarse. Está acentuado el riesgo de fracaso de un negocio o proyecto por causa de catástrofes, accidentes, guerras o situaciones políticas imprevistas.

En el plano personal, no hay mucha predisposición a la austeridad y frugalidad, sino todo lo contrario. El carácter –que conserva mucho infantilismo hasta edad avanzada– tiene mucha inclinación a buscar el placer, a querer pasarlo bien, a disfrutar de la vida, etc. El círculo de amistades y conocidos suele ser muy amplio e influyente. Y aunque se nazca en un hogar humilde, la simpatía, el encanto personal y las relaciones públicas ayudarán a destacar en lo profesional.

En cuestiones de dinero, hay más inclinación al despilfarro que al ahorro, a inversiones temerarias o arriesgadas que a conformarse con el mínimo rendimiento.

En el plano de la salud, deben preocupar las rodillas, las piernas, la piel y la circulación. Está acentuado el riesgo de flebitis y varices complicadas, además de problemas con los tobillos.

En el ámbito del amor, presagia más de un matrimonio, aventuras superficiales o esporádicas y tribulaciones provocadas por los hijos o nietos.

Los nacidos en *luna nueva* (como los de 1935, 1954, 1973, 1992 y 2011) y en *cuarto menguante* (años 1937, 1956, 1975, 1994 y 2013) corren mayor peligro de conflictos en el hogar y familia.

Continúa el influjo de la estrella *Dorsum,* de la constelación de Capricornio *(véase* lo dicho en los días anteriores sobre esa estrella). Y al mismo tiempo, ya se experimentan los efectos perturbadores de la estrella *Sualocin* (Nicolaus al revés), de la constelación del Delfín.

Constelación del Delfín

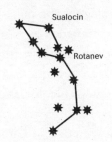

En conjunto, vaticinan éxitos profesionales, comerciales, deportivos y culturales, siempre gracias al propio tesón, cerebro e individualismo. Beneficios a través de los viajes. Aptitudes, aficiones o empresas conectadas con poesía, literatura o publicaciones. En segundo plano quedan las profesiones conectadas con enseñanza, educación, psicología, psiquiatría y sociología.

La inestabilidad sentimental y hogareña es muy frecuente en los nacidos en este día, en que las tribulaciones pueden surgir en los momentos más inesperados.

El carácter es personalista y terco y, al mismo tiempo, versátil, vanguardista y ansioso por nuevos horizontes, por lo que no suele perdurar en empleos y proyectos, a menos que en éstos pueda gozar de libertad, de movimientos o desplazamientos. No soporta el sedentarismo.

Pero no hay que descartar congojas a causa de la actuación de enemigos, vecinos, traidores o delincuentes.

Los venidos al mundo en *luna llena* (como los de 1939, 1958, 1977 y 1996) o en *cuarto creciente* (años 1941, 1960, 1979 y 2017) tienen mayores posibilidades de alcanzar éxito y fortuna que estabilidad conyugal o sentimental.

Los nacidos en este día ya se hallan bajo los influjos suaves de la estrella *Sualocin,* de la constelación del Delfín. Es el nombre de Nicolaus escrito al revés, en homenaje al gran astrónomo Nicolaus Copernicus. Es una estrella blanca que estimula la intuición, el sexto sentido, la sensibilidad, pero que presagia problemas o contratiempos que perturban el éxito obtenido. Asimismo, vaticina dificultades, obstáculos y conflictos de todo tipo.

La persona debe prepararse, pues, a vivir con muchos altibajos y alternar fracasos con éxitos, alegrías con penas. Se posee encanto, simpatía, magnetismo y astucia para atraer al prójimo a la causa de uno, sea ésta positiva o negativa. Se sabe hablar y convencer. El sentido mental es algo ambicioso y trepador, o sea, que está dispuesto a sacrificar sentimientos, personas, empresas o ideologías si lo nuevo le interesa más o presagia un futuro mejor.

El divorcio está casi asegurado, así como el contraer matrimonio con personas de mayor fortuna, en especial para los nacidos alrededor del mediodía.

Sin embargo, el carácter es dual, complejo y torturado, con inexplicables conflictos internos y preocupaciones por lo místico, teológico, parapsicológico, ocultista, etc., en particular los nacidos en la madrugada o por la noche.

En el plano creativo, hay cualidades para la investigación, mejora de métodos, invención (en particular lo relacionado con vehículos y aviones) moldeado del vidrio o cristal, grabado al fuego o al ácido, electrónica, telecomunicaciones, etc.

En el plano de la salud, ha de preocupar la circulación general, las piernas, las varices, flebitis, etc. Además, los nacidos en día de *luna llena* (como los de 1947, 1966 y 1985) o en día de *luna nueva* (como los de 1962 madrugada y 2000) han de cuidar mucho su sistema nervioso y estar preparados para altibajos familiares y hogareños.

Los nacidos en este día se hallan bajo el predominio de la estrella *Sualocin,* de la constelación del Delfín. Es el nombre de Nicolaus escrito al revés, en honor del gran astrónomo Nicolaus Copernicus. Es una estrella blanca que estimula la intuición, el sexto sentido, la sensibilidad…, pero que presagia problemas o contratiempos que perturban el éxito obtenido. También vaticina dificultades, obstáculos y conflictos de todo tipo generados por opositores y enemigos, por lo que los nacidos en esta fecha deben aprender a ser muy cautelosos y comedidos y evitar fanatismos y temeridades de cualquier clase, puesto que los envidiosos, intrigantes y conspiradores no dejarán de esperar su oportunidad para perjudicarlos.

Es un día que confiere especiales cualidades para relaciones públicas, sociología, ciencias políticas, medios de comunicación… Por otro lado, son de esperar problemas familiares en el hogar paterno y conflictos conyugales, con más de un matrimonio. También se han de esperar enfrentamientos y tribulaciones por causa de los hijos.

En el plano de la salud hay tendencia a enfermedades largas o crónicas, con superación de varias intervenciones quirúrgicas.

Asimismo, es una estrella que pronostica amistades influyentes y muchas posibilidades de ocupar cargos de responsabilidad dentro del servicio público. Y en lo creativo hay una cierta preponderancia hacia lo pictórico, las artes escénicas y lo musical.

Los nacidos en día de *luna nueva* (como los de 1951, 1970 y 1989) deben vigilar su salud, en particular su sistema nervioso, aparato digestivo y circulación general. Además, corren mayor riesgo de tener problemas en el hogar paterno.

Los nacidos en este día se hallan bajo el suave influjo de dos estrellas: la *Sualocin,* de la constelación del Delfín, sobre todo por la mañana; y la *Castra,* de la constelación de Capricornio, en particular por la tarde y noche.

El nombre de la primera es el de Nicolaus escrito al revés, en homenaje al gran astrónomo Nicolaus Copernicus. Es una estrella blanca que estimula la intuición, el sexto sentido, la sensibilidad, pero que presagia problemas o contratiempos que perturban el éxito obtenido. También vaticina dificultades, obstáculos y conflictos de todo tipo. Hay que aprender, pues, a ser muy cauteloso y comedido en todos los planos.

Por lo que respecta a la estrella *Castra,* se ha querido ver en ese nombre latino el significado de «campamento», «reales de un ejército», lo que pronostica luchas, enfrentamientos y grandes esfuerzos para conseguir lo que se ambiciona. Sin embargo, parece más probable que derive del latín *castro,* «castrar», puesto que esta estrella está situada en lo que correspondería a los genitales de la Cabra o del Macho Cabrío, y en cuyas partes empieza la larga cola de pez de ese extracto animal zodiacal. Aquí, en cierta forma, podríamos ver la sublimación de los deseos, el autocontrol de las pasiones sexuales y la canalización de la libido hacia los altos ideales creativos o humanos.

En conjunto, el temperamento es vigoroso, decidido, belicoso y muy dinámico, con riesgo de enfermar por estrés o agotamiento. Hay un cierto quijotismo en los nativos de esta jornada, ya que siempre están predispuestos a lanzarse en pos de una causa individual o social. Son tan independientes como les permiten las circunstancias, así como creativos y solitarios, con un fuerte ego que quiere imponer sus ideas y que filtra demasiado las que provienen del exterior.

En general, jornada que da vocaciones en el campo de las letras, la antropología, la psicología, las humanidades, etc. Hay capacidad para comprender, estudiar, describir o pintar los problemas humanos o sociológicos. Este sentido de la justicia y de defender a los necesitados es lo que ha dado muchos jueces, funcionarios de justicia y abogados, además de sociólogos, sindicalistas, periodistas, escritores, psicólogos, psiquiatras, médicos…

Los nacidos en este día se hallan bajo el patronazgo e influjo directo de la estrella *Castra,* de la constelación de Capricornio. Se ha querido ver en ese nombre latino el significado de «campamento», «reales de un ejército», lo que presagia luchas, enfrentamientos y grandes esfuerzos para alcanzar lo que se ambiciona o sueña. Sin embargo, parece más probable que derive del latín *castro,* «castrar», puesto que esta estrella está situada en lo que correspondería a los genitales de la Cabra o del Macho Cabrío, y en cuyas partes empieza la larga cola de pez de ese extraño animal zodiacal en las representaciones antiguas. Aquí, en cierta forma, podríamos ver la sublimación de la libido hacia los altos ideales creativos o humanos.

Castra es una estrella amarillo-anaranjada que confiere fuertes deseos de sobresalir o de saberse útil, de autorrealizarse o de obtener fama o fortuna. Pero advierte del riesgo de sufrir heridas, percances, accidentes, ataques por parte de enemigos o de animales, pero también existe una fuerte capacidad para superar fracasos, frustraciones y ruina y volver a levantarse e iniciar nuevas empresas con fe y perseverancia. Los viajes, las aventuras y lo insólito suelen estar como telón de fondo de los nacidos en esta jornada. En lo creativo, suele dar vocaciones en el campo de las letras, las bellas artes y las leyes y jurisprudencia.

Los nacidos en día de *luna llena* (como los de 1963, 1982 y 2001) tienen mayores posibilidades de sobresalir en su profesión y medio ambiente social, mientras que los venidos al mundo en un día de *luna nueva* (como los de 1940, 2005 noche y 2016) o en *cuarto menguante* (como los de 1942, 1961 y 1999) corren mayor peligro de sufrir conflictos familiares y problemas de salud.

L a mañana de este día está dominada por el influjo de la estrella *Castra,* el cual se diluye mucho por la tarde. Y en la tarde-noche se notan más los influjos de la estrella *Nashira,* los cuales se dejan sentir muy débilmente por la mañana.

La estrella *Castra* pertenece a la constelación de Capricornio. Se ha querido ver en ese nombre latino el significado de «campamento», «reales de un ejército», lo que presagia luchas, enfrentamientos y grandes esfuerzos por conseguir lo que se ambiciona. Sin embargo, parece más probable que derive del latín *castro,* «castrar», puesto que esta estrella está situada en lo que correspondería a los genitales de la Cabra o del Macho Cabrío, y en cuyas partes empieza la larga cola de pez de ese extraño animal zodiacal. Aquí, en cierta forma, podríamos ver la sublimación de los deseos, el autocontrol de las pasiones sexuales y la canalización de la libido hacia los altos ideales creativos o humanos.

Por su parte, la estrella *Nashira* también pertenece a la constelación de Capricornio. Lo más probable es que el nombre venga del árabe *Naxíra,* «molledo», parte musculosa del brazo y pantorrilla, al hallarse esta estrella amarillenta en dicha parte de la figura zodiacal de la Cabra. Lo más improbable es que signifique «la buena estrella de los campos», tal como señalan algunos expertos. No falta quien lo traduzca por «el afortunado», dado que es una estrella que empuja a buscar el éxito, a destacar, a sobresalir. Pero no hay que olvidar que también advierte de peligros con animales.

En conjunto, los nacidos en este día tienen una personalidad innovadora, rebelde y vanguardista, por lo que da muchos inventores, precursores y perfeccionistas que buscan nuevas y mejores formas de hacer las cosas. Como parte negativa están la terquedad y el empecinamiento.

Se tienen que soportar muchos sinsabores familiares y profesionales, pero siempre se sale adelante sin abandonar la propia manera de ser y adaptándose a las nuevas circunstancias. El carácter es humanitario, piadoso y muy sensible al dolor ajeno. Se cree en la amistad y el amor como únicos signos positivos del alma humana. Aunque se sufran desengaños y frustraciones se sigue empecinado en la idea de mejorar el mundo.

En lo creativo, hay inclinación por lo musical, poético, pictórico, bellas artes…, si bien en este día también sube la curva de las vocaciones en el campo de la medicina, sanidad, veterinaria, medicinas alternativas, etc. Aunque esta jornada presagia longevidad, hay excepciones a causa de accidentes, revoluciones o atentados por parte de enemigos o terroristas. Riesgo acentuado de golpes, caídas y fracturas, si bien con el tiempo ha de preocupar la circulación general y los huesos.

Los nacidos en día de *luna llena* (como los de 1944, 1990 y 2009) corren mayor peligro de inestabilidad conyugal y familiar, pero tienen mayores facilidades para sobresalir creativa y profesionalmente.

En cambio, los nacidos en día de *luna nueva* (como los de 1967 y 1986 mañana) han de vigilar más su salud, sistema nervioso y aparato digestivo. Y los venidos al mundo en día de *cuarto creciente* (como los de 1965 y 2003) habrán de sortear problemas en el hogar paterno y, luego, en el hogar propio.

Los nacidos en este día se hallan bajo el influjo directo de la estrella *Nashira,* de la constelación de Capricornio. Lo más probable es que el nombre venga del árabe *Naxíra,* «molledo», parte musculosa del brazo y pantorrilla, al hallarse esta estrella amarillenta en dicha parte de la figura zodiacal de la Cabra. Es más improbable que signifique «la buena estrella de los campos», tal como señalan algunos expertos.

En conjunto, la mentalidad de los nacidos en este día es vanguardista e inventiva, con destellos de genialidad, den o no beneficios materiales sus proyectos, obras o empresas. Son personas que se dejan arrebatar por lo que sienten o llevan dentro. Improvisan mucho y utilizan más el ingenio y la sutileza que la agresividad o la violencia. Se dejan dominar o arrastrar por inspiraciones, intuiciones y corazonadas.

Los nacidos en esta jornada tienen capacidad para adaptarse a las más diversas situaciones y circunstancias, pues tienen mucho sentido diplomático. Pero con todo, también son muy tercos y empecinados con sus ideas o proyectos, sean personales o profesionales.

Es una estrella y fecha que vaticina altibajos muy acusados a lo largo de la existencia, frustraciones sentimentales y familiares, peligro de persecución por enemigos o poderes públicos, riesgo de encarcelamiento…

Vaticina viajes al extranjero y muchas probabilidades de éxito en trabajos intelectuales, por lo que no debe sorprender que sea un día que haya dado muchos escritores, novelistas, periodistas, guionistas, dramaturgos, comediógrafos…

En deportes, incide de manera muy particular en fútbol, natación, golf, gimnasia…

En otro plano, contribuye a crear vocaciones en el campo del canto y de las artes escénicas.

Los nacidos en *luna creciente* (como los de 1954, 1973 y 1984) tienen mayores probabilidades de alcanzar sus metas profesionales, sociales y creativas.

on tres las estrellas principales que influyen en ese día. En primer lugar está la estrella *Nashira,* de la constelación de Capricornio. El nombre parece provenir del árabe *Naxíra,* «molledo», parte musculosa del brazo y pantorrilla, al hallarse esta estrella amarillenta en dicha parte de la figura zodiacal de la Cabra. Confiere habilidad para superar problemas, conflictos y convertir adversidades en éxitos o triunfos. El carácter se hace conservador, piadoso y algo ingenuo.

En segundo lugar se halla la estrella *Sadalsuud,* de la constelación de Acuario, cuyo nombre parece venir del árabe *Saaa es Són-na,* «la dicha de la ley tradicional», si bien otras fuentes la hace derivar de *Sa'd al-Su'ud,* «la más afortunada de las estrellas afortunadas», lo que nos parece muy exagerado, puesto que no es una estrella tan favorecedora, ya que induce a inventos, ideas renovadoras y vanguardista, afanes de originalidad, reacciones temperamentales y acciones fuera de lo normal. Estimula mucho el sentido telepático y visionario, el cual puede aplicarse a la investigación y creatividad.

Y la tercera estrella es la *Deneb Algedi,* de la constelación de Capricornio. El nombre viene del árabe *Deneb al-Jedi,* «la cola del cabrito», por hallarse esta estrella en tal lugar en la figura de la Cabra. En castellano debería escribirse *Deneb el Yedí.* Es una estrella que capacita para empleos oficiales, política y diplomacia, si bien advierte de inestabilidad en el cargo, empleo o empresa y la necesidad de permanecer vigilante ante la actuación de opositores, rivales y enemigos. En deporte, presagia lesiones por culpa de los contrincantes. A su vez, la *Sadalsuud* o *Sadalsud* presagia satisfacciones y éxitos por medio de las ciencias y artes y de cargos públicos y religiosos.

En conjunto, los nacidos en este día suelen ir a contracorriente, son temerarios, imprudentes, infantiles, impulsivos y variables. Abogan por lo nuevo y singular. Es un día que ha dado muchos inventores, investigadores, innovadores y vanguardistas, se trate de arte, ciencia o técnica. Hay riesgo de que las impulsividades y arranques temperamentales provoquen conflictos con la ley. Por lo común los amores precoces de los nacidos en este día malogran estudios y profesiones.

En el plano de la salud, a los nacidos el 11 de febrero les ha de preocupar el sistema nervioso, la vista y la circulación general, en particular las piernas, sobre todo a los nacidos en día de *luna nueva* (como los de los años 1956 y 1975) o en día de *luna llena* (como los de los años 1952 mañana y 1998).

Día que se halla bajo el patronazgo de las estrellas *Sadalsuud*, de la constelación de Acuario, y *Deneb Algedi*, de la constelación de Capricornio. El nombre de la primera parece venir del árabe *Saaa es Són-na*, «la dicha de la ley tradicional», si bien otras fuentes la derivan de *Sa'd al-Su'ud*, «la más afortunada de las estrellas afortunadas», lo que nos parece muy exagerado, puesto que no es una estrella tan favorecedora, ya que induce a inventos, ideas renovadoras y vanguardistas, afanes de originalidad, reacciones temperamentales y acciones fuera de lo normal. Por otro lado, estimula mucho el sexto sentido, lo telepático y visionario, que puede aplicarse a cualquier rama de la investigación y creatividad.

Y el nombre de la segunda viene del árabe *Deneb al-Jedi*, «la cola del cabrito», por hallarse esta estrella en tal lugar en la figura celeste de la Cabra. En castellano debería escribirse *Deneb el Yedí*. Es una estrella que capacita para empleos oficiales, política y diplomacia, si bien advierte de inestabilidad en el cargo, empleo o empresa y la necesidad de permanecer vigilante y alerta ante la actuación de opositores, rivales y enemigos. En deportes, advierte del riesgo acentuado de lesiones por culpa de los contrincantes o mala fe de éstos, por lo que se debe actuar con mucha cautela.

En conjunto, quedan favorecidos los viajes, los contactos y relaciones con otros países, idiomas, empresas internacionales o de importación-exportación, navieras…

Pero de una manera u otra, la existencia de la persona es movida, variopinta, con luchas y enfrentamientos profesionales. Sea en política, arte, negocios, investigación, ciencia, tecnología…, la tendencia general es querer hacer cosas que los demás no han hecho, ser originales, lo que genera envidias, odios y antagonismos de todo tipo, por lo que uno suele abrirse camino gracias a su tesón, coraje, resistencia y empecinamiento, con inclinación a no traicionar sus ideales.

Los nacidos en día de *luna llena* (como los de 1941 mañana, 1960 y 1979 mañana) corren especial riesgo de inestabilidad familiar y hogareña, pero con grandes posibilidades de obtener fama o destacar en su profesión.

Otra jornada que se halla bajo el influjo principal de las estrellas *Sadalsuud,* de la constelación de Acuario, y *Deneb Algedi,* de la constelación de Capricornio. El nombre de la primera parece provenir del árabe *Saaa es Són-na,* «la dicha de la ley tradicional», si bien otras fuentes lo hace derivar de *Sa'd al-Su'ud,* «la más afortunada de las estrellas afortunadas», lo que pensamos que es muy exagerado, puesto que la experiencia enseña que no es una estrella favorecedora, ya que induce a inventos, innovaciones, ideas renovadoras y vanguardistas, afanes de originalidad, reacciones temperamentales y acciones fuera de lo normal. Estimula mucho el sentido telepático y visionario, el cual puede aplicarse a la investigación, a la creatividad o a lo sociológico. La *Sadalsuud* o *Sadalsud* presagia éxitos, logros y satisfacciones por medio de las ciencias y artes, dibujo, pintura, diseño, modelación…, y la ocupación cargos públicos y religiosos.

Por su parte, el nombre de la segunda viene del árabe *Deneb al-Jedi,* «la cola del cabrito», por hallarse esta estrella en tal lugar en la figura de la Cabra que representa la constelación. En castellano debería escribirse *Deneb el Yedí.* Es una estrella que capacita para empleos oficiales, política y diplomacia, si bien advierte de inestabilidad en el cargo, empleo o empresa y la necesidad de permanecer vigilante ante la actuación de opositores, rivales y enemigos. En deporte, presagia lesiones por culpa de los contrincantes.

Como trasfondo de este día hay un influjo sexual y erótico, si bien no faltan sociólogos, humanistas, religiosos, escritores y científicos. Lo extranjero tiene especial importancia en lo profesional y en el éxito personal. En lo creativo inclina de manera preferente a las artes escénicas, espectáculos y centros de diversión, si bien abundan los profesionales de la estética, peluquería, salones de belleza, cosmética, perfumería, modas, diseño, decoración… Y en lo intelectual, se reciben facultades o atracción por la literatura, poesía, astronomía, astrología, futurología, artes adivinatorias, etc. Y en lo más arriesgado, es una jornada que ha dado muchos toreros.

Se suele ir a contracorriente y ser temerario, imprudente, infantil, impulsivo y variable. Hay riesgo de que las impulsividades y arranques temperamentales provoquen conflictos con la ley y de que los amores precoces malogren estudios y profesiones.

on mayor o menor intensidad, siguen las inducciones de las estrellas *Sadalsuud* y *Deneb Algedi*. Como sabemos, la primera pertenece a la constelación de Acuario, y la segunda, a la de Capricornio.

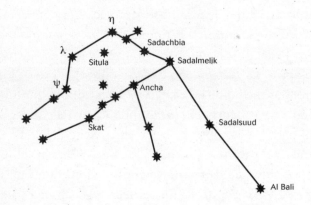

Constelación de Acuario

En general, jornada que comunica sentido místico, espiritual y religioso, con atracción por lo parapsicológico y sobrenatural. Hay una hipersensibilidad inspiradora que tanto puede canalizarse hacia lo creativo, musical y pictórico como hacia lo científico, cósmico y metafísico. Así, no debe sorprender que muchos sacerdotes de las más diversas religiones y cultos hayan nacido en este día. Persisten las facultades y atracción por la astronomía y la astrología. En el plano deportivo domina todo lo relacionado con velocidad, como hockey, atletismo, automovilismo, motociclismo, aviación, hípica, etc.

Los nacidos en *luna nueva* (como los de 1934 madrugada, 1953 madrugada, 1968, 1991 y 2010 madrugada) deben vigilar mucho su salud y ser muy prudentes al conducir, navegar o volar. También han de cuidar las vías respiratorias y el sistema nervioso.

Este día del signo solar de Acuario se halla bajo el poder combinado de las estrellas *Sadalsuud,* de la constelación de Acuario, y de *Deneb Algedi,* de la constelación de Capricornio. La conjugación de ese influjo con el solar hace que los nativos de esta jornada reciban inclinaciones diversas y variopintas, pero todas teñidas con lo mental e intelectual. Hay incremento de vocaciones en el campo de las ciencias aeroespaciales y deportes de velocidad y movimiento. El carácter es decidido, intrépido, osado y entusiasta en la profesión que eligen. Son técnicos por excelencia, pero también intuitivos y pensadores, por lo que da muchos investigadores científicos.

En lo negativo advierte del peligro de accidentes con el fuego, gas, electricidad, vehículos, aviación…

Aunque la personalidad es polifacética, en el plano intelectual hay muchas aptitudes para las letras, si bien es un día que da más químicos y biólogos que escritores.

Los nacidos en *luna nueva* (como los de 1942, 1961 y eclipse de Sol, 1972 madrugada, 2018 y eclipse de Sol, noche) son los que han de ser más prudentes con el agua, la navegación y los vehículos y los que deben cuidar más su salud, en especial el sistema nervioso, el aparato digestivo y la circulación general.

Y los venidos al mundo en *luna llena* (años 1976 y 1995) pueden destacar en su profesión y socialmente, pero con riesgo de inestabilidad conyugal y familiar.

Para todos, en el plano de la salud, hay que vigilar lo cardiovascular, las piernas, las rodillas, la formación de varices, la alimentación…

Por orbe, se notan aún los efectos suaves de las estrellas *Sadalsuud* y *Deneb Algedi*. Como ya hemos visto, la primera pertenece a la constelación de Acuario, y la segunda, a la de Capricornio. *(Véase* lo dicho en el día 12 de febrero).

Esta jornada es de clara tendencia altruista, humanitaria y sociológica. Se busca el mejoramiento de la sociedad y el saberse útil, moral y positivamente hablando. Inclina a la hermandad cósmica, a lo ecológico, a luchar por las libertades humanas. Da muchos maestros, pedagogos, sociólogos, antropólogos, naturalistas y botánicos, si bien en lo creativo aumenta la sensibilidad musical y literaria hasta el punto de que entre los nacidos en este día hay muchos pensadores, filósofos, compositores y literatos. En otro plano, suele dar vida a muchos deportistas: atletas, futbolistas, tenistas…

Referente a la salud, ha de preocupar la circulación general, las piernas, los pies, las rodillas y el riesgo de caer en crisis nerviosas y depresiones, por lo general por no haber llevado una dieta alimentaria adecuada y haber caído en fases de agotamiento o estrés. Lo deben tener particularmente presente los nacidos en *luna nueva* (como los de 1950 noche, 1969, 1980 y 1999) o en *luna llena* (años 1946, 1965 madrugada y 2003 noche).

Aún se perciben, aunque muy débiles, los influjos de las estrellas *Sadalsuud*, de la constelación de Acuario, y *Deneb Algedi*, de la constelación de Capricornio *(véase* lo dicho el 12 de febrero). En esta jornada se mantienen las inclinaciones por los estudios y trabajos de tipo sociológico, psicológico y antropológico. Son hábiles en relaciones públicas y poseen dotes innatas para trabajar en medios de comunicación social y audiovisual.

Es un día que presagia muchos cambios, viajes, oficios y cargos diversos, varios domicilios y tendencia a complicarse la vida por ideologías políticas extremistas y por contar las verdades.

El carácter es impulsivo, lanzado y pensador. Se halla muy estimulado lo intelectual y la creatividad artística y musical en todas sus formas. En conjunto, riesgo de dejarse influir excesivamente por amistades inconvenientes o peligrosas. En negocios y asociaciones, peligro de perder inversiones o dinero por abuso de confianza de un socio, colaborador o cliente importante.

Atracción especial por las ciencias ocultas, parapsicológicas, espiritualistas y supersticiosas.

En el plano de la salud, hay que vigilar los pulmones, las piernas, la circulación general, lo cardiovascular, las rodillas, la piel…, en particular los nacidos en *cuarto menguante* (como los de 1933, 1944 y 1990). Los venidos al mundo en *luna llena* (años 1954, 1973 y 1984) deberán autocontrolar sus impulsos y fantasías, sobre todo a nivel empresas e inversiones.

Por orbe y muy débilmente, se reciben los efluvios de la estrella *Sadalmelik,* de la constelación de Acuario *(véase* lo dicho el 21 de febrero). Aquí, vaticina problemas y desavenencias con los padres, alejamiento del hogar paterno, marcha al extranjero, viajes comerciales o profesionales, éxito o fama gracias a las propias cualidades y carrera. Inestabilidad amorosa, separación, divorcio, viudez…, pero con tendencia a recibir bienes, riquezas o ayudas por parte del cónyuge. Matrimonio o amores con extranjeros. Cualidades pictóricas, oratorias y publicitarias. Magnetismo personal para actuaciones públicas, representaciones comerciales o diplomáticas, modelo, etc. En otro plano, tendencias ecológicas, pacifistas, naturistas, deportivas…

De una forma u otra, el pensamiento es inconformista, rebelde, innovador, vanguardista, inventor. Busca nuevas formas creativas y de expresión y rechaza lo normal, rutinario y vulgar.

Como día de frontera entre los signos solares de Acuario y Piscis, hay que consultar las efemérides correspondientes o a un astrólogo para saber a cual de los dos signos se pertenece, ya que en muchos años se es del signo de Acuario, mientras que en otros, por la noche, ya domina el signo de Piscis.

Los nacidos en *cuarto creciente* (como los de 1937, 1943, 1948 y 1994) tendrán mayores posibilidades de éxito en sus proyectos, si bien deberán controlar su sistema nervioso y vigilar la circulación general y las piernas.

Se mantiene el patronazgo, por orbe, de la estrella *Sadalmelik,* de la constelación de Acuario *(véase* lo dicho el 21 de febrero), que contribuye a generar personalidades singulares y de tipo humanista. Es un día que ha dado gran número de psicólogos, sociólogos y antropólogos. Hay aptitudes para dedicarse a la abogacía con objeto de defender causas laboralistas o luchar contra injusticias sociales. Carácter algo quijotesco, defensor de causas perdidas.

Con todo, el carácter no es armónico ni fácil, puesto que en este día se reciben complicados influjos solares, toda vez que en la mayoría de años es la frontera entre los signos solares de Acuario y Piscis. Por lo común, los nacidos por la noche suelen ser Piscis, mientras que por la mañana reina Acuario. Hay que consultar a un astrólogo o el libro de efemérides, de acuerdo con la hora de nacimiento, para saber a qué signo pertenece uno.

Tales influjos determinan inseguridad interna, fantasías o ilusiones exageradas, depresiones y mayor tendencia al retiro, a la soledad al estudio o trabajo en silencio.

Y como es de suponer, la vida familiar y conyugal acusa esos nervios y tensiones, por lo que es muy difícil que la pareja o el matrimonio se mantenga estable y armónico.

Hay un cierto predominio musical, pictórico y poético en lo creativo; en segundo plano están las artes escénicas.

Y en el terreno negativo existe el peligro de buscar escapismos artificiales, como tabaco, bebida, sexo, droga…, en un intento inútil de fortalecer el ego o de huir de infantilismos caracterológicos. Lo deben tener especialmente en cuenta los nacidos en *luna nueva* (como los de 1939, 1985 y 1996 madrugada) o en *luna llena* (años 1962, 2000 y 2019).

En el campo de la salud, se deben vigilar las piernas, los pies, lo cardiovascular, la circulación general, las glándulas linfáticas, los intestinos, las varices, la vesícula biliar…

Esta jornada compulsiva-pulsante se halla bajo el influjo debilitado de la estrella *Sadalmelik* (sobre todo por la tarde), de la constelación de Acuario. *Sadalmelik* o *Sadalmelek* deriva del árabe *Saáa el Melic*, «la dicha del rey». No parece ser una estrella de buena suerte, según la quieren ver algunos, sino todo lo contrario. En particular no favorece al sexo femenino. La estadística demuestra que los creativos, artistas, intelectuales, religiosos y poetas individualistas nacidos en este día pueden alcanzar los más altos honores y satisfacciones profesionales. En cambio, en el plano comercial, financiero y especulativo no es una buena estrella, ya que advierte de pérdidas repentinas, inversiones desafortunadas, pleitos, procesos, embargos, persecuciones judiciales por impagados, etc.

Asimismo, es una estrella que advierte de conflictos familiares y románticos, sobre todo para los nacidos por la tarde y noche, en que los influjos de la estrella se notan algo más.

En conjunto, las personas nacidas en este día son hipersensibles, nerviosas, imaginativas y emocionalmente inestables. Hay una clara falta de seguridad en las propias ideas y pensamientos, por lo que buscan la dicha sentimental o afectiva por encima de otras consideraciones o intereses. Aunque parezca lo contrario –por la popularidad que pueden alcanzar– su ego es débil y necesita un soporte emocional, por lo que su vida sentimental-romántica es tan inestable como alocada, puesto que difícilmente el ego de otra persona puede ser la solución para el soporte o seguridad del propio yo. En consecuencia, los nacidos en este día deben aprender a fortalecer su ego, a autocontrolar sus emociones y sentimientos y a buscar el consejo de un buen psicólogo en los momentos de crisis o debilitamiento, a fin de no caer en depresiones profundas.

Pese a ello, es una jornada y estrella que vaticina acontecimientos trágicos, adversos o fuera de lo común. Hay posibilidades de fama, riqueza, encumbramiento, pero con muchos altibajos emocionales, de suerte y profesionales. Riesgo acentuado de crisis nerviosas y de caer en amores secretos y vicios. Hay que apartarse del tabaco, alcohol y drogas, de lo contrario no se alcanzarán los objetivos creativos o profesionales previstos.

En general, son las féminas de este día las que parecen sufrir más las situaciones complicadas que vaticina la estrella citada. Los hombres tienen facilidades para conseguir sus ambiciones profesionales.

Los nacidos en este día están dominados intensamente por los efectos de la estrella *Sadalmelik* (Sadal Melik o Sadalmelek), de la constelación de Acuario. El nombre deriva del árabe *Saáa el Melic,* «la dicha del rey». Es una estrella amarillenta que no parece ser portadora de buena suerte, sino todo lo contrario. La estadística demuestra que los creativos, artistas, intelectuales, religiosos y poetas venidos al mundo en esta fecha pueden alcanzar los más altos honores y satisfacciones profesionales, pero después de muchos sacrificios, sinsabores y luchas persistentes.

Sobre todo, en el plano comercial, financiero y especulativo, advierte de pérdidas repentinas, inversiones desafortunadas, pleitos, procesos, embargos, persecuciones por impagados, etc.

Suele haber, por lo común, una actuación algo alocada, impulsiva, pues siempre se buscan oportunidades, lo que otros no han sabido ver, y se lanza uno a jugadas arriesgadas, perdiendo dinero y prestigio. Pero eso no amilana al sujeto. Vuelve a especular, torna a comprar negocios precarios, fincas, terrenos, etc., soñando siempre que recuperará lo perdido en anteriores ocasiones. Ni que decir tiene que se pasan muchos altibajos económicos y familiares, situaciones bancarias muy difíciles, y que alguna vez se consigue el éxito. Pero hay que decir al respecto que sólo una minoría de sujetos consigue sus objetivos. Los restantes son barridos por la escoba del fracaso total y rotundo a causa de sus imprudencias y de no escuchar los consejos de quienes los aprecian de verdad.

El carácter es aventurero, osado, emocional, viajero, soñador, variable, convencido de que es mejor o distinto al prójimo. También se posee mucha intuición y sensibilidad para lo misterioso y oculto, con brotes de intemperancias de carácter y agresividad, alternando con otras de espiritualidad, misticismo e idealismo supersticioso.

Además, en esta jornada también se notan los influjos, sobre todo a partir del mediodía, de la estrella *Fomalhaut,* de la constelación del Pez Austral. Su nombre deriva del árabe *Fum el Hotz,* «la boca del pez». Lo correcto, en castellano, sería llamarla *Fumeljot.* Es una estrella blanca que favorece lo espiritual, místico y humanista. Contribuye a vocaciones en el campo religioso y aumenta la sensibilidad poética y musical.

Este día se halla bajo el influjo combinado de las estrellas *Sadalmelik* (Sadalmelek) y *Fomalhaut*. La primera pertenece a la constelación de Acuario y su nombre deriva del árabe *Saáa el Melic*, «la dicha del rey». No parece ser una estrella de buena suerte, según la quieren ver algunos, sino todo lo contrario. La estadística demuestra que los creativos, artistas, intelectuales, religiosos y poetas individualistas nacidos en este día pueden alcanzar los más altos honores y satisfacciones profesionales. En cambio, en el plano comercial, financiero y especulativo no es una buena estrella, ya que advierte de pérdidas repentinas, inversiones desafortunadas, pleitos, procesos, embargos, persecuciones judiciales por impagados, etc.

Suele haber en la persona una actuación algo alocada o fantasiosa, pues siempre busca oportunidades, golpes de suerte, lo que otros no han sabido ver…, y se lanza a empresas arriesgadas, audacias comerciales, perdiendo dinero y reputación. Pero eso no amilana al sujeto. Vuelve a especular, torna a comprar negocios precarios, fincas para reconstruir o mejorar, etc., soñando siempre que recuperará lo perdido en anteriores ocasiones.

En cuanto a la *Fomalhaut*, pertenece a la constelación del Pez Austral y su nombre deriva del árabe *Fum el Hotz*, «la boca del pez». Lo correcto, en castellano, sería llamarla *Fumeljot*. Favorece lo espiritual, místico, clarividente, espiritista, mágico, brujesco, parapsicológico y teológico.

En conjunto, es un día que confiere facultades para comprender el sufrimiento de los demás y ayudarlos, por lo que también contribuye a dar vocaciones en el campo de las medicinas alternativas, sanidad, farmacia, psicología, reflexoterapia podal, digitopuntura, etc.

En un plano más mundanal, favorece empleos y negocios conectados con alimentación, hostelería, restaurantes, gastronomía, pescaderías, marisquerías, navegación, pesca…

Por otro lado, la persona es muy intuitiva, clarividente, supersticiosa… Presagia que uno tendrá que enfrentarse con situaciones ocultas, secretas y misteriosas y advierte de peligros con el agua: mares, lagos, ríos, inundaciones, riadas… Además, pronostica inestabilidad sentimental y frustraciones románticas.

Otro de los días que se halla bajo el influjo complejo y variopinto de varias estrellas, lo que genera compulsiones y actividades tan estresantes como absorbentes y, en ocasiones, contradictorias. En primer lugar hay que tener en cuenta que siguen los efluvios magnéticos de las estrellas *Sadalmelik* (Sadalmelek) y *Fomalhaut*.

La *Sadalmelik* es una estrella amarillenta que pertenece a la constelación de Acuario. El nombre deriva del árabe *Saáa el Melic*, «la dicha del rey». No parece ser una estrella de buena suerte o de fortuna, sino todo lo contrario. La estadística demuestra que los creativos, artistas, intelectuales, religioso y poetas individualistas nacidos bajo esta estrella pueden alcanzar altos honores y reconocimientos. En cambio, en el plano comercial, financiero y especulativo no es una buena estrella, ya que advierte de pérdidas repentinas, inversiones desafortunadas, pleitos, procesos, embargos, persecuciones judiciales por impagados o quiebras, etc.

Y en cuanto a la *Fomalhaut,* pertenece a la constelación del Pez Austral y su nombre deriva del árabe *Fum el Hotz*, «la boca del pez». Lo correcto, en castellano, sería llamarla *Fumeljot*. Es una estrella blanca que favorece lo espiritual, lo místico, clarividente, espiritista, mágico, brujesco, parapsicológico y teológico.

Constelación del Pez Austral

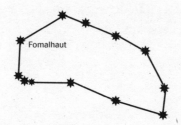

Fomalhaut

Y en segundo lugar, en este día irrumpen brusca e intensamente los influjos procedentes de la estrella *Deneb Adige,* de la constelación del Cisne. El nombre deriva del árabe *Deneb ed Deyáya*, «la cola de la gallina», que suele traducirse por «la cola volante» y que esotéricamente se interpreta como «el señor o juez que viene volando rápidamente».

Podemos interpretar los influjos o inducciones de esta tercera estrella –que es una blanca supergigante cuyo diámetro es 60 veces mayor que el del Sol y cuya luminosidad equivale a la de 60.000 soles– como que da el premio o el castigo de manera rápida según la actuación de cada uno. Eso quiere decir que los nativos de esta fecha reciben la recompensa o la punición a sus acciones en poco tiempo.

En conjunto, pues, no es un día muy afortunado para especulaciones financieras o comerciales. Hay que huir de las inversiones arriesgadas, puesto que, de una forma u otra, hay pérdidas o el riesgo de pleitos o procesos que se comen parte de los beneficios a recibir. En general, el nacido en este día es más afortunado en el trabajo y en el campo de las amistades que en el financiero. Incluso, pese a la inestabilidad sentimental, el amor es más favorable que lo comercial-monetario.

Se reciben fuertes dosis de ingenio, sexto sentido, oratoria, declamación, canto, intelectualidad, etc. Presagia amistades y protectores influyentes y capacidad para superar trampas y conspiraciones de los enemigos y opositores, que no faltarán a lo largo de la existencia.

Los nacidos alrededor del mediodía tienen mayores probabilidades de destacar en su profesión o creatividad o en actividades cara al público.

En cambio, los venidos al mundo en día de *luna llena* (como los de 1940, 1959 y 1978 mañana) corren mayor peligro de problemas conyugales y familiares. Y los nacidos en día de *luna nueva* (como los de 1982 noche y 2001) han de vigilar mucho su salud, en particular el sistema nervioso y el aparato digestivo.

En este día predominan, de manera clara, los efectos de la estrella *Deneb Adige,* de la constelación del Cisne. El nombre deriva del árabe *Deneb ed Deyáya,* «la cola de la gallina», que suele traducirse por «la cola volante» y que esotéricamente se interpreta como «el señor o juez que viene volando rápidamente».

Hay que interpretar los influjos de esa estrella como los que dan el premio o el castigo de una manera rápida o veloz, según la actuación recompensable o punible de cada uno. Eso significa que los nativos de esta jornada reciben la gratificación o la sanción por sus acciones antes de que trascurra mucho tiempo.

Por otro lado, esa estrella aumenta el psiquismo de la persona, el sexto sentido, la inspiración creativa, las facultades paranormales o la atracción por las ciencias ocultas, parapsicología, espiritualismo, misticismo, psicología…

Como parte negativa, es una estrella que no favorece lo financiero y que presagia persecución judicial o pleitos por actuaciones equivocadas o fuera de la ley a causa de amistades o consejeros poco escrupulosos.

Es una jornada que da gente muy nerviosa y que necesita actividad y movimiento, por lo que no debe sorprender que dé muchos deportistas, especialmente atletas, gimnastas, pilotos automovilísticos, ciclistas, jugadores de béisbol y baloncesto, jugadores de hockey y waterpolo, etc.

Muchos compositores, cantantes y poetas hipersensibles también han nacido bajo este día y estrella.

Los nacidos en día de *luna llena* (como los de 1948, 1967, 1986 y 2005) tienen mayores posibilidades de destacar en su profesión y obtener fama que de gozar de estabilidad sentimental o de salud férrea. En consecuencia, deben aprender a ser muy frugales y sensatos con la alimentación y evitar las grasas, el alcohol, los estimulantes y el agotamiento físico.

Y los nacidos en día de *luna nueva* (como los de 1933, 1944 mañana y 1963 mañana) han de vigilar su sistema nervioso y su aparato digestivo.

Por la mañana aún se notan, aunque muy suavizados, los efectos de la estrella *Deneb Adige* de la constelación del Cisne. El nombre deriva del árabe *Deneb ed Deyáya*, «la cola de la gallina», que suele traducirse por «la cola volante» y que esotéricamente se interpreta como «el señor o juez que viene volando rápidamente».

Hay que interpretar los influjos de esa estrella como los que dan el premio o el castigo de una manera rápida según la actuación de cada uno. Eso significa que los nativos de esta fecha reciben la recompensa o la punición a sus acciones antes de que trascurra mucho tiempo.

Además, esa estrella aumenta el psiquismo de la persona, el sexto sentido, la inspiración creativa, las facultades o atracción por las ciencias ocultas, parapsicología, espiritualismo, misticismo, psicología… Muchos compositores, cantantes y poetas hipersensibles han nacido bajo este día y estrella.

Como parte negativa, es una estrella que no favorece lo financiero y que presagia persecución judicial o pleitos por actuaciones equivocadas o fuera de la ley a causa de amistades o consejeros poco escrupulosos.

Por la tarde ya se perciben los influjos, aunque débilmente, de la estrella *Skat* de la constelación de Acuario. El nombre parece derivar del árabe *En Shi'at*, «el sabio». Es una estrella de buena fortuna, la cual confiere cualidades para relaciones humanas y públicas y dones de tipo poético, pictórico y artístico.

En conjunto, esas estrellas del 25 de febrero favorecen más lo profesional, intelectual, mental, espiritual y la creatividad que lo familiar, hogareño o sentimental. Incluso da atracción por lo cósmico, metafísico y astronómico. La personalidad es singular, fuera de serie, buscando siempre nuevos caminos de expresión.

Presagia altibajos económicos y profesionales muy acusados, así como enemigos y opositores empecinados, generalmente por no saber callar y cantar las verdades a los demás.

Hay que vigilar el sistema nervioso y evitar el tabaco, alcohol, estimulantes, drogas, exceso de medicamentos, etc., ya que se corre el riesgo de intoxicaciones y adicciones.

Además, se notan los efluvios de las estrellas *Ancha* y *Sadachbia*, ambas de la constelación de Acuario. La primera es un sistema doble y las dos son blancas. El nombre de la segunda –asimismo blanca– deriva del árabe *Sa'd al-Akhbiyah,* «el talismán o buena estrella de las tiendas», de lo que se desprende que es una estrella benefactora, que protege de muchas adversidades y peligros.

Es una jornada que en lo mundanal favorece vocaciones o trabajos conectados con aviación, marina, navegación, pesca, industrias conserveras, etc.

Los nacidos en *luna nueva* (como los de 1952, 1971, 1990 y 2009 madrugada) deben vigilar mucho su salud y estar alerta contra la actuación de enemigos y opositores de ambos sexos.

Los nacidos en este día se hallan bajo el fuerte influjo de la estrella *Skat,* de la constelación de Acuario. El nombre parece derivar del árabe *En Shi'at,* «el Sabio». En conjunto, es una estrella de buena fortuna, de buena suerte, si bien pronostica problemas domésticos, tribulaciones personales y familiares. Es una estrella blanca que no vaticina un destino cómodo o muy alegre, sino una vida de responsabilidades y de luchas sociales, pero con éxitos profesionales, fama, premios, honores y reconocimientos públicos, pero obtenidos a base de esfuerzos personales.

Es una estrella que confiere un intenso magnetismo personal para atraer al prójimo a las ideas y causa de uno, altas aspiraciones creativas y sociales, sentido poético y búsqueda de lo cósmico y universalista, y gran capacidad para enfrentarse con las injusticias sociales y las adversidades.

En conjunto, pues, hay grandeza de carácter y capacidad para comprender las desgracias y aflicciones del prójimo. Es una jornada que comunica sentido de lo poético, literario, pictórico y espiritual. Vaticina desengaños con la pareja, y tribulaciones a causa de hermanos e hijos. Peligro de exilio o de alejarse del lugar de nacimiento, probablemente por causas político-sociales o profesionales.

El nacido en este día suele ser un creativo innato, un investigador, un pensador, un sabio, un experimentador…, se dedique a lo que se dedique. Asimismo, hay un sedimento espiritualista, teológico y cósmico, por lo que igual puede nacer un poeta, un sacerdote, un médico o un astrónomo.

Por otro lado, la suerte y la salud varían según el año de nacimiento y de acuerdo con los aspectos astrales del Sol y los planetas principales.

Así tenemos que los nacidos en día de *luna nueva* (como los de 1941, 1960 1979 y 1998) o en día de *luna llena* (como los de 1956, 1975 y 1994) habrán de vigilar su salud muy particularmente y son los que corren mayor riesgo de problemas emocionales, conyugales y familiares.

Como telón de fondo siguen los efectos de las estrellas *Ancha* y *Sadachbia,* de la constelación de Acuario *(véase* lo dicho el 25 de febrero).

Día que se halla bajo el fuerte influjo de la estrella *Skat,* de la constelación de Acuario. El nombre parece derivar del árabe *En Shi'at,* «el Sabio», lo que presagia fama, popularidad o encumbramiento por los propios conocimientos, facultades, estudios y trabajo.

Es una estrella blanca que, en conjunto, augura buena fortuna, suerte profesional…, si bien pronostica problemas domésticos y laborales, tribulaciones personales y familiares… Es otro día que no vaticina un destino cómodo ni placentero, sino una trayectoria llena de responsabilidades y de luchas sociales y comerciales, pero con éxitos finales.

Al mismo tiempo, la *Skat* es una estrella que confiere un intenso magnetismo personal y entusiasmo para atraer a los demás a las ideas y causa de uno. También insufla altas aspiraciones creativas y sociales, sentido poético y búsqueda de lo cósmico y universalista y gran capacidad para denunciar y enfrentarse con las injusticias sociales, los escollos y las adversidades.

Hay un trasfondo social, humanitario y sociológico, el cual cobra mayor intensidad con la edad. Fortuna o suerte gracias al matrimonio o a la colaboración de la pareja.

Sin embargo el carácter es algo neurótico, imprevisible, con altibajos emocionales desproporcionados o exagerados y destellos de genialidad creativa o profesional. Augura cambios y trasformaciones inesperados a causa de accidentes propios o familiares.

En lo negativo, existe peligro de adicción al tabaco, alcohol, droga, café, té, estimulantes, medicamentos, etc., por lo que se debe ser muy sensato en todo momento y recabar la ayuda del neurólogo o psicólogo al menor síntoma de exceso de consumo en cualquier dirección.

Es una jornada que da muchos actores y actrices, cantantes, músicos y personajes de la televisión, radio y espectáculos. En segundo plano se hallan literatos, diseñadores, impresores, editores, pensadores y científicos.

Los nacidos en día de *luna llena* (como en los años 1945, 1964, 1983 y 2002) tienen más facilidades para destacar profesional y socialmente, pero corren mayor peligro de sufrir conflictos familiares y sentimentales, tanto en el hogar paterno como en el propio.

Los nacidos en esta fecha aún están bajo el influjo –aunque debilitado y difuso– de la estrella blanca *Skat,* de la constelación de Acuario, en particular los nacidos por la mañana. El nombre parece derivar del árabe *En Shi'at,* «el Sabio», lo que presagia fama o popularidad por los propios conocimientos y facultades.

En conjunto, es una estrella de buena fortuna, de buena suerte, si bien pronostica problemas domésticos, tribulaciones personales y familiares. No vaticina un destino cómodo ni placentero, sino una vida de responsabilidades y de luchas sociales, pero con éxitos profesionales, fama, honores y reconocimientos públicos.

La *Skat* es una estrella que confiere un intenso magnetismo personal para atraer al prójimo a las ideas y causa de uno, altas aspiraciones creativas y sociales, sentido poético y búsqueda de lo cósmico y universalista y gran capacidad para denunciar y enfrentarse con las injusticias sociales y las adversidades.

En general, pues, hay grandeza de carácter y corazón para comprender las desgracias del prójimo. Se reciben más aptitudes para las ciencias ocultas, el humanismo, el espiritualismo y la sociología que para negocios muy materialistas o mercantilistas, si bien como trasfondo hay mucha dosis de lo poético, literario, pictórico…

Es un día que advierte del riesgo de problemas con la pareja y de peligro de ruina y pérdidas económicas por mala gestión, abusos de confianza de familiares, juegos de azar, vicios, pasiones…

Hay predominio de lo extranjero sobre lo nacional y hace que el carácter sea algo versátil, impresionable y excesivamente emocional, por lo que reacciona poco calculadoramente ante los conflictos y problemas, pese a su resistencia y entereza.

Existe, además, cierta atracción por negocios arriesgados o profesiones temerarias. Vaticina amores secretos o alocados, fuera de toda norma o conveniencia. Y si uno se dedica a la política u ostenta cargos públicos, pronostica enemigos, intrigas, calumnias, oposiciones feroces, etc.

En el plano de la salud, han de preocupar de manera particular la columna y los huesos, las piernas…

Esta jornada de año bisiesto suele conferir caracteres innovadores y, al mismo tiempo, conservadores, es decir, buscan las novedades y nuevas orientaciones constantemente, pero sin despreciar lo tradicional. Se hallan bajo el patronazgo de la estrella anaranjada *Situla,* de la constelación de Acuario (*vease* el día *1 de marzo*).

En general, hay fuerte apego a la patria, al hogar y a las amistades. Se poseen aptitudes para medicina, farmacia, herboristería, química, droguería y perfumería. En lo creativo-artístico, hay particular tendencia a la literatura, novelística, poesía, canto y composición musical. En un plano aparte, a la arqueología y la enseñanza.

Asimismo, este día confiere atracción desmedida por los placeres de la mesa. En deporte inclina preferentemente al fútbol, tenis, esquí, baloncesto, hockey, patinaje, waterpolo…

Los nativos de Piscis de este día están bajo el influjo de las estrellas *Situla* y *Eta* (η), de la constelación de Acuario. *Situla* significa en latín «cubo», «urna»…, por hallarse en dicha parte de la figura del Aguador, que deja caer el agua o la lluvia. Las dos comunican atracción por lo misterioso, enigmático, desconocido y parapsicológico. Por un lado, se tiene mucha sensibilidad, sentimientos y sentido humanitario, pero, por otro, se posee mente calculadora, fría, intransigente y sin entrañas, en especial si bebe, se droga…

Profesionalmente hay facultades o aptitudes para las ciencias aeroespaciales y de navegación, como meteorología, astronomía, navegación, aviación, astronáutica, control de vuelos, medios de comunicación aeroespaciales…

En otro plano, es una jornada que inclina a la pintura, al diseño, a la escenografía, a la cartelería, al baile, a la poesía, a la novelística… En lo artístico hay tendencia a romper con moldes y no aceptar normas.

De una forma u otra, los viajes a otros países constituyen casi una obligación. Asimismo, los contactos sentimentales o comerciales con extranjeros son determinantes para los nacidos en esta fecha. Hay riesgo de vivir tragedias familiares o sentimentales; en este campo no faltan las tribulaciones.

En lo deportivo, incide particularmente en tenis, fútbol, baloncesto, esquí, surf, *skateboarding*…

Por el lado de la salud, hay que vigilar los pies, el sistema nervioso, lo neurológico, los intestinos, los pulmones, lo cardiovascular, el metabolismo…

Los nacidos en *luna nueva* (como los de 1957, 1995 y 2014) corren mayor riesgo de congojas afectivas y hogareñas, además de ser muy prudentes con el agua, la navegación… Los venidos al mundo en *luna llena* (años 1934 y 1980 noche) tendrán mayores oportunidades profesionales, pero también deberán extremar la prudencia al conducir, volar y navegar. Y los que vieron la luz de la vida en *cuarto creciente* (años 1944 noche, 1955, 1974, 1993 y 2012) son los que tienen mayores probabilidades de alcanzar autosatisfacción creativa y premios profesionales.

E ste día está bajo el influjo de la estrella *Eta* (η), de la constelación de Acuario, la cual comunica mayor optimismo y entusiasmo en los Piscis. Pero los nativos de esta fecha son exageradamente sentimentales, emocionales y humanitarios, aunque con ráfagas exageradas de pesimismos y supersticiones. A veces con razón, toda vez que no faltan enemigos, traiciones, abusos de confianza ni adversidades, según el año de nacimiento. Así, los nacidos en los años 1961, 1962, 1963, 1964 y 1965 deben ser muy prudentes y precavidos con todo, incluso con la salud y el amor.

En general, grandes oportunidades de cobrar fama en su profesión o cargo. Aptitudes para las relaciones públicas, ciencias políticas, artes escénicas y medios de comunicación social. Presagia honores y premios en el extranjero, pero también vaticina ataques por parte de enemigos, contrincantes, opositores y envidiosos, actúen desde la sombra o a cara descubierta.

El sentimentalismo, la debilidad romántica y los amores alocados acarrearán graves problemas personales, hogareños y familiares.

En salud debe preocupar el sistema nervioso, los pies, la circulación general, la presión arterial, el riesgo de anemia…

Los nacidos en *luna nueva* (como los de 1938, 1984 y 2022) o en *cuarto menguante* (años 1948, 1959, 1978 y 1997) serán más propensos a tener problemas con el sistema nervioso y el aparato digestivo.

En cambio, los venidos al mundo en *luna llena* (años 1961, 1999 y 2018) serán más exaltados y apasionados.

os nativos de este día están bajo el influjo de la estrella *Lambda* (λ) de la constelación de Acuario. Son más humorísticos, optimistas, cordiales y fantasiosos que la mayoría de las jornadas anteriores, aunque pertenezcan todos al signo solar de Piscis. Incluso en lo sentimental y romántico son más positivos que negativos, pese a las frustraciones que tienen que sufrir. Los que desarrollan su temperamento artístico y musical pasan por altibajos emocionales muy acusados, si bien remontan pronto el pesimismo o el pesar.

En lo creativo, incide particularmente en danza, baile, coreografía, dibujo, pintura, modas, diseño, decoración, etc. En el plano público, político y militar advierte del peligro de pérdida de cargo, de conspiraciones, de atentados… Incluso, para todos, hay peligros con todo lo que sean explosivos, material pirotécnico, materias inflamables, etc.

A causa del optimismo y de la confianza en sí mismo, de que todo lo controla, es otro día que marca el riesgo de adicción (tabaco, alcohol, café, té, estimulantes, drogas…).

En el plano de la salud, cuidado con los pies, las glándulas linfáticas, los líquidos del organismo, el sistema nervioso, los intestinos, las articulaciones de los pies y sus dedos…

Los nacidos en *luna nueva* (como los de los años 1946, 1965 y 2003) y en *cuarto menguante* (años 1967, 1986 y 2005) corren especial riesgo de sufrir depresiones y angustia.

Los nacidos en este día ya empiezan a notar el dominio de la estrella *Achernar* o *Ajernar,* de la constelación de Eridano o Río Eridano. El nombre deriva del árabe *Ájer en Náher,* que quiere decir «el fin o cabo del río», por hallarse esta estrella en el extremo más austral de esta larga y sinuosa constelación que lleva el nombre del rey mitológico de los ríos.

Es una estrella gigante azul, la novena estrella del firmamento por orden de brillo; su luminosidad equivale a 650 veces la del Sol. Confiere facultades para leyes, justicia, filosofía, religión, deportes y asuntos internacionales y viajes.

Ayuda al éxito en cargos públicos y en todo lo concerniente a viajes y empresas de importación-exportación. En otro plano, los nativos de este día son humanitarios, sociales y paternalistas, con aptitudes para laborar en el campo de entidades benéficas y de cuidados paliativos. Muchos enfermeros y psicólogos han nacido en este día, si bien como trasfondo hay cualidades artesanales, ecológicas y deportivas. Y en lo artístico, destaca el canto y la composición musical, aunque no faltan directores de orquesta nacidos en esta jornada.

En salud, se corre peligro de depresiones emocionales y crisis nerviosas, en particular los nacidos en día de *cuarto menguante* (como los de 1956, 1975 y 1994) o en día de *luna llena* (como los de 1931, 1950 y 1969) que, además, corren mayor peligro de conflictos familiares y hogareños y de frustraciones sentimentales.

Los nacidos en este día se hallan bajo el fuerte dominio y patronazgo de la estrella *Achernar* o *Ajernar,* de la constelación de Eridano o Río Eridano. El nombre deriva del árabe *Ájer en Náher,* que quiere decir «el fin o cabo del río», por hallarse esta estrella en el extremo más austral de esta larga y sinuosa constelación que lleva el nombre del rey mitológico de los ríos.

Es una estrella gigante azul, la novena estrella del firmamento por orden de brillo; su luminosidad equivale a 650 veces la del Sol. Confiere facultades para leyes, justicia; filosofía, religión, deportes y asuntos internacionales y viajes.

Su influjo adquiere en este día tonalidades temperamentales y destempladas. Hay capacidad para cargos públicos de todo tipo y destellos geniales creativos, pero todo ello mezclado con altibajos emocionales, crisis de identidad y obstáculos cuando menos se espere en el camino de la vida. No en vano los antiguos identificaron a Eridano como un río del averno.

En conjunto, no es una jornada amable, armónica, templada, comodona ni aburrida; los sobresaltos, disgustos, frustraciones, conflictos y situaciones adversas surgen más a causa de errores propios o por dejarse llevar por los sentimientos que por determinación de los hados. Sin embargo, es otro día que augura el peligro de sufrir violencias o problemas a causa de enemigos, intrigantes, traidores, delincuentes y emboscados, por lo que la persona sensata actuará con suma cautela y eludirá determinadas relaciones y tratos.

En lo positivo, hay facultades para ciencias, biología, leyes, ciencias políticas, religión, artes escénicas, canto, composición, pintura…

Los nacidos en día de *luna nueva* (como en los años 1935 y 1954) corren mayor peligro de sufrir crisis nerviosas y de salud y tener problemas en el hogar. En cambio, los venidos al mundo en un día de *luna llena* (como en los años 1939, 1958 y 1996) tienen mayores facilidades para destacar en la profesión, sociedad o deportes, pero también con riesgo de inestabilidad sentimental y familiar.

En este día siguen notándose los efectos de la estrella blanca *Achernar* (o Ajernar), de la constelación de Eridano o Río Eridano. El nombre deriva del árabe *Ájer en Náher,* que quiere decir «el final o cabo del río», por hallarse el astro en el extremo más austral de esta larga y sinuosa constelación que lleva el nombre del rey mitológico de los ríos.

Constelación de Eridano (II)

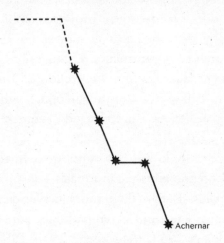

Achernar

Es una estrella que confiere inclinación por las leyes, la filosofía, las letras, lo místico-religioso, los deportes y los asuntos internacionales. Ayuda al éxito o a la popularidad en cargos públicos y en todo lo concerniente a viajes y empresas de importación-exportación. En otro plano se hallan las especialidades de bellas artes, en particular, canto y música.

Asimismo, los nacidos en este día obtendrán más beneficios y satisfacciones en asociaciones y colaboraciones en equipo que trabajando en solitario o independientemente. Los venidos al mundo alrededor del mediodía reciben más aptitudes para humanidades, beneficencia, sanidad, psicología, misiones religiosas o médicas a países necesitados.

Muchos misioneros, religiosos, sacerdotes y pastores han nacido en esta fecha, dominada por *Achernar,* estrella 650 veces más brillante que el Sol.

En este día tensional-nervioso, de espíritu creativo compulsivo, se está bajo el influjo de las estrellas *Psi* (Ψ), de la constelación de Acuario. En realidad se trata de un grupo de tres estrellas (Ψ^1, Ψ^2, Ψ^3), las cuales comunican actuaciones fulgurantes y percepción fuera de lo común, si bien hacen a la persona débil emocional y sentimentalmente, con arranques incomprensibles y angustias internas que pocas veces tienen razón de ser.

Altibajos muy acusados de estado de ánimo, sentimientos y suerte. Inspiración, sexto sentido, grandes ideas, proyectos ambiciosos, etc., que la realidad se encarga de rebajar a su justo nivel. Los Piscis de esta jornada tienen que aprender a controlar sus tendencias egocéntricas ilusorias, lo que genera conflictos a nivel hogareño y sentimental.

Aptitudes para dibujo, fotografía, pintura, danza, coreografía, música, artes escénicas..., si bien en esta fecha todo adquiere tintes dramáticos.

Como trasfondo de todo, lo literario, novelístico, intelectual, etc. Hipersensibilidad para fenómenos paranormales e inspiraciones tan repentinas como geniales. Riesgo de ataques nerviosos, reacciones muy airadas y depresiones emocionales, en particular para los nacidos en *luna nueva* (como los de 1932, 1951 noche, 1970, 1989 y 2008).

Los venidos al mundo en *luna llena* (años 1947, 1966 y 1985) tienen mayores posibilidades de triunfo en un arte o cargo público, pero también corren riesgo de frustraciones familiares.

En el apartado salud, ha de preocupar el sistema nervioso, la circulación general, la presión arterial, los pies, piernas, lo neurológico...

Es un día y unas estrellas que también han dado vida a técnicos forestales, ecologistas, geólogos, oceanógrafos...

Jornada de caracteres muy complejos y variables, ya que está influenciada por el grupo *Psi Piscium;* se trata de tres estrellas de la constelación de Piscis (Ψ^1, Ψ^2, Ψ^3). En conjunto, quedan favorecidos los viajes, lo extranjero, los contactos y empresas internacionales, los idiomas, traducciones, doblajes... Asimismo, comunican afición y aptitudes para los deportes náuticos y la hípica. Pero sentimental y románticamente es un día alocado y desatinado. Presagia varios amores, enamoramientos súbitos, flirteos imprevistos o súbitos, más de un matrimonio o unión, etc. Puede decirse que, desde un punto de vista sexual, es una fecha que inclina a la búsqueda del placer a cualquier precio. Los nativos de esta jornada corren el peligro de cabalgar sobre las compulsiones de su libido y no saber desmontar.

En segundo plano, se reciben cualidades para estudios e investigaciones científicas, médicas y farmacéuticas. Sigue la capacidad para comprender los pesares del prójimo y para ayudar a los demás.

No obstante, como trasfondo, el carácter pasa por altibajos emocionales muy acusados, con riesgo de obsesiones, neurosis y depresiones. Se resiste muy mal la soledad, y las consecuencias de las crisis de personalidad son imprevisibles. Por consiguiente, se corren peligros de adicción al tabaco, al alcohol, a los medicamentos, a las drogas...

En el plano creativo, se mantiene la tendencia artística, musical, intelectual y literaria.

Los nacidos en 1965, 1966 y 1967 deben tener la máxima prudencia con el agua, conducir, viajar y con la salud, debido a la oposición Sol-Plutón.

Y los venidos al mundo en *luna llena* (como los de 1955, 1974, 1993 y 2012) tienen mayores probabilidades de sobresalir y obtener éxito con su carrera o profesión.

Sigue el influjo del grupo *Psi Aquarii* (Ψ^1, Ψ^2, Ψ^3); se trata de tres estrellas de la constelación de Acuario. Conjugado con los efluvios del signo solar de Piscis, comunica capacidad para la política, cargos públicos, oratoria, vida castrense y religiosa, pero con tendencia a la doblez, a la adaptación a cualquier circunstancia o problema y, si conviene, a otra ideología. Vaticina riesgo de heridas, fracturas o accidentes con vehículos, herramientas de corte, máquinas-herramientas, cuchillos, espadas, etc., por lo que se debe ser muy prudente al conducir, navegar, volar y utilizar herramientas de filo, cosa que deben tener muy en cuenta matarifes, carniceros, pescadores, charcuteros y demás.

Asimismo, es una jornada que ha dado muchos navegantes y pilotos. En el plano artístico, confiere ingenio, inspiración, sentido del detalle, destreza manual…, por lo que es un día en que nacen muchos grabadores, esmaltadores, cinceladores, repujadores, ceramistas, maquetistas, delineantes, dibujantes, tallistas de madera y marfil…

El carácter es previsor, calculador y dado a conjeturas, por lo que está capacitado para aprender cosas nuevas y evolucionar hacia técnicas o estudios innovadores. Los nacidos alrededor del mediodía tienen mayores posibilidades de sobresalir en su profesión o cargo. Y los venidos al mundo en *luna nueva* (como los de 1940, 1959, 1978, 1997 y 2016) corren mayor peligro de sufrir depresiones emocionales y conflictos hogareños y familiares.

Y los nativos de los años 1965, 1966, 1967, 1968 y 1969, deben vigilar estrechamente su salud y evitar las ocasiones de peligro, debido a la oposición Sol-Plutón de nacimiento.

Bajo el patronazgo de la estrella *Beta Piscium* (β), de la constelación de Piscis, y estrellas próximas sin nombre. Día que insufla hipersensibilidad para lo mágico, sobrenatural, espiritualista y parapsicológico.

Constelación de Piscis

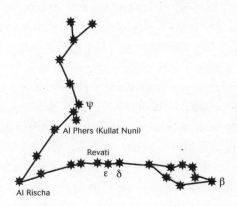

Carácter muy inestable y versátil en lo social y sentimental, con tendencia a las crisis nerviosas y depresiones ante las tribulaciones familiares y hogareñas. Concepto plañidero de la existencia cuando las cosas no salen a su gusto. Amores secretos o que no son oficiales. Trabajos de tipo reservado o secreto, como espionaje, contraespionaje, servicio de información, etc.

También comunica sensibilidad poética y musical, pero vaticina mayores posibilidades de éxito en el campo de la astrología, artes adivinatorias, espiritualismo, medicina alternativa, etc. En segundo o tercer término están las artes escénicas, los deportes, lo pictórico...

Los nacidos en *luna nueva* (como los de 1948 noche, 1986 y 2005) corren mayor riesgo de sufrir alteraciones nerviosas o de la salud si abusan del tabaco, alcohol, estimulantes, tranquilizantes, drogas...

Y los venidos al mundo en 1966, 1967 y 1968 deben estar prevenidos contra los imprevistos, accidentes, enfermedades, enemigos..., debido a la oposición Sol-Plutón de nacimiento.

Jornada en la que predominan los efectos procedentes de la estrella *Beta Piscium* (β), y otras próximas, de la constelación de Piscis. Confieren un carácter emocional, hipersensible y fantasioso, pero no débil, puesto que cuando se le pone a prueba se torna quisquilloso, agresivo y batallador. Y, al mismo tiempo, es dual y contradictorio, pues alterna entre lo materialista y lo espiritual, entre lo ambicioso y lo idealista, con mucha dosis de sufridor. Períodos de inestabilidad interna, de soledad, de aislamiento...

En primer plano, creativamente, hay mucha inclinación por lo musical y las bellas artes, seguido de los medios de comunicación social, ciencias políticas, sociología, psicología, psiquiatría, pedagogía y todo lo concerniente a conducción, viajes, vuelo, navegación, pesca...

Riesgo acentuado de problemas y conflictos en el hogar paterno, particularmente para los nacidos en *luna llena* (como los de 1952, 1990 y 2009) o en *cuarto menguante* (años 1950, 1969 y 1988).

Y los Piscis del 11 de marzo nacidos entre 1965 y 1969 deben vigilar mucho su salud y estar prevenidos contra enemigos y contratiempos, debido a la oposición de Plutón a su Sol.

Todos deben ser muy prudentes con todo lo relacionado con agua, navegación, pesca, natación, piscinas, lagos...

Aunque es un día que estimula o inclina a trabajos nocturnos o espectáculos, se debe ser muy precavido en las salidas de noche, pues hay riesgo de conflictos, peleas o agresiones inesperadas.

★
★
★

En este día se empiezan a notar los efectos de la estrella *Markab,* de la constelación de Pegaso. Su nombre deriva del árabe *Mercábatz el Faras,* «la silla, o montura, del caballo», refiriéndose a la figura del mitológico caballo que da forma a la constelación en los mapas celestes antiguos. Es una estrella blanca que augura honores, ingenio, rapidez de reflejos, buena memoria, pero también peligros, en especial con cabalgaduras y armas de corte y filo. En lo positivo, inclina a deportes y oficios conectados con el caballo y los cuadrúpedos, así como con velocidad, vuelo y automóviles.

El carácter es bastante aventurero, errático, inquieto e impulsivo… Dominan los impulsos y las emociones del momento, la inspiración, el sexto sentido, lo inesperado… Incluso hay tendencia excesiva a dejarse llevar por impulsos verbales, diatribas y a cantar las verdades caiga quien caiga, lo que perjudica las relaciones familiares y sociales. Todos esos efectos se notan con mayor o menor intensidad según el año de nacimiento, si bien los nacidos por la tarde y noche lo experimentan con mayor intensidad; los venidos al mundo de madrugada y por la mañana notan los influjos de una manera más suave.

En conjunto –como trasfondo de ese día– se halla todo lo relacionado con el misticismo, la religión, las sectas y las sociedades secretas o iniciáticas. El espíritu es poético, soñador, voluble, fantasioso… Se poseen facultades para sobresalir en artes escénicas, canto, pintura, aviación, navegación y empresas arriesgadas.

En lo amoroso-sentimental no presagia estabilidad. La vida romántica es muy agitada. Las circunstancias –o uno mismo– hacen que se lleve una vida familiar poco rutinaria, de acuerdo con los cánones del hogar tradicional.

En particular, los nacidos en día de *luna nueva* (como los de 1918, 1937, 1956, 1975 noche, 1994…) deberán hacer muchos sacrificios en el hogar y ser muy cautelosos con los viajes y todo lo relacionado con el agua, además de cuidar su sistema nervioso.

Los nacidos en día de *luna llena* (como en 1933, 1971…) mantendrán una dura pugna entre lo hogareño y lo profesional; difícilmente se dejarán dominar por lo familiar.

Como sedimento general del día, hay una tendencia a ser temerario, tanto en los negocios y deportes como en el amor.

Estrella del 12 DE MARZO

85

os nacidos en este día lo hacen bajo los intensos influjos de la estrella *Markab,* de la constelación de Pegaso. En nombre deriva del árabe *Mercábatz el Faras,* «la silla, o montura, del caballo», refiriéndose a la figura del mitológico caballo que da forma a la constelación en los mapas celestes antiguos. Es una estrella blanca que augura honores, ingenio, rapidez de reflejos, buena memoria, pero también peligros, en especial con cabalgaduras y armas de corte y filo. En lo positivo, inclina a deportes y oficios conectados con el caballo y los cuadrúpedos.

Constelación del Pegaso

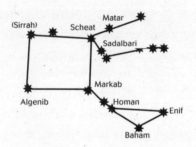

El carácter es algo aventurero, errático e impulsivo, sin preocupaciones excesivas por el porvenir. Dominan los impulsos y las emociones del momento, la inspiración, el sexto sentido, lo inesperado. En lo muy negativo, deben preocupar las trampas y las intrigas de los enemigos y opositores. Hay mucha atracción por lo insólito y lo misterioso, por lo que es una fecha que ha dado descubridores, exploradores, navegantes, inventores, astrónomos, astrólogos, espiritistas, adivinos, sanadores…, si bien en este día predominan más los políticos y funcionarios, seguidos de escritores y cantantes.

En sentido positivo o negativo, el nativo de esta fecha es fácil que consiga renombre, muy particularmente si ha nacido en el día exacto de *luna llena* (como los de 1941, 1960, 1979 noche y 1998), pero probablemente no se librará de problemas de salud y familiares.

En cambio, los nacidos en el día exacto de *cuarto creciente* (como los de 1943, 1962, 1981 y 2000) sufrirán menos altibajos hogareños o de salud y gozarán de mayor estabilidad creativa o profesional.

Como trasfondo de los nacidos en este día están los nervios, los arrebatos emocionales y los problemas de salud que afectan a los pies.

Los nacidos en este día notan intensamente los efectos, dominio y patronazgo de la estrella *Markab,* de la constelación de Pegaso. Su nombre deriva del árabe *Mercábatz el Faras,* «la silla, o montura, del caballo», refiriéndose a la figura del mitológico caballo que da forma a la constelación en los mapas celestes antiguos. Es una estrella blanca que augura honores, ingenio, rapidez de reflejos, buena memoria, pero también peligros, en especial con cabalgaduras y armas de corte y filo. En lo positivo, inclina a deportes y oficios conectados con el caballo y los cuadrúpedos, así como velocidad, vuelo y automóviles.

Se recibe, tanto en lo positivo como en lo negativo, inteligencia y valor para romper moldes y establecer nuevas normas y leyes. También hay atracción por lo misterioso, cósmico y metafísico. Igual nace la mentalidad de un físico o de un matemático que la de un astrónomo, astrólogo o navegante.

La parte negativa de esta fecha inclina a lo sensual, fantasioso y romántico-narcisista, por lo que presagia frustraciones matrimoniales y amorosas.

En lo creativo, hay particular incidencia en escultura, pintura y literatura. Y en deportes sobresalen en fútbol, baloncesto, hockey, patinaje, esquí, surf, gimnasia rítmica, waterpolo…

Y en lo público-social, muchos políticos, parlamentarios, senadores, funcionarios, consejeros, asesores, etc., han nacido en este día y bajo tal estrella. Además, los venidos al mundo alrededor del mediodía solar tienen mayores posibilidades de sobresalir profesional y empresarialmente. Y los nacidos en día de *luna nueva* (como los de 1945, 1964, 1983 y 2002) corren mayor riesgo de sufrir problemas de salud y conflictos familiares tanto en el hogar paterno como en el propio. En cambio, los nacidos en día de *luna llena* (como los de 1930, 1949, 1968 y 2006) tienen mayores posibilidades de alcanzar fama y renombre, si bien no se escaparán de tener problemas conyugales y hogareños.

En temas de salud, deben preocupar los pies y el sistema psíquico, así como la tendencia a la anemia si no se lleva una alimentación regulada.

Estrella del 14 DE MARZO

87

Los nacidos en este día se hallan bajo los influjos de la estrella *Markab,* particularmente los nacidos por la mañana. Pertenece a la constelación de Pegaso y su nombre deriva del árabe *Mercábatz el Faras,* «la silla, o montura, del caballo», refiriéndose a la figura del mitológico caballo que da forma a la constelación en los mapas celestes antiguos.

Markab es una estrella blanca que augura honores, ingenio, premios, rapidez de reflejos, viajes, buena memoria, pero también peligros, en especial con cabalgaduras, cuadrúpedos y armas de corte y filo.

En conjunto, los nacidos en esta jornada –aunque no lo aparenten– tienen carácter decidido, fuerte, con arranques súbitos o reacciones muy emocionales o temperamentales. Es un día que da hombres públicos y políticos de todas las tendencias, siempre buscando el bien de la comunidad y las mejoras sociales.

Augura éxito en la profesión y victoria sobre enemigos, contrincantes y opositores. Pese a su inestabilidad emocional-sentimental, es una fecha que ha dado aguerridos navegantes, aviadores y astronautas. También confiere mentalidad muy abierta en filosofía, literatura y poesía, con muchas dosis de sentimentalismo y romanticismo. Las profesiones médicas y humanitarias están en segundo lugar.

En el campo de los deportes, hay habilidades para fútbol, atletismo, vela, motonáutica, tenis, baloncesto, esquí, surf, waterpolo…

Los nacidos en día de *luna nueva* (como los de 1934, 1953, 1972 y 2010 noche) corren peligro de sufrir inestabilidad nerviosa, sentimental y familiar.

Aún sigue notándose la estrella *Markab,* de la constelación del Pegaso *(véase* lo dicho el 13 de marzo), aunque suavemente. Los Piscis de este día son de carácter hipersensible, intuitivo, emocional, sentimentaloide y humanitario. Suele convertirse en el confesor o paño de lágrimas de los demás. Atrae a personas inestables, neuróticas y con disfunciones del ego como un imán el hierro, por lo que tiene capacidad para estudios psicológicos y psicoterapéuticos. En segundo plano están las facultades para ocultismo, artes adivinatorias, medicina alternativa, parapsicología, espiritualismo, homeopatía…

En política, personalidad inconformista, renovadora, revolucionaria, trasformadora…

En el plano creativo, predominio de lo musical, canto, pintura (inclinaciones surrealistas y abstractas), poesía, literatura, artes escénicas, etcétera.

Los nacidos en *luna nueva* (como los de 1961, 1980 y 1991) han de vigilar su salud y nutrición y corren mayor riesgo de sufrir depresiones y angustias.

Y los venidos al mundo en *luna llena* (años 1957, 1976 y 2014) tienen mayores posibilidades de alcanzar renombre con su carrera o profesión.

Ya se notan los efectos de la estrella *Sheat,* de la constelación del Pegaso *(véase* lo dicho el 19 de marzo). El Piscis de esta fecha suele adolecer de personalidad inestable, muy impresionable y sentimentaloide, con riesgo de caer en depresiones, crisis de identidad o estados de baja estima. Tendencia clara a mostrar una doble personalidad: por un lado, superficial y vana; y por otro, pensadora profunda, filosófica y metafísica. Inclinación por lo oriental y exótico.

Presagia altibajos económicos muy acusados, con peligro de pérdida de bienes o propiedades por acciones alocadas, inversiones temerarias o trampas de familiares ambiciosos.

En lo creativo-profesional hay una clara inclinación por las artes literarias y escénicas, aunque también ha dado singulares deportistas y atletas. Están pronosticados vaivenes sentimentales, por lo que no debe sorprender una amplia experiencia amorosa, con sonrisas y lágrimas al final de la existencia.

Los nacidos en *luna llena* (como los de 1946, 1965, 1984 y 1995) tienen mayores probabilidades de destacar en sociedad y con su profesión.

En lo negativo, es una jornada que genera fuertes crisis de identidad, tanto en lo personal-creativo como en lo amoroso-sexual, por lo que si no hay un buen consejero psicológico puede derivar en estados de fuga que desemboquen en desviaciones sexuales, tabaquismo, alcoholismo, drogadicción, violencia gratuita y delitos.

Empieza ese día bajo el influjo débil de la estrella *Scheat,* de la constelación de Pegaso. Por la tarde ya se notan los efectos de esa estrella más intensamente. Su nombre deriva del árabe *xat,* «tropezador», que da traspiés frecuentemente, si bien en lenguaje esotérico parece señalar «el que marcha y regresa», lo que advierte que los nacidos bajo esta estrella han de estar prevenidos contra infortunios, accidentes, adversidades, obstáculos, inconvenientes, enemigos, tropezones morales, etc., por lo que no deben ser temerarios ni imprudentes, en especial con todo lo referente al dinero, amor, viajes, agua, navegación…

La *Scheat* es una estrella variable, gigante roja y tiene un diámetro 160 veces mayor que el del Sol. Advierte que hay que vigilar el sistema nervioso, pues se corre riesgo de sufrir alteraciones emocionales.

Con todo, las personas nacidas en esta jornada reciben facultades mentales y emotivas bien desarrolladas, por lo que suelen descollar en política, sociología, humanidades, sindicalismo, filosofía… Como trasfondo está lo musical, literario, pictórico y artes suntuarias, aunque abunde más lo escénico y conectado con espectáculos. En un plano más mundano, inclina a profesiones relacionadas con pesca, navegación, puertos, marina de guerra, aviación naval…

Para los deportistas, día en que predominan los pies; hay presagio de lesiones y largas temporadas de convalecencia, por lo que deberán evitar partidos y confrontaciones en los días adversos y críticos tanto por su horóscopo como por sus biorritmos personales.

En los casos muy especiales, hay una fuerte hipersensibilidad para lo psíquico, clarividente, telepático, paranormal y parapsicológico, que parece afectar de manera especial a partir de los nacidos al mediodía, por lo que hay que relacionarlo con la mencionada estrella. Por la tarde también aumentan los riesgos de sufrir alteraciones nerviosas.

Los nacidos en día de *luna nueva* (como los de 1950, 1969 y 1988) habrán de vigilar su salud, especialmente su aparato digestivo, y los nervios, y corren mayor peligro de problemas en el hogar paterno y en el propio.

Los nativos de esta jornada lo hacen bajo el influjo directísimo y el patronazgo de la estrella *Scheat,* de la constelación de Pegaso. El nombre deriva del árabe *xat,* «tropezador», «que da traspiés frecuentemente», si bien en lenguaje esotérico parece señalar «el que marcha y regresa», lo que advierte que los nacidos bajo este astro han de estar prevenidos contra infortunios, accidentes, adversidades, obstáculos, inconvenientes, enemigos, tropezones morales, etc., por lo que no deben ser temerarios ni imprudentes.

De una forma u otra, no es una fecha de buenos augurios, sino de luchas, combates, enfrentamientos y duros esfuerzos. Se pueden presenciar calamidades, guerras, naufragios y accidentes colectivos, aunque no intervengan directamente en ellos.

Las estadísticas demuestran que militares, aviadores, almirantes, políticos e industriales que han jugado un papel importante en guerras y combates nacieron en este día. Y que muchos regresaron de peligrosísimas misiones.

En la salud han de preocupar las exaltaciones temperamentales, las reacciones alocadas, los altibajos emocionales, las depresiones y las afecciones del sistema nervioso y de los pies.

Loe nacidos en *luna nueva* (como los de 1977, 1996 y 2007) corren mayor riesgo de dejarse arrastrar por escapismos artificiales: tabaco, alcohol, estimulantes, etc.

Y los venidos en *luna llena* (como los de 1954 y 2011) tienen mayores posibilidades de alcanzar fama y renombre, a pesar de los sinsabores que hayan de sufrir.

Los nacidos en este día aún se hallan bajo los influjos decisivos de la estrella *Scheat,* de la constelación de Pegaso. Su nombre deriva del árabe *xat,* «tropezador», que da traspiés frecuentemente, si bien en lenguaje esotérico parece señalar «el que marcha y regresa», lo que advierte que los nacidos bajo esta estrella han de estar prevenidos contra infortunios, accidentes, adversidades, obstáculos, inconvenientes, enemigos, tropezones morales, etc., por lo que no deben ser temerarios ni imprudentes, en especial con todo lo referente al dinero, amor, viajes, agua, navegación...

La *Scheat* es una estrella variable, gigante roja, y tiene un diámetro 160 veces mayor que el del Sol. Advierte que hay que vigilar el sistema nervioso, pues se corre riesgo de sufrir altibajos emocionales muy fuertes.

Con todo, los nacidos en esta jornada parecen recibir facultades para la política de los servicios públicos, en especial para organizaciones humanitarias como Cruz Roja, Ejército de Salvación, Cáritas Diocesana, Unicef, Intermón, etc. Los venidos al mundo alrededor del mediodía tienen mayores posibilidades de destacar en su profesión o estudios, y los que nacen de madrugada y por la noche son más sensibles para la música, la poesía, el canto, el baile, la pintura y todo lo concerniente a las ciencias ocultas.

Hay que destacar que es una jornada que estimula mucho el sexto sentido y la videncia de la persona, por lo que suele ser más intuitiva que práctica o calculadora, que suele dejarse llevar más por las corazonadas que por el cálculo matemático. Hay gran capacidad de improvisación en todos los terrenos.

También se posee mucho sentido del orgullo, y el amor propio genera, muchas veces, dificultades de tipo social y familiar. Los más susceptible de sufrir arranques temperamentales y crisis nerviosas son los nacidos en día de *luna llena* (como los de 1935, 1981 y 2000) o en día de *luna nueva* (años 1958 y 2004 noche).

Otra de las fechas conflictivas y versátiles que genera personalidades tan frenéticas y variables como singulares. Primero hay que tener en cuenta que en muchos años, los nacidos en este día ya pertenecen al signo solar de Aries y que normalmente comienza la primavera en el hemisferio norte y el otoño en el hemisferio sur. Pero otras veces, por la mañana aún domina Piscis. Para saber a qué signo se pertenece hay que consultar a un astrólogo o las efemérides correspondientes. Por consiguiente, es un día fronterizo, crítico, compulsivo, en que el carácter del nativo recibe una fuerte dosis de polifacetismo, es decir, que tiene capacidad para practicar diversos oficios o técnicas.

Por otro lado, se notan los efectos –sea uno Piscis o Aries– de la estrella *Sheat,* de la constelación de Pegaso (*véase* lo dicho el 19 de marzo).

Por lo general, la personalidad es inquieta, nerviosa, versátil, muy emotiva y creativa-compulsiva. En los momentos de estrés, la persona suele dejarse llevar por brotes de agresividad. A menos que uno pueda controlar sus emociones, se vuelve belicoso y pendenciero. Muchos nativos de este día se han visto procesados por peleas y enfrentamientos que en el fondo no deseaban. Por el mismo motivo, son de los que abandonan o interrumpen estudios o carrera por falta de paciencia.

Otra parte negativa del carácter de esta jornada es que la imaginación, la temeridad y el eclipse momentáneo del sentido común empujan hacia negocios fantasiosos o fuera de lo normal y que terminan por perjudicarle a uno. Es un día que advierte del riesgo de tener problemas con la justicia. Y las féminas de esta fecha han de tener presente que corren el riesgo de tener compañero o marido alocado e infiel que las arruine económicamente.

Los venidos al mundo en *cuarto menguante* (como los de 1949, 1968, 1979 y 1998) deben vigilar más su salud, economía y la actuación de enemigos y opositores.

Los que nacen en este día están bajo el influjo directísimo de la estrella *Deneb Kaitos,* de la constelación de la Ballena. El nombre deriva del árabe *Denéb el Kaitós,* «la cola de la ballena», por hallarse en esa parte de la figura que representa a dicha constelación. Pero hay que destacar que esa estrella también se llama *Difda,* que en árabe significa «la rana o sapo», pero que en el lenguaje simbólico esotérico tradicional quiere decir «el caído», «el derribado», «el destronado», refiriéndose a los ángeles caídos, y en particular a Satán, castigados por su rebelión ante el Sumo Creador.

Se trata, pues, de un presagio poco bueno, ya que advierte que los nacidos en este fecha no deben dejarse llevar por el orgullo, la soberbia o el narcisismo, ni embarcarse en aventuras peligrosas o negocios dudosos, puesto que corren el peligro de caída o pérdida de la posición alcanzada.

Por lo general, los nativos de esta fecha —salvando las particularidades de los distintos años de nacimiento— suelen ser ambiciosos, decididos, impulsivos, independientes, rebeldes y obstinados, y se crean más enemigos, opositores y contrincantes que amigos o protectores.

Se va detrás del poder, del bienestar y de las sensaciones fuertes, por lo que son dinámicos, laboriosos, enérgicos, atrevidos y, en cierta forma, disciplinados o perseverantes en sus objetivos principales. Pero sean deportistas, políticos, empresarios o artistas, deben tener siempre presente que pueden perder lo alcanzado si llegan a endiosarse. Su problema principal son las fricciones y antagonismos que suelen producirse con el padre, tutores, jefes, directores, entrenadores…, ya que se adaptan mal a las exigencias de los demás.

En el plano de la salud, han de vigilar de manera especial el sistema nervioso y el aparato digestivo, en particular los nacidos en día de *luna nueva* (como los de 1947, 1966 y 2012) o en día de *luna llena* (como los de 1932 y 1989) que, además, corren peligro de inestabilidad hogareña y familiar.

En general, es una estrella que hace a la persona emocionalmente inestable y compulsiva. Además, presagia viajes y cambios inesperados o rápidos en la existencia y el defecto de querer hacer demasiadas cosas al mismo tiempo o querer abarcar demasiado, por encima de las propias posibilidades.

Es un día que suele dar empresarios, deportistas, actores y actrices, músicos, políticos, etc., pero abundan más los que interrumpen sus estudios y proyectos por falta de paciencia o de espíritu de sacrificio o por dejarse llevar por arrebatos o intemperancias de carácter.

Sigue el dominio de la estrella *Deneb Kaitos* o *Difda,* de la constelación de la Ballena. Como ya sabemos, el nombre deriva del árabe *Denéb el Kaitós,* «la cola de la ballena», por hallarse en esa parte de la figura de la constelación. Su otro nombre, *Difda,* que también es árabe, significa «la rana o sapo», pero que en lenguaje esotérico quiere decir «el caído», «el derribado», refiriéndose a los ángeles caídos.

Es otro día que presagia accidentes, enemigos, luchas, grandes esfuerzos, detenciones, encarcelamientos, misiones secretas, riesgo de caer de la posesión o cargo alcanzado, muchos vaivenes de la suerte y peligrosos meandros en el río de la vida. Pero al mismo tiempo, vaticina grandes logros, fama, honores, premios, reconocimientos nacionales e internacionales…

El Aries de esta fecha tiene un carácter apasionado e impulsivo, pero controlado por la razón. Se posee ingenio, capacidad para la investigación y la inventiva y la mejora de métodos, dotes de organización y de saber calibrar a los demás, lo que le permite elegir buenos colaboradores.

Es un día que ha dado ingenieros, técnicos, industriales, empresarios, financieros, consultores…

Sin embargo, hay que ser precavido y evitar los trabajos arriesgados y las aventuras económicas, ya que los altibajos profesionales son una constante, en particular para los nacidos en *luna nueva* (como los de 1936, 1974 noche y 1993) o en *luna llena* (años 1940, 1951, 1970 madrugada y 2016). En el plano de la salud, debe preocupar de manera especial la cabeza, los ojos, los riñones, la región lumbar…

Siguen notándose los efectos de la estrella *Deneb Kaitos* o *Difda*, de la constelación de la Ballena *(véase* lo dicho el 22 de marzo). Por consiguiente, los Aries de esta fecha deben permanecer alerta contra la pérdida de posición social o los altibajos profesionales. Los nacidos alrededor del mediodía tienen mayores posibilidades de alcanzar fama con su trabajo. No obstante, en todos los nativos de esta jornada existe una gran dosis de individualismo, de culto a la personalidad, de megalomanía. Hay mucha inclinación a querer deslumbrar a familiares y amigos con historias y proyectos fantásticos.

En conjunto, son personas apasionadas, que saben entusiasmar al prójimo, y muy expresivas, por lo que pueden destacar en el campo de las artes escénicas y medios de comunicación audiovisuales. Polifacéticas pero con el riesgo de empezar muchas cosas y terminar pocas. Hay una exagerada obsesión por tener un golpe de suerte, lo cual hace abandonar estudios o actividades rutinarias o que requieran mucho tiempo.

Los nacidos en *luna nueva* (como los de 1944, 1955 y 2020) o en *luna llena* y *eclipse lunar* (años 1959, 1978 y 1997) corren mayor peligro de padecer problemas de salud y de inestabilidad sentimental y familiar.

Un día más en que se mantienen los efectos de la estrella *Deneb Kaitos* (o *Difda)* y de estrellas cercanas, de la constelación de la Ballena *(véase* lo dicho el 22 de marzo). Esta jornada de Aries se caracteriza por comunicar a sus nativos sensualidad, romanticismo, sentimentalismo y sensibilidad para la poesía, el canto, la composición musical, la instrumentación, la novelística y la pintura. Hay un sentido precursor y vanguardista en cuanto hacen y emprenden; tengan éxito o no, siempre siguen adelante con sus propósitos. En consecuencia, es un día que ha dado muchos triunfadores, aunque no todos llegan, ya que por el camino quedan los jirones de muchos pioneros.

En segundo término predominan otras profesiones, como la diplomacia, la política, lo empresarial, lo financiero, la medicina y la cirugía. Pero todos esos practicantes tienen algo en común: los sentimientos, la seguridad en sí mismos y el carácter emprendedor, luchador, decidido, infatigable, osado y audaz.

Vaticina encumbramiento por la propia valía, esfuerzos y conocimientos, pero advierte que se tendrán que soportar muchas envidias, críticas y calumnias por parte de opositores y enemigos solapados. Es una fecha que pronostica viajes al extranjero, contactos con personas o grupos de otros países, empleos en multinacionales o empresas de importación-exportación.

Los venidos al mundo en *luna nueva* (como los de 1952 noche, 1963 y 2001) y *cuarto menguante* (años 1946 noche, 1965, 1988 y 2003) deben cuidar su nutrición, su salud y estar alerta contra enemigos. Hay que evitar el tabaco, el alcohol, las grasas animales…

Una jornada más en que se notan las energías procedentes de la estrella *Deneb Kaitos* y de otras cercanas sin nombre *(véase* lo dicho el 22 de marzo). Combinadas con la del Sol, comunican mucho sentido individualista y emotivo, pero siempre dirigido hacia altas aspiraciones. Son los trepadores financieros, políticos, sociales o deportivos. La vida sentimental y romántica es particularmente agitada, pues no son, por lo común, personas para permanecer atadas al hogar. Necesitan mucho las actividades sociales y colectivas, verse rodeados de gente. Resisten muy mal la soledad y el aislamiento.

Hay hipersensibilidad por lo artístico y musical, pero con mucho nervio o emotividad, lo que no es óbice para que en el mismo día hayan nacido banqueros, financieros, economistas, físicos, mecánicos, comerciantes, y que todos ellos procuren gozar del máximo de independencia e imponer su personalidad al prójimo.

Sin embargo, los nacidos en esta fecha no deben olvidar que es otra de las que traen problemas y conflictos generados por enemigos, conspiradores e intrigantes, cosa que deben tener especialmente presente los nacidos en *luna nueva* (como los de 1971, 1990 y 2009).

Los venidos al mundo en *luna llena* (años 1956, 1967 y 1986) tendrán mayores posibilidades de ver realizados sus proyectos.

Empieza a notarse, aunque de manera muy suave, el influjo de la estrella *Algenib,* de la constelación del Pegaso *(véase* lo dicho el 28 de marzo). Junto con el Sol, generan Aries más apasionados y emotivos que fríos y calculadores. Se muestran más prudentes y circunspectos que los nacidos en días anteriores y posteriores. Saben canalizar sus energías y conocimientos de una manera más ingeniosa hacia objetivos concretos y prácticos. Los nativos de esta jornada conservan una fuerte dosis de individualismo, de independencia y de libertad, lo que origina conflictos a nivel sentimental, hogareño y matrimonial.

Los nacidos en *luna llena* (como los de 1975, 1994 y 2013) han de controlar más sus impulsos, a fin de no caer en agresividades e intemperancias de carácter.

En el plano de la salud, han de preocupar las piernas, los pies, la cabeza, la vista y los procesos neurológicos, en particular si son deportistas, pues corren peligro acentuado de lesiones y accidentes, sobre todo en los días que tengan sus biorritmos personales bajos o críticos.

En el plano profesional-público, es otra fecha que da gran número de políticos, sindicalistas, empresarios, funcionarios, gerentes, directores y cargos públicos de todo tipo.

En lo muy negativo, no han faltado delincuentes y facinerosos de todo tipo.

Los venidos al mundo en este día notan muy suave o débilmente el influjo de la estrella *Algenib,* el cual se va acrecentando a medida que avanza el día, por lo que los nacidos por la noche lo perciben más intensamente.

Algenib, Al Genib o *Alyenieb,* es una estrella blanco-azulada que pertenece a la constelación del Pegaso, del caballo con alas de la mitología grecorromana. El nombre deriva del árabe *Al-Janib,* «el flanco», «el lado», «el costado» (del caballo), por hallarse dicha estrella en esa parte de la figura que representa la constelación. No obstante, en lenguaje esotérico significa «el que te lleva lejos».

Se considera que es una estrella de buen augurio y que ayuda a obtener renombre, notoriedad y dinero.

En conjunto, los nacidos en este día tienen una personalidad muy polémica y temperamental, presta a dejarse llevar por impulsos y audacias. No aceptan críticas ni cortapisas a su labor o proyectos. Si no hay autocontrol, se puede caer en agresividades y rompimientos repentinos, tanto personales como profesionales. Riesgo de fanatismos e intransigencias, tanto a nivel familiar como laboral. Peligro de tomar decisiones con demasiada rapidez o sin reflexionar lo suficiente. Se consigan o no, las ambiciones son altas y amplias.

En general, son personas más capacitadas para profesiones liberales o empresas propias que para trabajar en equipo u obedecer a otros. La estrella de este día también contribuye a los viajes profesionales, contactos internacionales y éxitos en otros países.

En las féminas de esta jornada hay una tendencia clara a derrochar, a no ahorrar, lo que perjudica la economía familiar y genera conflictos graves en el hogar o empresa propia.

Los nacidos en día de *luna llena* (como los de 1945, 1964, 1983 y 2002) tienen mayores posibilidades profesionales y públicas que de gozar de armonía conyugal o familiar. Y los nacidos en día de *luna nueva* (como los de 1968 noche, 1979 y 1998) habrán de vigilar de manera especial su salud; en particular el sistema nervioso y aparato digestivo.

Los nacidos en este día entran de lleno en el campo de influjo de la estrella *Algenib. Algenib, Al Genib o Alyenieb,* es una estrella blanco-azulada que pertenece a la constelación de Pegaso, del caballo con alas de la mitología grecorromana. El nombre deriva del árabe *Al-Janib,* «el flanco», «el lado», «el costado» (del caballo), por hallarse dicha estrella en esa parte de la figura que representa la constelación de estrellas. No obstante, en lenguaje esotérico significa «el que te lleva lejos».

Se considera que es una estrella de buen augurio y que ayuda a obtener renombre, notoriedad y dinero.

Es un influjo estelar que hace que las personas sean viajeras, activas y decididas, además de comunicar confianza en las propias facultades y empresas. Ayuda a escalar puestos en la sociedad y a superar peligros y trampas de los enemigos y opositores.

Los que nacen alrededor del mediodía suelen ser de voluntad inquebrantable y tienen mayores posibilidades de destacar en política, economía y empresariales. Es un día que ha visto nacer muchos funcionarios de Hacienda y banca y políticos que se encumbran gracias a sus propios esfuerzos e ingenio y a golpes inesperados de suerte cuando nadie les consideraba capaces de mandar y dirigir.

Los afectos y emociones son de tipo profundo y hay mucha capacidad para literatura, filosofía, humanidades y sociología.

En conjunto, existen mayores posibilidades de destacar en una profesión que de gozar de estabilidad sentimental o conyugal.

En deportes, hay particular incidencia en motociclismo, ciclismo, boxeo, equitación…

Y los nacidos en día de *luna nueva* (como los de 1949, 1987 y 2006) corren mayor riesgo de sufrir problemas de salud y de inestabilidad familiar y hogareña.

Los nacidos en este día se hallan bajo el patronazgo y fuertes efectos de la estrella *Algenib,* de la constelación de Pegaso, del caballo con alas de la mitología grecorromana. Llamada también *Al Genib* o *Alyenieb,* deriva del árabe *Al-Janib,* «el flanco», «el lado», «el costado» (del caballo), por hallarse dicha estrella en esa parte de la figura que representa la constelación de estrellas. No obstante, en lenguaje esotérico significa «el que te lleva lejos».

Algenib es una estrella blanco-azulada de buen augurio, la cual ayuda a superar problemas, a seguir adelante y obtener renombre o popularidad gracias al trabajo personal o profesional.

Con obstáculos o sin ellos, la persona posee afán de superación y deseos de sobresalir en la sociedad, de imponer las propias ideologías o arte a los demás. Si no hay circunstancias atenuantes en la carta natal, la personalidad puede ser posesiva, autocrática y, al mismo tiempo, adolecer de crisis de identidad, de melancolías, de tristezas inexplicables, de reacciones aleladas… Puede haber, incluso, disfunciones del ego y graves adicciones al tabaco, alcohol, tranquilizantes, medicamentos; drogas…

Como trasfondo de la personalidad, existe una fuerte sexualidad, compulsiones de la libido, reacciones tan temperamentales como agresivas, etc., lo que genera conflictos graves en el campo familiar y sentimental. La persona debe aprender a controlar sus impulsos y asumir la virtud de la paciencia, lo que le evitará muchos disgustos y situaciones explosivas.

Es una jornada que inclina a profesiones liberales, empresas propias, deportes, humanidades, sociología y todas aquellas tareas en que uno o pueda moverse y no estar muy controlado.

Los nacidos en día de *cuarto menguante* (como los de 1940, 1951, 1970 y 1989) pasarán por crisis sentimentales y hogareñas, que deberán solucionar con diplomacia y paciencia, de lo contrario terminarán con separaciones, divorcio y ruptura con los hijos. Igual puede decirse de los venidos al mundo en día de *luna llena* (como los de 1953, 1991 y 2010), que tendrán mayores probabilidades de destacar en una profesión, carrera o negocio que de gozar de armonía y estabilidad familiares y conyugales.

Perduran los efluvios de la estrella blanca *Algenib,* de la constelación del Pegaso. Al mismo tiempo, ya se notan los de la estrella blanca *Alderamin,* de la constelación de Cefeo. En conjunto, jornada que insufla un trasfondo nervioso. No obstante, el carácter de estos Aries es más calmado, menos agresivo y más analítico, atento y servicial que el de los nacidos en los días anteriores.

Se recibe gusto o aptitudes para las ciencias y técnicas, si bien confiere mayores vocaciones en el campo de los medios de comunicación social, ciencias políticas y bellas artes. Aunque también son muy individualistas e independientes, no se imponen al prójimo por su agresividad, sino por su magnetismo o la calidad de su creatividad. Esperan que su propia aura, el brillo de sus conocimientos, sea suficiente para destacar y ser reconocidos o aplaudidos.

Hay altibajos de la suerte, inestabilidad financiera, baches de la salud, pero también ayudas y apoyos para salir de las dificultades o alcanzar premios u honores.

Los nacidos en *luna nueva* (como los de 1938, 1957 y 1995 madrugada) o en *luna llena* (años 1980, 1999 noche y 2018) deben vigilar su sistema nervioso, lo neurológico, el aparato digestivo, la vista, los pies…

Los nacidos en este día se hallan bajo el influjo directo de la estrella *Alderamin,* o *Al Deramin,* de la constelación de Cefeo. El nombre deriva del árabe *Ed Dráa el Imín,* «el brazo derecho», refiriéndose a su posición en la figura que da forma a la constelación. Pero en lenguaje esotérico quiere decir «el retorno rápido». Es una estrella blanco-amarillenta que presagia muchos altibajos personales y profesionales, frustraciones y fracasos por ingenuidad, baches de salud por imprudencias, pero con una posterior recuperación de prestigio, fama, favores, salud o fortuna.

Es una fecha que favorece todo lo concerniente a viajes y contactos con el extranjero y presagia ayudas o protecciones en países o lugares lejos del lugar de nacimiento. Los nacidos bajo esta estrella y día reciben facultades literarias, filosóficas, humanitarias y espirituales, si bien también hay predominio de policías, detectives, militares, funcionarios, deportistas y toreros. No es una personalidad que se acobarde ante los obstáculos; más bien cae en temeridades, audacias e imprudencias.

Como trasfondo, hay atracción por el diseño de estampados y las artes escénicas.

En salud debe preocupar el sistema nervioso, la vista, la boca y el riesgo de golpes y heridas. Para las féminas en especial, está acentuado el peligro de graves disgustos matrimoniales.

Los nacidos en día de *luna llena* (como los de 1923, 1942 y 1961) o en día de *cuarto creciente* (como los de 1925, 1963, 1982 y 2001) tendrán mayores posibilidades de sobresalir en su trabajo, empresa o actividades que no de gozar de estabilidad conyugal o familiar. Y los venidos al mundo en día de *luna nueva* (como los de 1984 y 2003) son los que deben vigilar más su salud y sistema nervioso, ya que sufrirán frustraciones en el hogar paterno y en el propio.

os nacidos en este día se hallan bajo el influjo, efectos y patronazgo de la estrella *Alderamin,* o *Al Deramin,* de la constelación de Cefeo. El nombre deriva del árabe *Ed Dráa el Imín,* «el brazo derecho», refiriéndose a su posición en la figura que da forma a la constelación. Pero en lenguaje esotérico quiere decir «el retorno rápido». Es una estrella blanco-amarillenta que presagia muchos altibajos personales y profesionales, frustraciones y fracasos por ingenuidad, baches de salud por imprudencias, pero con una posterior recuperación de prestigio, fama o favores.

Constelación de Cefeo

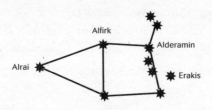

Además, los nacidos por la tarde y noche ya notan los efectos e inducciones de otra estrella: la *Alpheratz,* o *Alpherat,* o *Alferat,* de la constelación de Andrómeda. También se la conoce por los nombres de *Alfera* o *Sirrah.* Con este último nombre pertenece, al propio tiempo, a la constelación del Pegaso. El nombre de *Alpherat* significa, en árabe, «el caballo», aunque no falta quien identifique el nombre antiguo con el onagro o asno salvaje de Medio Oriente y África. Y *Sirrah* significa «el ombligo», del caballo Pegasus, por descontado.

Alpherat es una estrella de color blanco-purpurino. Es benéfica, puesto que ayuda a que los esfuerzos y conocimientos de uno se trasformen en riqueza y propiedades. Pero en su parte profunda empuja a la libertad, a la independencia, al individualismo. Hay mucho espíritu de rebeldía y liderazgo en los nacidos bajo la influencia de esta estrella, que también comunica vehemencia en la defensa de las propias ideas y proyectos. Se atrae el aplauso del prójimo, del público, y se reciben parabienes y éxitos. Al mismo tiempo, es una estrella que insufla muchas dosis de apasionamiento, impulsividad y oratoria, por lo que tanto da locutores como actores, traductores, políticos, publicistas y vendedores, personas que saben convencer con su dialéctica. Como indica su nombre, «el caballo», se cabalga en la vida para ir delante, para dirigir a los demás o para servir de ejemplo al prójimo con la propia trayectoria personal.

Pero no todo son satisfacciones, sino que es una estrella que advierte del riesgo de tener que enfrentarse con graves problemas familiares y de pareja. No es una estrella de estabilidad amorosa, sino más bien de varios romances o matrimonios.

En conjunto, ambas estrellas inclinan a buscar fama o premios a través del estudio, del trabajo y de la creatividad. La persona suele ser individualista y constante en sus proyectos y objetivos, si bien con tendencia a querer hacer más de una cosa al mismo tiempo o de practicar más de un oficio, cargo o negocio, con riesgo de caer en el pluriempleo y en el agotamiento psíquico y físico.

Los nacidos por la noche pueden dejarse arrastrar por agresividades, fanatismos políticos o religiosos, xenofobia... Para bien o para mal, lo extranjero suele jugar un papel importante en la vida de uno. Hay exceso de franqueza, realismo o carencia de hipocresía, lo que da lugar a enfrentamientos en todos los planos.

Los nacidos en día de *luna llena* y *eclipse de Luna* (como los de 1931 noche, 1950 noche y 1969) corren mayores peligros de salud inestable y de problemas hogareños y familiares, mientras que los nacidos sólo en día de *luna llena* (como los de 1988 y 2007) tienen mayores posibilidades de obtener fama y éxitos.

Y los nacidos en día de *luna nueva* (como los de 1946 y 1965 madrugada) son los que deben vigilar más su sistema nervioso y corren mayor riesgo de conflictos con los padres.

Día muy especial y extraordinario, tanto para lo positivo como para tensiones y situaciones extrañas o sorprendentes. Por la mañana aún se notan los efectos de la estrella *Alderamin* o *Al Deramin,* de la constelación de Cefeo. El nombre deriva del árabe *Ed Dráa el Imín,* «el brazo derecho», refiriéndose a su posición en la figura que da forma a la constelación. Pero en lenguaje esotérico quiere decir «el retorno rápido». Es una estrella que presagia muchos altibajos personales y profesionales, frustraciones y fracasos, baches de salud, pero con una posterior recuperación de prestigio, fama o favores.

Pero la jornada entera acapara el influjo directo e integral de la estrella *Alpherat, Alpheratz* o *Alfera* (que tiene el doble nombre de *Sirrah),* de la constelación de Andrómeda. Pero es una estrella que con su designación de *Sirrah* pertenece, al propio tiempo, a la constelación del Pegaso. El primer nombre significa, en árabe, «el caballo», aunque no falta quien lo identifique con el onagro o asno salvaje de Medio Oriente y África. Y *Sirrah* quiere decir «el ombligo», del caballo Pegasus, por descontado.

Es una estrella benéfica que ayuda a que los esfuerzos y conocimientos de uno se trasformen en riqueza y propiedades. Pero en su parte profunda empuja a la libertad, a la independencia, al individualismo. Hay mucho espíritu de rebeldía y liderazgo en los nacidos bajo la influencia de esta estrella, que también comunica vehemencia en la defensa de las propias ideas y proyectos. Se suele atraer el aplauso del prójimo, del público y se reciben parabienes y éxitos.

Al mismo tiempo, es una estrella que insufla muchas dosis de apasionamiento, impulsividad y oratoria por lo que tanto da locutores y presentadores de televisión como actores, traductores y políticos, personas que saben convencer con su dialéctica.

Como indica su denominación, «el caballo», se cabalga en la vida para ir adelante, para dirigir a los demás o para servir de ejemplo al prójimo con la propia trayectoria personal. Pero no todo son satisfacciones, sino que es una estrella que advierte del riesgo de tener que enfrentarse con graves problemas familiares y de pareja. No es una estrella de estabilidad amorosa, sino más bien de varios romances o matrimonios. Hay grandes dosis de doble personalidad y riesgo de sufrir duros ataques por parte de enemigos y opositores.

e mantienen los fuertes influjos de la estrella *Alpherat* o *Alfera*, de la constelación de Andrómeda, y que con el doble nombre de *Sirrah* pertenece, al propio tiempo, a la constelación de Pegaso. Sus efluvios, aquí, derivan hacia una impulsividad excesiva, vehemencia fanática en ideologías, negocios o clubes deportivos, pero con falta de continuidad en lo que emprenden, particularmente en la adolescencia. Hay poca atracción por el hogar tradicional y se busca lo vanguardista y sensual; se marcha tras la búsqueda del placer. No faltan escándalos sentimentales o eróticos entre los nacidos en esta jornada.

Constelación de Andrómeda

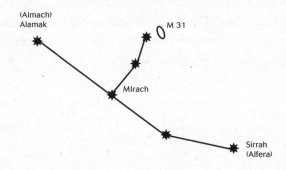

En deportes hay particular incidencia en hípica, esgrima, atletismo, tiro, tiro con arco, deportes de aventura, fútbol…

Y en lo creativo influye particularmente en la mente y en lo cerebral, por lo que ha dado muchas vocaciones literarias de todos los estilos y técnicas. Para bien o para mal, es una jornada eminentemente intelectual, se trate de novela, ensayo, poesía, gramática, periodismo, filología…

Los nacidos en *luna llena* y *eclipse lunar* (como los de 1958, 1977, 1996 y 2015) han de vigilar mucho su salud y son los que corren mayor peligro de accidentes y de padecer conflictos en el hogar y familia, al igual que los venidos al mundo en *luna nueva* (1943 noche, 1962, 1981 noche y 2000).

Predominio de la estrella anaranjada *Delta Piscium* (δ), lógicamente, de la constelación de Piscis. Es una jornada en la que cobra especial importancia todo lo relacionado con el campo, profesiones agrarias, industria conservera, ganadería, ecología, hípica, etc. En segundo plano destacan los estudios, empleos, cargos y negocios relacionados con periodismo, publicaciones, técnicas audiovisuales, fotografía, radio, televisión, ordenadores, electrónica... Y lo deportivo queda en tercer término, destacando el fútbol, el tenis y el baloncesto, si bien predomina todo lo concerniente a artes escénicas, espectáculos y centros de diversión.

Los nacidos en *luna llena* (como los de 1928, 1947, 1966, 1985 y 2004) tienen mayores posibilidades de alcanzar renombre con su trabajo, de destacar en su ambiente social, pero a costa de la estabilidad sentimental y familiar y con quebrantos de la salud.

En el plano de la salud, hay que vigilar la cabeza, la vista, la nariz, los riñones, las jaquecas de origen nervioso, la piel... Debe evitarse, de manera rigurosa, el tabaco, el alcohol, el café...

Otro día bajo el poder de la estrella anaranjada *Delta Piscium* (δ), de la constelación de Piscis. Jornada que confiere valentía, coraje, afanes de sobresalir y capacidad de lucha. Presagia golpes de suerte, herencias, premios o ayudas económicas. Aptitudes para la política, el sindicalismo y la lucha ideológica. Peligro de dejarse arrastrar por fanatismos e intransigencias y de caer en actitudes violentas, agresivas y hasta delictivas. Atracción por la técnica, la ciencia, lo empresarial, la aviación, los trenes, buques, puertos, aeropuertos, maquinaria pesada...

Los nacidos en *luna nueva* (como los de 1951, 1970, 1989 y 2008) han de vigilar más su salud y corren mayor riesgo de graves conflictos hogareños y familiares.

Por lo común, el carácter es orgulloso, con deseos de figurar y mandar, con mucha dosis de narcisismo y de culto a la personalidad. Tienen una gran necesidad de los parabienes y servidumbre del prójimo.

Predominio de la estrella anaranjada *Epsilón Piscium* (ε), de la constelación de Piscis. Jornada que comunica carácter independiente y hasta de tipo individualista solitario, en particular si elige una carrera artística o intelectual, pero es del tipo amigable cuando se halla en compañía. No es arisco y prefiere las buenas maneras, la educación, el civismo y la concordia. Por lo común, da importancia al hogar, a la familia y a los hijos. Predisposición por las artes y ciencias, si bien los nacidos por la noche experimentan más atracción por lo misterioso, metafísico, musical, poético y pictórico.

Ayuda a la obtención de cargos públicos, en particular los conectados con educación, economía, hacienda, agricultura y ganadería. No faltan jefes militares, entrenadores de fútbol y consejeros económicos y de gobierno entre los nativos de este día.

En el plano de la salud, se debe vigilar la cabeza, las migrañas de origen nervioso, las jaquecas, la vista, la zona lumbar, lo neurológico, el colesterol, el azúcar…

Los nacidos en *luna nueva* (como los de 1940 noche, 1978 y 1997) deben ser muy prudentes en el conducir, los viajes y con todo lo relacionado con agua, fuego y combustibles.

igue el influjo de la estrella anaranjada *Epsilón Piscium* (ε), de la constelación de Piscis. Jornada en que se recibe un carácter principalmente especulativo, negociante y financiero. Por lo general, predominio de lo materialista y mercantil sobre lo espiritual o idealista, salvo excepciones. Es una fecha que augura pérdidas monetarias o de propiedades a causa de guerras, huelgas, algaradas o revoluciones o por especulaciones temerarias o imprudentes. Riesgo de que la ambición eclipse el buen sentido común y, en casos especiales, lo contrario, que lo idealista eclipse lo materialista.

En el plano sentimental domina lo sensual y sexual, con romances o flirteos. En una mujer, mejora en la escala social gracias al marido o amante. Los nacidos alrededor del mediodía tienen mayores probabilidades de triunfar en su profesión o empresa. En cambio, los nacidos de madrugada o por la noche reciben mayores dosis de idealismo y sentido poético. Pero, en conjunto, la personalidad es osada, atrevida y aguerrida.

Los nacidos en *luna llena* (como los de 1944, 1982 y 2001) pueden destacar más fácilmente en sociedad y con su carrera, mientras los venidos al mundo en *cuarto menguante* (años 1942, 1961, 1980 y 2018) pasarán más dificultades personales y tienen que vigilar más su salud.

Los Aries de esta fecha –los de los años 1979, 1980 y 1981– deben evitar las imprudencias de todo tipo y cuidar mucho su alimentación, ya que la oposición Sol-Plutón vaticina graves problemas y conflictos de todo tipo.

Persiste el influjo de la estrella anaranjada *Epsilón Piscium* (ε), de la constelación de Piscis. Combinado con el del Sol, los Aries de este día reciben un carácter que tiene necesidad imperiosa de destacar en su trabajo, de sobresalir en la sociedad. Está dotado, al mismo tiempo, de mucha sensibilidad y emotividad, lo que provoca altibajos muy acusados de estado de ánimo, como si tuviera una doble personalidad. Por la mañana puede estar quisquilloso, irascible y marrullero, y por la tarde, amable, servicial y hasta cariñoso, como si padeciera bipolaridad.

En el plano de la salud, han de vigilar la cabeza, la vista, lo neurológico, los riñones, la zona lumbar…

Vaticina golpes de suerte en lo profesional y comercial, pero seguidos de malas rachas, por lo que el sujeto debe aprender a administrar su suerte y fortuna, de lo contrario corre peligro de vivir rico y morir pobre. Búsqueda de la buena vida en todas sus formas: diversiones, comida, sexo, viajes, etc.

En lo profesional, abundan políticos, abogados, magistrados, empresarios, asesores financieros, consejeros de Estado, ingenieros, mecánicos, ferroviarios…

En el campo de los deportes, predominan los jugadores de golf, tenis, vela, baloncesto, automovilismo, motonáutica, hockey, patinaje…

Los nacidos en *luna nueva* (como los de 1948, 1967 noche y 1986) o en *cuarto menguante* (años 1950, 1969, 1988 y 1999) deben cuidar más su salud y ser prudentes con su economía e inversiones.

Ya empiezan a notarse los efectos de la estrella *Baten Kaitos,* de la constelación de la Ballena. El nombre de esta estrella anaranjada deriva del árabe *Batán el Kaitós,* «el vientre de la ballena», por hallarse dicha estrella en esta parte de la figura que conforma la constelación. Augura viajes, cambios, trasformaciones constantes, emigración a otros países o regiones, empresas y negocios diversos, cargos varios en la administración pública, etc.

El carácter de los Aries de esta fecha adquiere mucho sentido de la lealtad hacia los amigos, colegas y clientes, y hasta a la palabra dada a desconocidos. Hay mucha capacidad para la lucha, sea militar, empresarial o profesional, si bien la persona es más generosa y pródiga que avariciosa o mezquina.

La personalidad de esta jornada adquiere matices idealistas muy fuertes y también puede derivar hacia el periodismo, la poesía reivindicativa, el canto, la literatura, humanidades, etc. Puede haber falta de delicadeza para «cantar las verdades», tanto a nivel social y laboral como en el afectivo-familiar, por lo que el sujeto consigue mayor estabilidad personal si aprende a ser diplomático, hipócrita, astuto y sabe negociar, puesto que el tacto y la prudencia son necesarios en la existencia para mantener unas buenas relaciones con el entorno social. El no saber callar, el decir las verdades a ciegas es un claro síntoma de infantilismo, de inmadurez.

De todas maneras, los nativos de este día corren el riesgo de caer en obsesiones amorosas, enamoramientos imposibles, tener relaciones románticas con personas casadas, etc., siempre a la búsqueda de un ideal amoroso que no se acaba de hallar, cosa que deben tener presente los nacidos en *luna llena* (como los de 1933, 1952, 1971 noche y 1990) o en *cuarto creciente* (años 1935, 1954, 1973 y 1992).

Los nacidos en este día se hallan bajo los fuertes influjos de la estrella *Baten Kaitos,* de la constelación de la Ballena. El nombre deriva del árabe *Batán el Kaitós,* «el vientre de la ballena», por hallarse dicha estrella en esta parte de la figura que conforma la constelación.

Es una estrella que augura viajes, cambios, trasformaciones constantes, emigraciones a otros países o regiones, empresas y negocios diversos, cargos varios en la administración pública, etc. Advierte que la persona ha de ser muy precavida, cautelosa y diplomática para evitar ser engullida por la «ballena de la vida». Aunque cual bíblico Jonás, el nacido en esta jornada puede ser devuelto a las aguas y nuevas playas de la existencia y resucitar con nuevas ilusiones, proyectos y ambiciones cuando todos lo daban por acabado, lo cierto es que presagia pérdida de bienes, negocios y posición alcanzada, debido a imprudencias, audacia o a mala administración.

Aunque el carácter recibe mucha dosis de temeridad, impulsividad, irascibilidad, descontento, extravagancia y emotividad alocada, hay facilidad para hacer amistades y contactar con el público, con la gente. Augura varios amores o relaciones sentimentales.

Debe preocupar todo lo relacionado con el agua, la pesca y la navegación, y no embarcarse en los días negativos del horóscopo.

En lo creativo, es un día que también da cualidades para la poesía y lo artístico.

Los nacidos en día de *luna nueva* (como los de 1937, 1956, 1975 y 1994 madrugada) corren mayor peligro de inestabilidad familiar y hogareña y han de cuidar su sistema nervioso y aparato digestivo, limitando el consumo de café, té, alcohol y estimulantes.

Y los venidos al mundo en día de *luna llena* (como los de 1941 noche, 1960 noche y 1998 noche) tendrán mayores posibilidades de destacar dentro de la sociedad, pero con riesgo de inestabilidad sentimental y de dejarse llevar por arrebatos y apasionamientos.

Además, se notan las inducciones de la estrella *Revati,* de la constelación de Piscis, la cual inclina más a las impulsividades de todo tipo que a la mesura. En consecuencia, mayor riesgo de fracasos económicos por dejarse arrastrar por el entusiasmo y la ambición y rechazar el sentido común y la prudencia.

igue el dominio, sobre todo por la mañana, de la estrella *Baten Kaitos,* de la constelación de la Ballena. Es una estrella anaranjada que vaticina viajes y cambios constantes. Además, está el influjo de la estrella *Revati,* de la constelación de Piscis.

Constelación de la Ballena

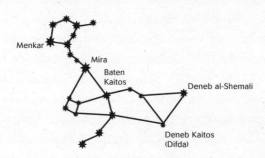

En general, en las personalidades de esta jornada hay fuertes ambiciones, afán de superación, idea perfeccionista del propio trabajo o estudios, carácter decidido y arriesgado, pero que corre el peligro de ser engullido, cual Jonás, por la «ballena de la vida»o por la del propio inconsciente, aunque luego venga una resurrección o nueva etapa. Está acentuado el riesgo de crisis nerviosas, cefaleas, agotamiento, estrés, etc. A nivel de salud debe preocupar la cabeza, la boca, la garganta, la vista, los oídos y los pies.

Es una jornada que augura viajes y desplazamientos constantes a causa de la profesión. Lo extranjero es muy importante a todos los niveles, así como los idiomas, traducciones, etc.

Hay que estar alerta contra trampas, enemigos, denuncias de envidiosos e intrigantes y problemas con Hacienda.

Es una fecha en la que hay una clara alternancia entre las profesiones artísticas y las carreras tecnológicas y científicas.

Los nacidos en día de *luna nueva* (como los de 1945, 1964 y 2002) y en *cuarto menguante* (1966, 1985, 2004 y 2015) son los que pueden sufrir mayores problemas de salud y más conflictos familiares y sentimentales.

En esta jornada del signo solar de Aries, destacan los influjos del grupo de estrellas *Psi Piscium* (Ψ), de la constelación de Piscis. Se trata de tres estrellas (Ψ^1, Ψ^2, Ψ^3). La personalidad se mueve con menos compulsiones que en los días anteriores y actúa con mayor sigilo y cautela. Sin embargo, eso no impide que la vida sentimental y hogareña sea complicada o que genere tribulaciones. Tanto el hombre como la mujer deben estar prevenidos contra traiciones, infidelidades, adulterios y divorcios. Pese a todo, la madre, la esposa o el esposo juegan un papel decisivo en la vida del sujeto.

En conjunto, no debe considerarse un día aciago, sino más bien afortunado, aunque los nacidos en *luna nueva* (como los de 1934 noche, 1953 noche, 1972 noche y 1983) o en día de *luna llena* (años 1930, 1949, 1968 y 2006) deben ser muy prudentes al conducir, manipular maquinaria y herramientas de corte y en los viajes de todo tipo.

La personalidad es muy individualista, independiente, egocéntrica, busca una profesión liberal o se embarca en un negocio propio. Así, al margen de cualidades creativas y profesionales, no debe sorprender que hayan destacado dentro de la sociedad tantas personas venidas al mundo en esta fecha. Hay cierta predisposición por la literatura, filosofía y letras, ciencias políticas y actividades intelectuales, pero es uno de los días de abril que ha dado más cantantes, músicos y compositores.

En un plano más mundanal y corriente, muchos carniceros, charcuteros, matarifes, mecánicos, soldadores, planchistas y bomberos son nativos de esta fecha y estrellas.

En el plano de los deportes, da vocaciones en todas las actividades relacionadas con el agua. Y también fútbol, hípica, toreo, ajedrez y golf.

Y en el de la salud, han de vigilar el sistema nervioso, los pies, la cabeza, lo neurológico, la vista, el cabello, los riñones… Peligro de heridas, cortes, quemaduras, contusiones…, y adicción al tabaco, al alcohol, a los estimulantes, al chocolate…

os nacidos por la tarde y noche de este día ya empiezan a notar los influjos suaves de la estrella *Al Pherg (Al Ferg),* de la constelación de Piscis, la cual también se conoce como *Kullat Nuni,* si bien los griegos la llamaban «Cabeza de Trifón». *Al Pherg* es de origen árabe y significa «la generación», y suele ir unido a otros términos calificativos, como «la generación de los tiempos antiguos». Es una estrella que confiere muchas dosis de carácter firme, voluntarioso, audaz, decidido, emprendedor, con afán de superación, seguro de sí mismo y con presagio de éxito final gracias a los esfuerzos personales, aunque, por lo común, la persona ya puede destacar en la juventud.

En el aspecto negativo, esta estrella vaticina dificultades y problemas legales a causa de imprudencias, imprevisiones, temeridades… En los nacidos en esta jornada hay un predominio de lo emocional, sentimental y sexual, aunque no faltan los creativos y solitarios que saben canalizar las pulsiones de la libido hacia lo idealista. Pero en la adolescencia está acentuado lo fogoso, apasionado y romántico. La fémina de este día atrae a hombres con problemas de personalidad o débiles emotivos que buscan la comprensión, el apoyo y las directrices de la esposa-madre. Ello es debido a que la mujer de este día suele ser fuerte, decidida y resolutiva. Sin embargo, su individualismo y su terquedad crean conflictos con el marido, socios y colaboradores.

Existe un trasfondo intelectual y artístico, pero profesionalmente suelen ser personas variopintas, inestables, con cambio de negocios, empleos o cargos, etc. Tienen necesidad de novedades y experiencias nuevas.

En general, se posee cierto sentido del oportunismo, de adaptación a nuevas aventuras, empresas y proyectos, por lo que es un día que ha dado políticos y funcionarios de todas las ideologías. Hay riesgo acentuado de caer en agresividades, violencias y situaciones fuera de la ley o de la estricta moral.

En temas de salud, han de preocupar de manera especial los golpes, las heridas, los cortes, las quemaduras, las jaquecas, la vista y los oídos.

Los nacidos en día de *luna llena* (como los de 1938, 1957, 1976 y 1967) tienen mayores posibilidades de destacar en empresas y sociedad pero son los que corren mayor peligro de inestabilidad conyugal y familiar y los que tienen que vigilar más todo el sistema nervioso.

Y como telón de fondo persisten los efluvios de las estrellas *Psi Piscium* (Ψ^1, Ψ^2, Ψ^3) *(véase* lo dicho, al respecto, el 13 de abril).

Los nacidos en este día se hallan bajo la influencia de la estrella *Al Pherg (Al Ferg)*, de la constelación de Piscis. Esa estrella también se conoce como *Kullat Nuni,* si bien los griegos la llamaban «Cabeza de Trifón». *Al Pherg* es de origen árabe y significa «la generación», y suele ir unido a otros términos calificativos, como «la generación de los tiempos antiguos». Es una estrella que confiere mucha dosis de carácter firme, voluntarioso, audaz, decidido, emprendedor, con afán de superación, seguridad en sí mismo y con presagio de éxito final gracias a los esfuerzos personales, aunque, por lo común, la persona ya puede destacar en la juventud.

En el aspecto negativo, esta estrella vaticina dificultades y problemas legales o con la justicia a causa de imprudencias, imprevisiones, temeridades...

En conjunto, la persona es de pensamiento y acción rápidos, a veces con actuaciones precipitadas que le hacen desandar el camino emprendido y empezar de nuevo. Hay mucha dosis de tradicionalismo y de amor por el pasado. Aunque se suele poseer un carácter abierto, sociable y colaborador, se confía más en los propios esfuerzos que en las ayudas ajenas. No obstante, esta estrella augura protección de personas influyentes y hasta de políticos, funcionarios o grupos empresariales para alcanzar lo que se desea.

El matrimonio trae ventajas económicas o sociales o, en su defecto, un amante influyente. El talón de Aquiles, la parte débil de los nacidos en este día, es su emotividad, el sexo, el erotismo y los flechazos prematuros, lo que trae problemas en la adolescencia para terminar estudios o carrera.

El sentido individualista y esforzado de los nativos de esta jornada da muchos deportistas en todos los terrenos, así como pequeños empresarios y comerciantes.

Y los nacidos en día de *luna nueva* (como los de 1942, 1961 y 1980) corren mayor peligro de tener problemas de salud y de sufrir inestabilidad sentimental y familiar.

Este día se halla bajo la influencia de la estrella *Al Pherg*, de la constelación de Piscis, la cual también recibe el nombre de *Kullat Nuni*. *Al Pherg* es de origen árabe y significa «la generación», y suele ir unido a otros términos calificativos, como «la generación de los tiempos antiguos». Es una estrella que confiere muchas dosis de carácter firme, voluntarioso, audaz, decidido, emprendedor, con afán de superación, decidido, seguro de sí mismo y con presagio de éxito final, aunque, por lo común, ya se destaca o sobresale en la juventud de una manera, a veces, muy rápida.

Los nacidos en este día son de pensamiento y acción rápidos, a veces con actuaciones precipitadas que les hacen desandar el camino emprendido y empezar de nuevo, aunque sin lamentar el tiempo perdido y empezando el nuevo rumbo con entusiasmo y optimismo.

Aunque se posee un carácter abierto, sociable y colaborador, se confía más en los propios esfuerzos y valía que en las ayudas ajenas. No obstante, *Al Pherg* es una estrella que augura protección y apoyos de personas influyentes y hasta de políticos, funcionarios o grupos empresariales rara alcanzar lo que se desea.

A pesar de cierto espíritu de independencia y de rebeldía, la persona también posee mucha dosis de tradicionalismo y de amor por las cosas del pasado o clásicas.

El matrimonio trae ventajas económicas o sociales o, en su defecto, un amante influyente o poderoso. Sin embargo, el talón de Aquiles de los nacidos en este día es su emotividad, su impulsividad, el sexo, el erotismo y los flechazos prematuros, lo que genera problemas en la adolescencia para terminar estudios o carrera.

Además, la personalidad y destino se complica por el hecho de que en este mismo día inciden los fuertes influjos procedentes de la gran nebulosa espiral de Andrómeda (M 31 o NGC 224), que también se denomina *Vertex*, que en latín significa «remolino», «torbellino», pero asimismo «lo más agudo», «el más alto grado». Es un cuerpo celeste que vaticina encumbramiento rápido o a edad temprana, pero que también advierte de épocas duras, de baches inesperados o súbitos, de subidas y bajadas de la suerte, como un torbellino o remolino, sea por causas generales (guerras o calamidades) o por culpas personales (baches de salud, vicios, pasiones…). Hasta se corre peligro de sufrir pérdida de bienes, propiedades, empresas o cargo por sobreestimar las propias posibilidades o por ingenuidad.

En conjunto, los influjos variopintos de *Al Pherg* y de la M31 hacen una personalidad individualista y variable, que actúa a ráfagas, que no se mantiene en una rutina o a un nivel regular. Es más bien un ego o «yo»inestable, versátil e inmaduro, lo que no es óbice para que alcance éxitos fugaces o logros rápidos por determinadas actuaciones. Para los nacidos en este día, lo difícil no es llegar u obtener una victoria, sino el mantenerse en el mismo cargo o trayectoria.

En conjunto, los nacidos en esta fecha han de evitar las profesiones de riesgo, como torero, militar, escalador, policía…, y estar prevenidos contra las pérdidas y accidentes provocados por tempestades, huracanes tropicales, riadas, inundaciones, vientos fuertes, etc., por lo que deben tenerlo todo asegurado y evitar sorpresas desagradables. En este aspecto, la improvisación y la aventura les traerán más disgustos y conflictos que beneficios.

El sentido individualista y esforzado de los nativos de este día da muchos deportistas en todos los terrenos, practicantes de las profesiones liberales, empresarios y comerciantes, viajeros, pintores, compositores, modelos, cantantes, actores y actrices, abogados, políticos…

Los nacidos en día de *luna nueva,* como los de los años 1969, 1988, 1999 y 2018, corren mayor peligro de inestabilidad familiar y hogareña, tanto en el hogar paterno como en el propio. Asimismo, son los que tienen que vigilar más su salud y sistema nervioso.

En primer lugar, los nacidos en este día se hallan bajo los influjos (algo debilitados) de la estrella *Al Pherg,* de la constelación de Piscis. El nombre es de origen árabe y significa «la generación», y suele ir unido a otros términos calificativos, como «la generación de los tiempos antiguos». En castellano seria más correcto escribirla *Al Ferg.* También se la conoce como *Kullat Nuni.* Es una estrella doble amarillenta, la cual confiere carácter firme, voluntarioso, dinámico, con afán de superación, emprendedor, decidido, seguro de sí mismo, pero con riesgo de obcecaciones e intransigencias… Presagia éxito final si uno no se ha descarriado o caído en vicios o pasiones o sufrido algún accidente por imprudencia propia.

En conjunto, es una jornada compulsiva-pulsante, de altibajos y situaciones tan sorprendentes como inesperadas y variopintas, tanto para lo bueno como para lo malo, toda vez que a los efectos de la estrella *Al Ferg* hay que sumar los poco conocidos y estudiados de la nebulosa espiral *Vertex,* la M 31 de Andrómeda (NGC 224) o galaxia de Andrómeda, la cual genera infinitas e incalculables inducciones de todo tipo y contribuye a hacer una mentalidad inquieta, inventiva y precursora, marchando siempre tras novedades, descubrimientos o nuevos negocios como un torbellino o vorágine.

Unidas a la galaxia Andrómeda por la fuerza de gravitación se conocen cuatro galaxias enanas (las números 221, 205, 185 y 147), las cuales no dejan de tener influencia para los nacidos el 17 de abril y los días anteriores y posteriores. Si admitimos que cada galaxia tiene su influjo y determinación, quiere decir que la persona nacida el 17 de abril tiene el problema de decidir lo que quiere ser y es casi imposible que siga una línea recta; lo lógico es que se mueva en una especie de espiral sin fin.

Hay afán de sobresalir, de triunfar, de destacar, de alcanzar renombre o poder. Es un día que vaticina apoyos financieros importantes para sus proyectos o empresas. En amor, creatividad, trabajo, hogar y familia predomina lo impulsivo, lo imprevisible, la adaptación al momento y a las circunstancias variables. Las estrellas y galaxias de este día no son un índice de rutina ni de estabilidad.

Y las enfermedades suelen llegar por agotamiento, vicios y poco descanso. La mayoría de los nacidos en este día carecen de paciencia para estudios complejos y trabajos muy rutinarios.

Los nacidos en este día se hallan bajo los efectos directos y poco conocidos y estudiados de la nebulosa espiral *Vertex*, la M31 de Andrómeda (NGC 224) o galaxia de Andrómeda, cuyos centenares de miles de estrellas generan infinitas e incalculables inducciones e inclinaciones de todo tipo y contribuyen a hacer una mentalidad inquieta, inventiva, precursora y revolucionaria, marchando siempre tras novedades, descubrimientos o nuevos negocios o empresas como un torbellino o vorágine.

Unidas a la galaxia Andrómeda por la fuerza de gravitación se conocen cuatro galaxias enanas (las números 221, 205, 185 y 147), las cuales también tienen influencia para los nacidos el 18 de abril. Si admitimos que cada galaxia tiene su influjo y determinación, quiere decir que la persona nacida el 18 de abril tiene el problema de decidir lo que quiere ser y es casi imposible que siga una línea recta; lo lógico es que se mueva en una especie de espiral sin fin compuesta de numerosas inducciones, capacidades y facultades, con el riesgo de experimentar atracción por demasiadas técnicas o especialidades.

Es una jornada que vaticina que cualquier cosa es posible; subidas a la cumbre, caídas a lo más hondo, éxitos rápidos o inesperados, fracasos, alegrías, premios, optimismos desmesurados, depresiones inesperadas, etc. El carácter se mantiene inestable a nivel emocional-sentimental, impulsivo, apasionado e indomable.

Hay riesgo de caer en exceso de proyectos, empresas o profesiones. Carácter inquieto, nervioso, que necesita movimiento. Trabajo compulsivo, a ráfagas. Le van empleos y oficios en que pueda moverse, correr, viajar: aviador, navegante, representante comercial, diplomático, conductor, taxista, trasportista, conductor de tren, tranvía o metro, etc.

Por la noche de este día han nacido muchos artesanos de la cerámica, esmalte, calcografía, serigrafía, laca japonesa, diseño de estampados, terracota, talla de madera, forja de hierro…

Los nacidos en día de *luna llena* (como los de 1935 noche, 1954 mañana, 2000 y 2011 mañana) tienen mayores posibilidades de alcanzar éxito y popularidad con sus trabajos y actuaciones, pero al tiempo de sufrir insatisfacciones familiares y conyugales. Y los venidos al mundo en día de *cuarto menguante* (como los de 1941, 1960, 1971 y 1990) serán más calculadores y planificadores.

Además, ya se notan los efectos de la estrella doble *Al Rischa* o *Kaintain*, de la constelación de Piscis, la cual contribuye a inducir una personalidad resolutiva, arrojada y audaz, pero acompañada de crisis emocionales y depresivas, en particular en los nacidos por la tarde y noche. La mayoría de fracasos y frustraciones se deben a falta de planificación y por dejarse arrastrar por la impulsividad.

Los nacidos en este día se hallan bajo el influjo directo de la estrella *Mirach,* de la constelación de Andrómeda. El nombre deriva del árabe; según algunos estudiosos, de *al-Maraqq* «los ijares» (por hallarse dicha estrella en esa zona de la figura antigua que representaba a la constelación); y según otros eruditos, viene de *Miâaràv,* «la escala».

Mirach es una estrella gigante rojiza que parece inducir audacia, apasionamientos, imprudencias, obstinaciones, testarudez...., si bien la mentalidad es aguda, sagaz y perspicaz.

Se considera, en general, estrella de buen augurio y, en cierta forma, favorecedora del hogar y del amor. Confiere ansias por lo bello y el poseer bienes o propiedades, pero no hay que descartar problemas domésticos. Hay gran dosis de actitudes temperamentales y fricciones por falta de paciencia o resignación ante situaciones extremas. Es un astro que favorece reconciliaciones, pese a las divergencias que existan con la pareja y otros aspectos de la carta natal.

Este día comunica individualismo, independencia, capacidad para dirigir y mandar, responsabilidades profesionales, empresariales o políticas. Incluso pronostica que los hijos alcanzarán fama o renombre.

Según el año de nacimiento, se recibe fuerte dosis de impulsividad, agresividad, voluntad de ser, autoafirmación, audacia e individualismo creativo. Por ese mismo motivo son los que corren mayor peligro de sufrir abusos de confianza y desfalcos por parte de amigos, familiares o administradores, por lo que han de ser muy estrictos con las cuentas, el dinero, las inversiones y el control de sus asuntos profesionales y comerciales.

Asimismo, han de ser siempre muy prudentes en los viajes y con la salud y evitar aquellos trabajos, deportes y empresas que comporten riesgos personales innecesarios. Todos sus problemas vendrán siempre de mano de la imprudencia y del alocamiento, por alto que lleguen en esa «escala Mirach».

Por otro lado, empiezan a notarse los efectos de la estrella *Al Rischa (Alrescha o Kaintain),* de la constelación de Piscis. Sabemos que es una estrella doble de color blanco-verdoso. El nombre deriva del árabe *Al-Rasha* «la cuerda o nudo», por hallarse en el cordón que unía los dos peces que configuraban la constelación. Y *Kaintain* también es de origen árabe y quiere decir «esclava cantora», quizá a causa de ser una estrella doble, siendo una esclava de otra.

Este astro induce carácter fuerte, decidido y temperamental, pero con riesgo de altibajos personales y profesionales, sin descartar momentos oscuros, depresivos y frustrantes, por lo que se debe actuar con mucha diplomacia y cautela en todas las ocasiones, no dejándose llevar por la prepotencia por bien que vayan las cosas.

Aún se notan los efectos de la estrella *Mirach,* de la constelación de Andrómeda, que gobierna el día anterior. El nombre deriva del árabe *Miâaràÿ,* «la escala», si bien otras fuentes creen que viene de *al-Maraqq,* «los ijares». Es una estrella rojiza de bastante buen augurio, que favorece las iniciativas personales y profesionales y las relaciones sentimentales, si bien es un día algo complicado, ya que en muchos años, hasta la madrugada, pertenece al signo solar de Aries, mientras que en otros años la persona es Aries hasta bien entrada la tarde. Puede considerarse que es una jornada mitad Aries y mitad Tauro, aunque hay años –como 1955, 1966 y 1971– que a las seis de la tarde del 20 (meridiano de Greenwich) aún está el Sol en Aries, mientras que en otros –como 1980, 1984 y 2004–, ya se pertenece al signo solar de Tauro desde los primeros minutos del día. Por consiguiente, los nacidos en el día 20 de abril tienen que acudir al astrólogo para que determine a qué signo solar pertenecen, según la fecha y hora de nacimiento.

Además, se notan los efectos de la estrella *Al Rischa (Alrescha o Kaintain),* de la constelación de Piscis. Es una estrella doble de color blanco-verdoso. *Al Rischa* viene del árabe «la cuerda o nudo», seguramente por hallarse en el cordón que unía los dos peces que formaban la constelación. En cambio, el nombre de *Kaintain* procede del árabe *Kaintzain,* quo es el de *Káina,* «esclava cantora», quizá por tratarse de una estrella doble, sin descartar que antiguamente se refiriera a una de las estrellas como esclava de la otra.

En conjunto, el carácter de los nacidos en este día es conflictivo, polifacético, variable, versátil, moviéndose entre el individualismo y la sociabilidad, entre lo idealista y lo práctico, entre la independencia y las ataduras matrimoniales o políticas. Se poseen rasgos de impulsividad y terquedades ideológicas incomprensibles.

En general, no es un día que vaticine buena suerte a ultranza, sino que augura luchas, enfrentamientos, altibajos sociales o profesionales, intrigas políticas y familiares, etc.

Las personas nacidas en esta jornada, en particular por la mañana, han de aprender a refrenar intemperancias de carácter y eludir los enfrentamientos directos si no quieren cosechar desastres irreversibles.

En primer lugar, esta jornada se halla bajo el influjo directo y patronazgo de la estrella *Mira Ceti, Stella Mira* o *Mira* (maravillosa) de la constelación de la Ballena *(Ceti)*. Es una estrella variable (primera estrella variable observada como tal; fue descubierta por Fabricius en 1596) del tipo roja supergigante, aunque en realidad es una estrella doble, es decir, tiene una compañera. Ante sus extrañas apariciones y desapariciones, su aumento y disminución de brillo, Fabricius la llamó *Mira Ceti,* «la maravillosa de la Ballena», por hallarse en esa constelación. Se la llamó, asimismo, *Mirae Stella* y *Stella Mira,* como homenaje al astrónomo Hevelius, que escribió la obra *Historiola Mirae Stella.* Los efectos de la estrella también son inconstantes o fluctuantes.

En conjunto, es una estrella que confiere valentía, sentido de lucha, pero con una tendencia general hacia el materialismo persistente, a la adquisición de riqueza o propiedades, a la búsqueda de lo positivo, al empeño de conseguir estabilidad económica y familiar por encima de lo idealista o aventurero. Sin embargo, también es una estrella que comunica, a rachas, melancolía, pesimismo y desmoralización, para pasar al poco tiempo a un nuevo período de optimismo y confianza en sí mismo.

Por lo común, el carácter es fuerte, decidido, responsable, con iniciativas y con mayor sentido práctico y reflexivo que alocado o anárquico. En ocasiones, se pasa por fases de perseverancia muy intensa, terquedades y empecinamientos, pero el presagio de este día es que la paciencia, la diplomacia y la astucia traerán más beneficios que la agresividad y la belicosidad.

En este día ya se notan los efectos —aunque de manera suave— de la estrella *Sharatan* de la constelación de Aries. *Sharatan* o *Saratán* es un nombre árabe que significa «el Cangrejo». Es una estrella que vaticina que no faltarán problemas hogareños y frustraciones familiares y presagia viajes al extranjero y contactos con empresas multinacionales; hay muchas probabilidades de recibir premios y honores internacionales. Es una estrella que empuja a buscar lo sólido y estable, tanto en lo hogareño como en lo profesional y empresarial.

En esta fecha se acentúan las influencias y determinaciones de las estrellas *Sharatan (Sheratan* o *Saratán)* y *Mira Ceti.* La primera pertenece, como sabemos, a la constelación de Aries, y la segunda, a la constelación de la Ballena.

Sheratan deriva del *árabe as-Sharatani,* «las dos señales o dos signos», que puede indicar a dos estrellas de la misma constelación, sin descartar que se refiera a los dos cuernos de la figura del carnero, ya que esta estrella se halla en uno de ellos.

Es una estrella blanca que, junto con la *Mira Ceti,* «la maravillosa de la Ballena», hace que los nativos de este día reciban acusados influjos filosóficos, intelectuales y metafísicos. Asimismo, existe atracción por la naturaleza, la vida campestre y los deportes de montaña, si bien como trasfondo hay un predominio de todo lo que es literatura, escritura, cerámica, artesanía y oficios o negocios conectados con la madera, la agricultura y la ganadería.

El plano más conflictivo es el sentimental y el familiar, puesto que hay una preponderancia de lo creativo y profesional sobre lo doméstico. La fémina del 22 de abril nunca debe tomar las tareas hogareñas y domésticas como una misión de su existencia, de lo contrario sufrirá grandes desengaños con la familia y frustrará sus innatas facultades creadoras, que son las únicas que pueden ayudarla a sostener su ego en los momentos difíciles y adversos. No deben descartarse varios matrimonios o uniones.

Los nacidos en *luna nueva* (como los de 1944, 1955 y 1974) son los que deben cuidar más su salud y los que están más capacitados para comprender el sufrimiento de los demás, por lo que tienen más atracción por humanidades, sociología y sanidad.

En cambio, los venidos al mundo en *luna llena* (como los de 1940, 1997 y 2016) son los de carácter más exaltado, ambicioso, impulsivo y apasionado.

Los nacidos en este día se hallan bajo el influjo directo de la estrella *Sharatan, Saratán* o *Sheratan* de la constelación de Aries. El nombre parece venir del árabe *as-Sharatani*, «las dos señales», refiriéndose probablemente a dicha estrella y a la que tiene más cerca, que destacan en la constelación de Aries.

Saratán es una estrella blanca que hace que la persona sea más lenta, introvertida y reflexiva que los Tauro normales. El carácter es algo autoritario, decidido, sensual, erótico y con riesgo de caer en excesos sexuales o en la búsqueda obsesiva de placeres y satisfacciones personales. Es una estrella que empuja a buscar lo sólido y estable, tanto en lo hogareño como en lo profesional y empresarial.

No obstante, la vida no es cómoda ni plácida para los venidos al mundo en este día de abril. Son de esperar frecuentes riñas domésticas, problemas con los padres y con la pareja y más de un matrimonio o unión sexual, particularmente si se ha nacido en día de *luna nueva* (como los de 1963, 1982 y 2001) o en día de *luna llena* (como los de 1948, 1959 y 1978), que además habrán de vigilar mucho su salud.

En conjunto, hay riesgo de altibajos sociales y profesionales, muy acusados, así como cambios de trayectoria o de proyectos. La persona suele dejarse llevar por reacciones muy temperamentales y brusquedades hacia amigos, empleados y familiares cuando las cosas no le salen de acuerdo con sus deseos. También hay obsesión por destacar o encumbrarse si se ha nacido en hogar humilde. La madre suele jugar un papel importante o decisivo para que uno o una alcance lo que ambiciona social, pública y políticamente.

En general, son de esperar amores o relaciones con extranjeros. También hay tendencia a explotar los encantos personales, por lo que inclina a profesiones en que uno pueda exhibirse, sea como modelo, actor o actriz, cantante, etc.

L os nacidos en este día están bajo el influjo directo de la estrella *Triangulum,* de la constelación del mismo nombre, que en latín quiere decir «el triángulo». Es la alfa *Trianguli,* también conocida como *Metallah, Mothallah* o *Elmuthalleth,* que en árabe antiguo quiere decir «punta de triángulo». Es una estrella blanca-amarillenta que brilla 14 veces más que el Sol.

Constelación del Triángulo

Triangulum
(Metallah)

Confiere carácter inquieto y preocupado por la búsqueda de lo equilibrado y ético, además de aptitudes para la arquitectura y la construcción. En el plano más mundanal hay inclinación –o las circunstancias obligan a ello– a los negocios o empresas conectadas con agricultura, urbanizaciones, centrales lecheras, intereses forestales…Aunque hay atracción innata por las bellas artes y la literatura, también presagia sacrificios por la familia y negocios de ésta o heredados. Esto no es obstáculo para que la persona sea de naturaleza benevolente, sociable y recta. En amor no debe descartarse el clásico triángulo romántico. Hay mucha resistencia física a los esfuerzos y enfermedades, aunque los nacidos en este día han de vigilar la garganta y evitar el fumar, las bebidas frías y los helados, en particular si han nacido en día de *luna nueva* (como los de 1933 y 1952) o en día de *luna llena* con *eclipse lunar* (como los de 1967, 1986 y 2005). Hay, en las personalidades elevadas y singulares de este día, una preocupación por lo espiritual, lo metafísico, el más allá, la reencarnación. En lo negativo, deben preocupar los enemigos, intrigantes y emboscados y eludir los países y lugares en guerra, puesto que hay peligro de percances, heridas, secuestros, etc. Además, siguen notándose los efluvios de la estrella *Sharatan (véase* lo dicho el 23 de abril sobre esa estrella).

Los nacidos en este día se hallan entre los influjos suaves de la estrella *Sharatan,* de la constelación de Aries, de la estrella *Triangulum,* de la constelación del mismo nombre, y de la estrella *Hamal,* de la constelación de Aries.

Hay que destacar que *Sharatan, Sheratan* o *Saratán* es una estrella blanca cuyo nombre parece derivar del árabe *Al Sharatan,* «el cuerno boreal del carnero». Hace que la persona sea más lenta, introvertida y reflexiva que los nacidos en días anteriores. Es una estrella que empuja a buscar lo sólido y estable, tanto en lo hogareño como en lo empresarial.

La estrella *Triangulum,* que quiere decir «triángulo», confiere aptitudes para el dibujo, arquitectura y construcción, además de contribuir a hacer un carácter inquieto y preocupado por ir tras lo equilibrado y ético.

Y por lo que se refiere a la *Hamal,* deriva del árabe *El Nath,* «el Morueco» (el carnero padre, el que ataca con los cuernos), pero que simbólicamente quiere decir «herida mortal», lo que da idea de los peligros que acarrea esta estrella, sobre todo para militares, cirujanos, policías, luchadores, toreros, aventureros, automovilistas, neurólogos, deportistas de aventura, escaladores, etc. Es una estrella de color amarillo-anaranjado.

En conjunto, los nacidos en este día poseen ingenio práctico, mundano y comercial para abrirse camino en los más diversos negocios u oficios, como modas, bares, restaurantes, librerías, artesanía, etc. En un plano superior y de estudios hay facultades para las ciencias, literatura y filosofía y letras. Hay capacidad para adaptarse a los más diversos empleos y situaciones profesionales. Se consigue lo que uno se propone a base de paciencia y tesón. En lo personal, existe un trasfondo erótico-sensual, con fuerte atracción por lo gastronómico y sibarita. Resistencia a las enfermedades y afán obsesivo –o casi obsesivo– por destacar en el medio ambiente social. Riesgo de caer en obsesiones sexuales y apasionamientos.

Entre los nacidos en este día no faltan vocaciones por alguna rama del ocultismo o astrología, si bien la persistencia en los objetivos es lo que trae el éxito final.

En el plano de la salud, han de preocupar los problemas cardiovasculares provocados por el tabaco y el agotamiento.

Van en aumento los influjos de las estrellas *Hamal,* de la constelación de Aries, y *Sedir (Chedir, Schedir, Sadir o Sard),* de la constelación del Cisne. La primera significa en árabe «el Morueco» (el carnero padre), pero que simbólicamente quiere decir «herida mortal», lo que da idea de que genera peligros, adversidades y contratiempos, por lo que se deben evitar imprudencias de todo tipo.

Y *Sedir, Sadir* o *Sard,* deriva del árabe *Sadr ad-Dajaja,* «la pechuga del ave (hembra)». Es una estrella blanco-amarillenta que incrementa el sentido del deber y de las obligaciones y que estimula los deseos de encumbramiento y de destacar en la sociedad.

Es una fecha que incrementa las inclinaciones a los placeres de la mesa y sexuales, lo que no impide que haya un trasfondo creativo de tipo artesanal, poético y literario. Pero eso no evita el predominio de lo individualista, lo que estimula las vocaciones en los campos castrense y político. Es un día que ha dado muchos cirujanos, militares y funcionarios. En un plano más corriente y mundano da carniceros, charcuteros, matarifes, soldadores, planchistas, etc.

En lo negativo, hay riesgo de caer en obsesiones, acciones alocadas, supersticiones excesivas, etc. En la salud, ha de preocupar la garganta, la boca, los oídos, la glándula tiroides, el esófago, las vértebras cervicales…

Los nacidos por la noche experimentan especial atracción por lo misterioso, metapsíquico y parapsicológico. No faltan científicos, industriales ni filósofos entre los nativos de esta jornada.

Los venidos al mundo en *luna nueva* (como los de 1941, 1979, 1998 y 2017) son los que deben vigilar más su salud y los que corren mayor riesgo de sufrir frustraciones sentimentales y con los padres.

Este día se halla bajo el influjo intenso, persistente y directísimo de la estrella *Hamal*, de la constelación de Aries. En árabe significa «el Morueco» (el carnero padre), pero que simbólicamente, desde el punto de vista esotérico, quiere decir «herida mortal», lo que da idea de los peligros luchas y dificultades que genera dicha estrella. Significa que la persona habrá de luchar y esforzarse mucho en la vida y que corre el riesgo de enfermedad, dolencias o desengaños personales.

Es una jornada que da vida a muchos militares, cirujanos, luchadores, toreros, empresarios, deportistas de aventura, automovilistas, neurólogos, escaladores, etc.

Por un lado, esa estrella hace el carácter aventurero, audaz, arriesgado, sexual y con riesgo de apasionamientos o enceguecimiento moral. Hay tendencias dictatoriales y atracción por lo sexual y materialista, con menoscabo del sentido moral o común.

No faltan precursores, inventores e innovadores entre los nacidos bajo la estrella *Hamal*, si bien en el trasfondo de todo hay una búsqueda de la riqueza, del placer y del confort. En los hombres, existe el riesgo de pérdida de bienes, negocio o posición social por causa de las mujeres o pasiones. Hay peligro, asimismo, de ruina financiera por especulación bursátil desafortunada, por lo que los nacidos bajo esta estrella necesitan ser muy prudentes y cautos en lo comercial, monetario y empresarial y no dejarse deslumbrar por negocios fáciles o «gangas» financieras.

En segundo plano, en este día también se notan los fuertes efluvios de la estrella *Sedír*, que significa «pechito» (del árabe *as-Sadr*, «el pecho»), por hallarse en el centro del busto de la figura de esa reina legendaria que representa a la constelación de Casiopea, a la que pertenece dicha estrella. Por trascripción defectuosa suele escribirse *Chedir, Schedir, Shedir, Schedar…*, pero en castellano debe ser *Sedír*.

Es ésta una estrella que aumenta el sentido del deber y de las obligaciones y responsabilidades, que insufla en la persona ansias de poder, encumbramiento y riqueza y, en ocasiones, orgullo desmedido. Presagia fama, bienes o riqueza por méritos o esfuerzos propios.

Como trasfondo de todo, hay cierta atracción por las bellas artes, en particular por la pintura, la música, el canto…, y capacidades para todo lo conectado con belleza, moda, perfumería…

Este día se halla bajo el influjo compuesto de las estrellas *Hamal,* de la constelación de Aries, y *Sedír,* estrella amarillenta variable de la constelación de Casiopea.

El nombre de *Hamal* significa «el Morueco» (el carnero padre) en árabe, pero que simbólicamente quiere decir «herida mortal», lo que da idea de los peligros y dificultades que genera dicha estrella. Significa que la persona habrá de luchar y esforzarse mucho y que corre el riesgo de enfermedad, dolencias o desengaños personales.

Y *Sedír* significa «pechito» (del árabe *as-Sadr,* «el pecho»), por hallarse en el centro del busto de la figura de esa reina legendaria. Por trascripción defectuosa suele escribirse *Chedir, Schedir, Shedir, Schedar…,* pero en castellano debe ser *Sedír.*

Es ésta una estrella que aumenta el sentido del deber y de las obligaciones, que insufla en la persona ansias de poder, encumbramiento y riqueza y, en ocasiones, orgullo desmedido. Presagia bienes o riqueza por méritos propios.

En conjunto, las estrellas de esta jornada comunican ansias de destacar, de sobresalir y de imponerse a los demás. La persona recibe mucha dosis de inconformismo, de inquietud y de audacia, aunque con un trasfondo de querer obtener riquezas, confort, comodidad y placeres. Hay un predominio de lo materialista y práctico sobre lo idealista. Hay fuertes estímulos sexuales, con riesgo de apasionamientos.

En el plano de la salud, ha de preocupar la vista, la garganta, la boca y los oídos. Está acentuado el riesgo de migrañas y cefaleas en la primera mitad de la vida a causa de fuertes tensiones nerviosas provocadas por dificultades familiares y hogareñas. Además, hay riesgo de caídas, fracturas, lesiones, golpes, contusiones, etc., por lo que los deportistas nacidos en este día deben ser muy prudentes en todo momento.

En este día han nacido muchos sindicalistas y luchadores políticos. A nivel creativo, favorece la literatura, poesía, magisterio y medios de comunicación social.

Vaticina que las luchas y enfrentamientos con los enemigos y opositores serán tan duros y graves como duraderos, aunque se salga victorioso al final.

S igue el influjo de las estrellas *Hamal,* de la constelación de Aries, y *Sedír (Schedir),* de la constelación de Casiopea. En conjunto, empujan y ayudan a la lucha, a querer destacar, a obtener logros personales y profesionales. Comunican dosis intensa de sensualidad, erotismo y gusto artístico.

Constelación de Aries

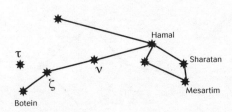

Predominio de lo romántico-amoroso. Sea hombre o mujer, difícilmente se mantiene fiel a una persona, pues se busca el placer y la autosatisfacción por encima de otra consideración. El carácter es débil, por consiguiente, ante las tentaciones sexuales. Sentido de la diplomacia, de la sociabilidad y de lo negociador. Creativamente se busca lo singular, lo superior, la originalidad, y se rehúyen tópicos y rutinas. Hay facultades para la abogacía, la jurisprudencia, la magistratura, el arbitraje…

Los nacidos en *luna nueva* y *eclipse solar* (años 1976, 1995 y 2014) y *cuarto menguante* (años 1940, 1959 noche y 1978) son los que corren mayor peligro de inestabilidad familiar y de tener problemas con el aparato digestivo y el sistema nervioso.

En cambio, los venidos al mundo en *cuarto creciente* (años 1955, 1974, 1993 y 2012) son los que lo tendrán mejor para obtener éxitos profesionales y comerciales.

Aunque suavemente, por orbe, siguen recibiéndose los influjos de las estrellas *Hamal,* de la constelación de Aries, y *Sedír (Schedir),* de Casiopea.

Constelación de Casiopea

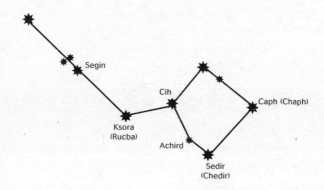

En conjunto, jornada que vaticina artes marciales, carrera castrense, vida social y política muy activas, lucha por altos ideales públicos, etc. Por un lado, el carácter es individualista y personalista (contribución de la *Hamal)* y, por otro, paciente, firme y terco (sedimento del signo solar de Tauro).

Fama o elevación por los propios medios y conocimientos, con posibilidades de nacer en familia influyente o de convertirse en persona con poder gracias a la profesión o negocios. Posibilidades de herencias.

Los nacidos por la noche (Noche de brujas, Noche de Walpurgis), reciben facultades para la parapsicología, ciencias ocultas, adivinación, futurología... Los venidos al mundo en *luna llena* (1942 noche, 1961, 1980, 1999 y 2018) o en *cuarto creciente* (1944, 1963, 1982 y 2001) son los que tendrán mayores oportunidades para destacar en su profesión o cargo, si bien deberán ser muy prudentes en los viajes, con la conducción, el gas, la electricidad, los combustibles...

Bajo el influjo de la estrella Nu (υ), de la constelación de Aries. Carácter independiente, individualista, pero con sentido de perseverancia. Sensibilidad muy desarrollada para la estética. Predisposición para las relaciones sociales y comerciales, si bien en lo creativo hay inclinación por la pintura, la escultura, la talla de madera, la cerámica, vidrio y hierro artístico, marquetería, etc.

La fémina nacida en este día reúne cualidades para el canto y el baile, cuyas aptitudes ya se manifiestan en la niñez.

Los nacidos en *luna nueva* (como los de los años 1946, 1965, 1984 y 2003) son los que necesitarán más paciencia y sacrificio en el plano hogareño-familiar y los que deben evitar todo aquello que perjudique su sistema nervioso, pues de lo contrario fracasarán en su profesión o tardarán más en llegar a la meta propuesta. Igual puede decirse de los venidos al mundo en *cuarto menguante* (años 1948, 1967, 1986 y 2005).

Referente a la salud, deben vigilar la garganta, los oídos, la glándula tiroides, lo neurológico, la columna, lo cardiovascular...

Y los venidos al mundo en los años 1986, 1987, 1988, 1989 y 1990 deben estar prevenidos contra la actuación de enemigos, enfermedades inesperadas, estafas, robos, abusos de confianza, accidentes extraños e incomprensibles, etc.

Empiezan a notarse los efectos de la estrella *Almach* o *Alamak*, de la constelación de Andrómeda. El nombre viene del árabe *El Aâmák*, «lo lejano», «lo insondable», «lo remoto». Pronostica satisfacciones y éxitos en profesiones artísticas. Muchos Tauro de esta fecha se dedican al dibujo, a la pintura, la literatura, las artes escénicas, la música, el canto, el baile... Asimismo, hay inclinación por la elegancia y la moda, tanto en su elaboración como en su comercialización.

Por otro lado, el carácter es algo celoso, erótico, quisquilloso y pendenciero si no existe una buena educación familiar, moral y psicológica. También hay atracción especial por la abogacía, leyes, cargos sindicales, sociología, etc.

En lo muy negativo, presagia vicios sexuales, tabaquismo, alcoholismo, drogas, etc., para quienes no aprendan a autodominarse en los momentos críticos y depresivos y busquen escapismos artificiales.

En el plano de la salud, hay que cuidar la garganta, los oídos, los genitales, la glándula tiroides...

Los nacidos en *luna llena* (como los de 1931, 1950, 1969 y 2007) tendrán mayores facilidades para sobresalir en su profesión. En cambio, los venidos al mundo en *luna nueva* (1935 noche, 1954 noche, 1973 noche y 1992) corren más riesgo de tener crisis nerviosas y problemas con el aparato digestivo.

Los nacidos en este día se hallan bajo el influjo integral y variopinto de la estrella *Almach* o *Alamak,* que se halla en el pie izquierdo de la figura que representa a la constelación de Andrómeda. El nombre parece venir del árabe *El Aâmák,* «lo lejano, lo remoto, lo insondable». Es una estrella anaranjada doble; su compañera es azulada. Recientemente se ha comprobado que, en realidad, son un grupo de cuatro estrellas, por lo que se reciben diversas y contradictorias inducciones o inclinaciones.

En conjunto, pronostican éxito en profesiones relacionadas con moda, bellas artes, literatura, belleza, peluquería, perfumería, artes suntuarias, etc. La capacidad artística y estética es profunda y sentida.

En otro plano, son estrellas que confieren vocaciones en el campo de la medicina, sanidad, curación por las hierbas, naturopatía, medicinas alternativas, etc.

En realidad, la persona es polifacética, es decir, que tiene facultades para diversas profesiones u oficios. El carácter es sociable, conciliador y, si conviene, astuto, calculador e hipócrita.

Han nacido en este día muchos políticos, diputados, senadores, etc. Hay un sexto sentido en la personalidad de los nativos de este día, que tanto pueden emplear en un trabajo artístico como empresarial o comercial. En lo negativo, vaticinan heridas o cortes por arma blanca e intervenciones quirúrgicas.

En el plano deportivo, dan gimnastas, atletas, boxeadores, golfistas, etc.

Los venidos al mundo en día de *luna llena* (como los de 1939 y *eclipse lunar,* 1958 y *eclipse lunar,* 1977 y 1996) corren peligro de inestabilidad familiar y conyugal y de sufrir alteraciones de la salud.

Los nacidos en este día se hallan bajo el influjo de dos importantes estrellas principales, por lo que es una jornada que ha dado personalidades y destinos tan singulares como temperamentales y variopintos. En primer lugar, están los influjos de la estrella *Almach (Almack)* o *Alamak,* de la constelación de Andrómeda. El nombre parece derivar del árabe *El Aâmák,* «la lejanía», «lo insondable», «lo remoto»… Es una estrella de color anaranjado que tiene una compañera blanca. Pero, en realidad, esta estrella gamma de dicha constelación es un grupo de cuatro estrellas, según han puesto de manifiesto los modernos telescopios.

En conjunto, pronostican éxito en profesiones relacionadas con moda, arte, literatura, belleza, peluquería, pintura, etc. Comunican una profunda y sentida capacidad artística y gusto por las cosas bellas.

Pero, en otro plano, también hay inclinación por la medicina, sanidad, curación por las hierbas, naturoterapia, medicinas alternativas, etc.

En segundo lugar, domina la estrella *Menkar (Menkab),* de la constelación de la Ballena. El nombre viene del árabe *Al-Minkhar,* «el Pico» de la ballena, pero que en simbolismo esotérico quiere decir «el enemigo encadenado». Es una estrella rojiza que presagia enfermedades, accidentes con animales, aflicciones, contratiempos inesperados y pérdidas económicas por malas inversiones, vicios o negocios aventureros. Sin embargo, el sobrenombre esotérico parece indicar superación de problemas, victoria sobre opositores y contrincantes, éxitos personales, etc. Y, en general, confiere longevidad. Además, parte de los sinsabores que por lo natural provoca la *Menkar* son suavizados por los diversos influjos que llegan del grupo de la estrella *Almach.*

En lo positivo, *Menkar* pronostica herencias, legados, donaciones, premios, becas, ayudas, etc., pero con riesgo de obstáculos, retrasos o pleitos a causa de éstos. Incluso se ha dado el caso de perderse una herencia por muerte súbita del esposo al ignorar en qué país, banco y cuenta tenía el marido depositado el capital.

Por otro lado, es un día que inclina a las neurosis y depresiones emocionales si uno no está preparado profesional y mentalmente para enfrentarse con las dificultades que le van saliendo al paso.

Asimismo, hay riesgo de querer hacer demasiadas cosas al mismo tiempo de interrumpir proyectos o empresas para empezar otros que parecen más prometedores, con el peligro de dispersar energías y tiempo.

En el plano espiritual, el 4 de mayo da aptitudes para artes adivinatorias, ocultismo, espiritualismo, religión y sectas religiosas, lo que quiere decir que lo materialista no llena por completo.

Los nacidos en día de *luna nueva* (como los de 1943, 1962, 1981 y 2000) pueden tener problemas especiales en el hogar de los padres y, más tarde, en el propio, por lo que deben estudiar y prepararse para confiar única y exclusivamente en sí mismos. También pueden padecer problemas de salud: en particular ha de preocuparles el sistema nervioso. Hasta es posible la separación o divorcio de los padres, en cuyo caso tienen que tomar responsabilidades desde muy jóvenes.

Y los venidos al mundo en día de *luna llena* y *eclipse de Luna* (como los de 1966 noche, 1985 y 2004 noche), pueden ver aún más acentuados los conflictos y problemas señalados para el día de *luna nueva*.

Aún siguen la influencia e inducciones de la estrella *Menkar (Menkab)*, de la constelación de la Ballena, que se acentuarán en el siglo XXI. Viene del árabe *Al-Minkhar,* que significa «el pico», «el hocico». En simbolismo esotérico quiere decir «el enemigo encadenado», lo que parece indicar superación de problemas y victoria sobre los enemigos. Es una estrella gigante roja que vaticina conflictos, adversidades, luchas, sinsabores, enfermedades, accidentes con animales, aflicciones, etc.

En los nativos de esta fecha, hay en la personalidad un predominio de lo sentimental, romántico y matrimonial, ya que no resiste la soledad. Incluso hay riesgo de caer en obsesiones amorosas o de padecer de mal de amores.

Posibilidades de casamiento con persona de clase elevada o con fortuna, pero acompañado de tribulaciones y desengaños idealistas o familiares. Peligros o enfermedades inesperadas en los viajes al extranjero.

En el aspecto creativo y profesional, hay necesidad de moverse, viajar y relacionarse, lo que explica que en lo mundanal dé vocaciones en todo lo que sean representaciones comerciales, ventas, mercados, exposiciones, competiciones, exhibiciones, etc.; si bien en lo superior es proclive al canto, al atletismo, al toreo, al golf, al ciclismo, etc. Asimismo, se reciben cualidades para la enseñanza, el magisterio y la literatura, aunque con menor intensidad.

En general, las personas de tipo positivo nacidas en este día poseen cualidades morales y gran firmeza de carácter. A pesar de su individualismo y cierta inclinación a las aventuras, suelen ser reflexivos, observadores y de trato elegante. Aprecian y respetan mucho a las amistades, entre las que llegan a hacerse muy populares, por lo que no sorprende que les sonría la fortuna y su porvenir sea halagüeño desde el punto de vista profesional y crematístico. Si alcanzan altos puestos o cargos de responsabilidad se acuerdan de ayudar a los amigos de siempre, a los que permanecen fieles y recuerdan con nostalgia.

Por otro lado, las estadísticas demuestran que no es un día que facilite el triunfo o encumbramiento de féminas, las cuales lo tienen mucho peor que el hombre para sobresalir socialmente.

Los nacidos en *luna nueva* (como los de 1932, 1970, 1989 y 2008) no suelen gozar de estabilidad hogareña y sufren crisis de salud y desengaños profesionales y con colegas.

Siguen los efluvios magnéticos de la estrella rojiza gigante *Menkar* o *Menkab (Menkhar)*, de la constelación de la Ballena, aunque de manera suave, si bien se acentuarán en la segunda mitad del siglo XXI y serán mucho más intensos en el siglo XXII. El nombre deriva del árabe *Al-Minkhar*, «el pico», «el hocico», que se refiere al «morro» del cetáceo. Aunque este día es distinto a los anteriores, no hay que olvidar que es una estrella que presagia enfermedades, vicisitudes, accidentes con animales o en el mar, contratiempos inesperados, etc. Esto no impide que los Tauro de esta fecha sean decididos, activos, enérgicos, tercos y temperamentales, aunque también poseen paciencia y destreza para acometer el trabajo elegido, sea artístico, artesanal o intelectual. Aunque como trasfondo sigue favorecido el canto, la escultura, las artes plásticas, el cine y el teatro. Los nativos de este día tienen el orgullo de querer destacar por su originalidad, investigaciones fuera de lo corriente o innovaciones profesionales.

Es una jornada que vaticina el riesgo de tener que exiliarse por ideas políticas o por cuestiones económicas o racistas. Hay que aprender a ser diplomático y astuto y a hablar con prudencia, pues augura rompimientos con socios, colaboradores y amigos por terquedades y empecinamientos. El orgullo desmedido suele traer consecuencias desagradables para los nacidos en este día.

En salud debe preocupar la boca, la dentadura, la faringe, la glándula tiroides, los oídos… En deportes, queda potenciada la gimnasia, el atletismo, el ciclismo, el frontón, el tenis, etc.

Los nacidos en *luna llena* (como los de 1955, 1974, 1993 y 2012) tienen mayores posibilidades de triunfar en sus estudios, profesión liberal o empresa propia que en alcanzar una buena estabilidad familiar.

Se nota el influjo de la estrella gigante anaranjada *Botein,* de la constelación de Aries. El nombre viene del árabe *Al Butain,* «la campanita». Comunica coraje, valentía y capacidad de superación, además de un cierto sentido irónico y poético de la existencia.

Se acentúa el carácter inquieto, rebelde, individualista y decidido de los Tauro de esta fecha. Tendencia a rebelarse contra el destino si han nacido en hogares humildes. Luchan constante, paciente y laboriosamente para mejorar su posición social o dar a conocer su ideología. Inculcan a sus amigos ese afán de lucha y prosperidad, animándoles constantemente a superar las dificultades y aconsejándolos lo mejor que saben. La amistad es para ellos una cosa casi sagrada. Son observadores y saben captar el sentido del arte.

En arte, suelen ser originales y sensibles. Pero su personalidad batalladora no descarta roces, conflictos e, incluso, enfrentamientos con enemigos u opositores políticos, étnicos o ideológicos. Deben preocupar los viajes, la conducción y el empleo de maquinaria, puesto que hay riesgo acentuado de accidentes o problemas si conducen en los días negativos de su horóscopo o biorritmos. Al respecto, deben tener en cuenta que son especialmente peligrosos los desplazamientos en los siete días anteriores al cumpleaños, en particular para los que están a punto de cumplir los 22, 33, 44, 50 y 66 años.

En lo creativo se reciben aptitudes para composición, piano, canto, artes escénicas, pintura, grabado, cerámica, esmalte, literatura, etc. Y en lo más corriente y mundano hay inclinación a empleos en banca, profesiones financieras y bursátiles, abogacía, estudios y cargos conectados con construcción y explotación de vías férreas, autopistas y trasportes internacionales, etc. Mientras que en deporte es proclive al fútbol, al ciclismo, al baloncesto, al tenis…

Los nacidos en *luna nueva* (como los de 1940, 1959 noche y 1978) corren mayor riesgo de sufrir baches de salud, al igual que los que lo hicieron en *cuarto menguante* (años 1942, 1961, 1980 y 1991).

El carácter de los nacidos en este día, bajo el signo solar de Tauro, es franco, leal y firme, aunque con tendencias exageradas, tanto hacia lo optimista, como a lo pesimista y melancólico. Se hallan bajo el influjo de la estrella anaranjada *Botein,* de la constelación de Aries. Su nombre significa «la campanita».

Es una jornada que ha dado finos y geniales humoristas, pero también incomprensibles suicidas, al dejarse arrastrar por profundas depresiones emocionales a causa de conflictos o desengaños sentimentales. Tendencia a los celos. Y no hay que descartar el sufrir violencia de género.

Hay un cierto predominio de las tendencias creativas artísticas y pictóricas, lo que no es obstáculo para que médicos, industriales y comerciantes también hayan nacido en un 8 de mayo.

En lo positivo, hay un trasfondo claramente familiar y hogareño, con carácter que busca la comodidad, la buena mesa y los placeres en todas sus formas y facetas. Y en lo negativo, advierte del riesgo de percances conectados con aviación y deportes arriesgados.

Por lo común, confiere mucho sentido del humor, ya sea en las artes escénicas, como dibujante de cómics y caricaturas, etc.

En el plano de la salud, hay que vigilar la garganta, la glándula tiroides, las arterias carótidas, los órganos sexuales, lo neurológico, la dentadura, los oídos…, en especial los nacidos en *luna llena* (como los de 1944, 1963 y 1982) que, en cambio, tendrán mayores oportunidades profesionales y comerciales. Los venidos al mundo en *cuarto creciente* (años 1946, 1965 y 2018) tendrán mayores satisfacciones en su vida social, pública y creativa que en la sentimental-hogareña.

Bajo el influjo de la estrella *Dseta Arietis* (ζ), de la constelación de Aries. La personalidad recibe mucha dosis de orgullo, ambición y afán de adquisición (sobre todo bienes), por lo que si no hay una buena educación moral o autocontrol, se puede caer en codicia, egoísmos y en reacciones temperamentales muy fuertes y peligrosas, lo que generará malas relaciones con los demás, tanto a nivel de familia como laboral. Esto no es obstáculo para que el sujeto sea resuelto y perseverante en sus objetivos y destaque de manera singular en la profesión elegida. La mente se mueve entre lo instintivo e impulsivo y lo reflexivo y práctico.

Hay cualidades intelectuales, literarias, filosóficas, sociológicas, médicas... en los nativos de este día, aunque también hay muchos hijos de esta fecha laborando en el mundo de la agricultura, ganadería, industria maderera, siderometalurgia, del automovilismo...

Los nacidos en *luna nueva* (como los de 1948, 1967 y 1986) corren peligro de inestabilidad familiar y de salud, con tendencia a padecer crisis nerviosas y conflictos sentimentales. Tienen que cuidar mucho su alimentación y preferir los productos naturales de la tierra, procurando no abusar de alimentos artificiales y de dulces. ¡Cuidado con la diabetes!

Y los venidos al mundo en *luna llena* (años 1952, 1990 y 2009) tienen mayores posibilidades de destacar en su profesión y en la sociedad. Asimismo, es una jornada que da dado muchos actores y actrices.

Predominio del influjo de la estrella *Tau Arietis* (τ, lógicamente), de la constelación de Aries. Aumento de la irritabilidad del carácter. Jornada que incrementa la egolatría del individuo, que se hace a sí mismo y labra su éxito y fortuna a base de esfuerzos personales y enorme tesón. Existe el riesgo acentuado de crearse enemigos acérrimos por sus intemperancias de carácter e intransigencias familiares. Presagia conflictos con los hijos por incompatibilidad de caracteres y actitudes despóticas. En particular, los nacidos en *luna nueva* (como los de 1937, 1956, 1994 y 2013) corren peligro de sufrir verdaderas crisis nerviosas y emocionales que rompan la estabilidad del hogar y la salud.

Los venidos al mundo en *cuarto menguante* (años 1958, 1977, 1996 y 2007) deben estar alerta ante baches de suerte, economía y salud, y evitar el tabaco, el alcohol y las grasas animales.

El valor de dicha estrella suele ponerse al servicio de las inducciones creativas del signo solar de Tauro, lo que significa que es otro día que aumenta la atracción y las facultades para las artes escénicas y las bellas artes, si bien hay en este fecha un cierto incremento hacia la política, actividades públicas, profesiones químicas y biológicas y hasta psicológicas. El 10 de mayo ha dado muchos diputados, senadores, periodistas, cineastas, atletas, deportistas, astrólogos...

Predominio de la estrella *Tau Arietis* (τ), de la constelación de Aries. Contribuye a que sea un día de precursores, pioneros y predestinados, en cualquier campo profesional que elijan. Persistentes, pacientes y tercos en sus ambiciones e ideales, pero con un trasfondo práctico, materialista y crematístico muy intenso. Destellos singulares, geniales e imprevisibles, que se salen siempre de la norma y emplean su ingenio buscando poder y riqueza. Habilidad para hablar, convencer y agradar, a pesar de que la personalidad es maquiavélica, con matices ruines y viciosos. Hombre o mujer, tiene mucha tendencia a lo erótico y sexual, en particular si ha nacido por la noche. Vaticina que se gozará del favor de los poderosos y que se recibirán premios, reconocimientos y fama.

Se nace con aptitudes para la vida pública, social y todo lo relacionado con el arte, principalmente pintura, literatura y canto. Los empresarios y negociantes nacidos en un día como éste suelen entregarse casi por completo a su trabajo, y el taller, la fábrica o las propiedades acaban por tener más importancia que la vida sentimental y familiar.

En el plano de la salud, hay que vigilar la garganta, la glándula tiroides, lo neurológico, las arterias carótidas, la laringe, los oídos…

Los venidos al mundo en *luna llena* (como los de 1941, 1960 y 1998) tienen mayores posibilidades de fama y encumbramiento, pero con riesgo de inestabilidad sentimental y de separación o divorcio.

Es este un día bastante complicado y variopinto desde el punto de vista astral, toda vez que se notan los efectos combinados de un cúmulo doble de estrellas de la constelación de Perseo. Son los NGC 884 y 869, pero que popularmente se conocen como *Capulus.* Y también influye, al mismo tiempo, la estrella *Zaurak,* de la constelación de Eridano. *Capulus,* en latín, significa «puño de la espada», por hallarse ese cúmulo doble en esa parte de la figura de Perseo. Y *Zaurak,* que viene del árabe, quiere decir «lancha», «botecillo», «barco pequeño».

Para este días y posteriores, esa amalgama de influjos presagia dificultades, tensiones, conflictos, enfrentamientos, situaciones caóticas, etc., por lo que los Tauro de esta jornada han de ser muy prudentes y cautelosos en todo momento, ya que advierte del peligro de golpes, heridas, caídas, lesiones, fracturas, etc., por lo que deben evitarse deportes y trabajos que impliquen tales riesgos, como montañismo, escalada, deportes de aventura, aviación, construcción, etc.

Es una jornada, pues, que señala mucha precaución siempre, pero especialmente en los días negativos del horóscopo y cuando se tienen los biorritmos bajos o críticos. Vaticina muchos viajes al extranjero y obtención de premios o reconocimientos en otros países. El carácter es firme, constante y posesivo. Hay resistencia a las enfermedades y a los esfuerzos deportivos o laborales. Se mantiene un trasfondo pictórico y artístico, pero sobresale lo deportivo: fútbol, baloncesto, natación, esquí, tenis, etc.

También existe afán de destacar, pero sin perder de vista lo útil, lo práctico y lo materialista, hasta el punto de que es una fecha que ha dado muchos economistas, financieros y asesores de políticos y gobiernos. Posibilidades de destacar en la banca y en la política.

Vaticina victoria sobre enemigos, contrincantes y competidores.

Los nacidos en *luna llena* (como los de 1949, 1968 y 1979) y en *cuarto creciente* (1943, 1989 y 2019) obtendrán éxito y satisfacciones en sus empresas, pero con riesgo de conflictos hogareños y familiares.

En este día nacen personalidades nerviosas y temperamentales, sobre todo porque se halla bajo el influjo versátil de la nebulosa *Capulus,* de la constelación de Perseo, y de la estrella *Zaurak,* de la constelación de Eridano.

Constelación de Eridano (I)

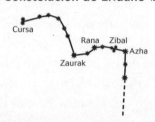

Capulus, que en latín tiene varios significados, en especial el de «puño de la espada», que hace referencia al hecho de que se halla en el puño de la espada de la figura de la constelación de Perseo. Pero también quiere decir «féretro», «ataúd», por lo que se puede vislumbrar que no es una jornada de muy buena suerte o que regale riquezas o beneficios o que haga donaciones gratuitas a sus nativos. Pronostica luchas, enfrentamientos, contiendas y querellas, pero con el coraje de enfrentarse con lo que sea, cual Perseo mitológico. Por otro lado, induce o inspira exceso de ideas, proyectos o empresas, por lo que más bien dispersa la energía que concentrarla en un solo objetivo. Ello explica el que los nativos de este día hagan tantas cosas a lo largo de su existencia. La estrella *Zaurak* significa, en árabe, «la estrella brillante del bote, del barco pequeño». Aumenta el coraje y la persistencia en las ambiciones profesionales, pero en lo negativo estimula pesimismos e inclina a vicios y pasiones.

Pese a su perseverancia en ideas, aficiones y vocación, hay cierta inclinación a intransigencias, inflexibilidades, terquedades y ofuscaciones, que perjudican sus relaciones sentimentales y, muchas veces, la obtención del éxito con sus trabajos o empresas. Al respecto, son particularmente nerviosos e inestables los nacidos en día de *luna nueva* (como en los años 1934, 1953 y 1972), los cuales deben evitar excitantes y estimulantes de todo tipo. En general, hay peligro de problemas financieros o inestabilidad comercial a causa de confiar en personas falaces o hipócritas. Mucha intuición y sensibilidad para lo musical.

En salud, ha de preocupar la garganta, los ojos y la vista, por lo que deben evitarse riesgos con productos químicos, explosivos, pirotécnicos y lugares con atmósfera muy contaminada.

Día que se halla bajo el dominio directo del cúmulo doble de estrellas NGC 884 y 869, de la constelación de Perseo. Se identifican conjuntamente como *Capulus,* que en latín quiere decir «puño de la espada», por hallarse en esa parte de la figura de Perseo que forma la constelación. Podemos vislumbrar que no es una jornada de muy buena suerte o que otorgue riquezas o beneficios o que haga donaciones gratuitas a sus hijos. Pronostica luchas, enfrentamientos, contiendas y querellas, pero con el coraje de enfrentarse con lo que sea, cual Perseo mitológico. Se posee espíritu combativo, buscando gloria, honores, reconocimientos profesionales, etc.

A nivel de la salud, hay que cuidar especialmente los ojos y la vista, tanto en la infancia como en la edad madura; hay que estar prevenido contra dolencias y accidentes que afecten a los ojos, sobre todo en laboratorios, ensayos, experimentos y manipulación de productos químicos y explosivos o material pirotécnico, equipos de soldadura, etc., en especial los nacidos en *luna nueva* (como los de los años 1961, 1980, 1991 y 2010).Los venidos al mundo en *cuarto creciente* (1940 noche, 1951 y 1997) suelen tener algo más de buena suerte, así como los nacidos alrededor del mediodía local.

Además, esta fecha está bajo los efectos directos e intensos de la estrella *Zaurak,* de la constelación de Eridano. En árabe significa «lancha», «barco pequeño». Aumenta el coraje y la persistencia en las ambiciones, pero en lo negativo induce pesimismos e inclina a vicios y pasiones.

El carácter es de tipo marcial, que acompaña la fuerza de la razón. Es partidario de la mano dura, inflexible, de la responsabilidad. La firmeza de voluntad y el carácter se fortalecen ante los obstáculos y peligros, por lo que es un día que suele dar muchos militares, miembros del orden público, funcionarios del Ministerio de Interior, de Justicia, etc.

Asimismo, nacen en esta jornada muchos políticos, empresarios, comerciantes, industriales, economistas y profesionales del tipo perseverante, incansable y empecinado en sus ideas y proyectos. No se dejan acobardar por los fracasos momentáneos o las dificultades imprevistas, etc. Arremeten con una terquedad propia de un toro.

En el plano deportivo, da vida en particular a ciclistas, boxeadores, levantadores de pesas, jugadores de rugby y futbolistas, ajedrecistas…

Como trasfondo general se mantiene el gusto artístico y armónico, por lo que no debe sorprender que cantantes y músicos nacidos en este día hayan cobrado fama mundial.

Los nacidos en este día se hallan bajo los influjos variables y dispares de el cúmulo *Capulus,* cuyo nombre en latín tiene varios significados, en especial el de «puño de la espada», haciendo referencia al hecho de que se halla en el puño de la espada de la figura de la constelación de Perseo. Pero también quiere decir «féretro», «ataúd», por lo que podemos vislumbrar que no es una nebulosa de muy buena suerte o que proporcione riquezas o beneficios. Más bien pronostica luchas, enfrentamientos, contiendas y querellas, pero con el coraje de enfrentarse con lo que sea, cual Perseo mitológico. Se posee espíritu combativo, y se busca gloria, honores y reconocimientos profesionales.

Además, este día se halla bajos los efectos de la estrella *Zaurak* de la constelación de Eridano. Es una estrella de color anaranjado cuyo nombre en árabe significa «la estrella brillante del bote, del barco pequeño». Aumenta el coraje y la persistencia en las ambiciones, pero en lo negativo estimula pesimismos e inclina a vicios y pasiones.

En conjunto, los nacidos en este día han de estar alerta contra la actuación de los enemigos y ha de preocuparles la vista.

Todo ello no es obstáculo para que salgan adelante con sus empresas y proyectos a base de perseverancia y empeño. De todas maneras no luchan solos, puesto que su sociabilidad les permite hallar ayudas, apoyos y amistades. Pese a sus terquedades y empecinamientos, el carácter es de tendencia conciliadora, servicial, pacífica, sociable, pero sin abandonar la tendencia generalizada a marchar tras lo práctico y constructivo.

Por otro lado, los nacidos por la tarde y noche notan los efectos de la estrella *Algol* de la constelación de Perseo. Es una estrella blanca variable eclipsante. Tiene una acompañante que la eclipsa a intervalos regulares. Se sospecha que hay otras acompañantes que no se han descubierto todavía. No es una estrella de buenos augurios y sus efectos son muy fluctuantes e imprevisibles.

El término *Algol* deriva del árabe *el Gol,* que quiere decir «el Ogro», y está basado en una leyenda unida a Perseo, cuya amante, Naura, que era esclava de «el Ogro», fue muerta por su dueño, que a su vez perdió la vida en feroz lucha con Perseo. También se escribe *Al Ghoul ,* cuya contracción es *Algol.*

Los nativos de este día se hallan bajo el influjo intenso y directo de la estrella más malévola del zodíaco: *Algol,* de la constelación de Perseo. El término deriva del árabe *Al-Ghul, el Ghul,* especie de ogro o genio maléfico que persigue a los hombres del desierto, chupa la sangre y come la carne de los humanos. Vendría a ser una mezcla de demonio y vampiro occidentales. *Al Ràs al Ghul* quiere decir «cabeza del ogro o genio malvado». El origen se basa en la leyenda unida a Perseo, cuya amante, Naura, que era esclava de «el Ogro», fue muerta por su dueño, que a su vez perdió la vida en feroz lucha con Perseo. También se escribe *Al-Ghoul,* cuya contracción es *Algol.*

En términos esotéricos y místicos, esa estrella recibe el sobrenombre de «espíritu diabólico», «el diablo», «la diabólica», «la cabeza del demonio», y la tradición grecolatina la identifica con la Cabeza de las Gorgonas o Medusa. Tal estrella también se conoce como *Caput Algol* y *Caput Medusa,* y los hebreos consideran que es la Lilith bíblica, la esposa vampira y maléfica, nocturna, que tentaba a los hombres y al propio Adán.

Por todo lo expuesto, éste no es un día benéfico o muy favorable. Los nacidos en él han de estar muy alerta contra accidentes, violencias, heridas, luchas, guerras, enemigos, opositores, etc. Incluso inclina a reacciones temperamentales, arranques nerviosos, apasionamientos sexuales perversos y negocios obscuros o al margen de la ley. Puede inducir a fanatismos políticos, religiosos o racistas y, en consecuencia, a caer en actitudes delictivas y antisociales si uno no recibe una buena educación moral y psicológica.

Ya sea por cuestiones políticas, sociales o de trabajo, el nativo de esta jornada debe tener especial cuidado con el cuello, garganta, boca y glándula tiroides, en especial si ha nacido en *cuarto menguante* (como los de 1933, 1952, 1963 y 1982) o en *luna nueva* (1969 y 2007).

En amor, hay riesgo de frustraciones, infidelidades, amores secretos, sinsabores y obstáculos para conseguir a la persona amada. En el hombre, tendencia donjuanesca y erótica, buscando la satisfacción propia por encima de otras normas o consideraciones morales o éticas.

A grandes rasgos, confiere un carácter algo irascible, terco y violento, con tendencia a complicarse la vida por falta de paciencia y reflexión, Con todo, hay muchas probabilidades de destacar en el trabajo o profesión gracias a la obstinación y persistencia, como los nacidos en *luna llena* (1946, 1992 y 2003). Favorece a deportistas, militares y creativos, si bien estos últimos pueden ver reconocidos sus méritos después de fallecidos.

Siguen notándose los efectos de la estrella *Algol,* de la constelación de Perseo, por lo que no faltan conflictos, sinsabores y altibajos de suerte, dinero y salud *(véase* lo dicho el día anterior).

Constelación de Perseo

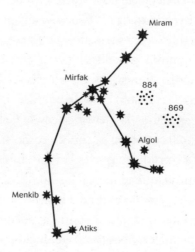

El carácter es ambicioso, terco y rebelde, con una adolescencia y juventud agitadas por no salir las cosas a gusto de uno, en parte por los ramalazos de intemperancias de carácter, que crean problemas en las relaciones sociales, profesionales y familiares. Renuncia a las ataduras sexuales y búsqueda de valores espirituales o creativos o afán por un buen matrimonio a nivel social o económico. Elocuencia y persuasión, por lo que da abogados, locutores, animadores, presentadores de televisión... En deportes es proclive al boxeo y al toreo, si bien se mantiene el trasfondo de cualidades pictóricas y musicales, aunque en este día abundan más los negociantes, los empresarios, los ingenieros, los políticos... Los nacidos en *luna nueva* (como los de 1931, 1950 y 1996) corren mayor peligro de inestabilidad sentimental y familiar y de tener baches de salud. Capacidad psíquica para la adivinación y parapsicología, por poco que se lo propongan con estudios y prácticas, sobre todo los venidos al mundo en *cuarto creciente* (años 1937, 1956, 1967 y 1986).

Los nacidos en este día aún notan los efectos de la estrella *Algol,* pero de manera muy suave o debilitada. Pertenece a la constelación de Perseo y es una estrella blanca variable eclipsante. Tiene una estrella acompañante que la eclipsa a intervalos regulares. Se sospecha que hay otras acompañantes que no se han descubierto todavía. No es una estrella de buenos augurios y sus efectos son muy fluctuantes e imprevisibles.

El término *Algol* deriva del árabe *el Gol,* que quiere decir «el Ogro», y está basado en una leyenda unida a Perseo, cuya amante, Naura, que era esclava de «el Ogro», fue muerta por su dueño, que a su vez perdió la vida en feroz lucha con Perseo, También se escribe *Al Ghoul,* cuya contracción es *Algol.*

En términos esotéricos y místicos, esa estrella recibe el sobrenombre de «espíritu diabólico», «el diablo», «la diabólica», «la cabeza del demonio», y la tradición grecolatina la identifica con la Cabeza de las Gorgonas o Medusa. Tal estrella también se conoce como *Caput Algol y Caput Medusa,* y los hebreos consideran que es la Lilith bíblica, la esposa vampira y maléfica, nocturna, que tentaba a los hombres y al propio Adán.

En principio, pues, los nacidos en este día también han de aprender a controlar sus impulsos, pasiones y vicios y estar prevenidos contra la actuación de enemigos, contrincantes y opositores. También han de aprender a elegir con sumo cuidado su pareja sentimental, pues hay que esperar frustraciones o relaciones perjudiciales.

Pero en general, los nacidos en este día tienen un carácter sensato, reflexivo y analítico, inflexible y terco para imponer ideas y doctrinas a los demás, particularmente en el campo religioso, político o esotérico.

Son personas bastante hipersensibles para lo artístico y bello, sea como afición o como profesión. Destacan por su resistencia y perseverancia para salir adelante con una vocación o empresa; reciben mucha atracción por lo artístico, lo artesanal y todo lo concerniente a belleza.

Incluso las féminas nacidas en este día tienen una clara tendencia a destacar y a dominar a sus maridos o amantes. De todas maneras, es una jornada que vaticina fuertes sacrificios hogareños, familiares y matrimoniales, en particular a los nacidos en día de *luna nueva* (como los de 1958 y 1977) que, además, corren peligro de sufrir fuertes crisis emocionales o nerviosas.

En conjunto, el carácter es autoritario, energético, vital, con atracción por los viajes, deportes, etc. Fuerte empeño empresarial o comercial, que en lo mundanal puede derivar hacia la peluquería, estética, modas, perfumería, salón de belleza, etc.

Los venidos al mundo en día de *luna llena* (como los de 1935 y 2000) tienen mayores posibilidades de alcanzar renombre o popularidad, pero acompañado de inestabilidad hogareña o amorosa.

Los nacidos en este día empiezan a notar el influjo de la estrella *Alcyone,* del grupo o cúmulo estelar de las *Pléyades,* situado en la constelación de Tauro. Como trasfondo hay un influjo poco estudiado de todo el cúmulo, si bien el de la estrella *Alcyone,* nombre de origen griego y que significa «alción» o «martín pescador» (ave marina), es la que destaca. Proviene de la mitología griega, en donde Alción o Alcyone era hija de Atlante y de Pléyona, y fue trasformada en una de las siete atlántidas de las Pléyades, conocidas como las «hermanas lloronas».

Es una estrella que advierte que se ha de vigilar la vista y que se corre peligro de sufrir, de manera particular, penas y aflicciones de amor, además de vaticinar sacrificios o problemas con las hermanas, si se tienen. Confiere muchas dosis de carácter soñador, fantasioso, imaginativo, romántico y emotivo.

Aunque augura frustraciones sentimentales, también favorece el comercio, la banca, las profesiones económicas, la joyería, la orfebrería, etc.

Pero, por lo común, es un día que confiere gustos arquitectónicos y aptitudes para negocios de construcción o inmobiliarias. Mentalidad que gusta de rodearse de personas elevadas, intelectuales o cultivadas. Hay gustos caros y atracción inusitada por la buena mesa, por lo que inclina al sibaritismo y a lo gastronómico. Espíritu de anticuario, habilidad organizadora y sentido negociante, que se acentúa con la edad. Asimismo, como confiere un carácter negociador y bastante tratable, da muchas vocaciones en el campo de la abogacía y la gestión.

Como trasfondo, hay un gusto musical, pictórico y literario, si bien hay que reconocer que este día ha dado muchos ejecutivos y mánager industriales antes que cantantes, por ejemplo.

Los venidos al mundo en día de *luna llena* (como los de 1943, 1962 y 1981) tienen mayores posibilidades de triunfo en su trabajo o profesión que de gozar de estabilidad hogareña y familiar.

Estrella del 19 DE MAYO

Los nacidos en este día se hallan bajo el dominio directo de la estrella *Alcyone,* del grupo o cúmulo estelar de las *Pléyades,* situado en la constelación de Tauro. Como trasfondo estelar hay un influjo de todo el cúmulo, si bien el de la estrella *Alcyone,* nombre de origen griego y que significa «alción» o «martín pescador» (ave marina), es la que destaca. Proviene de la mitología griega, en donde Alción o Alcyone era hija de Atlante y de Pléyona y fue trasformada en una de las siete atlántidas de la constelación, del cúmulo de las *Pléyades,* conocidas como «las hermanas lloronas».

A simple vista –según la capacidad visual de cada uno– se distinguen seis o siete estrellas o algunas más; pero las fotografías astronómicas revelan centenares de estrellas en ese cúmulo, de las que sólo 250 están un poco estudiadas. Todo ello indica lo difícil que es calcular los efectos de ese cúmulo en la personalidad, vida y destino de los nacidos alrededor de este día de mayo. Los diversos influjos se entremezclan a manera de un complicado laberinto astral.

Los nombres de las nueve *Pléyades* son: Pleione, Atlas, Alcyone, Merope, Electra, Celaeno, Maia, Taygeta y Asterope. La más importante, *Alcyone,* es una estrella gigante cuyo diámetro es unas diez veces superior al del Sol y brilla mil veces más que éste.

En primer lugar, *Alcyone* advierte que hay que vigilar la vista y que se corre el peligro de tener penas de amor, sufrir alteraciones nerviosas, melancolías… También vaticina sacrificios o problemas con las hermanas.

En lo profesional-creativo, *Alcyone* y las *Pléyades* contribuyen a destacar, sobresalir y hasta obtener honores y premios, pero nunca de una manera fácil y comodona, sino después de arduas luchas y esfuerzos, de perseverancia y sacrificios, sin descartar el que se tenga que sobrevivir a una revolución o guerra.

Además, se sufren muchos altibajos de la suerte o fortuna a lo largo de la existencia, en que hay que estar prevenido contra pérdidas económicas por malas inversiones.

Los nacidos en este día aún notan los efectos e influjos de la estrella *Alcyone,* en particular, y de todo el cumulo estelar de las *Pléyades,* de la constelación de Tauro. El nombre de dicha estrella es de origen griego y significa «alción» o «martín pescador» (ave marina). Proviene de la mitología griega, en donde Alción o Alcyone era hija de Atlante y de Pléyona y fue trasformada en una de las siete atlántidas de la constelación, del cúmulo de las *Pléyades,* conocidas como «las hermanas lloronas».

A simple vista –según la capacidad visual de cada uno– se distinguen seis o siete estrellas o algunas más; pero las fotografías revelan centenares de estrellas en ese cúmulo, de las que sólo 250 están un poco estudiadas. Todo ello indica lo difícil que es el calcular los efectos de ese cúmulo en la personalidad, vida y destino de los nacidos alrededor de este día de mayo. Los diversos influjos se entremezclan a manera de un complicado laberinto astral.

Los nombres de las nueve Pléyades son: Pleione, Atlas, Alcyone, Merope, Electra, Celaeno, Maia, Taygeta y Asterope. La más importante, *Alcyone,* es una estrella gigante cuyo diámetro es unas diez veces superior al del Sol y brilla mil veces más que éste.

En primer lugar, *Alcyone* advierte que hay que vigilar la vista y que se corre el peligro de tener penas de amor, sufrir alteraciones nerviosas, melancolías... También vaticina sacrificios o problemas con las hermanas.

En conjunto, las estrellas citadas presagian muchos cambios y altibajos en la vida, giros inesperados, conflictos con hermanos, colegas, vecinos... En amor, hay que esperar desengaños, doble matrimonio o más de una unión, pero siempre con un trasfondo triste, melancólico, de insatisfacción...

Los nervios, tensiones, irritaciones, salidas de tono, reacciones temperamentales o viscerales, etc., que inducen tales estrellas, se complican para los nacidos en esta jornada ya que es la frontera entre los signos solares de Tauro y Géminis; el Sol sale de Tauro y entra en Géminis, por lo que hay un cambio sustancial en el carácter, personalidad y suerte de los que nacen por la mañana o por la tarde, según el año de nacimiento.

Muchas veces hay claras y determinantes divergencias, puesto que en muchos años, los nacidos a partir de medianoche o primera hora de la madrugada ya son del signo solar Géminis (como los de 1960, 1972 y 1980), mientras que en otros años (como en 1958 y 1963) no son Géminis por signo solar hasta bien entrada la tarde. En otros años (como en 1965, 1978 y 1982) la persona aun pertenece al signo solar de Tauro en las primeras horas de la mañana.

En lo profesional-creativo, *Alcyone* y las *Pléyades* contribuyen a destacar, sobresalir y hasta a obtener honores, pero nunca de una manera fácil y comodona, sino después de arduas luchas y esfuerzos, sin descartar el que se tenga que sobrevivir a una revolución o guerra.

En conjunto, los nacidos en este día poseen aptitudes intelectuales, atracción por los medios de comunicación social, periodismo, literatura, comercio en general, servicios, y todo lo que sea cara al público. Los nacidos por la tarde son menos egoístas y más diplomáticos y desprendidos, incluso altruistas, hasta el punto de ayudar a los familiares y amigos de una manera total y desinteresada, ayuda que, en la mayoría de las ocasiones, les reporta pérdidas económicas y que muchas veces no es agradecida lo suficiente.

Los nacidos en día de *luna llena* (como los de 1940, 1951 y 1970) tienen mayores posibilidades de alcanzar renombre y fortuna, pero también de padecer altibajos conyugales y hogareños. Y los venidos al mundo en día de *luna nueva* (como los de 1955, 1974 y 1993) habrán de cuidar más su sistema nervioso y aparato digestivo y corren el riesgo de problemas en el hogar paterno.

ornada en la que aún se notan los influjos entremezclados del cúmulo estelar de las *Pléyades,* de la constelación de Tauro, y, en particular, de su estrella más importante y brillante: *Alcyone.* El nombre de esta estrella es de origen griego y significa «alción» o «martín pescador» (ave marina). Proviene de la mitología griega, en donde Alción o Alcyone era hija de Atlante y de Pléyona y fue trasformada en una de las siete atlántidas de la constelación, del cúmulo de las *Pléyades,* conocidas como «las hermanas lloronas».

A simple vista –según la capacidad visual de cada uno– se distinguen seis o siete estrellas o algunas más; pero las fotografías revelan centenares de estrellas en ese cúmulo, de las que sólo 250 están un poco estudiadas. Todo ello indica lo difícil que es el calcular los efectos de ese cúmulo en la vida y destino de los nacidos en este día y en los precedentes. Los nombres de las nueve *Pléyades* son: Pleione, Atlas, Alcyone, Merope, Electra, Celaeno, Maia, Taygeta y Asterope. La más importante: *Alcyone,* es una estrella gigante cuyo diámetro es unas diez veces superior al del Sol y brilla mil veces más que éste.

Alcyone advierte que hay que vigilar la vista y que se corre el peligro de tener penas de amor, sufrir alteraciones nerviosas, melancolías… También vaticina sacrificios o problemas con las hermanas.

Por lo común, los nacidos en este día reciben aptitudes para sindicalista, político, periodista, medios de comunicación social, servicios… La mentalidad es abierta y comunicativa, pero con tendencia a preocuparse cerebralmente por los problemas o proyectos en marcha. Se ha de vigilar el sistema nervioso, a fin de no caer en agotamientos y disfunciones. En segundo plano se halla todo lo concerniente a garganta, bronquios y pulmones.

Las estrellas de este día presagian muchos cambios, altibajos, pequeños viajes, representaciones comerciales y servicios a lo largo de la existencia. Pronostica conflictos con hermanos, colegas o vecinos.

Se poseen facultades polifacéticas, por lo que hay capacidad para las artes escénicas, literatura y para adaptarse a cualquier circunstancia. En amor, desengaños, doble matrimonio o más de una unión, pero siempre trasfondo triste o melancólico de insatisfacción.

En lo profesional-creativo, Alcyone y las Pléyades contribuyen a destacar, sobresalir y hasta a obtener honores, pero nunca de una manera fácil y comodona, sino después de arduas luchas y esfuerzos, sin descartar el que se tenga que sobrevivir a una revolución o guerra.

Los venidos al mundo en día de *luna llena* (como los de 1959, 1978 y 1997) pueden obtener fama, renombre o éxito más fácilmente, si bien siempre lo hogareño-sentimental estará en oposición a lo social-profesional.

En cambio, los venidos al mundo en día de *luna nueva* (1944) o en día de *cuarto menguante* (1938 y 1984), tendrán la salud y la vida amorosa más inestables y corren mayores riesgos de sufrir crisis nerviosas y emocionales.

Siguen experimentándose los efectos del cúmulo estelar de las *Pléyades* y, en particular, de *Alcyone* (Alción), su estrella principal; todas ellas pertenecen a la constelación de Tauro *(véase* lo dicho en días anteriores). Advierten de problemas, conflictos amoroso-sentimentales y hogareño-familiares, con riesgo de dolencias que afecten a los ojos, si bien los nacidos en esta jornada han de vigilar la garganta, el sistema nervioso, las vías respiratorias, los pulmones y los procesos neurológicos.

Otro día que confiere tendencia clara al romanticismo, pero con inclinación a complicarse la vida, a casarse o a relacionarse con aquella persona que traerá más conflictos y sinsabores que alegrías. Propensión a más de un matrimonio. Especial atracción por las artes escénicas y espectáculos y por las personas que se mueven en el mundillo artístico y medios audiovisuales, en el que hallan sus principales amistades y amores. Cualidades musicales, poéticas y literarias, con tendencias polifacéticas y a practicar más de una profesión o empleo.

En amor, atracción por personas extranjeras o relaciones inesperadas en el curso de viajes. Fuerte dosis de intelectualismo y doble personalidad, con cualidades filosóficas, políticas y sindicalistas, si bien abundan más los periodistas, editores, impresores y libreros. Sentido del humor y de la sátira. También contribuye a generar críticos de arte, teatro y cine. En deportes, mayor incidencia en aquellos en que puedan emplear su ingenio y destreza de brazos, manos y dedos, como tenis, baloncesto, balonmano, béisbol, pelota vasca, bolos, golf, etc.

Los nacidos en *luna nueva* (como los de 1952, 1963, 1982 y 2001) deben ser muy prudentes en los viajes, el conducir y con la salud. Son los que corren mayor riesgo de inestabilidad conyugal y familiar.

Los nacidos en este día ya notan los efectos de las estrellas del cúmulo estelar de las *Híades* y de su estrella principal *Prima Hyadum* (que quiere decir la «principal de las *Híades*» o «*Híade* principal»). El conglomerado o cúmulo de las *Híades, Hyades* o *Hyadas* cubre una vasta zona de la constelación de Tauro, en la proximidad de la estrella *Aldebarán*. Los efectos de éstas se intensifican para los nacidos el 25 y 26 de mayo.

Recordemos que las Híadas fueron cinco hijas de Atlas, rey de Mauritania, que al ser muerto su hermano Hías, por una fiera salvaje en Libia, no hallaron nunca más consuelo. Lo lloraron tanto que, a su fallecimiento, los dioses, enternecidos, las colocaron en el cielo en forma de estrellas. Otra tradición indica que fueron las ninfas (en este caso eran siete) a quienes Júpiter trasladó a los cielos, donde las convirtió en estrellas para librarlas de la ira de Juno. De una forma u otra, esas estrellas (que en realidad pasan de cincuenta) se han relacionado con lágrimas y lluvias, incluso con lluvias poco beneficiosas, puesto que los poetas de la antigüedad llamaron a las *Híadas pluviae tristes* («lluvias tristes o dificultosas»), tanto por el origen de historia como de sus efectos calamitosos (inundaciones, riadas…).

En conjunto, pues, este día presagia lágrimas, sinsabores y capacidad para lo dramático y artes escénicas. La persona suele ser nerviosa, quisquillosa y susceptible, por lo que está pronta a la controversia o a la crítica. Esto no es obstáculo para que posea cualidades para medios de comunicación social, con posibilidades de encumbramiento. Fuerte temperamento y talento para teatro y cine, aunque hay tendencia profesional polifacética, sea para bellas artes o tareas intelectuales o administrativas. Especial incidencia en canto, baile, escultura, retablo, alta peluquería, esteticismo, diseño gráfico, etc., dado que son cincuenta las estrellas que dejan sentir su influjo en momentos diversos.

Hay que estar prevenido con las frustraciones en el ámbito familiar y de las amistades íntimas, en particular los nacidos en día de *luna nueva* que, además, deben cuidar mucho su sistema nervioso, puesto que corren riesgo de conflictos conyugales graves, inestabilidad hogareña y depresiones emocionales por frustración amorosa, como en el caso de los nacidos en 1971, 1990 y 2009. Los venidos al mundo en este día como en el 25 de mayo, corren riesgo de altibajos de fortuna y de peligros con el agua, viajes por mar y heridas en la cabeza por armas o instrumentos. Igualmente, han de preocupar los animales salvajes y tienen que cuidar la vista.

Es un día que confiere personalidades tan complejas como difíciles de descifrar o entender, ya que esta jornada se halla bajo el influjo directísimo del cúmulo estelar de las *Híades* y de su estrella principal *Prima Hyadum* (que quiere decir la «principal de las *Híades*» o «*Híade* principal»). El conglomerado o cúmulo de las *Híades, Hyades* o *Hyadas* cubre una vasta zona de la constelación de Tauro en la proximidad de la estrella *Aldebarán*.

Constelación de Tauro

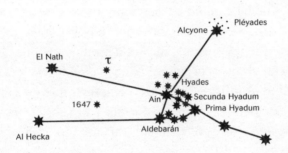

Recordemos que las Híadas fueron cinco hijas de Atlas, rey de Mauritania, que al ser muerto su hermano Hías, por una fiera salvaje en Libia, no hallaron nunca más consuelo. Lo lloraron tanto que, a su fallecimiento, los dioses, enternecidos, las colocaron en el cielo en forma de estrellas. Otra tradición indica que fueron las ninfas (en este caso eran siete) a quienes Júpiter trasladó a los cielos, donde las convirtió en estrellas para librarlas de la ira de Juno.

De una forma u otra, esas estrellas (que en realidad pasan de cincuenta) se han relacionado con lágrimas y lluvias, incluso con lluvias poco beneficiosas, puesto que los poetas de la antigüedad llamaron a las *Híadas pluviae tristes* («lluvias tristes o dificultosas»), tanto por el origen de la historia como de sus efectos calamitosos (inundaciones, riadas…).

En conjunto, hay que relacionar más a esta jornada con conflictos, penas, problemas y dificultades (sobre todo familiares) que con satisfacciones y alegrías. Tanto por la *Prima Hyadum* como por sus hermanas, vaticina actividad versátil, nerviosismo y lucha sin reposo. Advierte de altibajos de fortuna y de peligros con el agua, viajes por mar y heridas en la cabeza por armas o instrumentos. Asimismo, han de preocupar los animales salvajes y la vista.

En amor, augura el riesgo de dejarse llevar o enamorarse de personas inconvenientes que traerán más tribulaciones que felicidad. Se está sujeto a cambios de suerte, trabajo y situaciones familiares, por lo que se debe aprender a ser muy cauto y reflexivo en todas las empresas, relaciones y cargos. Se es muy variable a nivel de estudios, oficios, negocios, creatividad…, ya que se reciben multitud de inspiraciones e inclinaciones procedentes de tal cúmulo estelar. Sobre todo se tienen cualidades para la mímica, artes escénicas, dramaturgia, novela romántica, publicidad, radio y televisión, fotografía, medios de comunicación…

Por lo general, lo más perjudicial es que la tendencia será a empezar diversos estudios, oficios, cursillos o empresas que no se terminarán, con lo que se perderá tiempo, esfuerzos y dinero. El que aprenda a controlar sus impulsos y versatilidad, canalizando lo creativo hacia un objetivo determinado, con paciencia, perseverancia y firmeza de voluntad, alcanzará mayores éxitos personales y un alto grado de autorrealización. Pero lo que no se podrá evitar es el tener aficiones y *hobbies* o más de un trabajo o estudios.

En esta jornada del signo solar de Géminis, se reciben amplios, versátiles y múltiples influjos procedentes del cúmulo estelar de las *Híades,* de la *Prima Hyadum* (la principal del cúmulo) y la *Secunda Hyadum,* todas de la constelación de Tauro. Hay aptitudes para las profesiones y cargos jurídicos y legislativos. Fuerte dosis de intelectualismo y mentalidad observadora. Lo sentimental-romántico sigue siendo más inestable y complicado que lo profesional. Carácter abierto, comunicativo, sociable y adaptable, ideal para triunfar en los negocios, comercio o relaciones humanas o públicas, pues saben cómo tratar a la gente, negociar y conservar amistades y colaboradores. Quizá por eso es un día que ha dado tantos actores y actrices, capaces de interpretar los más exóticos y volubles papeles. Fuerte dosis de perseverancia en lo profesional-creativo.

En el plano de la salud, hay que vigilar las vías respiratorias, los pulmones, el sistema nervioso, los brazos, las manos, los hombros… Los nativos de esta fecha deben evitar seriamente el fumar, el beber, el tomar mucho café o té y otros estimulantes.

Los nacidos en *luna nueva* (como los de 1941 y 1999) deben vigilar mucho su aparato digestivo y su sistema nervioso. Y los venidos al mundo en *luna llena* (como los de 1964, 1983 y 2002) tienen mayores posibilidades de cobrar fama con su trabajo o empresa, pero con riesgo de inestabilidad sentimental y hogareña.

Los nacidos en este día reciben diversos y variopintos influjos de varias estrellas, por lo que reciben inducciones difíciles de entender y de interpretar. En primer lugar, dominan los efectos del cúmulo estelar de las *Híades* y de su estrella principal *Prima Hyadum* (que quiere decir la «principal de las *Híades*» o «*Híade* principal»). El conglomerado o cúmulo de las *Híades, Hyades* o *Hyadas* cubre una vasta zona de la constelación de Tauro en la proximidad de la estrella *Aldebarán*.

Recordemos que las Hyadas fueron cinco hijas de Atlas, rey de Mauritania, que al ser muerto su hermano Hías, por una fiera salvaje en Libia, no hallaron nunca más consuelo. Lo lloraron tanto que, a su fallecimiento, los dioses, enternecidos, las colocaron en el cielo en forma de estrellas. Otra tradición indica que fueron las ninfas (en este caso eran siete) a quienes Júpiter trasladó a los cielos, donde las convirtió en estrellas para librarlas de la ira de Juno.

De una manera u otra, esas estrellas (que en realidad pasan de cincuenta) se han relacionado con lágrimas y lluvias, incluso con lluvias poco beneficiosas, puesto que los poetas de la antigüedad llamaron a las *Híadas pluviae tristes* («lluvias tristes o dificultosas»), tanto por el origen de la historia como de sus efectos calamitosos (inundaciones, riadas…).

Por consiguiente, hay que relacionar más estas estrellas con conflictos, penas, problemas y dificultades (sobre todo familiares) que con satisfacciones y alegrías. Tanto la *Prima Hyadum* como sus hermanas vaticinan actividad versátil, nerviosismo, tensiones y lucha sin reposo. Advierten de altibajos de fortuna y de peligros con el agua, viajes por mar y río y heridas en la cabeza por armas o instrumentos. Asimismo, han de preocupar los animales salvajes y la vista.

En segundo lugar, este día se halla bajo el patronazgo e influencia de la estrella *Aldebarán,* de la constelación de Tauro, próxima a las estrellas del cúmulo de las *Híades,* con las que forma una especie de «V».

Aldebarán, de color anaranjado o rojizo, forma el ojo de la figura del toro mitológico de los antiguos mapas estelares; tenía una importancia vital en la antigüedad, toda vez que tres mil años antes de nuestra era el equinoccio de primavera pasaba por el meridiano al mismo tiempo que *Aldebarán.* El término, aunque sea árabe, probablemente es la traducción del griego de un nombre del mismo significado. *Aldebarán* es una contracción de *Ed Debarán,* que quiere decir «los Zagueros», «los que van detrás», probablemente refiriéndose a las estrellas *Híades*. Pero en el lenguaje esotérico árabe viene a significar «el capitán», «el líder», «el jefe», «el gobernador», etc.

Como se adivina, es una estrella de naturaleza marciana o castrense, por lo que inclina a la vida militar, a lo bélico, a las aventuras y audacias... Asimismo, presagia honores y renombre después de luchas y combates, que tanto pueden ser de tipo castrense como laborales, empresariales o ideológicos. Es un día que da muchos militares, paramilitares, policías, detectives, guerrilleros, combatientes...

Y en otro plano, esta jornada inclina a la medicina, cirugía, psiquiatría, oftalmología..., aunque luego se termine por seguir un negocio o carrera política. Hay sentido del deber, tanto para seguir unos estudios o una vocación o como para actuar de una manera responsable dentro de la sociedad.

Los nacidos en día de *luna nueva* (como los de 1949, 1968 y 1987) o en *luna llena* (como los de 1926 y 1945) corren mayor peligro de sufrir frustraciones sentimentales y embarcarse en relaciones inconvenientes o conflictivas. Asimismo, son los que han de vigilar más su sistema nervioso y aparato digestivo.

En conjunto, hay un cierto sibaritismo en el carácter; se busca el confort, la paz y la tranquilidad, pero las circunstancias no siempre permiten que se hallen.

Es un día que ha dado muchos actores, actrices, toreros, nadadores...

Y parte de los honores o premios que se reciben, proceden del poder de la estrella *Ain*, también de la constelación de Tauro. Es una estrella binaria gigante, de color naranja que brilla unas sesenta y cinco veces más que el Sol. Su nombre viene del árabe *Ain*, «ojo», ya que se halla situada en el ojo norte del toro.

Este día se halla bajo el influjo directísimo de la estrella *Aldebarán* de la constelación de Tauro, próxima a las estrellas del cúmulo de las *Híades,* con las que forma una especie de «V». Esta estrella, de color anaranjado o rojizo, forma el ojo de la figura del toro mitológico de los mapas estelares; tenía una importancia vital en la antigüedad, toda vez que tres mil años antes de nuestra era el equinoccio de primavera pasaba por el meridiano al mismo tiempo que *Aldebarán.*

El término, aunque sea árabe, probablemente es la traducción del griego de un nombre del mismo significado, *Aldebarán* es una contracción de *Ed Debarán,* que quiere decir «los Zagueros», «los que van detrás», probablemente refiriéndose a las estrellas *Híades.* Pero en el lenguaje esotérico árabe viene a significar «el capitán», «el líder», «el jefe», «el gobernador», etc.

Como se comprende al momento, es una estrella de naturaleza marciana o castrense, por lo que inclina a la vida militar, a lo bélico, a las aventuras y audacias… Asimismo, presagia honores y renombre después de luchas y combates, del tipo que sean. Es un día que da muchos militares, paramilitares, policías, detectives, criminólogos, penalistas, guerrilleros, milicianos y hasta terroristas.

Por otro lado, es un día que confiere elocuencia y mente ágil, con facultades para escritura, novelística, dramaturgia, guiones, informes, etc. Por lo común se tienen varios hermanos, aunque presagia hogar poco estable o poco tiempo para permanecer en él. Caracterológicamente hay tendencia innata a imponerse a los demás, a dirigirlos, aconsejarlos, adoctrinarlos, etc.

También hay posibilidades creativas y de éxito en el ámbito de las bellas artes.

Como trasfondo de todo, pero más suavemente (en particular por la mañana) se notan los influjos de la estrella *Ain,* también de la constelación de Tauro. Conocida también como «Ojo norteño del toro», es una estrella anaranjada que ayuda a obtener honores y fortuna, pero con riesgo de posterior quiebra, fallida o problemas legales inesperados a causa de la actuación de enemigos u opositores. Hay que estar prevenido contra todo tipo de trampas.

En primer lugar, los nacidos en este día se hallan bajo el influjo de las estrellas *Ain* y *Aldebarán,* de la constelación de Tauro.

La estrella *Ain* —conocida también como «Ojo norteño del toro»— es de color anaranjado y ayuda a obtener premios, honores y fortuna, pero con riesgo de posterior quiebra, fallida o problemas legales inesperados a causa de la actuación de enemigos u opositores. Hay que estar prevenido, pues, contra todo tipo de trampas y conspiraciones.

Por lo que respecta a *Aldebarán,* es una estrella de color anaranjado o rojizo que forma el ojo de la figura del toro mitológico de los mapas estelares. El término, aunque sea árabe, probablemente es la traducción del griego de un nombre del mismo significado. Aldebarán es la contracción de *Ed Debarán,* que quiere decir «los Zagueros», «los que van detrás», probablemente refiriéndose a las estrellas *Híades.* Pero en el lenguaje esotérico árabe tradicional viene a significar «el capitán», «el líder», «el jefe», «el gobernador», etc.

Como se comprende, se reciben ciertas cualidades marciales y políticas o las circunstancias harán que uno tenga que ver con situaciones militares o bélicas inesperadas. Eso no es obstáculo para que los nativos de este día tengan una doble personalidad muy acusada y puedan ser buenos actores, comediantes o caricatos. Es una jornada que presagia popularidad, fortuna, altas funciones sociales o políticas. Cualidades oratorias, sean como conferenciante, maestro, político, locutor, presentador de televisión, abogado, vendedor, etc.

En general, predominio de todo lo concerniente a periodismo, letras, libros, editoriales, distribución de publicaciones, imprentas, bibliotecas, etc., ya que en segundo lugar se notan los efectos del cúmulo estelar de las *Híades.* De una forma u otra, esas estrellas (que en realidad pasan de cincuenta, aunque las principales sean cinco) se han relacionado con lágrimas y lluvias, incluso con lluvias poco beneficiosas, puesto que los poetas de la antigüedad llamaron a las *Híadas pluviae tristes* (lluvias tristes o dificultosas), tanto por el origen de su historia mitológica como de sus efectos calamitosos (inundaciones, riadas…).

El problema principal de tantas estrellas es que la persona recibe muchas inducciones, inclinaciones e inspiraciones, por lo que suele ser errática en proyectos, estudios y sentimientos.

Ello no es obstáculo para que la personalidad sea atrayente y magnética, especialmente las mujeres, que se rodean de un aire misterioso y cautivan al prójimo de una manera casi hipnótica. Si entran en el mundo del espectáculo, sea teatro, cine o televisión, alcanzan renombre, gloria y fortuna con relativo poco esfuerzo, gracias a su encanto y a la simpatía con que tratan a los demás. Que conserven la riqueza ya es harina de otro costal, puesto que suelen ser derrochadores y exhibicionistas.

La otra cara de la moneda es su complicada y alocada vida sentimental y amorosa, ya que se dejan llevar por las fuertes pulsiones de su libido. Con cada romance creen hallar el amor de su vida, el compañero o compañera definitivos. Sus frustraciones sentimentales corren parejas con sus momentos de optimismo y euforia, por lo que son clientes asiduos de psicólogos y curanderos, en particular los nacidos en día de *luna nueva* (como los de 1938, 1957, 1976 y 1995) o en día de *luna llena* (como los de 1980 noche y 2018).

Los nacidos en este día también notan los efectos de las estrellas *Ain* y *Aldebarán* de la constelación de Tauro.

Ain –conocida también como «Ojo norteño del toro»– es una estrella de color anaranjado que influye para que uno consiga premios, honores, reconocimientos y hasta fortuna, pero con riesgo de posterior quiebra o problemas legales inesperados a causa de la actuación de enemigos, opositores o contrincantes. Por consiguiente, siempre se tiene que estar prevenido contra todo tipo de trampas y falacias.

En cuanto a *Aldebarán*, es una estrella de color anaranjado o rojizo que forma el ojo de la figura del toro mitológico de los mapas estelares. El término, aunque sea árabe, probablemente es la traducción del griego de un nombre del mismo significado. *Aldebarán* es la contracción de *Ed Debarán*, que quiere decir «los Zagueros», «los que van detrás» probablemente refiriéndose a: las estrellas *Híades*. Pero en el lenguaje esotérico tradicional viene a significar «el capitán», «el líder», «el jefe», «el gobernador»…

Aldebarán es una estrella gigante y su diámetro es cuarenta veces superior al del Sol.

Los nacidos en este día y bajo tales influjos, reciben –por encima de todo– facultades para las profesiones médico-sanitarias y para colaborar en instituciones humanitarias, sociológicas, Cruz Roja, ONG, etc.

Asimismo, hay inclinación o aptitudes para funcionario público, economista, cuerpo diplomático, enseñanza, política, etc. En conjunto, la persona siente la necesidad de saberse útil a la comunidad, a la sociedad. Al mismo tiempo, hay capacidad intelectual y paciencia para organizar y planificar.

En otro plano, se busca la estabilidad matrimonial y familiar por encima de otras circunstancias, aunque no siempre se consigue, en particular si en la carta natal existen malos aspectos. Los nacidos en día de *luna llena* (como los de 1942, 1961 y 1999) tienen una personalidad contradictoria y, en ocasiones, incomprensible, lo que le da un cierto cariz «lunático», es decir, que se dejan llevar por unas reacciones sin ton ni son. Pero esas mismas personas tienen muchas posibilidades de alcanzar popularidad en su trabajo.

En general, los venidos al mundo en este día tienen que vigilar de una manera especial el sistema nervioso, los bronquios y los pulmones.

Día gobernado por la estrella *Tau Tauri* (τ), es decir, de la constelación de Tauro. Los nativos de esta jornada del signo solar de Géminis, tienen espíritu poético, versátil y variopinto, que busca nuevas cosas constantemente. Hay riesgo de estudiar demasiadas cosas al mismo tiempo, principiar muchos trabajos y asuntos y acabar correctamente muy pocos. Necesidad de novedades y nuevos horizontes, pero, al mismo tiempo, terco y perseverante en sus actitudes e ideologías. Poca fidelidad romántica. Búsqueda de la buena mesa. Sentido afable y de relaciones públicas, pero con ingenio crítico y satírico.

Capacidad para cultivar amistades y tertulias. Poca resistencia a la soledad. Es una fecha que da blanco o negro en el aspecto romántico: se es una persona fiel y hogareña o un mujeriego empedernido (o una devoradora de hombres en el caso de una mujer), siempre de acuerdo con el conjunto de la carta natal personal. Al respecto, corren mayor peligro de dejarse llevar por relaciones complicadas o inconvenientes los venidos al mundo en *luna llena* (como los de los años 1931, 1950, 1969, 1988 y 2026).

En salud hay que vigilar de manera especial el sistema nervioso y las vías respiratorias.

Sigue el influjo de la estrella *Tau Tauri* (τ), de la constelación de Tauro. En los nativos de Géminis de esta fecha hay capacidad interpretativa y comunicativa, pero con un carácter tan inestable como aventurero, impulsivo, terco y nervioso-compulsivo. Conflictos en el hogar paterno y falta de armonía con los hermanos e hijos. Inclina a empleos y profesiones conectados con aviación, aeropuertos, puertos y agencias de viajes y trasporte. Sin embargo, continúa como trasfondo lo artístico y los trabajos intelectuales. Fuerte erotismo, varias uniones o matrimonios, romances, libertad de sexo, poco dado a la fidelidad, promiscuidad…

Tendencia a desconcertar a las amistades y familiares con extravagancias y destellos de genialidad. Respeta muy poco los compromisos sociales y raras veces accede acompañar a los amigos a fiestas y diversiones si el programa no es de su gusto.

Toma precipitada de decisiones. Falta de madurez responsable o infantilismos, por lo que hay necesidad de consejero psicológico o religioso. Eso no es obstáculo para que se cuente con el apoyo o ayuda de personas influyentes o financieros.

En el plano de la salud, hay que vigilar el sistema nervioso, las vías respiratorias, los pulmones, las manos, los brazos, el hígado…; riesgo acentuado de sufrir depresiones emocionales u obsesiones de tipo amoroso, en particular los nacidos en *luna nueva* (como los de 1935, 1954, 1973, 1992 y 2011 noche).

Jornada muy variopinta, poética, soñadora y hasta alucinante, ya que también genera problemas, conflictos, luchas y tribulaciones imprevistas, toda vez que se halla bajo el influjo del cúmulo abierto NGC 1647, de la constelación de Tauro, el cual está compuesto por unas doscientas estrellas. Se habrán de sortear problemas y obstáculos familiares. Todo ello no es impedimento para obtener renombre profesional y hasta fortuna, pero siempre se tiene que estar alerta. Contra insidias, calumnias y traiciones. Su carácter es abierto y comunicativo, pero también terco e inflexible una vez adoptada una postura.

Riesgo de abandonar los estudios o cambiar de trayectoria profesional cuando menos se espera. En general, hay capacidad para la música, literatura, secretariado, economía, diseño gráfico e industrial, representaciones comerciales, etc. Es una fecha que también ha dado muchos funcionarios de correos y telecomunicación.

En el plano de los deportes, hay particular incidencia en natación, tenis, ciclismo, esquí, fútbol, golf, etc.

Asimismo, hay afición o cualidades para magia de salón, juegos de manos, malabarismo, ilusionismo…

Y referente a la salud, se deben cuidar los pulmones y las vías respiratorias, por lo que no se debe fumar y han de evitarse los lugares con mucha contaminación atmosférica, ya que puede haber una inclinación a situaciones alérgicas de difícil diagnóstico. También se habrá de vigilar el sistema nervioso, en especial los nacidos en *luna nueva* (como los de 1943, 1962, 1981 y 2000).

Se mantienen los influjos compulsivos y variopintos del cúmulo abierto NGC 1647, de la constelación de Tauro *(véase* lo dicho el día anterior). Predominio de lo romántico y erótico, con riesgo de dejarse llevar por relaciones que crean conflictos profesionales o sociales. Carácter con mucha dosis de bohemia y emociones nuevas o renovadas. Taciturnidad y riesgo de alteraciones emocionales, en particular los nacidos en *luna llena* (como los de 1947, 19666, 1985 y 2004) o en *cuarto menguante* (años 1945, 1964, 1983 y 2002).

Algo más estables y prácticos son los nacidos alrededor del mediodía. Es una jornada que acostumbra a dar dobles profesiones, como pintor-escritor, cantante-escritor, cantante-pintor, cantante-actriz, maestro-poeta, etc. Se mantiene como trasfondo la inclinación innata por las bellas artes, sea como profesión principal o afición.

En el plano de la salud, debe preocupar el sistema nervioso, las vías respiratorias, las manos, los brazos, los hombros, los procesos neurológicos…

Se mantiene el influjo del cúmulo abierto NGC 1647, de la constelación de Tauro *(véase* lo dicho el 2 de junio). El carácter de los Géminis de este día es astuto, especulativo, calculador, interesado, etc. Espíritu de comerciante, siempre alerta para cazar oportunidades, lo que no quiere decir que a la larga fracase en sus objetivos de hacer fortuna. Presagia muchos viajes, desplazamientos, cambios de domicilio y lugar de residencia. Colaboraciones o trabajos en el extranjero. Incluso hay muchas probabilidades de casarse con persona de otro país.

Persiste el trasfondo intelectual y artístico, con cierto predominio del baile, la danza y el canto. También ha dado locutores y colaboradores de los medios de comunicación social. Atracción por lo insólito, misterioso y sobrenatural.

En el plano de la salud, hay que cuidar el sistema nervioso, las vías respiratorias, los bronquios, los pulmones, los brazos, las manos, los hombros, el hígado…, en especial los nacidos en *luna nueva* (años 1951 y 1970) o en *cuarto menguante* (años 1953 y 2010).

Y los venidos al mundo en 1999, 2000, 2001 y 2002, deben ser muy cautelosos con su salud, accidentes y actuación de los enemigos, a causa de la oposición Sol-Plutón de nacimiento.

Los nacidos en este día se hallan bajo el suave influjo de la estrella *Rigel,* que pertenece a la constelación de Orión. *Rigel* es una estrella supergigante blanca doble, es decir, tiene una compañera, lo que genera extraños influjos e inducciones fluctuantes o variables. Es la séptima estrella del firmamento por orden de brillo. Es 57.000 veces más luminosa que el Sol, si bien se halla a más de 600 años luz de la Tierra.

Su nombre, de origen árabe, quiere decir «pie», refiriéndose al pie izquierdo de la figura celeste de Orión, el mítico gigante cazador. Es una estrella de buen augurio. Presagia éxitos sociales y públicos y favorece la inventiva, la investigación, la destreza técnica y artística, la caza, los safaris y los deportes de tiro.

En general, los nacidos en este día también poseen aptitudes para profesiones y cargos relacionados con jurisprudencia; la creatividad es intensa, pero dispersa y variada, ya que la perseverancia actúa a períodos o por ráfagas. Suele haber indecisión, dudas o desmoralización prematura en las propias capacidades artísticas para triunfar o tener grandes éxitos profesionales. Hasta en amor hay indecisión o debilidad, por lo que suelen relacionarse con personas de carácter más fuerte y decidido, aunque luego resulten poco comprensibles, muy autoritarias y les hagan la vida imposible. Sin embargo, la personalidad hace gala de destellos de genialidad y tiene facultades para las letras y la dramaturgia, las utilice o no.

El deseo de seguridad y estabilidad les hace buscar un empleo fijo y rutinario, a fin de que les marquen el camino o programa a seguir. Al respecto, es un día que suele dar muchos funcionarios, tantos estatales como municipales.

Asimismo, hay fuerte capacidad para aprender nuevas técnicas, como informática, cibernética, diseño por ordenador, nuevas técnicas audiovisuales, ordenador, etc.

Los venidos al mundo en día de *luna llena* (como los de 1936 y 1955) tienen mayores posibilidades de sobresalir en su cargo o en la sociedad, aunque con riesgo acentuado de inestabilidad conyugal y familiar.

Como trasfondo de todo, está lo relacionado con economía, banca y empresas financieras, Y en el plano de la salud han de preocupar los pies, el sistema nervioso y las vías respiratorias.

os nacidos en este día se hallan bajo el influjo de la estrella *Rigel*, de la constelación de Orión. *Rigel* es una estrella supergigante blanca doble, es decir, tiene una compañera. *Rigel* tiene un diámetro cincuenta veces mayor que el del Sol. Estas dos estrellas generan extraños influjos fluctuantes o variantes. El nombre, de origen árabe, quiere decir «pie», refiriéndose al pie izquierdo de la figura celeste de Orión, el mítico gigante cazador.

En conjunto, *Rigel* y su compañera son estrellas de buen augurio. Presagian éxitos sociales y públicos y favorecen la inventiva, la investigación, la habilidad técnica y artística, la destreza, la caza, los safaris y los deportes de tiro.

Sin embargo, los nacidos en este día también tienen aptitudes especiales para las artes escénicas y medios de comunicación social. Mente muy imaginativa y creativa en todos los planos. Tendencia a respetar, apreciar y ayudar a los amigos y colaboradores. Predisposición a fiestas, reuniones, excursiones, etc. También hay capacidad para la vida comercial, banquera y financiera. Muchas posibilidades de recibir distinciones, honores y renombre relacionados con el trabajo o el deporte.

En lo amoroso-emocional, hay un trasfondo erótico-sensual muy acusado. Pero es un día que acostumbra a traer más problemas, desengaños y tristezas en el ámbito sentimental y familiar que en el profesional-creativo, particularmente para los nacidos en día de *luna nueva* (como los de 1940 mañana, 1959 y 2005 noche) o de *luna llena* (como los de 1944, 1982 y 2001 mañana).

Día que se halla de plano bajo el influjo de la estrella azulada supergigante *Rigel*, de la constelación de Orión. Es una estrella doble, lo que genera extraños influjos fluctuantes en los Géminis de esta jornada. Su nombre viene del árabe *Reyél*, «pie», refiriéndose al pie izquierdo de la figura celeste de Orión, el mítico gigante cazador. Y el nombre completo, *Reyél el Gaúza*, equivale a «el pie del gigante».

Es un astro de buen augurio. Presagia éxitos sociales y públicos y favorece la inventiva, la investigación, la habilidad técnica, manual y artística, la caza, los safaris y los deportes de tiro, arco y ballesta.

Vaticina felicidad, fortuna o renombre por las propias cualidades, conocimientos y valía. Los honores públicos pueden ir acompañados de riqueza o no, según el conjunto de la carta natal personal.

Se pasan por ráfagas o períodos de obstáculos o impedimentos tan incomprensibles como misteriosos, pero, al mismo tiempo, superables, como si otras fuerzas extrañas ayudaran a salir adelante y le protegieran a uno de males mayores. Si se actúa con tacto, diplomacia y cordialidad se puede llegar muy lejos a nivel profesional y comercial. Los idiomas son un factor muy importante para el triunfo de los nacidos en este día. Hay atracción por los viajes y el extranjero, hasta el punto de enamorarse o casarse con persona de otro país. En el plano más corriente o mundano da muchos conductores, taxistas, trasportistas, mensajeros, guías turísticos, traductores, agentes turísticos, agentes de aduanas, etc.

En el plano de la salud, hay que cuidar el sistema nervioso, pulmones, bronquios, pies, manos, brazos…

Los nacidos en *luna nueva* (como los de los años 1948 y 1986) y en *cuarto menguante* (años 1950, 1969, 1988 y 1999) sufrirán más decepciones profesionales y familiares y habrán de vigilar más su aparato digestivo y su sistema nervioso.

Los nacidos en esta jornada se hallan bajo el influjo de la estrella *Rigel,* de la constelación de Orión. *Rigel* es una estrella supergigante blanca doble, es decir, que tiene una compañera. *Rigel* tiene un diámetro cincuenta veces mayor que el del Sol. Estas dos estrellas generan extraños influjos fluctuantes o variantes. El nombre, de origen árabe, quiere decir «pie», refiriéndose al pie izquierdo de la figura celeste de Orión, el mítico gigante cazador.

En conjunto, *Rigel* y su compañera son estrellas de buen augurio. Presagian éxitos sociales y públicos y favorecen la inventiva, la investigación, la habilidad técnica y artística, la destreza, la caza, los safaris y los deportes de tiro.

En otro plano, los nacidos en este día tienen aptitudes para medios de comunicación social, espectáculos, literatura, radio y televisión, empresas de medios audiovisuales, magisterio, etc. En lo más mundanal o corriente inclina al secretariado, económicas, banca y comercio.

La personalidad tiene una elevada dosis de vanidad y se está algo distanciado de los compañeros de trabajo, estudios o equipo, quienes nunca acaban por conocerle a uno por completo. Hay insatisfacción interior y algo de melancolía o hipocondría, sobre todo en los nacidos en día de *luna nueva* (como los de 1937, 1958 y 1967), que corren el riesgo de pasar por fuertes altibajos de salud, hogareños y sentimentales. Los nacidos en día de *luna llena* (como los de 1933, 1952 y 1990) tienen mayores posibilidades de destacar social y públicamente, pero con el peligro de conflictos familiares.

Por otra parte, hay cierta finura de espíritu e ingeniosidad, tanto en el hombre como en la mujer nacidos en este día, por lo que pueden sobresalir fácilmente en su entorno social si saben canalizar sus esfuerzos creativos hacia un objetivo principal.

Es un día que ha dado muchos senadores, procuradores en Cortes, sindicalistas, políticos, funcionarios, etc.

Este día del signo solar de Géminis está conectado directamente con publicidad, periodismo, medios de comunicación social, actividades públicas, decoración, diseño, etc. Se halla bajo los efluvios de la estrella *Bellatrix,* de la constelación de Orión. Pronostica honores, fama y riqueza, pero no sin luchas ni esfuerzos, ya que el nombre, en latín, quiere decir «guerrera», «luchadora»...

Hay búsqueda del equilibrio y moderación, pero también de lo práctico, con un sentido más comercial que idealista o desprendido. Altibajos económicos o profesionales a causa de la actuación de enemigos, opositores o competidores. Gusto musical y cualidades para las artes escénicas, incluso modas, desfiles de modelos...

Predominio de lo profesional-comercial sobre lo romántico-sentimental. Necesidad de destacar o sobresalir. Peligro de fracaso en negocios o altibajos económicos por confiar demasiado en los demás. Búsqueda de la solidez familiar antes que la promiscuidad amorosa sin futuro.

En las féminas nacidas en este día el matrimonio no favorece demasiado lo creativo o profesional.

Los venidos al mundo en *luna llena* (como los de 1941, 1960, 1971 y 2017) o en *cuarto creciente* (años 1935, 1981, 2000 y 2011) tendrán mayores oportunidades de abrirse camino con su trabajo y alcanzar fama y éxitos.

En el plano de la salud, habrá que vigilar las vías respiratorias, los pulmones, los brazos, las manos, los hombros, el sistema nervioso...

Los nacidos en este día se hallan bajo el dominio de los influjos de la estrella *Bellatrix,* de la constelación de Orión. En latín, *Bellatrix* significa «guerrera», «luchadora»…, por lo que es una estrella que presagia honores, premios, fama y riqueza por las artes marciales. Da militares, políticos, combatientes de todo tipo, etc. También pronostica matrimonio que proporcionará fortuna o encumbramiento en la escala social. Sin embargo, son de esperar sinsabores sentimentales, hogareños y familiares; la vida en común no será cómoda ni fácil, siempre por culpa de los otros miembros de la familia, en la que son de esperar escándalos y conflictos.

Asimismo, es una estrella que predispone a los accidentes, heridas y lesiones, por lo que se debe ser muy prudente al conducir, manejar maquinaria y herramientas, utilizar armas, practicar deportes violentos o de aventura, etc.

Vaticina amistades influyentes que ayudarán en la profesión o empresa. Pero el punto más débil de la persona nacida en este día es el sistema nervioso, con riesgo de sufrir depresiones emocionales y drogodependencias.

Se posee ingenio, finura, oratoria y habilidad de adaptación a cualquier trabajo o cargo, por lo que es una jornada en la que han nacido políticos y relaciones públicas, además de hábiles abogados.

En el plano artístico-creativo, hay particular incidencia en las profesiones de pintor, fotógrafo, diseñador, escritor, musicólogo, pianista, compositor…

Este día se halla bajo el influjo directo o patronazgo de dos estrellas principales. En primer lugar está *Bellatrix,* de la constelación de Orión. En latín significa «guerrera», «luchadora», por lo que es una estrella que presagia luchas y esfuerzos para conseguir lo que se desea y vaticina honores, fama, popularidad y riqueza por las armas marciales, por las artes de combate. Da militares, políticos, luchadores, sindicalistas, combatientes de todo tipo, deportistas, etc. Pronostica ayudas y protecciones, si bien advierte del peligro de sufrir heridas o lesiones por armas cortantes o golpes.

La segunda estrella es *Capella,* de la constelación del Cochero. *Capella,* que es una estrella doble, de color amarillento, es la sexta estrella del firmamento por orden de brillo. El nombre significa «capilla» u «oratorio» en latín, lo que presagia que confiere un cierto sentido místico, religioso y hasta esotérico u ocultista. Se considera que favorece las artes adivinatorias, las ciencias ocultas, la magia, etc.

En amor, *Capella* presagia lágrimas, sacrificios, amores imposibles, con riesgo de enamorarse de personas que no son libres, rompimientos...

Por otro lado, los nacidos en este día son atraídos por lo singular, misterioso, novedoso, vanguardista... Reciben protección de amistades para salir adelante en proyectos y empresas, pero sin olvidar que *Bellatrix* pronostica que los mayores esfuerzos los tendrá que hacer uno mismo para obtener lo que se ambiciona.

En lo afectivo-hogareño, presagia, este día en conjunto, pocos hijos o ninguno o sinsabores a causa de éstos. En la mujer, tendencia a la separación, al divorcio o a la viudez. Lo profesional-creativo ha de predominar ante lo sentimental-hogareño para el que ha nacido en este día, de lo contrario se pueden sufrir depresiones emocionales o caer uno en escapismos artificiales (tabaco, alcohol, drogas...) para compensar su frustración interna.

Los nacidos en *luna nueva* (como los de 1953, 1972 y 1983) han de vigilar más su salud y corren más riesgo de sufrir conflictos familiares y hogareños.

Los nacidos en este día lo hacen bajo fuertes nervios, tensiones, alteraciones, compulsiones e inducciones, debido a la confluencia de influjos e inclinaciones estelares tan variados como contradictorios.

Por un lado, se notan los efectos y determinaciones procedentes de la estrella *Capella,* de la constelación del Cochero. *Capella,* que es una estrella doble de color amarillento, es la sexta estrella del firmamento por orden de brillo. El nombre significa «capilla» u «oratorio» en latín, lo que presagia que confiere un cierto sentido místico, religioso y hasta esotérico u ocultista. Se considera que favorece las artes adivinatorias, las ciencias ocultas, la magia, etc.

En amor, *Capella* vaticina lágrimas, sacrificios, amores imposibles, con riesgo de enamorarse de personas que no son libres, rompimientos, desengaños, mal de amores, etc.

Por otro lado, se reciben fuertes radiaciones de otras tres estrellas principales: *Phact, Mintaka* y *El Nath.*

Phact, Fad o *Phaet,* es una estrella doble blanca de la constelación de la Paloma. El nombre parece derivar del árabe *al-Fakhta,* «la paloma del anillo», pero que tiene el sentido de «alcanzar», por lo que es creencia que pronostica ayudas, éxitos, buena fortuna, victoria, prestigio y esperanza: de alcanzar lo que se ambiciona.

Por su parte, *Mintaka* pertenece a la constelación de Orión. Parece venir del árabe *Mintakat al-Jausa,* «el cinto o cinturón del gigante» (refiriéndose a Orión), si bien otros estudiosos opinan que deriva de *Fakár-al-Jaúza* («las vértebras del gigante»). Es una estrella doble blanca que presagia logros y la obtención de fortuna y renombre.

Y *El Nath* o *Nath* (simbólicamente llamada «el pastor») es una estrella blanca de la constelación de Tauro. Viene del árabe *an-Nath,* «el que topa», y augura liderazgo, capacidad para dirigir, mandar y organizar y sentido de equilibrio y diplomacia para aconsejar y encaminar a los demás por el camino más conveniente.

No debe sorprender, pues, que los venidos al mundo en este día sean muy difíciles de comprender. Tienen facultades para relaciones públicas, abogacía, diplomacia, política, medios de comunicación social, etc. En conjunto, son más amantes del hogar y de la familia que de las aventuras románticas disparatadas. Pese a ser muy metropolitanos, experimentan atracción por el campo y la naturaleza, en donde procuran establecer su hogar definitivo. Pasan por diversos empleos, cargos, empresas y domicilios a lo largo de su existencia. Los viajes y los desplazamientos son esenciales para triunfar en sus trabajos o empresas.

En salud, han de preocupar especialmente las vías respiratorias altas, los pulmones, la garganta y el sistema nervioso.

En deportes, hay mayor incidencia en ciclismo, baloncesto, golf, tenis…, mientras que es un día que ha dado muchos escritores, por lo que a trabajos intelectuales se refiere.

Y los nacidos en día de *luna nueva* (como los de 1934 mañana, 1980 noche, 1991 y 2010) o en día de *luna llena* (como los de 1938 noche y 1957) corren mayor peligro de inestabilidad familiar y conyugal y de tener problemas de salud.

Constelación de Orión

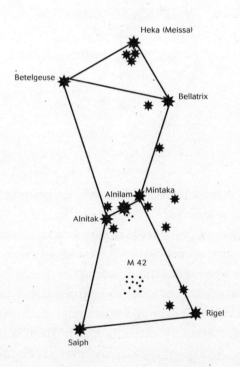

Los nacidos en este día se hallan en el centro neurálgico de varios influjos estelares difíciles de entender y precisar. Aunque algo disminuido y como trasfondo, se nota el poder de la estrella *Capella,* de la constelación del Cochero. Es una estrella doble que significa «capilla» u «oratorio» en latín; confiere sentido místico, religioso y hasta ocultista. Favorece las artes adivinatorias, las ciencias ocultas, la magia, la inspiración, el sexto sentido… En amor, presagia lágrimas o sacrificios, con riesgo de enamorarse de una persona que no corresponde.

Constelación del Cochero

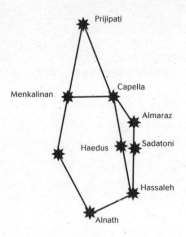

Por otro lado, se notan las fuertes radiaciones de tres estrellas importantes: *Phact, Mintaka* y *El Nath.*

Phact, Fad o *Phaet,* es una estrella doble blanca de la constelación de la Paloma. El nombre parece derivar del árabe *al-Fakhta,* «la paloma del anillo», pero que tiene el sentido de «alcanzar», por lo que es creencia que pronostica ayudas, éxitos, buena fortuna, victoria, prestigio y esperanza de alcanzar lo que se ambiciona.

Por su parte, *Mintaka* pertenece a la constelación de Orión. Parece venir del árabe *Mintakat al-Jauza,* «el cinto o cinturón del gigante» (refiriéndose al mitológico Orión), si bien otros estudiosos opinan que deriva *de Fakar-al-Jaúza* («las vertebras del gigante»).

Es una estrella doble blanca que presagia logros y la obtención de fortuna y renombre.

Y *El Nath* o *Nath* (simbólicamente llamada «el pastor»), es una estrella blanca de la constelación de Tauro. Viene del árabe *an-Nath,* «el que topa», y augura liderazgo, capacidad para dirigir, mandar y organizar y sentido de equilibrio y diplomacia para aconsejar y encaminar a los demás por el camino más conveniente.

Además, se reciben fuertes compulsiones (tan variadas como indescifrables) de la gran nebulosa de Orión (M 42), la cual está compuesta de numerosas estrellas y otras en vías de formación. También conocida como *Ensis,* que en latín significa «espada»; presagia luchas, combates, enfrentamientos, heridas, lesiones, intrigas y acciones de enemigos y emboscados, por lo que se debe estar alerta en todo momento y refrenar la impulsividad de la lucha dialéctica por imponer la propia ideología a los demás. Se debe tener cuidado con las armas blancas y herramientas de corte; no debe descartarse algún tipo de operación quirúrgica. El tabaco y el alcohol son particularmente perjudiciales para los nacidos en este día. También es una nebulosa que afecta negativamente a los ojos, por lo que debe protegerse la vista en trabajos delicados o peligrosos. En conjunto, induce a estudios, trabajos y empresas variopintas, pero con el riesgo de ser poco perseverante y cambiar de objetivo o proyecto demasiado a menudo. En lo positivo, facilita la adaptación al medio ambiente circundante por muy cambiante que sea.

Y para complicar más la mentalidad y personalidad de los venidos al mundo en esta fecha, también se notan los efectos combinados de la estrella *Alnilam* o *Alnidám,* de la constelación de Orión. En árabe quiere decir «collar» o «sarta de perlas». Es una estrella blanco-azulada que confiere facultades para el estudio y la aplicación, sobre todo de filosofía y letras, por lo que no debe sorprender que sea un día que dé muchos literatos, periodistas y autores teatrales, aunque la personalidad es muy polifacética. Tanto para bien como para mal, se lleva una existencia rebelde, inquieta, nerviosa y movida.

Los nacidos en día de *luna nueva* (como los de 1942 noche, 1961, 1999 y 2018) o en día de *luna llena* (como los de 1984, 1995 y 2014) o en día de *cuarto menguante* (como los de 1944, 1955 y 1974) tendrán que vigilar especialmente su sistema nervioso y aparato digestivo.

Los nacidos en este día se hallan bajo los influjos y efectos de varias estrellas y nebulosas, lo que vaticina destinos muy variopintos, movidos y con altibajos tan acusados como incomprensibles, por lo que se necesita ser muy prudente, circunspecto y reflexivo en todos los avatares de la existencia, de lo contrario puede caerse en un torbellino de pasiones, despropósitos y situaciones tan peligrosas como adversas.

En primer lugar hay que destacar la influencia de las estrellas *Alnilam* y *Alnitak,* ambas de la constelación de Orión. *Alnilam* o *Alnidam* es un nombre que viene del árabe *Al-Nizam*, «collar» o «sarta de perlas». Es una estrella blanca azulada que confiere facultades para el estudio y la aplicación, sobre todo de filosofía y letras, lo que influye en la vocación de muchos periodistas, literatos, autores teatrales, etc. Vaticina éxitos pasajeros y no permanentes.

Por su parte, la estrella *Alnitak* es blanca azulada y triple, es decir, tiene otras dos estrellas por compañeras. Su nombre viene del árabe *Al-Nitag,* «el cinto» o «el tahalí», o sea, la tira de cuero que cruzaba desde el hombro derecho al costado izquierdo y en la que se ponía la espada; en este caso se refería al tahalí del gigante Orión, en la figura mitológica que configuraba esa constelación.

Simbólicamente, *Alnitak* viene a decir que según los conocimientos y valores que reúna la persona, conseguirá un buen sostén para sus esfuerzos, empresas y combates. Esta estrella presagia, al mismo tiempo, beneficios y ayudas a través de la oración, libros de rezos o amuletos y talismanes. Quiere decir que los nacidos bajo su influjo no sólo han de confiar en sus propias fuerzas para salir adelante, sino también en los espíritus angélicos o fuerzas invisibles superiores.

Para hacer más compleja la personalidad polifacética y la suerte de los nacidos en este día, también se halla bajo el dominio (aunque sea muy difícil de determinar) de las nebulosas NGC 2024, IC 434 y B 33 (nebulosa Cabeza de Caballo), todas ellas localizadas también en la constelación de Orión. En conjunto, advierten que hay que cuidar la vista y los ojos y que se tiene que estar prevenido contra las enfermedades, los enemigos accidentes, en particular en tierras extranjeras.

Aunque los nacidos el 14 de junio tienen mucho sentido comercial, empresarial y práctico, ello no es obstáculo para que —según el año de nacimiento— también se reciban facultades para la política, sociología, misiones al extranjero de tipo humanitario, de beneficencia o de Cruz Roja, para ayudar a poblaciones aquejadas por algún desastre telúrico, peste, inundaciones, epidemias, hambruna, guerra civil, etc.

Por lo común, el carácter es serio y estricto para los negocios, empresas e ideologías, pero con un trasfondo de espíritu revolucionario. Hay facilidad para contactar y hacer amistades en todas partes y en el curso de viajes, pero también enemigos, ya que ante las injusticias se reacciona de manera violenta y fanática. Con el tiempo puede uno hacerse intransigente, aventurero y muy arriesgado en todo.

En amor, hay el peligro de querer hacer apostolado, o sea, de ayudar a la persona que le necesita a uno para salir de algún problema o superar un vicio, con el consiguiente desengaño. O, por el contrario, dedicarse al mariposeo, a los romances y galanteos, por miedo a quedar atado o dominado.

Los nacidos en día de *luna nueva* (1985, 1988) o en día de *luna llena* (como en los años 1946, 1965 y 2003) son los que corren mayor riesgo de problemas de salud, alteraciones nerviosas y conflictos familiares y hogareños.

Los nacidos en este día se hallan bajo el influjo directo de las estrellas *Alnitak* y *Al Hecka;* la primera pertenece a la constelación de Orión, y la segunda, a la constelación de Tauro.

La estrella *Alnitak* es blanco-azulada y triple, es decir, tiene otras dos estrellas por compañeras. Su nombre viene del árabe *Al-Nitag,* «el cinto» o «el tahalí», o sea, la tira de cuero que cruzaba desde el hombro derecho al costado izquierdo y en la que se ponía la espada; en este caso se refería al tahalí del gigante Orión, en la figura mitológica que configuraba esa constelación.

Simbólicamente, *Alnitak* viene a decir que según los conocimientos y valores que reúna la persona, conseguirá un buen sostén para sus esfuerzos, empresas y combates. Esta estrella presagia, al mismo tiempo, beneficios y ayudas a través de la oración, libros de rezos o amuletos y talismanes. Quiere decir que los nacidos bajo su influjo no sólo han de confiar en sus propias fuerzas para salir adelante, sino también en los espíritus angélicos o fuerzas invisibles superiores.

La otra estrella, *Al Hecka* o *Al Heka,* nombre de origen árabe, significa «el conductor» y es una estrella azulada que se halla en el cuerno sur del toro o Tauro. No presagia buena suerte. Advierte del riesgo de accidentes, violencias, conflictos, luchas, peligros, pérdida de cargo por actuación imprudente o a causa de enemigos, enfermedades, etc., peligros que se acentúan para las nacidos en día de *luna llena* (como los de 1927, 1973 noche, 1992 madrugada y 2011 noche) o en día de *luna nueva* (como los de 1950 y 2007).

En conjunto, los nacidos en esta jornada poseen dotes de mando, ansia de poder y encumbramiento y capacidades intelectuales innatas para abogacía, ciencias económicas, deportes, actividades políticas y sindicalistas, humanidades, sociología, etc. En amor y hogar, tendencia a complicarse la vida, a dejarse llevar por la apariencia más que por las conveniencias, con el consiguiente amargo despertar y con el riesgo de que la pareja origine pérdidas económicas o de patrimonio.

En salud, ha de preocupar la garganta, el sistema nervioso y las vías respiratorias, en particular.

En este día, sobre todo por la mañana, aún se notan los intensos influjos de las estrellas *Alnitak,* de la constelación de Orión, y *Al Hecka,* de la constelación de Tauro. El nombre de la primera deriva del árabe *an-Nitak,* «el cinto», «el tahalí», o sea, la tira de cuero que cruzaba desde el hombro derecho al costado izquierdo y en la que se ponía o colgaba la espada; en este caso se refería al tahalí del mitológico del gigante Orión, cuya figura daba forma a la constelación. *Alnitak* es una estrella triple azulada, con dos componentes próximos.

Simbólicamente, *Alnitak* viene a decir que según los conocimientos y valores que reúna la persona, conseguirá un buen sostén para abrirse camino en la vida con sus esfuerzos y destreza. Esta estrella presagia, al mismo tiempo, beneficios y ayudas a través de la oración, libros de rezo o amuletos y talismanes. Quiere decir que los nacidos en este día no sólo han de confiar en sus propias fuerzas y armas para salir adelante con sus empresas y proyectos, sino también en los espíritus angélicos o fuerzas invisibles superiores.

Por otro lado, es una estrella que advierte que hay que cuidar la vista, evitando trabajos y deportes que pongan en peligro los ojos.

La otra estrella, *Al Hecka* o *Al Heka,* nombre de origen árabe, significa «el conductor» y es una estrella azulada que se halla en el cuerno sur del toro o Tauro. No presagia buena suerte. Advierte del riesgo de accidentes, violencias, conflictos, luchas, peligros, pérdida de cargo por actuación de enemigos o enfermedades, etc.

El carácter es comunicativo, sociable, abierto, ingenuo, confiado, infantil, bonachón…, pero dotado de reacciones incomprensibles y nerviosas.

En conjunto, los nacidos en este día han de tener mucho cuidado con la salud, especialmente con la columna, cervicales, cabeza, sistema nervioso, etc., en particular por excesos en el trabajo, imprudencias o descuidos propios.

Es un día que ha dado sindicalistas, políticos, funcionarios, periodistas, etc., si bien en lo creativo se reciben facultades para artes dramáticas, pintura, medicina, biología, genética, sexología… En lo deportivo, ha generado toreros, futbolistas, jugadores de baloncesto…

Día que se halla bajo el influjo suave de la estrella *Al Hecka* o *Al Heka* o *Alhecka,* que en árabe significa «el conductor», «el lejano conductor». Pertenece a la constelación de Tauro y es una estrella azulada que presagia accidentes, percances, violencias, conflictos, luchas, peligros, pleitos, enfrentamientos violentos, etc., por lo que la persona debe aprender a ser muy reflexiva, prudente y precavida, tanto en el plano del trabajo, vehículos y viajes como en el financiero y de los negocios.

La persona nacida en este día es muy susceptible y poco resistente a las críticas ajenas. El orgullo le impide madurar rápidamente y los arranques temperamentales perjudican el trato con los demás. La mentalidad es intelectual, con aptitudes para literatura, poesía y filosofía, y presta a la polémica y a la controversia.

Se recrea con alardes de oratoria, sea a nivel de conferenciante, locutor o presentador de televisión o de discusión personal sobre deportes y política. Tiene ingenio para justificar cualquier ideología y hacer ver que lo blanco es negro, y viceversa.

La persona es humorista y actor por naturaleza, pero con riesgo de afecciones nerviosas y depresiones. También deben preocupar los bronquios y vías respiratorias, en particular los nacidos en día de *luna nueva* (como los nacidos en 1928, 1939 y 1958), que corren peligro de adicciones al tabaco, alcohol o drogas si no actúan con mucho sentido común y una férrea moral.

Los nacidos en día de *luna llena* (como en los años 1905, 1924 y 1981) tienen mayores posibilidades de destacar en la sociedad y obtener éxitos profesionales que de gozar de estabilidad hogareña.

Los que nacen en este día reciben el influjo directo de la estrella *Polaris (Polar, Estrella Polar o del Polo),* que viene del latín *Stella Polaris.* Pertenece a la constelación de la Osa Menor (o Carro Menor) y se halla en la cola de la Osa, en los dibujos celestes antiguos. Es una estrella supergigante amarillenta unas 1600 veces más brillante que el Sol. Y es una estrella doble, es decir, que tiene otra estrella que gira a su alrededor.

En contra de lo que opina la mayoría de la gente, es un astro poco favorable. Advierte del peligro de pleitos por herencias o repartición de sociedades. Presagia pérdida de posición o fortuna por imprudencia, mala especulación financiera o por confiar excesivamente (o ingenuamente) en otras personas. La tradición árabe dice que la contemplación de esa estrella cura las oftalmías. En el campo sentimental-romántico trae desilusiones, frustraciones, aflicciones, mal de amores, etc. Al respecto, es un astro que hace derramar muchas lágrimas.

Además, por la tarde, ya se notan los efectos de la estrella *Betelgeuse (Betelgeuse o Betelgosa),* de la constelación de Orión. El nombre viene del árabe *Ibt* o *Bat el Gáuza,* literalmente «el sobaco del gigante» (refiriéndose a la figura celeste de Orión en los mapas celestes antiguos), pero que igualmente podría querer decir «la hija del gigante» o «la rama o brazo que viene», siguiendo al arabista Joaquín García Campos.

Betelgeuse es una supergigante roja pulsante; es una de las estrellas más grandes que se conocen. Es una estrella benéfica que ayuda, protege y facilita riqueza, honores y dicha. Confiere aspiraciones sociales, atracción por lo bello y artístico y ayuda a obtener estabilidad profesional o empresarial.

Los nacidos en día de *luna llena* (como los de 1943, 1962 y 2008) adolecen de falta de armonía y compenetración con los padres, jefes, autoridades, etc. Es un índice de independencia e individualidad y no resisten restricciones ni imposiciones por parte de los demás. Incluso pueden surgir problemas de convivencia entre sus padres.

Y los venidos al mundo en día de *luna nueva* (como los de 1947, 1966 y 1985) han de cuidar especialmente su sistema nervioso y aparato digestivo, además de correr riesgo de conflictos hogareños.

Los nacidos en este día tienen dos estrellas que les influyen. La primera es la *Polaris (Polar, Estrella Polar o del Polo),* que viene del latín *Stella Polaris.* Pertenece a la constelación de la Osa Menor (o Carro Menor) y se halla en la cola de la Osa, en los dibujos celestes antiguos. Es una estrella supergigante amarillenta, unas 1600 veces más brillante que el Sol. Y es una estrella doble, es decir, que tiene otra estrella que gira a su alrededor.

El influjo de *Polaris* existe como trasfondo de este día, con mayor intensidad por la mañana. Pero en contra de lo que opina la mayoría de la gente, es un astro poco favorable. En astrología se cree que advierte del riesgo de pleitos por herencias o repartición de bienes o sociedades.

Presagia pérdida de posición o fortuna por imprudencia, mala especulación financiera o por confiar excesivamente (o ingenuamente) en otras personas. No obstante, la tradición árabe dice que la contemplación de esa estrella cura las oftalmías. En el campo sentimental-romántico trae desilusiones, frustraciones, aflicciones, mal de amores, etc. Al respecto, es un astro que hace derramar muchas lágrimas.

Por otro lado, se notan en esta jornada los efectos más intensos y dominantes de la estrella *Betelgeuse (Betelgeuse o Betelgosa),* de la constelación de Orión. El nombre viene del árabe *Ibt* o *Bat el Gáuza,* literalmente,«el sobaco del gigante» (refiriéndose a la figura celeste de Orión en los mapas celestes antiguos), pero que igualmente podría querer decir «la hija del gigante» o «la rama o brazo que viene», siguiendo al arabista Joaquín García Campos.

Betelgeuse es una supergigante roja pulsante; es una de las estrellas más grandes que se conocen. Es una estrella benéfica que ayuda, protege y facilita riqueza, honores y dicha. Confiere aspiraciones sociales, atracción por lo bello y artístico y ayuda a obtener estabilidad profesional o empresarial.

En conjunto, este día confiere facultades para la enseñanza, pedagogía, comercio al detalle, representaciones comerciales, taxista, trasportista conductor, motorista, ciclista, así como para psicología, abogacía, física y matemáticas. No obstante, el carácter es muy versátil en todos sus actos y cosas, lo que genera falta de armonía social y conyugal.

Los nacidos en día de *luna llena* (como los de 1951, 1970 y 1989) tienen mayores posibilidades de obtener renombre y éxitos sociales, pero son los que tienen que cuidar más su sistema nervioso y su aparato digestivo.

Los nacidos en este día se hallan bajo el influjo directo de la estrella *Menkalinan (Menkalinam)* o *Menkalinon,* que pertenece a la constelación del Cochero. Es un nombre de origen árabe; parece provenir de *Mankib dhu al Inan* «el hombro del cochero, del que sostiene la rienda». Sin embargo, otros estudiosos afirman que significa «sendero o camino de cabras», lo que presagia el difícil sendero que uno habrá de recorrer en su existencia. Es una estrella blanca binaria o doble, eclipsable, por lo que no es de buen augurio, toda vez que vaticina que se tendrán que vencer muchas dificultades, estrecheces, problemas, obstáculos, peligros, pérdidas financieras o de estatus social, etc.

En conjunto, el carácter es arriesgado, osado, valiente y aventurero, y con mucha dosis de astucia, diplomacia y hasta adulación e hipocresía, si conviene para alcanzar los objetivos fijados. La persona consigue más con su inteligencia, destreza y maquiavelismo que con agresividad o violencia. Con todo, la suerte sufre varios altibajos a lo largo de la vida.

En el plano creativo, esta jornada influye de manera particular en el campo musical, teatral, cinematográfico, medios audiovisuales, literatura, periodismo. Y en lo público-social, da diplomáticos, políticos, funcionarios, economistas, gestores, administradores, etc.

Los nacidos en día de *luna nueva* (como los de 1944, 1955, 1974 y 1993 mañana) corren mayores peligros de crisis nerviosas y problemas hogareños. En cambio, los venidos al mundo en día de *luna llena* (como los de 1959, 1978 y 1997) tienen mayores posibilidades de éxitos públicos y profesionales, pero con riesgo de problemas con la pareja.

Como trasfondo de todo siguen los efluvios de la estrella *Betelgeuse,* de la constelación de Orión *(véase* lo dicho en el 19 de junio sobre ese astro).

Los nacidos en este día están bajo el influjo directo de la estrella *Menkalinan* o *Menkalinon,* que pertenece a la constelación del Cochero. Es un nombre de origen árabe que parece significar «sendero o camino de cabras», lo que presagia el difícil sendero que uno habrá de recorrer en su existencia. No es una estrella de buen augurio, toda vez que vaticina que se tendrán que vencer muchas dificultades, estrecheces, problemas, obstáculos, peligros, pérdidas financieras, etc.

Se percibe un alto grado de intelectualidad, comunicación y sociabilidad. La persona tiene una clara percepción mental de los hechos aislados, de las realidades inmediatas, y ve a la naturaleza como algo que debe ser estudiado y comprendido, a fin de comunicarlo al prójimo y utilizarlo con inteligencia y sentido social. Por ello este día ha dado muchos escritores, periodistas y novelistas.

Por otro lado, los nacidos en este día son muy nerviosos y de pensamiento rápido. Tienen una necesidad casi biológica de movimiento, de dinamismo, por lo que les van los desplazamientos, la conducción, los viajes...

En conjunto, es una jornada predominantemente intelectual, en que la autorrealización se consigue tanto en el ámbito político, sindicalista o comercial como en el literario y periodístico. En cambio, la vida conyugal y romántica adquiere tonalidades más sombrías y tristes que alegres y afortunadas. Emocionalmente, se pasa por fases muy inestables.

En salud, tienen que preocupar de manera especial el sistema nervioso, los bronquios y los pulmones.

Los nacidos en día de *luna nueva* (como los de 1963, 1982 y 2001) corren mayor peligro de sufrir baches inesperados de la salud y de inestabilidad familiar, tanto en el hogar paterno como en el propio, por lo que tendrán que ser muy prudentes y diplomáticos en todo momento.

En este día se notan aún (en particular los nacidos por la mañana) los efectos e influjos –aunque muy suavizados– de la estrella *Menkalinan* o *Menkalinon,* de la constelación del Cochero. Menkalinan es un nombre que viene del árabe *Mankib dhu al Inan,* «el hombro del que sostiene las riendas o cochero», por ser una estrella amarilla que estaba en el hombro derecho de la antigua figura del cochero o *aurigae.*

Sin embargo, hay estudiosos que opinan que viene de *Menkal el Aainán,* «sendero o camino de riendas», conocido más popularmente por «sendero o camino de cabras», lo que presagia el difícil sendero que uno ha de recorrer en la existencia para alcanzar los objetivos o metas que se ha fijado.

No es una estrella de buen augurio, toda vez que vaticina dificultades, estrecheces, problemas, obstáculos, peligros, acechanzas, conflictos económicos, pérdidas financieras, sacrificios personales...

La personalidad de los nacidos en este día adquiere tintes emocionales y sentimentales muy acusados, con riesgo de contraer matrimonio prematuro y dejarse llevar por flirteos y amores precoces que generarán escollos en su vida profesional.

Está acentuado el riesgo de frustraciones hogareñas y familiares, con peligro de divorcio o inestabilidad matrimonial por cuestiones que, a veces, no dependen de uno mismo.

Profesionalmente hay un trasfondo poético, literario, musical y artes escénicas. Y en segundo plano están los oficios y carreras conectados con gastronomía, restaurantes, hoteles, hostales, pensiones, etc.

En el plano de la salud, se ha de vigilar de manera especial el sistema nervioso, las vías respiratorias, los pulmones, las manos, los brazos, los hombros, el hígado, las alergias, el colesterol, la presión arterial... Los nacidos en *luna nueva* (como los de 1952, 1971 noche, 1990 y 2009) tendrán más problemas personales y familiares. Y los venidos al mundo en *luna llena* (años 1967, 1986 y 2005) gozarán de mayores oportunidades profesionales, comerciales y sociales.

Es un día en que empiezan a notares de manera muy suave y difusa los influjos de la estrella *Tejat Prior,* de la constelación de Géminis. Los nacidos por la tarde y noche los notan más intensamente. Su nombre deriva del árabe *Tehat,* que significa «culminación» o «apogeo», refiriéndose al año, que llega a su máximo esplendor de luz con la llegada del verano en el hemisferio norte. Es una estrella de color anaranjado-rojizo que vaticina posibilidades intensas de éxito o encumbramiento social por méritos propios. Pero también comunica mucha dosis de orgullo, vanidad, exceso de confianza en sí mismo, fanatismo ideológico…

Asimismo, es una estrella que pronostica luchas y enfrentamientos con grupos poderosos o injusticias colectivas.

En conjunto, los nacidos en este día reciben una fuerte capacidad para actividades sociales y públicas, que han de compartir con tareas hogareño-familiares. Se poseen gustos sibaritas y por vestir bien. En la mujer, hay tendencia a engordar si no vigila la dieta.

En lo profesional y común, atracción por estudios, trabajos u ocupaciones conectados con guarderías, primera enseñanza, pediatría, sanidad, enfermería…, sin descartar todo lo concerniente a hostelería, gastronomía y bebidas.

En general, se prefieren los trabajos intelectuales, de investigación y artísticos a los de fuerza física, si bien no faltan deportistas y atletas nacidos en este día, junto con historiadores, escritores, dramaturgos, economistas, etc. Una cosa que tienen todos en común es que han de preocuparles los enemigos, intrigantes, delincuentes, terroristas…

Los nacidos en día de *luna llena* (como los de 1937 noche, 1956, 1975 y 1994) son muy emocionales, poéticos, soñadores e imprevisibles, sobre todo a nivel sentimental-romántico.

Y los nacidos por la noche notan más claramente los efectos de querer sobresalir, destacar y gozar de prestigio social.

En salud, ha de preocupar el aparato digestivo, las vías respiratorias y el sistema nervioso.

E ste día se halla bajo el completo dominio e influjo de la estrella *Tejat Prior* de la constelación de Géminis. Su nombre es de origen árabe y significa «culminación» o «apogeo», refiriéndose al año, que llega a su máximo esplendor de luz y calor con la llegada del verano en el hemisferio norte. Es una estrella de color anaranjado-rojizo que vaticina posibilidades intensas de éxito o encumbramiento social por méritos propios. Pero también comunica mucha dosis de orgullo, vanidad, exceso de confianza en sí mismo, fanatismo político o religioso, etc.

Constelación de Géminis

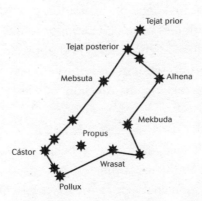

Asimismo, es una estrella que pronostica luchas y enfrentamientos contra grupos poderosos o injusticias colectivas. La persona es muy creativa, original y vanguardista, pero con ramalazos de extravagancia, versatilidad o inconstancia. Hay riesgo de sufrir crisis nerviosas si uno no aprende a ser diplomático y paciente.

En horóscopo masculino hay peligro de dejarse arrastrar por apasionamientos sexuales o eróticos, con el consiguiente perjuicio social o profesional. Riesgo de que escándalos familiares le hagan perder prestigio o reputación. Por el mismo motivo, se deben evitar las amistades dudosas, tanto en lo personal como en lo comercial, financiero y político.

Es una jornada que ha dado brillantes personalidades en el campo de la ciencia, la cultura y las letras. En un plano más mundanal, es un día que da vida a comerciantes, maestros, periodistas, gastrónomos...

En primer lugar, los nacidos en este día siguen notando los influjos de la estrella *Tejat Prior,* de la constelación de Géminis, con la particularidad de que los venidos al mundo desde 1980 notarán los efectos de esa estrella más intensamente. Sabemos que es un astro que impulsa a querer sobresalir y destacar con el propio trabajo o profesión. El nombre es de origen árabe y significa «culminación» o «apogeo», al referirse a la llegada del verano en el hemisferio norte.

Además, ya se notan suavemente las inducciones de la estrella *Dirah (Nuhatai, Tejat posterior),* asimismo de la constelación de Géminis.

En conjunto, esta jornada inclina a la inestabilidad emocional-sentimental, pero en lo creativo confiere una mentalidad de pensador, poeta, filósofo, sabio, investigador, realizador, etc. Son personas que necesitan ser tan admiradas como amadas, por lo que corren el riesgo de caer en el eterno descontento cuando no obtienen el equilibrio en lo emocional y, al mismo tiempo, en lo profesional. Sufren alternancias entre períodos de máxima extraversión y de aislamiento como de anacoreta.

Los nacidos en día de *luna llena y eclipse de Luna* (como los de 1945 y 1983) son los que corren mayor peligro de sufrir graves problemas de salud y de conflictos familiares.

Los venidos al mundo en día de *cuarto creciente* (como los de 1947, 1966, 1985 y 2004) tienen mayores posibilidades de éxito en sus proyectos y ambiciones.

Jornada que se halla bajo el influjo directísimo de la estrella *Dirah,* de la constelación de Géminis. Viene del árabe *Al-Dirah,* «la semilla o simiente de la rama», aunque se la conoce por «el Abatido» y por «el Abusador», en el sentido de que se aprovecha de la autoridad o el poder que uno tiene, incluso de los acontecimientos o de la sabiduría que uno ha adquirido o desarrollado. Es una estrella de buen augurio, por lo que insufla fuerza interna, energía creativa, poder mental, protección, energía, vigor, etc.

Esta estrella también tiene los nombres de *Nuhatai* y *Tejat posterior,* según los distintos atlas celestes y nomenclaturas, sean franceses, ingleses, italianos, etc. *Tejat* significa en árabe «culminación de la estación anual».

Dirah es una estrella doble, amarilla y azul, situada en el pie izquierdo del gemelo Norte, según las antiguas figuras de esa constelación. Los pesares de los nacidos en este día serán, sobre todo, de tipo sentimental y afectivo, en particular los nacidos en día de *luna nueva* (como los de 1930, 1949, 1968 y 1987).

Si no se actúa con tino y uno se deja llevar por las pasiones, los placeres y diversiones, es un día que vaticina que la riqueza alcanzada se pierde y puede morir el sujeto en la penuria. Al respecto, la estadística demuestra que eso es cierto y que uno tiene que autocontrolar sus emociones y saber prescindir de las falsas amistades y parientes aprovechados.

En temas de salud ha de preocupar el aparato digestivo, la dieta y las vías respiratorias. El tabaco y el alcohol perjudicarán de manera especial. Los nacidos antes de 1980 son más propensos a sufrir traiciones y abusos de confianza.

Este día está bajo el influjo de la estrella *Dirah,* de la constelación de Géminis. Su nombre viene del árabe *Al-Dirah,* «semilla», «simiente». Se la conoce simbólicamente como «el abusador». Otro nombre suyo es el de *Nuhatai (Nuhaiti).* Es una estrella doble de color amarillo-azulado y se halla ubicada en el pie izquierdo del gemelo Norte, de acuerdo con la figura antigua que conformaba esa constelación. Los nacidos en el siglo xxi notarán más el dominio de esa estrella que los venidos al mundo en el siglo anterior.

En conjunto, los nativos de esta jornada de junio son personas muy emotivas, con altibajos personales muy acusados y crisis nerviosas inexplicables. Si no fortalecen su carácter desde el punto de vista del autocontrol mental pueda caer en extravagancias y reacciones tan «lunáticas» como perjudiciales o peligrosas, sin descartar actitudes anárquicas.

Por otro lado, se reciben aptitudes para medios de comunicación social y artes suntuarias, así como para medicina, biología, química, historia…, aunque todo ello no es obstáculo para que el espíritu sea más poético o idealista, que mercantilista.

En la mujer de ese día está especialmente desarrollado el instinto maternal y de protección, que intenta emplear incluso en amor, es decir, tiene tendencia a enamorarse de hombres complicados, débiles o incluso marginados o delincuentes, con los que intenta realizar una misión de apostolado, con el consiguiente amargo despertar.

En la salud debe preocupar la vista, el sistema nervioso, el aparato digestivo y el canal alimentario.

Los nacidos en día de *luna nueva* (como los de 1957, 1976 y 2014) han de preocuparse especialmente de los puntos indicados sobre la salud y son los que corren el riesgo de sufrir más inestabilidad familiar y conyugal.

Aunque muy suavemente, en este día aún se notan los efectos de la estrella *Dirah (Nuhatai, Tejat posterior)*, nombre que viene del árabe y quiere decir «semilla» o «simiente», mientras que en su versión de *Tejat* significa «culminación», refiriéndose al esplendor del verano.

En los nativos de esta jornada hay un predominio de los instintos y emociones sobre el frío cálculo y el raciocinio, si bien todas las actuaciones y proyectos tienen un trasfondo mental, intelectual e imaginativo. Está acentuado el riesgo de problemas sentimentales, conyugales y familiares. La mentalidad es romántica, con necesidad de hogar, familia e hijos. La mujer de este día suele complicarse la vida sentimental, ya que necesita trabajo, profesión o actividades extrafamiliares, aunque siempre da una importancia especial a la prole y a la maternidad. Si se divorcia o enviuda no tarda en buscar otra pareja, a fin de sentirse segura, realizada o protegida.

Para los nacidos en día de *luna llena* (como los de 1942, 1961, 1980 y 1999) hay más posibilidades de destacar en una carrera que de conseguir un hogar o una pareja armónicos.

En temas de salud, este día advierte de peligros con el agua y el riesgo de golpes, caídas, fracturas, etc., si bien en general deben preocupar más las crisis emocionales y las dolencias nerviosas, por lo que se debe evitar el consumo de alcohol, excitantes, café, etc., sobre todo los nacidos en día de *luna llena*.

Los venidos al mundo en *cuarto creciente* (como los de 1944, 1963 y 1982) tienen mayores posibilidades de abrirse camino con un trabajo creativo, sea pintura, literatura, música, artesanía, escultura...

Y los nacidos en el período 1991-1995, debido a su individualismo y agresividad, en parte debido a la conjunción Urano-Neptuno, debe aprender a controlar sus emociones y arranques, ya que corren peligro de tener que ver con actos violentos y ser perseguidos por la justicia.

Aunque sea suavemente, los nacidos en este día se hallan bajo los efectos de la estrella *Alhena* o *Al Henah* o *Al Hena,* de la constelación de Géminis. El nombre, de origen árabe, significa «lastimar», «herir», «marcar», y parece hacer referencia a la marca al fuego que en Oriente ponen en el lado izquierdo del cuello de los camellos y del ganado para evitar su robo y demostrar la propiedad.

Alhena es una estrella blanca que favorece fama y fortuna en las bellas artes, tareas políticas y sociológicas, pero que advierte de altibajos personales y del riesgo de accidentes o lesiones que afecten a los pies. Por ello en la antigüedad tenía el sobrenombre de «herida en el tendón de Aquiles», cosa que deben tener muy presente los deportistas y los que realizan trabajos expuestos y peligrosos.

En conjunto, es más fácil obtener renombre o popularidad, aunque sea pasajera o limitada, que fortuna y grandes riquezas, toda vez que ese día suele conferir altos ideales, proyectos utópicos y luchas de tipo social para mejorar el medio ambiente o el mundo. El sujeto suele gastar su vida tras esos ideales, invenciones o ideologías, sin un claro beneficio material. Si consigue fortuna, es de los que crean fundaciones o entidades para mejorar la sociedad o las clases marginadas.

En esta jornada, la mentalidad intelectual de la estrella se tiñe claramente con el instinto maternal y protector del signo solar de Cáncer, con los deseos de ayudar y proteger al prójimo. En consecuencia, es un día que da muchos políticos, sindicalistas, sociólogos, humanistas, psicólogos, médicos, doctores, etc.

Los nacidos en día de *luna nueva* (como los de 1946, 1965, 1984 y 2003) o en día de *luna llena* (como los de 1950, 1969 y 1988) corren mayor peligro de inestabilidad sentimental y problemas hogareños, si bien los segundos tienen más fácil el destacar en su profesión. Pero todos ellos han de vigilar la salud, particularmente el aparato digestivo, vías respiratorias, hígado, manos, brazos… Con todo, son personas que sufren más daños morales o sentimentales que físicos.

Los nacidos en este día se hallan bajo el influjo directo y predominante de la estrella *Alhena* o *Al Henah* o *Al Hena*, de la constelación de Géminis. El nombre, de origen árabe, significa «lastimar», «herir», «marcar», y parece hacer referencia a la marca al fuego que en Oriente ponen en el lado izquierdo del cuello de los camellos y ganado para evitar su robo y demostrar la propiedad. Es una estrella que favorece popularidad, fama y fortuna en las bellas artes, la entrega a un ideal político y sociológico, pero advierte del peligro de accidentes que afecten a los pies. De ahí que en la antigüedad esa estrella tuviera el sobrenombre de «herida en el tendón de Aquiles», cosa que deben tener muy presente los deportistas y los que realizan trabajos peligrosos o arriesgados. En segundo plano, han de preocupar el cuello, la garganta y la boca.

Los nacidos en este día son activos dinámicos, viajeros, inquietos, nerviosos, emotivos, tiernos, prontos a soltar la lágrima… Hay sensibilidad psíquica para el ocultismo, la parapsicología, las artes adivinatorias, etc.

Son las personas que, al nacer, quedan «marcadas», por lo que sienten, por la vocación, por el ideal escogido, por el cual luchan a lo largo y ancho de su existencia, sacrificando su propia seguridad personal si es necesario, por lo que siempre deben estar prevenidos contra la actuación de contrincantes, opositores, enemigos, imprevistos…

En lo profesional, dejando lo artístico como telón de fondo, hay cierto predominio de todo lo concerniente a navegación, pesca, deportes náuticos, natación, marina de guerra, aviación naval, etc.

Es una jornada que ha dado políticos, científicos, escritores y periodistas sobresalientes.

Este día se halla bajos los efectos de la estrella *Alhena* o *Al Henah* o *Al Hena,* de la constelación de Géminis. El nombre, de origen árabe, significa «lastimar», «herir», «marcar», y parece hacer referencia a la marca a fuego que en Oriente ponen en el lado izquierdo del cuello de los camellos y ganado para evitar su robo y demostrar la propiedad. Es una estrella blanca que favorece fama y fortuna en las bellas artes, tareas políticas y sociológicas, pero que advierte de altibajos personales y del riesgo de accidentes o lesiones que afecten a los pies. De ahí que en la antigüedad esa estrella tuviera el sobrenombre de «herida en el tendón de Aquiles», cosa que deben tener muy presente los deportistas y los que realizan trabajos expuestos y peligrosos. En segundo plano, han de preocupar el cuello, la garganta, la boca y los bronquios.

En conjunto, el destino de los nacidos en este día está sujeto a muchos cambios, giros, trasformaciones y nuevas situaciones, la mayoría de tipo positivo y que sirven para que destaque la personalidad y la propia valía. Hay muchas posibilidades de fama, fortuna o encumbramiento por los propios conocimientos, méritos y esfuerzos. La persona suele ser muy laboriosa y posee capacidad creadora, sea en las artes, la ciencia, la investigación, la industria…

Las féminas de este día son muy románticas, emocionales, versátiles y vanidosas: mantienen una vida sentimental muy activa y son imprevisibles con los asuntos del corazón. Incluso poseen una clara sensibilidad artística y para las artes escénicas, con muchas posibilidades de alcanzar renombre, fama y éxitos personales.

Los nacidos en día de *luna llena* (como los de 1939, 1958, 1977 y 1996) y en día de *luna nueva* (como los de 1962 noche, 1981, 2000 noche y 2011) corren mayores riesgos de inestabilidad sentimental y familiar y de sufrir problemas de salud; sobre todo han de cuidar el aparato digestivo y el sistema nervioso.

En esta jornada se deja sentir o sobresale el influjo de la estrella amarilla *Mebsuta,* de la constelación de Géminis. El nombre deriva del árabe *Mebsúta,* «extendida», ya que el astro está situado en la figura de uno de los gemelos, que tiene el brazo izquierdo extendido. Es una estrella que comunica capacidad de adaptabilidad a las diversas circunstancias y avatares del destino, pero advierte del riesgo de sufrir traiciones y falacias por parte de enemigos, opositores y falsos amigos.

Reacciones emocionales muy intensas, en las que el corazón eclipsa al cerebro en los momentos tensionales y nerviosos. Preocupación algo «lunática» por la problemática de la existencia. Tendencia a engordar si no se actúa con tino en la alimentación. Búsqueda del poder, de la influencia, del figurar, del sobresalir, etc. En las personas cultivadas, estudio o preocupación filosófica por la profundidad metafísica de la vida.

Predominio de todo lo relacionado con navegación, pesca, industrias conserveras de productos del mar, restaurantes, empresas alimentarias, víveres congelados, etc., pero con el albur de pérdida de posición o empresa por mala gestión o especulaciones financieras. Incluso hay probabilidad de pérdida de la posición social alcanzada por actuación de intrigantes o rivales o por no saber actuar con prudencia, cálculo y sensatez en los momentos conflictivos o adversos.

Fecha que incide de manera destacada en todo lo que sea belleza, modas, perfumería, alta costura, etc. En amor se suele ser variable, extravagante y con cierta tendencia a idealizar personas y situaciones.

En el plano de la salud, cuidado con el aparato digestivo, el metabolismo, el vientre, las mamas, el sistema nervioso, los huesos…

Los nacidos en día de *luna llena* (como los de los años 1966, 1985, 2004 y 2015) tendrán mayores probabilidades de sobresalir en sus cargos, carreras o ambiciones. En cambio, los venidos al mundo en *cuarto menguante* (años 1926, 1945, 1964 noche y 2002) habrán de vigilar más su salud y sortear más dificultades profesionales y sentimentales.

Estrella del 2 DE JULIO

Jornada en la que sigue la potestad de la estrella *Mebsuta,* de la constelación de Géminis. Los nativos de este día del signo solar de Cáncer reciben fuerte dosis de intelectualidad y de capacidad para actividades públicas y medios audiovisuales, pero con un trasfondo de lo familiar-hogareño y de la búsqueda de la estabilidad sentimental, si bien esta fecha presagia varias relaciones a lo largo de la existencia. Hay reacciones amorosas «lunáticas». En conjunto, falta de madurez para enfrentarse con serenidad a la problemática de la existencia. Riesgo de caer en actuaciones más infantiles y alocadas que frías, calculadas o prácticas. No es raro que sufran crisis nerviosas o emocionales, por lo que necesitan un consejero psicológico, en especial en sus arrebatos de aislamiento, ya que corren el riesgo de dejarse llevar por escapismos artificiales. Se pueden sufrir visiones, alucinaciones, depresiones, paranoias, etc. Es un día que ha dado suicidas.

En el plano de la creatividad, hay sensibilidad para la lectura, la literatura, la pintura, la artesanía, la talla de madera, la cerámica, el retablo, etc.

Los nacidos en *luna nueva* (como los de 1970, 1989 y 2008) han de vigilar su salud, en especial el aparato digestivo y el sistema nervioso.

Aunque muy débilmente, aún se notan los efluvios de la estrella amarilla *Mebsuta,* que significa «extendida», de la constelación de Géminis, que facilita la adaptación a las diversas circunstancias que se presenten.

Aptitudes precoces para estudiar o hacer trabajos, que muchas veces se interrumpen por causas sentimentales o familiares. Necesidad de saberse admirado o estimado, por lo que se aceptan aquellas labores en que uno pueda lucirse, estar en contacto con el público, y alimentar, en consecuencia, la propia vanidad. En lo superior, cualidades creativas y artísticas; en lo más común, empleos u oficios relacionados con empresas periodísticas, publicidad, agencias de viajes, fotografía, distribución y venta de publicaciones, restaurantes, comercios de alimentación...

En otro plano da odontólogos y especialistas del aparato digestivo. Presagia muchos cambios de domicilio a lo largo de la existencia y viajes al extranjero.

En las féminas de este día hay riesgo acentuado de tener que soportar graves cargas familiares y de hacer fuertes sacrificios por los hijos. No debe descartarse más de un matrimonio o viudez. Peligro de alcoholismo en el marido. Cuidado con los enemigos, delincuentes, vicios, pasiones, arrebatos agresivos...

Los nacidos por la tarde y noche lo tienen algo mejor, toda vez que ya empiezan a notarse los influjos positivos de la estrella *Sirio* (Sirio A y E), de la constelación del Can Mayor. Favorece la obtención de fama, honores, premios y dinero, a veces en edad madura. Es una fecha que también ha dado gran número de literatos, músicos y pintores de extremada finura y sensibilidad.

En el plano de la salud, hay que vigilar el aparato digestivo, el sistema nervioso, las mamas, el vientre, el útero, los riñones, la glotonería... Los nacidos en *luna nueva* (como los de los años 1951, 1997 y 2016) son más propensos a depresiones emocionales y crisis de angustia. En cambio, los venidos al mundo en *cuarto creciente* (años 1938, 1957, 1976 y 1987) tienen mayores posibilidades de ver cumplidas sus ambiciones profesionales.

Los nacidos en este día se hallan bajo el influjo directo de la estrella *Sirius* o *Sirio,* de la constelación Canis Maior (Can o Perro Mayor). *Sirio* es la estrella más brillante del firmamento. Brilla veintitrés veces más que el Sol. Es de color blanco. En realidad, se trata de una estrella doble, puesto que tiene como satélite una estrella enana (Sirio B). Es una de las estrellas más cercanas a nosotros y su nombre significa «una de las estrellas de la Canícula», pero que en lenguaje esotérico quiere decir «el victorioso», «el guardián», «el príncipe», etc.

En conjunto, es un astro de fuertes influjos y buenos presagios, que favorece el alcanzar renombre, popularidad, obtener éxitos profesionales, lograr dinero y fortuna, recibir golpes de suerte, etc. Pero también da lugar a intensos apasionamientos, a alteraciones emocionales, a rachas de irascibilidad incontrolada, etc. En lo negativo, advierte de peligro de mordeduras de canes.

En lo normal y corriente, favorece las profesiones de vigilante, guarda jurado, custodio, tutor, consejero, asesor, conservador de museo, sanador, curador, etc. En lo superior, es un día que da muchas vocaciones en el campo de la política, las leyes, la pedagogía, las letras, las artes escénicas, etc. Cualquier artesano o creativo puede «conectar» fácilmente con personas nacidas en un 4 o un 5 de julio.

Sin embargo, es una jornada que presagia inestabilidad sentimental y familiar, en particular para los nacidos en día de *luna nueva* (como los de 1940 y 1978) y en día de *luna llena* (como los de 1955 y 2001).

Referente a la salud, influye principalmente en el sistema nervioso y aparato digestivo.

Los nacidos en este día lo hacen bajo el influjo intenso de la estrella *Sirius* o *Sirio,* de la constelación Canis Maior (Can o Perro Mayor). *Sirio* es la estrella más brillante del firmamento. Brilla veintitrés veces más que el Sol Es de color blanco. En realidad, se trata de una estrella doble, puesto que tiene como satélite una estrella enana (Sirio B). Es una de las estrellas más cercanas a nosotros y su nombre significa «una de las estrellas de la Canícula», pero que en lenguaje esotérico quiere decir «el victorioso», «el guardián», «el príncipe», etc.

En conjunto, es un astro de fuertes influjos y buenos presagios, los cuales favorecen el obtener renombre, éxitos profesionales, dinero, fortuna, recibir golpes de suerte, etc. Pero también da lugar a intensos apasionamientos, a alteraciones emocionales, a rachas de irascibilidad incontrolada, etc. En lo negativo, advierte de peligro de mordeduras de canes.

En general, se vive más para las sensaciones y emociones que para el trabajo rutinario y sedentario. Es una jornada que vaticina luchas a lo largo de la existencia, casi siempre por empecinamientos ideológicos y la actuación de enemigos e intrigantes.

Es un día que anuncia traiciones por parte de colegas o asociados, por lo que se debe estar siempre alerta y no explicar secretos personales o familiares a los demás, ya que pueden volverse en contra de uno.

En los deportistas, augura popularidad, pero unido a baches de salud o lesiones.

A pesar de los baches familiares, los nacidos en este día no saben vivir sin hogar y una nueva pareja, por lo que es otra jornada en la que hay tendencia a complicarse la vida sentimental-afectiva.

A su vez, los nacidos a partir de la tarde, ya notan –además– los efectos y presagios de la estrella *Canopus,* de la constelación de la Carena o Quilla. Es una estrella gigante (su diámetro es treinta veces el del Sol), blanco-amarillenta, la más brillante del firmamento después de Sirio. El nombre de *Canopus* es de difícil etimología, ya que hay muchas leyendas mágicas en torno a él, entre ellas las que la relacionan con la deidad egipcia Canopo (en forma de gran vaso o cántaro funerario) y el piloto de la nave de Menelao, Canope, que acompañó a aquél en la búsqueda del vellocino de oro, muerto en Egipto por una mordedura de serpiente.

Canopus es una estrella que advierte del peligro de mordedura de reptiles y arácnidos y de adversidades o enfermedades en países extranjeros o en el trascurso de largos viajes. Favorece la navegación, los viajes y las profesiones con ellos conectados, pero con peligro de problemas y sinsabores, obstáculos imprevistos, etc. Asimismo, confiere amor a la cultura, a la piedad, a la pedagogía, a las leyes... Simbólicamente es una estrella que augura que uno quemará su existencia en pos de una vocación o ambición, tanto si consigue alcanzar su objetivo como si no.

Constelación de la Carena (Quilla)

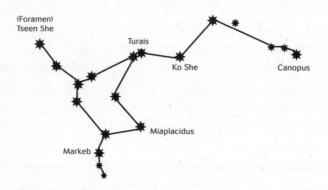

Los nacidos en día de *luna nueva* (como los de 1929 noche, 1948 noche y 1959) o en día de *luna llena* (como los de 1944, 1963 noche y 1982) son los que corren mayor peligro de sufrir altibajos de la salud y de conflictos que afectan al hogar y la familia.

Los que nacen en este día se hallan bajo el influjo directo de la estrella *Canopus* de la constelación de la Carena o Quilla. Es una estrella gigante (su diámetro es treinta veces el del Sol), blanco-amarillenta, la más brillante del firmamento después de Sirio. El nombre de *Canopus* es de muy difícil etimología, ya que hay muchas leyendas mágicas en a él, entre ellas las que lo relacionan con la deidad egipcia Canopo (en forma de gran vaso o cántaro funerario) y el piloto de la nave de Menelao, Canope, que acompañó a aquél en la búsqueda del vellocino de oro, muerto en Egipto por una mordedura de serpiente.

Es una estrella que advierte del peligro de mordedura por reptiles y arácnidos y de adversidades o enfermedades en países extranjeros o en el trascurso de largos viajes. Favorece la navegación, los viajes y las profesiones con ellos conectados, pero con peligro de problemas y sinsabores, obstáculos imprevistos, etc. Asimismo, confiere amor a la cultura, a la piedad, a la pedagogía, a las leyes… Simbólicamente es una estrella que augura que uno quemará su existencia en pos de una vocación o ambición, tanto si consigue alcanzar su objetivo como si no.

El talón de Aquiles de esta jornada son las pasiones sexuales, el romanticismo alocado, las emociones sentimentales incontroladas, las obsesiones amorosas…

Es un día que ha dado muchos compositores, cantantes, músicos, pintores, deportistas…

Los venidos al mundo en día de *luna nueva* (como los de 1967 y 1986) o en día de *luna llena* (como los de 1933, 1952 y 2009) corren mayor peligro de sufrir problemas conyugales, hogareños y familiares y de tener baches de salud, por lo que deben seguir una dieta muy estricta y ser muy diplomáticos en el trato social.

Siguen los efectos de la estrella gigante *Canopus,* de la, constelación de la Carena o Quilla, que son suaves para los nacidos en el siglo xx y más fuertes para los nativos del siglo xxi. *Canopus* o *Canope* advierte del peligro de mordedura por reptiles y arácnidos y de adversidades o enfermedades en países extranjeros o el trascurso de largos viajes. Los Cáncer de este día han de ser muy prudentes en el conducir, navegar y viajar. Ello no es obstáculo para que en esta fecha hayan venido al mundo marinos, pescadores, navegantes y aviadores.

El carácter es especialmente inquieto, variable, nervioso, emocional e impaciente. Muchos nativos de esta fecha son incapaces de aguantar empleos muy rutinarios o excesivamente sedentarios o muy aburridos. La mente creativa de los nacidos en este día no para ni un instante, por lo que los valores intelectuales sobresalen de una manera concluyente. Así, es una jornada que da muchos periodistas, locutores, presentadores de televisión, ejecutivos de medios audiovisuales, maestros, astrónomos, meteorólogos, astrólogos, etc. Y en lo más común, conductores, taxistas, maquinistas, camioneros, etc.

El sentido patrio que tienen los venidos al mundo el 8 de julio suele desembocar en vocaciones militares y políticas, que hacen alarde de un especial intelectualismo y manera de ver los problemas sociales y humanos.

Las frustraciones, sobre todo de tipo sentimental o afectivas, se acentúan para los nacidos en *luna llena* (como los de 1941, 1960, 1971 y 1990), aunque tienen más suerte en sus proyectos, ambiciones y empresas.

En el plano de la salud, debe preocupar el sistema nervioso, el aparato digestivo, el metabolismo, los senos, el útero, la vejiga, el peritoneo…

Por la noche ya se notan, aunque débilmente, los influjos de la estrella *Al Wasat,* de la constelación de Géminis, que empuja a buscar el equilibrio y despierta vocaciones en el campo de las bellas artes.

Jornada que ofrece a sus nativos una cierta protección y augura renombre y victoria sobre opositores, enemigos y emboscados. Es un día ambivalente entre lo intelectual y lo emocional-hogareño, entre lo idealista y lo materialista. Hay una clara manifestación de doble personalidad. En primer lugar, ya se notan los efectos de la estrella *Al Wasat,* de la constelación de Géminis, la cual empuja a la búsqueda del equilibrio y armonía, lo que ayuda a dar vocaciones en el campo de la pintura, la música y el canto. Los novelistas y dramaturgos están en segundo plano. Y los enemigos, intrigantes y murmuradores no faltan nunca.

En segundo lugar, ya se dejan sentir los efluvios de la estrella *Propus,* asimismo de la constelación de Géminis, que comunica energía, fuerza y ansias de sobresalir en el trabajo o profesión elegida y en la sociedad.

Existe pasión por los placeres y las diversiones, por lo que los venidos al mundo en esta fecha se sienten atraídos particularmente por los círculos teatrales, espectáculos, discotecas, bailes, *boîtes,* etc., ya que para ellos la vida nocturna tiene mucha importancia. En consecuencia, muchos artistas, músicos, camareros, empleados nocturnos, empresarios de espectáculos y centros de diversión han nacido en un día como éste. Y según el año de nacimiento, inclinación por la dietética, las medicinas alternativas, el naturismo…

En el plano de la salud, deben vigilar el aparato digestivo, el sistema nervioso, el vientre, el metabolismo, el útero, el apéndice, la presión arterial, el colesterol, el azúcar…, en especial los nacidos en *luna nueva* (como los de 1945, 1964 y 1975) y en *cuarto menguante* (años 1939, 1958 y 2004) que son, además, los que tendrán que hacer más sacrificios por el hogar y la familia.

Este día se halla bajo el influjo directo y dominante de la estrella doble amarillo-azulada *Wasat* o *Al Wasat,* del árabe *Uásat,* que indica un punto medio o equidistante entre dos cosas o personas, y que podríamos designar como «centro», «parte media», «punto de equilibrio»; en este caso, entre los dos Gemelos que configuran la constelación de Géminis. Pero simbólicamente se considera que ayuda a las personas nativas de esta fecha a buscar el equilibrio y armonía entre ellas y el mundo exterior. Presagia, por consiguiente, graves problemas para quienes no busquen la mesura o la moderación entre sus apetencias y pasiones y el sentido del deber y las obligaciones morales para con el prójimo y uno mismo.

Igualmente, es una estrella y jornada que advierten del peligro de accidentes con productos químicos, gases, venenos, etc., por lo que se deberá ser muy prudente con tales productos.

Por la tarde ya se notan, además, los efectos de la estrella *Propus,* binaria amarilla situada entre las espaldas de los Gemelos. Es un astro que ayuda a los éxitos profesionales y sociales.

Hay riesgo, en general, de pérdida de reputación, propiedades o fortuna por acciones o inversiones alocadas. Eso no impide que se tenga una mentalidad aguda y capacidad para leyes y jurisprudencia, si bien es un día que ha dado escritores, filólogos, poetas, músicos, pintores, actores…

Los nacidos en día de *luna nueva* (como los de 1972, 1983 y 2002) corren mayor peligro de sufrir conflictos y decepciones familiares y hogareñas.

El nombre de *Propus* parece provenir del griego y significar «el pie sobresaliente», refiriéndose a una de las dos figuras que forman la constelación de Géminis.

En el plano de la salud, ha de preocupar el aparato digestivo, el sistema nervioso, las vías respiratorias, pulmones, manos, brazos, la circulación de las piernas…

Hay que destacar que, en primer lugar, este día se halla bajo el influjo directo e intenso de la estrella *Al Wasat* o *Wasat* de la constelación de Géminis. *Wasat* es un nombre de origen árabe que significa un punto medio o equidistante entre dos cosas, personas o situaciones, por lo que se puede designar como «punto medio», «punto de equilibrio», por lo que ayuda a las personas a buscar el equilibrio, la estabilidad y la armonía entre ellas y el mundo exterior. Presagia, por consiguiente, graves problemas para quienes no busquen el equilibrio o la moderación entre sus apetencias y pasiones y el sentido del deber y de las obligaciones sociales y morales para con el prójimo y uno mismo. Mal lo pasará quien se deje llevar por los extremismos y las intemperancias de carácter.

En lo positivo, es una estrella que estimula las relaciones humanas, públicas, sociales y deportivas.

En lo muy negativo, es una estrella que advierte del peligro de accidentes y problemas generados por productos químicos, gases, combustibles, venenos, etc., por lo que se deberá ser muy prudente y precavido con tales productos y no vivir cerca de grandes industrias químicas.

Además, en esta jornada también se notan los efectos directísimos y potentes de la estrella *Propus,* asimismo de la constelación de Géminis. El nombre parece provenir del griego y significar «el pie sobresaliente», refiriéndose a una de las figuras que forman dicha constelación (los Gemelos). Es una estrella que ayuda a obtener éxitos profesionales y sociales, pero como es una estrella variable advierte de altibajos de la suerte, de la variación de suerte o fortuna, por lo que hay riesgo de pérdida de reputación, propiedades o fortuna por acciones alocadas, improvisadas o impulsivas.

Es un día que comunica altibajos creativos muy intensos y la atracción por más de una técnica o arte. Predominan la literatura, filosofía, historia, arqueología, viajes, trasportes, artes escénicas, diseño de modas, manualidades, psicología, medicina, prestidigitación…

Los nacidos en esta fecha que tengan mal aspectados los principales planetas en la carta natal, suelen ser muy variables, inconstantes, negligentes, «lunáticos» y poco dispuestos a luchar intensamente para alcanzar éxito personal en la vida. Son depresivos y liantes por naturaleza. Si conviene, viven de sablazos a los amigos y familiares. Suelen hacer muchas amistades circunstanciales en las cafeterías y locales nocturnos, en donde procuran deslumbrar a los demás con sus imaginarias empresas, logros y amores.

En el plano de la salud, han de prestar mucha atención a las vías respiratorias, el aparato digestivo, a las mamas, el útero, el sistema nervioso, el metabolismo...

Los nacidos en *luna nueva* (como los de 1934, 1953, 1991 y 2010) suelen sufrir más desengaños sentimentales y familiares y altibajos de la salud. Mientras que los venidos al mundo en *luna llena* (años 1976, 1987 y 2006) son más ambiciosos, duros y perseverantes en sus proyectos, aunque no escapan a la volubilidad romántica y erótica. Riesgo acentuado de tabaquismo, alcoholismo, bulimia, glotonería...

Este día se halla bajo el dominio intensísimo y potente de la estrella *Castor,* de la constelación de Géminis. El nombre viene de uno de los hijos gemelos del dios Júpiter. Castor fue famoso como jinete y domador de potros, lo que presagia fuerza y decisión para dominar problemas y conflictos, energía que no falta en la personalidad de los nacidos en este día. En árabe, también se da el nombre de *El Mokaddem* a esa estrella, término que significa «el Mandante», el que precede en formación, el que va delante en categoría… Es, por consiguiente, una estrella que impulsa a sobresalir, a luchar por destacar.

A simple vista, *Castor* es una estrella de color blanco-verdoso, pero gracias a los modernos telescopios y técnicas espectroscópicas se sabe que, en realidad, es un sistema séxtuple, o sea, formado por seis estrellas, dos de ellas enanas rojas, lo que induce a influjos tan diversos como difíciles de precisar.

En conjunto, tales estrellas presagian grandes satisfacciones profesionales y sociales, pero seguidas de padecimientos físicos. La fama o popularidad puede ser hasta póstuma, es decir, que perdure a través de los años y tiempos de acuerdo con las obras realizadas en vida. Hay predominio de los viajes y desplazamientos, sobre todo de tipo profesional o comercial. También es un día que da muchas vocaciones en el campo militar y de la navegación, si bien aún se notan fuertes estímulos intelectuales, literarios y pictóricos, pero con tendencia a tener dos profesiones o actividades: la oficial u obligatoria y la afición o vocación sentida, la cual varía, además, según el año de nacimiento. Como parte negativa, hay una tendencia a la versatilidad, a cambiar de ideas y proyectos, debido a las influjos variables de dichas estrellas.

Por otro lado, vaticina inestabilidad sentimental, arrebatos emocionales, romanticismo fantasioso, tendencia enamoradiza, mariposeo erótico, pasiones inconvenientes, en particular para los nacidos por la noche, en que ya se notan los efectos de la estrella *Adara* o *Adhara,* de la constelación del Can Mayor, la cual presagia altibajos de suerte y dinero, pero con muchas posibilidades de recuperación de baches o negocios fallidos.

En lo creativo profesional es un día que da dado muchos políticos, poetas, cantantes, pintores, artesanos, escultores, fotógrafos, actores y actrices…

El nombre de *Adhara* es una probable trascripción –como indica Joaquín García Campos– de *El Aadára* árabe, «las vírgenes», refirién-

Estrella del 12 DE JULIO

dose a algún pequeño grupo de estrellas de esa región del cielo, y que luego se identificó con una sola. Es una estrella doble blanco-azulada.

Los nacidos en *luna llena* (como los de 1938, 1995 y 2014) tienen mayores probabilidades de alcanzar fama o renombre que estabilidad familiar u hogareña. En cambio, los venidos al mundo en *luna nueva* (como los de 1961 y 1980) tienen que vigilar mucho su salud, sobre todo el sistema nervioso y el aparato digestivo.

ste día se halla bajo el influjo integral de la estrella *Adhara* ó *Adara,* de la constelación del Can Mayor. El nombre es una probable trascripción defectuosa de *El Aadára,* «las vírgenes», refiriéndose a algún pequeño grupo de estrellas de esa región del cielo, y que luego se identificó con una sola. Esta estrella presagia altibajos de suerte y pero con muchas posibilidades de volver a levantarse. También señala el riesgo de caer en apasionamientos sexuales que eclipsen el sentido común.

Constelación del Can Mayor

A partir de la tarde ya se notan con cierta intensidad los efectos de la estrella *Wesen* o *Wezen,* también de la constelación del Can Mayor. El nombre, de origen árabe, significa «peso o medida de un cuerpo», pero en lenguaje esotérico quiere decir «brillante», «resplandeciente», «eminente», etc. Es una estrella que comunica sentido de la sociabilidad, afabilidad, colaboración, servicio, dedicación a los demás, etc., por lo que favorece todo tipo de trabajos públicos y de servicio al prójimo, como labores médicas, sanitarias, humanitarias, sociológicas, domésticas, medios de comunicación social, etc. Como trasfondo de este día, hay atracción por las ciencias ocultas, parapsicología, asuntos misteriosos y enigmáticos del universo, y la práctica y estudio de la astrología, quiromancia, cartomancia, oniromancia, tarot, etc.En el plano de la salud, hay que vigilar el sistema nervioso y el aparato digestivo, si bien con la edad habrá de preocupar lo cardiovascular. Y en lo creativo, las estrellas de este día estimulan la pintura, historia del arte, filosofía, literatura, dramaturgia, etc.

Los nacidos en día de *luna llena* (como los de 1965, 1984 y 2003) tendrán que luchar más para sobresalir y destacar dentro de la sociedad o el trabajo, no pudiéndose limitar a su hogar y familia. Y los nacidos en día de *luna nueva* (como los de 1942, 1988 y 1999) corren mayor peligro de problemas y conflictos con los padres y la familia.

Día que se halla bajo el influjo principal de la estrella *Wesen* o *Wezen* de la constelación del Can Mayor. Es una estrella amarillenta, cuyo nombre de origen árabe significa «peso o medida de un cuerpo», pero que en lenguaje esotérico quiere decir «brillante», «resplandeciente», «eminente», etc. Es una estrella que comunica sentido de la sociabilidad, afabilidad, colaboración, servicio, dedicación a los demás, etc., por lo que favorece todo tipo de trabajos públicos y de servicios al prójimo, como labores médicas, sanitarias, humanitarias, sociológicas, domésticas, medios de comunicación social, etcétera.

Pero, además, los nacidos por la mañana también notan los efectos de la estrella *Adhara* o *Adara,* de la constelación del Can Mayor, si bien de una manera muy suave o dispersa. Es una estrella de color blancoazulado y su nombre parece una trascripción defectuosa de *El Aadára,* «las vírgenes», refiriéndose a algún pequeño grupo de estrellas de esa región del cielo, y que luego se identificó con una sola. Es una estrella que presagia altibajos de suerte y fortuna, pero con muchas posibilidades de volver a levantarse o resucitar profesional o crematísticamente. También señala el riesgo de caer en apasionamientos sexuales que eclipsen el sentido común.

En amor, los nacidos en este día tienen cierta tendencia a los romances, flirteos y conquistas como sistema defensivo para superar algún complejo de inferioridad. Eso no es obstáculo para que tengan destellos de genialidad poética, literaria o artística, pero con carácter que con el tiempo se hace ambicioso.

Y los venidos al mundo por la tarde, ya empiezan a notar los efluvios de la estrella *Pollux (Pólux),* de la constelación de Géminis. Es una estrella de color amarillento intenso que comunica valentía, audacia, afán de lucha y superación, sentido de justicia, temeridad… pero con el riesgo de que la persona salga perjudicada en especulaciones financieras o comerciales arriesgadas. Por ello los nacidos en esta jornada han de aprender a controlar sus impulsos y fantasías y actuar con un mínimo de prudencia y planificación.

Estos dos días se hallan bajo el influjo directo de la estrella *Pollux* de la constelación de Géminis. Pollux (Pólux) era el hermano legendario de Cástor, héroes griegos que limpiaron de piratas las aguas de su patria. En Roma también se introdujo el culto a Cástor y Pollux y los dignatarios romanos los honraban acudiendo a su templo a orar cada 15 de julio.

Pollux es una estrella de color amarillento intenso que comunica valentía, audacia, afán de lucha y superación, sentido de justicia, temeridad...

En estos días nacen personas con mucha imaginación y fantasía, con un sexto sentido muy desarrollado y una mentalidad con destellos tan geniales como singulares. Son diestros en la profesión o carrera que eligen y osados en sus ambiciones o proyectos, aunque con mucha dosis de imprudencia o alteraciones emocionales y nerviosas.

Por un lado, pronostica posibilidades de encumbramiento en la vida castrense, política, grandes empresas, artes o deportes, pero con el riesgo de cambios inesperados, de caídas financieras, de fracasos sociales, etc., por menospreciar al enemigo u opositores o creer excesivamente en la propia valía.

Y por otro lado, hay atracción, práctica o estudio por las ciencias ocultas, magia, espiritismo, artes adivinatorias, etc., si bien como trasfondo de todo también hay mucho intelectualismo y facultades artísticas.

En general, los nacidos bajo esta estrella han de vigilar el sistema nervioso, el aparato digestivo y las vías respiratorias.

★
★★
★

Los nacidos en esta jornada, sobre todo los venidos al mundo a partir de la tarde, ya notan los suaves influjos de la estrella *Proción* o *Procyon,* de la constelación del Can Menor (Perro Menor). El nombre latín *Procyon* (perro delantero) deriva del griego *prokyon,* de *pro-,* «delante», y *-kyon,* «perro», refiriéndose al hecho de que es la estrella que sale antes que la Sirio, del Can Mayor, hecho que tiene lugar unos once días antes de la canícula (período del año en que son más fuertes los calores).

Proción, pese a su lejanía, es una de las estrellas más próximas a la Tierra. Es doble, de color blanco-amarillento y seis veces más luminosa que el Sol. Tiene una compañera o estrella satélite (Procyon B), una enana blanca, la cual gira a su alrededor, lo que genera extraños e impredecibles influjos e inducciones en los humanos.

Dicho nombre también tiene el significado esotérico de «redención» y habla de «recuperación» y «esperanza futura».

En conjunto, estas dos estrellas pronostican actividad, dinamismo, esfuerzos, nervio creativo, luchas, caídas, golpes, heridas, etc., pero con recuperación y vuelta a subir en la esfera social, recibiendo hasta premios, fama, honores y reconocimientos, pero con el riesgo de convertirse en un esclavo de la profesión, trabajo o cargo.

Este día influye en todas las ramas de las bellas artes, pero también en las profesiones médicas, sanitarias, naturópatas, medicinas alternativas, masajes terapéuticos, hidroterapia, etc.

Para bien y para mal, es un día que relaciona a la persona con el agua, el mar, la piscina, la natación, los deportes náuticos, etc. Pero advierte de peligros con líquidos y productos químicos.

Los nacidos en día de *luna llena* (como los de 1932 noche, 1943, 1962 y 1981) o en día de *luna nueva* (como los de 1928 mañana, 1985 noche y 2004) son más proclives a depresiones emocionales y crisis nerviosas. El aparato digestivo y el vientre serán sus puntos flacos.

Y muy suavemente aún se deja sentir la fuerza de *Pollux (véase* lo dicho sobre esa estrella en los días 15 y 16 de julio).

os nacidos en este día se hallan bajo el influjo directo y potente de la estrella *Procyon* de la constelación del Can Menor (Perro Menor). El nombre es latino (castellano, *Prosión*) y viene del griego *prokyon*, de *pro-*, delante», y *-kyon*, perro o can; y significa que «precede al perro o can», es decir, que sale antes que Sirio, la estrella del Can Mayor.

En los países árabes del Oriente Medio se le llama *Xiáara ex Xámia*, o sea, «Canícula de Siria»; en efecto, es una estrella que se deja ver con toda perfección once días antes de la canícula.

Procyon es una estrella doble; su compañera, *Procyon B*, es una enana blanca; la primera es la octava estrella del firmamento en orden de brillo y una de las más próximas a la Tierra.

Esotéricamente tiene el significado de «redención», de «esperanza futura». Esas estrellas pronostican actividad, movimiento, dinamismo, esfuerzos, luchas, caídas, golpes, heridas, etc., pero con recuperación y vuelta a subir en la esfera social. Como todas las estrellas dobles vaticinan altibajos sociales y profesionales, versatilidad, creatividad variable... Son estrellas que, por lo general, ayudan a recibir honores, premios y reconocimientos cuando uno ya lo daba todo por perdido o desesperaba de alcanzar su objetivo.

Es una jornada que da navegantes, aviadores, viajantes, investigadores, científicos, profesionales de la política, sociólogos, historiadores, poetas, abogados, relaciones públicas, periodistas, actores y actrices...Con todo, vaticinan mayores probabilidades de alcanzar popularidad, renombre y éxitos sociales y profesionales que estabilidad sentimental, hogareña o familiar.

Los venidos al mundo en *luna llena* (como los de 1951, 1970, 1989 y 2008) pueden alcanzar más renombre y éxito social o profesional que estabilidad hogareña y sentimental.

Pero no hay que olvidar que, según la carta astral personal y año de nacimiento, se corre el peligro de pasar por momentos críticos, graves, adversos y hasta «infernales», por situaciones bélicas o de enfrentamientos socio-políticos, sin descartar las calamidades naturales.

En salud debe preocupar el aparato digestivo, los pulmones, el vientre, los intestinos y los procesos oncológicos, por lo que debe hacerse una buena dieta alimentaria y evitar el alcohol, el tabaco y las drogas.

Es una jornada que ha generado muchas depresiones emocionales y suicidios por dejarse arrebatar por vicios y pasiones.

Aún se notan los efectos, pero muy suaves, de la estrella *Procyon (Proción),* de la constelación del Can Menor, cuyo nombre viene del griego y significa «delante del perro», por hallarse el astro en el pecho de la figura antigua de éste. Es una estrella binaria; la principal es blanco-amarillenta y la compañera, una enana blanca.

Es una jornada en la que se mantiene la atracción por lo misterioso, esotérico y parapsicológico y en la que el sexto sentido y la destreza manual juegan un papel muy importante en la profesión y autorrealización de la persona. Pero hay que estar prevenido contra las mordeduras de perros y accidentes provocados por otros animales.

Persiste, asimismo, un alto índice de emocionabilidad, fantasía e imaginación, por lo que es un día que da poetas, pintores, novelistas, místicos, religiosos, etc., pero también ecologistas, humanistas, sociólogos, abogados, magistrados, etc. Incluso hay amor por la naturaleza y los animales de compañía. Más de un veterinario ha nacido en este día.

Los influjos de *Procyon* se acentuarán en la segunda mitad del siglo XXI y se harán mucho más fuertes en el siglo XXII, lo que vaticina mucha actividad y dinamismo, pero también luchas, enfrentamientos, caídas, heridas, lesiones, etc., pero con recuperación y vuelta a la actividad profesional.

Los nacidos en día de *luna nueva* (como los de 1955, 1974, 1993 y 2012) han de vigilar mucho su aparato digestivo, el sistema nervioso y la nutrición, ya que incluso pueden surgir brotes alérgicos relacionados con la ingesta alimenticia y gastroenteritis.

L os nativos del signo solar de Cáncer de esta jornada se hallan
bajo los efectos, pero muy suaves, de la estrella *Procyon (Proción)*,
de la constelación del Can Menor. Es estrella doble; la principal
es amarillenta, y la compañera, una enana blanca. En conjunto, comunica actividad, luchas y altibajos personales y profesionales *(véase*
lo dicho en los días anteriores).

Constelación del Can Menor

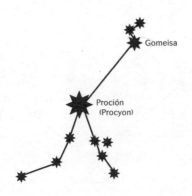

Gomeisa

Proción
(Procyon)

Los de este día son personas muy sensibles, intuitivas y emocionales,
con un sexto sentido muy desarrollado. Inspiración creativa artística y
artesanal. Pero deben preocupar los enemigos, contrincantes, opositores, delincuentes y calumniadores. Riesgo de pleitos, pérdida de cargo
o encarcelamiento por culpa de los demás. Cualidades para espiritismo, vasografía, péndulo, tarot, parapsicología, etc.

Personalidades singulares y fuera de serie, si bien, en la otra cara de
la moneda, es una fecha que da muchas amas de casa, restauradores,
hoteleros, cocineros y cocineras, sirvientas, empleadas de geriátricos, etc.

Los venidos al mundo en *luna nueva* (como los de 1944, 1963,
1982 y 2001) corren mayor peligro de padecer inestabilidad conyugal
y familiar, por lo que deben elegir su pareja con mucho sentido común
y dejarse de fantasías románticas.

Predominio de la estrella *Tegmeni,* de la constelación de Cáncer, que contribuye a que sea un día confuso, de suerte inestable, con altibajos muy acusados de escasez y abundancia monetaria. Con la edad, el carácter se torna muy melancólico, taciturno y pesimista, por lo que suelen perder o separarse de la mayoría de amistades de la primera etapa de su vida. Atracción por los viajes al extranjero y por los deportes viriles.

Constelación de Cáncer

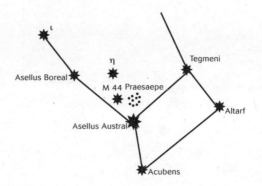

En creatividad hay preponderancia de lo literario y novelístico, con tendencia a dramatizarlo todo. En segundo plano, el canto, la música y la instrumentación musical. Como telón de fondo, lo místico, idealista y religioso. En el campo médico da vocaciones en las especialidades de reumatología y traumatología.

Los nacidos en *luna llena* (como los de 1948, 1967, 1986 y 2005) gozarán de mayores oportunidades profesionales y de fama que de estabilidad sentimental o emocional.

Y los venidos al mundo en *cuarto menguante* (años 1946, 1965, 1984 y 2003) habrán de vigilar su aparato digestivo y el sistema nervioso.

Sigue el influjo de la estrella *Tegmeni,* de la constelación de Cáncer. Día que genera hipersensibilidad emocional, que se aplica a cualquier trabajo o profesión. Búsqueda de lo singular y vanguardista en arte, literatura, música, etc., con las consiguientes frustraciones y luchas en solitario. Más satisfacciones de mayor que en la adolescencia. Favorece la longevidad. Comunica audacia, valor, capacidad para combatir (sobre todo en la marina de guerra), amor a la patria…

Además, genera aficiones cinegéticas, montañismo, piragüismo, vela, etc. Persona que necesita mucho movimiento. Incluso en amor y familia, necesita hacer excursiones y viajes con todos los miembros. Inclinación al matriarcado. Riesgo de dejarse seducir o arrastrar por amistades inconvenientes, incluso a nivel escolar o de estudiante. Pronostica conflictos o problemas por haber confiado excesivamente en un condiscípulo o una amistad muy íntima.

Los nacidos en *luna nueva* y *eclipse solar* (como los de 1971, 1990 y 2009) deben vigilar mucho su salud y corren mayor riesgo de sufrir problemas hogareños y familiares.

En cambio, los venidos al mundo en *cuarto creciente* (años 1950, 1969, 1988 y 2007) tendrán mayores oportunidades profesionales y sociales y facilidades de obtener fama y riqueza.

Día que suele quedar dividido entre dos signos solares: Cáncer y Leo. Los nativos de esta jornada de frontera deben consultar con un astrólogo o el libro de efemérides correspondiente, para saber a qué signo solar pertenecen. Por regla general, los nacidos por la mañana aún pertenecen a Cáncer, y el resto a Leo. Aunque hay años que casi todos son Leo. Pero la totalidad de ellos se hallan regidos por la estrella *Eta Cancri* (η), lógicamente de la constelación de Cáncer.

En conjunto, son personas excesivamente nerviosas, dinámicas y apasionadas. Tienen necesidad de destacar, mandar y dirigir, pero con demasiada tendencia a dejarse llevar por los negocios o proyectos tipo espejismo, buscando beneficios inmediatos que la mayoría de veces no llegan. Da políticos, militares, funcionarios municipales y estatales, historiadores, profesores de universidad, etc.

En amor, riesgo de flechazo, en cuyo campo se dejan llevar más por el corazón que por el raciocinio. Vaticina problemas con los padres por el tipo de compañero o compañera que se elige, sobre todo para los nacidos en *luna nueva* (como los de 1960, 1998 y 2017). Los venidos al mundo en *cuarto creciente* (años 1939, 1958, 1977 y 1996) tienen mayores posibilidades de obtener éxito con su trabajo.

Los que tienen buenos aspectos en la carta natal nacen con claras inquietudes espirituales, astrológicas, místicas y parapsicológicas.

Jornada bajo los auspicios de las estrellas *Eta Cancri* (η) y *Altarf*, ambas de la constelación de Cáncer. La segunda es una estrella gigante anaranjada que brilla cien veces más que el Sol. Comunican a los Leo de este día, junto con el Sol, carácter emprendedor, negociante, con fuertes ambiciones y deseos de sobresalir, pero con riesgo de accidentes y fracasos por imprudencias y especulaciones desafortunadas, lo que deben tener especialmente presente los nacidos en *cuarto menguante* (como los de 1943, 1962, 1981 y 2000).

Peligros con el mar, el agua y la guerra, por lo que deben evitarse los lugares en que existan conflictos bélicos. Perspicacia comercial y política, pero con apasionamientos o terquedades que acaban por perjudicar alianzas y pactos.

En el plano de la salud, ha de preocupar lo cardiovascular, la columna vertebral, la vesícula y el aparato digestivo.

Inclina al sindicalismo y al funcionariado municipal. Es otra fecha que ha dado procuradores en Cortes, senadores y alcaldes. En el plano creativo, destacan las facultades para el mundo literario, sea como escritor, novelista, editor o librero.

Bajo el dominio de la estrella anaranjada *Altarf,* de la constelación de Cáncer. Fecha que confiere una personalidad muy compleja, con grandes entusiasmos y confianza en la propia valía y proyectos profesionales, alternando con etapas de pesimismo, conformismo, desmoralización y dejadez. Los que tengan planetas principales mal aspectados y los nacidos en *luna nueva* (como los de 1930, 1949, 1968, 1987 y 2006) o en *cuarto menguante* (como los de 1951, 1970, 1989 y 2008) suelen pasar por intensas fases de tristeza y melancolía, ya que suelen sufrir adversidades, pesares y desengaños inesperados, generalmente por exceso de confianza en amigos, colaboradores y parientes.

En amor y matrimonio existe la tendencia a dejarse dominar por las apariencias y los sentimientos, con el consiguiente amargo despertar y el tener que hacer grandes sacrificios para sacar adelante a la familia. Probables viajes y negocios en el extranjero o trato comercial con otros países. Trasfondo pictórico, artístico e intelectual muy acusado.

En el plano de la salud, hay que vigilar el corazón, lo cardiovascular, el aparato digestivo, la vesícula biliar, la circulación, el colesterol, las subidas de azúcar y la columna, sobre todo los nacidos en los años 1996, 1997, 1998, 1999 y 2000.

Bajo el influjo de las energías de la estrella *Altarf* y la *Iota Cancri* (ι); esta última es un sistema doble (una gigante amarilla con una compañera). Todas pertenecen a la constelación de Cáncer. Jornada que da vida a personalidades tan complejas, singulares y humanistas como incomprendidas por los demás. Sus rasgos son de genialidad y singularidad, ya sean poetas, músicos, pintores, humanistas o literatos. La adolescencia y juventud son de sufrimiento y frustraciones, tanto para comprenderse a sí mismo como para que los demás aprueben su comportamiento. En la edad adulta se vuelve práctico y astuto, y busca siempre la manera de rodearse de personas influyentes que puedan ayudarle a mejorar su posición.

Social y profesionalmente, se abre camino tanto por su diplomacia y relaciones públicas como por sus conocimientos y sabiduría. Probabilidades de más de un matrimonio, ya que difícilmente es comprendida por la persona del sexo opuesto. Predominio de los afanes creativos del ego por encima de las comodidades hogareñas y matrimoniales. Conflictos con los hermanos o hermanas.

Los nacidos en *luna llena* (como los de 1953, 1972, 1991 y 2010) corren mayor peligro de inestabilidad en el hogar paterno, con riesgo de separación o divorcio de los padres, pero con mayores posibilidades de triunfo en la sociedad con su trabajo o actividad. Es una fecha, en conjunto, que pese a los sufrimientos internos ayuda al éxito.

Se mantiene el influjo de la estrella doble *Iota Cancri*, (ι) de la constelación de Cáncer. Los Leo de esta fecha son muy imaginativos y dados a las fantasías y quimeras, pero con energía y entusiasmo para luchar por hacerlas realidad, por lo que se sienten muy a gusto con personas que sepan escucharlos y alentarlos para conseguir sus ensueños y propósitos. Pero, como se comprende en seguida, su talón de Aquiles es la adulación, el halago, por lo que acaban confiando en sujetos hipócritas y taimados, rechazando a las personas que les cantan las verdades porque los aprecian de veras. Cosechan muchas frustraciones comerciales y tienen poca resistencia a la crítica ajena. Por el mismo motivo, adolecen de poca paciencia para soportar las directrices muy estrictas de padres, educadores y jefes, por lo que terminan por embarcarse en negocios propios que, por lo general, no dan rendimiento por falta de planificación o por tener que confiarlos a otras personas, las cuales abusan de su confianza. Según el signo ascendente astrológico y los aspectos positivos de los planetas de determinados años, quedan muy potenciadas las posibilidades de sobresalir en política, de mandar y dirigir grandes empresas, incluso en las féminas en esta jornada.

Muchos políticos, ministros, senadores y militares, han venido al mundo en este día. El carácter es muy independiente, individualista, egocéntrico y apasionado. Además de poseer aptitudes empresariales, científicas, químicas, bioquímicas y biológicas, hay muchos futbolistas, ciclistas, atletas, tenistas y jugadores de baloncesto que son nativos del 27 de julio.

Los nacidos en *luna nueva* (como los de 1938, 1957, 1976 y 1995) tienen más dificultades para gozar de un hogar estable o una familia armónica. Igual puede decirse de los venidos al mundo en *luna llena* (años 1961, 1980 y 2018).

Como trasfondo de todo, está lo intelectual, lo literario y lo novelístico.

Empiezan a notarse los variopintos efectos del cúmulo estelar *Praesaepe,* de la constelación de Cáncer. Confiere personalidades Leo singulares, inquietas, rebeldes, de versatilidad emocional y tendencia a romper normas y deberes. Atracción por el boato, el lujo, los placeres, las diversiones, la buena vida, etc. Incluso los nacidos en hogares humildes tienen gustos caros y suelen ser derrochadores. Las relaciones matrimoniales y sentimentales no son nada fáciles ni armónicas, en especial para los nacidos en *luna nueva* (como los de 1946, 1965 y 1984). Los venidos al mundo en *cuarto creciente* (años 1944, 1963 y 2005) tienen mayores probabilidades de abrirse camino con una profesión creativa.

Tendencia impulsiva, agresiva y dominante, lo que suele crear malas relaciones con colaboradores y familiares, pero que favorece el destacar en lo social y profesional. Es una jornada que da muchos técnicos, industriales, economistas, financieros, políticos y deportistas, con afición a las armas, como tiro con arco, esgrima, tiro al pichón, ballesta, etc.

En el plano de la salud, debe preocupar lo cardiovascular, la columna, la vesícula biliar, el sistema linfático, los accidentes por imprudencia o temeridad...

Riesgo acentuado de procesos oncológicos para los que abusen del tabaco, del alcohol, de las drogas...

En este día ya se notan los efectos –sobre todo por la tarde y noche– del cúmulo estelar *Praesaepe* o *Proesepe*, de la constelación de Cáncer. Llamado también *Praesepe*, es un cúmulo abierto, brillante, extenso, formado por varias estrellas, algunas de color anaranjado. Es visible a simple vista como un parche difuso. El nombre popular que se le da es el de «Colmena» o «Nido de abejas», aunque el nombre, en latín, quiere decir «pesebre» o «establo», de los asnos que montaban los dioses Baco y Vulcano.

Las estrellas que forman este cúmulo comunican energía, vitalidad, dinamismo y fertilidad en todas sus formas. Sus influjos son fluctuantes y variopintos, comunican facultades polifacéticas en lo profesional y creativo. Aunque este cúmulo favorece la popularidad, el encumbramiento y el alcanzar altos cargos, también advierte del peligro de perder la posición alcanzada a causa de imprudencias, falta de diplomacia, intemperancias de carácter y la actuación de enemigos. El carácter es muy orgulloso y egocéntrico.

El símbolo del nombre es bien evidente: «establo de los dioses», como queriendo decir, *montarás las cabalgaduras reales y comerás con los poderosos.*

En amor vaticina varias relaciones a lo largo de la vida, vida sexual muy activa, aunque a ráfagas, y más de un matrimonio o unión.

En el plano de la salud, esas estrellas advierten de problemas con la vista, columna vertebral, aparato digestivo, vientre, infecciones…

Y en lo creativo, en un 29 de julio han nacido muchos escritores, políticos, actores y actrices, músicos, instrumentistas, toreros, inventores, físicos, empresarios de vanguardia…

Los nacidos en *luna nueva* (como los de 1979, 1982 y 2003) deben vigilar más su salud y aparato digestivo y no dejarse llevar por los arrebatos temperamentales, si es que quieren evitar graves problemas hogareños y familiares.

Y los venidos al mundo en *luna llena* (años 1950, 1969 y 1988) lucharán intensamente por sus altas ambiciones sociales y públicas. Sus enemigos principales serán el tabaco, el alcohol, la vida nocturna, el estrés…

Los nacidos en este día se hallan bajo el influjo variopinto del cúmulo estelar *Praesaepe, Praesepe* o *Proesepe,* de la constelación de Cáncer. Es un cúmulo estelar abierto, brillante, formado por unas 200 estrellas, algunas de color anaranjado. Se lo conoce por el sobrenombre de «Nido de abejas», «Colmena»…, aunque el nombre significa, en latín, «pesebre» o «establo», referido a los asnos que montaban los dioses Baco y Vulcano. La denominación astronómica es la de M44 (NGC 2632).

Este cúmulo comunica energía, vitalidad, dinamismo, impulsividad y fertilidad en todas sus formas. Favorece el encumbramiento, las realizaciones y el triunfo en lo profesional, si uno sabe canalizar las diversas energías y tendencias hacia objetivos concretos. Pero advierte del peligro de afecciones en la vista por imprudencias o desidia, por lo que hay que acudir al oftalmólogo a los primeros síntomas de anormalidad. También se corre el riesgo de ser muy versátil, es decir, cambiar excesivamente de proyectos y ambiciones, puesto que hay que considerar que cada estrella del cúmulo inclina a algo diferente.

En general; el carácter es leal con los amigos, a quienes se ayuda en los momentos de apuro. También se reciben apoyos por parte de personas influyentes. El símbolo del nombre es bien evidente: «establo de los dioses», *montarás las cabalgaduras reales y comerás con los poderosos.*

Hay capacidades polifacéticas en lo creativo, destacando las artes escénicas, el canto, la literatura, la música, la escultura, el cine, etc. Asimismo, en este día han nacido destacados deportistas y atletas que han conocido o conocerán sus días de gloria.

Todo ello no debe sorprender, puesto que en esta jornada tan especial también domina y gobierna la estrella *Asellus Borealis,* de la constelación de Cáncer. El nombre en latín es un diminutivo de *asinus* (asno) y significa «borriquillo» (en este caso *borriquillo boreal,* refiriéndose a la situación de la estrella en la constelación), lo que podemos relacionar con el simbolismo del citado cúmulo estelar. Pero también se ha empleado el nombre de *asellus* para designar a un género de crustáceos, estrechamente vinculado a la denominación de la constelación.

Como efectos, esta estrella confiere fuerza de carácter, firmeza de voluntad, éxito social y sentido de la colaboración o trabajo en equipo. Pero advierte del riesgo de sufrir quemaduras por imprudencias. Hay peligro de intemperancias de carácter.

Los nacidos en este día siguen bajo los influjos de la estrella *Asellus Boreal (Asellus Borealis),* de la constelación de Cáncer. El nombre latín es un diminutivo de *asinus* (asno) y significa «borriquillo», que suele relacionarse con el cúmulo estelar *Praesaepe.* Pero también se ha empleado el nombre de *asellus* para designar a un género de crustáceos, estrechamente vinculado con la constelación de Cáncer.

Esta estrella imprime fortaleza de carácter, deseos de destacar en el trabajo, empresa o profesión y ayuda al éxito social. Pero hay que mantenerse alerta ante el fuego, incendios y quemaduras. Hay un egocentrismo muy intenso, lo que suele generar problemas domésticos y laborales. Favorece las profesiones relacionadas con la alta costura y moda, las artes escénicas, la publicidad, el diseño, la enseñanza, la fotografía, etc. Como trasfondo, están los estudios de ciencias económicas y administración de empresas.

El sector más conflictivo es el sentimental-familiar, en particular para los nacidos en día de *luna nueva* (como los nacidos en 1962, 1981 y 2000) o *luna llena* (años 1885 y 2004).

Además, en esta jornada también se notan los efectos intensos de la estrella *Asellus Austral (Asellus Australis),* o del Sur, la cual empuja hacia el éxito, a querer sobresalir, a las fuertes ambiciones. Comunica agresividad y firmeza de voluntad, pero advierte del riesgo de infecciones, fiebres, calenturas y afecciones en la vista.

En este día también siguen notándose los efectos variopintos y versátiles del cúmulo estelar *Praesaepe, Praesepe* o *Proesepe,* de la constelación de Cáncer. Es un cúmulo estelar abierto, brillante, formado por unas doscientas estrellas, algunas de color anaranjado. Se lo conoce por el sobrenombre de «Nido de abejas», «Colmena»…, aunque el nombre significa, en latín, «pesebre» o «establo», referido a los asnos que montaban los dioses Baco y Vulcano. La denominación astronómica es la de M 44 (NGC 2632).

Este cúmulo comunica energía, vitalidad, fuerza, dinamismo, impulsividad y fertilidad en todas sus formas. Favorece el encumbramiento, las realizaciones y el triunfo en lo profesional, si uno sabe canalizar las diversas energías y tendencias hacia objetivos concretos y no dispersarse inútilmente. Pero advierte del peligro de afecciones en la vista por imprudencias o desidias, por lo que hay que acudir al oftalmólogo a los primeros síntomas de anormalidad. Asimismo, se corre el riesgo de ser versátil, es decir cambiar excesivamente de proyectos, ambiciones y objetivos, puesto que hay que considerar que cada estrella del cumulo inclina a cosas diferentes.

Ese cumulo pronostica que se recibirán apoyos de personas influyentes o padrinos en los momentos difíciles. El símbolo del nombre es bien evidente: «establo de los dioses», *montarás las cabalgaduras reales y comerás con los poderosos.*

Es éste otro día que suele dar personajes sobresalientes en todas las ramas del saber humano, industria y deportes.

Los nacidos en este día se hallan bajo el influjo y patronazgo de la estrella *Asellus Australis* (o del Sur), de la constelación de Cáncer (el Cangrejo). El nombre en latín es un diminutivo de *asinus* (asno) y significa «borriquillo» (en este caso «borriquillo austral o del Sur», refiriéndose a la situación de la estrella en la constelación). También se ha empleado el nombre de *asellus* para designar un género de crustáceos, estrechamente vinculado a la denominación de la constelación.

La *Asellus Australis* es una estrella anaranjada que empuja a sobresalir, a destacar y comunica fuertes ambiciones, así como fuerza de decisión y firmeza de voluntad. Pero vaticina calenturas, fiebres, apasionamientos y peligro de afecciones en la vista.

En general, los nacidos en este fecha experimentan mucha atracción por el boato, el figurar, las actividades sociales y públicas, etc. Tienen una necesidad visceral de encumbrarse y destacar dentro de la sociedad, sea por un cargo político, un deporte o una creatividad. Pero todo ello con mucho orgullo, vanidad y el dejarse arrastrar por pasiones emocionales o sexuales.

Suele buscarse un cónyuge de elevada posición social o que le ayude a sobresalir en el ambiente social. También hay espíritu aventurero, audacia empresarial o profesional, inclinación por los viajes, el mar y los deportes náuticos.

Asimismo, hay riesgo de pérdidas monetarias o propiedades por inversiones alocadas, juego o vicios.

Los nacidos en día de *luna nueva* (como los de 1943 y 2008) corren mayor peligro de tener problemas con la salud y de sufrir altibajos familiares y hogareños.

Es un día que ha dado muchos políticos, economistas y deportistas.

Aún se notan los efectos de la estrella *Asellus Austral (Asellus Australis)*, de la constelación de Cáncer. Su influjo en este día se acentuará en el siglo XXI y, aún más, en el siglo XXII. Ayuda a lograr fama y éxito en el trabajo. Se recibe un carácter vigoroso, osado y avasallador, por lo que muy pocas veces se tienen en cuenta los intereses ajenos. Procura dominar a los demás. Busca fama, fortuna, placeres y amor, que muchas veces consigue, pero de manera temporal, pues hay riesgo de pérdida de dinero o de la persona amada. Incluso hay ejemplos de morir en la pobreza y con grandes necesidades, después de haber despilfarrado bienes y salud. El destino es exitoso desde el punto de vista creativo y profesional, pero va acompañado de accidentes, enfermedades y situaciones dramáticas en la familia, en especial los nacidos en *luna nueva* (como los de 1932, 1951 noche, 1970 y 2016) o en *luna llena* (años 1947, 1993 y 2012).

Pese a su emotividad y sentimentalismo, la persona es muy individualista y posesiva, por lo que no resiste una vida hogareña o matrimonial muy restrictiva. En lo amoroso-romántico presagia una existencia agitada, apasionada y, en ocasiones, «lunática» o versátil-neurótica, al marchar al compás de las compulsiones de la libido.

Es una fecha que ha dado muchos políticos, militares y cirujanos. En segundo término hay químicos y biólogos. Y en lo creativo-artístico, es una jornada que ha generado literatos, cantantes, músicos y compositores.

En el plano de la salud, hay que vigilar calenturas, fiebres, afecciones a la vista, columna, corazón, vesícula biliar, aparato digestivo, sistema nervioso…

Se empieza a notar, pero muy suavemente, los efectos de la estrella *Kochab,* de la constelación de la Osa Mayor. Es una estrella gigante anaranjada que insufla coraje, fuertes convicciones, mentalidad analítica…, pero que advierte de golpes, heridas, accidentes, etc., por lo que se debe actuar con suma prudencia en todo momento, sobre todo con los vehículos de todo tipo.

En conjunto, hay facultades para sobresalir en la vida profesional, pública y social. Ingenio, capacidad para dirigir y mandar, inclinación por las ciencias económicas, banca, finanzas, meteorología, investigación científica, etc.

En otro plano, apasionamientos sentimentales, tendencia al flechazo, varios amores… Apego a los placeres y diversiones, a los que arrastran a las amistades (tipo pandilla), ya que la soledad les resulta insoportable.

También es una jornada que estimula los deportes, las empresas periodísticas y editoriales, la literatura y escritura…

Los nacidos en *luna llena* (como los de 1936, 1955 y 1974) tienen mayores facilidades para descollar en su trabajo y actividades públicas.

Este día se halla bajo el dominio directo e intensísimo de la estrella *Kochab* (de la constelación de la Osa Menor), que en árabe significa «el Astro», como un superlativo, probablemente porque destacaba mucho en el firmamento. En efecto, se trata de una estrella gigante de color naranja que se calcula que es unas 135 veces más brillante que el Sol. Se cree que comunica coraje, valentía, fuertes convicciones, atracción por lo castrense y las artes marciales, deportes de aventura, viajes, etc., por lo que también vaticina luchas, discordias, enfrentamientos, temeridades, violencia, heridas, lesiones, etc.

Al mismo tiempo, los nacidos en este día empiezan a notar los influjos de la estrella *Acubens* o *Acubene,* de la constelación de Cáncer, y que en lenguaje esotérico tiene el simbolismo de «amparo», «refugio», «escondite», etc. No es un astro favorable, ya que genera tensiones y conflictos de todo tipo, hasta el punto de hacer a la persona fanática de ideas o doctrinas, ambiciosa, malévola, etc. Por consiguiente, los nacidos en esta jornada deben recibir una buena educación moral y cívica y desarrollar un intenso autocontrol, a fin de evitar caer en actitudes antisociales y apasionamientos peligrosos. Asimismo, han de evitar amistades peligrosas y carentes de escrúpulos, las cuales pueden perjudicarles muchísimo.

No por ello, deja el carácter de ser inquieto, versátil, variable, impetuoso…, marchando tras los golpes de suerte y los beneficios rápidos. Hay riesgo de sufrir exilio, persecución política, pérdida de la fortuna paterna o familiar… Por otro lado, domina la fuerte sensualidad, los amores precoces, los enamoramientos súbitos…, que terminan por perjudicar estudios o empleos.

Presagio de hogar inestable o falto de armonía, con riesgo de divorcio; en especial para los nacidos en día de *luna llena* (como los de 1944, 1982 y 2001) o de *luna nueva* (años 1959 y 1978, por la mañana).

En general, para los nacidos en este día hay riesgo de intoxicaciones, enfermedades víricas y de adicción al tabaco y al alcohol. Con los años debe preocupar el aparato digestivo, el hígado y lo cardiovascular.

En primer lugar hay que destacar que aún se notan los efectos de la estrella *Kochab* de la constelación de la Osa Menor, que en árabe significa «el Astro», como un superlativo, probablemente porque destacaba mucho en el firmamento, En efecto, se trata de una estrella gigante de color naranja que se calcula que es unas 135 veces más brillante que el Sol. Se considera que comunica coraje, valentía, audacia, fuertes convicciones, atracción por lo castrense y las artes marciales, deportes de aventura, etc., por lo que también vaticina luchas, discordias, enfrentamientos, temeridades, imprudencias, violencia, heridas, lesiones, etc.

Al mismo tiempo, en esta fecha se notan también los fuertes influjos de la estrella *Acubens* o *Acubene* de la constelación de Cáncer. El nombre viene del árabe *as-Zuban*, de *Zuban as-Sharatan al-Janubi*, «la pinza (austral del Cangrejo)», por hallarse en ese lugar de la figura zodiacal. *Acubens* tiene una estrella compañera, la cual también influye en los nacidos en este día. En lenguaje esotérico, el nombre de *Acubens* quiere decir «amparo», «refugio», «escondite», etc.

No es un astro muy favorable, puesto que genera tensiones, problemas, fricciones, fanatismos religiosos, políticos o deportivos, idealismos utópicos, etc. Tendencia a refugiarse en la familia, en el hogar, en la comodidad de la administración, o por el contrario, entregar la vida a un ideal o a una lucha social o profesional con la que difícilmente se obtiene el triunfo deseado.

En conjunto, la suerte es variable e inestable. Inclinación a lo vanguardista, a lo original, a lo que señale nuevos horizontes, etc., pero con mucha dosis de narcisismo, orgullo desmedido, obstinación, etc. Peligro de cambios súbitos de suerte y profesión, en particular a causa del carácter inquieto, versátil, impetuoso…

En la salud ha de preocupar lo cardiovascular, el aparato digestivo, sistema nervioso, colesterol…

Es una jornada que ha dado muchos políticos, parlamentarios, senadores, cineastas, actores, toreros, automovilistas, periodistas…

Los nacidos bajo el influjo de tales estrellas han de aprender a controlar sus nervios y ser más reflexivos y cautelosos, con lo que mejorarán las posibilidades de suerte.

Día de complejos influjos, ya que se mantienen los de la estrella *Acubens,* de la constelación Cáncer *(véase* lo dicho en el día anterior), y de la *Kochab,* de la constelación de la Osa Menor *(véase* la explicación del 4 de agosto).

Constelación de la Osa Menor

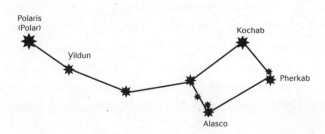

Además, ya empiezan a notarse los efectos de la estrella *Dubhe,* de la constelación de la Osa Mayor *(véase* la definición del 7 de agosto). Ayuda a obtener éxitos profesionales y aumenta un sentido particular de justicia, pero que vaticina peligro con las armas, el fuego, las artes marciales…

En conjunto, el carácter de los Leo de esta fecha recibe mucha dosis de intelectualismo. Mente filosófica, pensadora y especuladora, pero con brotes coléricos, temperamentales, intransigentes, rencorosos y, en cierta forma, «lunáticos». Necesidad de trabajos creativos y de ver reconocidas las propias ideas o doctrinas. Inclinación a querer «iluminar» a la sociedad. Dosis de idealismo, misticismo y de «genio incomprendido».

El renombre y la fama pueden ser más importantes después de muerto que en vida. Desequilibrio entre las ambiciones sociales y la vida hogareño-familiar. Publicidad, relaciones publicas, medios de comunicación social, periodismo, literatura, pintura, etc.

Los nacidos en *luna llena* (como los de 1971 y *eclipse lunar,* 1990 y *eclipse lunar* y 2009 y *eclipse lunar)* o en *luna nueva* (años 1937, 1956, 1967 y 2013 noche) deben vigilar mucho su salud y estar alerta contra los altibajos profesionales, familiares y económicos.

Los nacidos en este día se hallan bajo el completo dominio de la estrella *Dubhe,* de la constelación de la Osa Mayor. El nombre es una trascripción defectuosa del árabe *Dóbba,* la «Osa». Es una estrella gigante roja, 150 veces más brillante que el Sol y que favorece el sobresalir socialmente y el encumbramiento profesional, artístico o político. Pero en lo negativo advierte del riesgo de lesiones o heridas por armas y fuego, por lo que se deben evitar todo tipo de imprudencias.

Además, *Dubhe* tiene una estrella satélite, la cual da una vuelta en torno a ella cada 44 años y, por consiguiente, es una edad que suele traer cambios y nuevas situaciones en la existencia de la persona.

Aunque es una jornada que confiere marcada tendencia por la enseñanza, la pedagogía, la educación, las instituciones culturales y cívicas, también está muy acentuado todo lo concerniente a deportes: competiciones deportivas, clubes deportistas, gimnasia, montañismo, atletismo, etc.

El carácter es firme, amigable y simpático, pero con mucha dosis de irascibilidad, orgullo, vanidad, conciencia de la propia superioridad y valía, narcisismo, etc. Muchas posibilidades de fortuna o escalada social gracias al matrimonio. Capacidad para mánager y directivo. Viajes al extranjero, negocios internacionales, empresas de importación-exportación. Hay riesgo de caer absorbido por el trabajo, estudio o profesión, en detrimento de la armonía familiar y capacidad para amar. Conflictos con los hijos por dedicarles poco tiempo. Problemas románticos, familiares y de salud (lesiones para los deportistas), en especial para los nacidos en día de *luna nueva* (como los de 1964, 1975 y 1994).

Los nacidos en día de *luna llena* (como los de 1941 y 1960) tienen mayores posibilidades de obtener fama o renombre, si bien acompañada de inestabilidad hogareña o familiar.

Siguen los efluvios de la estrella *Dubhe,* de la constelación de la Osa Mayor *(véase* lo dicho el 7 de agosto). Los Leo de hoy tienen una clara tendencia a la indisciplina, a la rebeldía, al individualismo a ultranza y a dejarse llevar por corazonadas, impulsividades y emociones, tanto en lo profesional-comercial como en lo romántico-sentimental, en especial los nacidos en *luna llena* (como los de 1949, 1979 y 1998).

En conjunto, pues, clara inestabilidad profesional, comercial, monetaria y matrimonial. Inclinación a la vida bohemia y nocturna. Popularidad en su entorno social. Sentido artístico, capacidad para las bellas artes, artes escénicas y cinematográficas. Conflictos con el agua, la lluvia, la nieve o los peligros con el mar, lagos o ríos, sobre todo para los venidos al mundo en *luna nueva* (como los de 1945, 1983 y 2002).

En el plano de la salud, hay que vigilar lo cardiovascular, la columna, el colesterol, la vesícula biliar…; hay riesgo de adicción al alcohol.

S igue notándose el influjo, aunque débil, de la estrella *Dubhe,* de la constelación de la Osa Mayor *(véase* lo dicho el día 7 de agosto). Se mantiene el fuerte individualismo, singularidad, coraje, tanto para lo bueno como para lo malo, para negocios dudosos o al margen de la ley. Para los Leo de esta fecha aún se pronostica el éxito por medio del trabajo y los esfuerzos continuados. En lo artístico, predomina todo lo concerniente a artes visuales y el mundo de la letra impresa.

Viajes lejanos, negocios con el extranjero y multinacionales, idiomas, traducciones, empresas de importación-exportación… Carácter temperamental, ambicioso, irascible, impetuoso, «lunático», aunque sus rencores y neurosis suelen ocultarse a las amistades y hacer pagar sus consecuencias a la pareja o a la familia.

Capacidad para grandes empresas y realizaciones, si bien no es una jornada que vaticine el triunfo fácil o la popularidad precoz, generalmente por imprudencias propias, vicios, versatilidad de deseos y poca perseverancia en proyectos y objetivos, que suelen ser muy variados y distintos a lo largo de la existencia. Altibajos muy acusados en el campo del amor, con tendencia al mariposeo romántico y a no saber pasarse sin pareja.

En el plano de los deportes, tendencia al montañismo, baloncesto, béisbol, esquí, natación, navegación…

Los familiares suelen traer más problemas que satisfacciones o alegrías, en particular a los nacidos en *luna nueva* (como los de 1953 y 1972) o en *cuarto menguante* (años 1936, 1947 noche, 1966 y 2012).

Se nota ya el influjo, por orbe, de la estrella gigante *Merak*, de la constelación de la Osa Mayor (Carro Mayor). Es de color blanco y su nombre árabe significa «heridas punzantes», por lo que hay que estar alerta contra las heridas, peleas con arma blanca, accidentes con cristales y herramientas de filo, etc. Pero también es un astro que comunica audacia, valentía, coraje, arrogancia, afán de mando…

Los nativos de esta fecha del signo solar de Leo suelen tener personalidad vigorosa, con mucho sentido de la inspiración para abrirse camino en la vida. Creatividad, asimilación y aprendizaje rápidos. Capacidad para inventiva e investigaciones de todo tipo, lo que no es obstáculo para que se tenga un fondo poético muy acusado. Seres inteligentes, sociables, comunicativos, con capacidad para moverse y hacer amistades en los ambientes sociales más diversos. Atracción por la vida nocturna.

Lo extranjero (idiomas, traducciones, viajes…) sigue jugando un papel importante en la existencia de los nacidos en este día. Trasfondo romántico, sentimental y hogareño, con posibilidades de varios matrimonios o uniones. Aumento de la fortuna y riqueza por los propios esfuerzos e inteligencia, aunque no son de descartar golpes de suerte en los juegos de azar y loterías. Ayudas o apoyos por parte de personas influyentes o encumbradas, sean familiares o no.

Los nacidos en *luna nueva* (como los de 1934, 1980, 1991 y 2010) corren mayores riesgos de inestabilidad conyugal y de que el padre o la madre sufran percances o graves enfermedades o se separen.

En cambio, los venidos al mundo en *luna llena* (arios 1957, 1995 y 2014) y en *cuarto creciente* (años 1940, 1951, 1970 y 2016) tendrán mayores oportunidades de obtener renombre y recibir premios o reconocimientos profesionales.

En el plano de la salud, hay que vigilar lo cardiovascular, el corazón, la columna, la vesícula biliar, las piernas, las vértebras dorsales…

Los nacidos en este día se hallan bajo el influjo directo y patronazgo de la estrella *Merak,* de la constelación de la Osa Mayor. El nombre es de origen árabe, del plural de *mark,* que significa «heridas punzantes», «orificios que hacen las armas arrojadizas», como el venablo y la flecha. Pero según otros tratadistas, viene del árabe *Maraqq ad-Dhubb Al-Akbar,* «la ijada de la osa grande», por hallarse dicha estrella en la parte indicada de la antigua figura animal que representaba la constelación.

Es una estrella gigante blanco-verdosa, la cual comunica coraje, altivez, arrogancia, determinación…, pero que en lo negativo –al ser de naturaleza marciana–, cuando hay malos aspectos astrológicos, genera carácter rencoroso, autoritario, descreído, ateo, fanático, agresivo, etc.

En lo más negativo, da personas marrulleras, embaucadoras, taimadas, delincuentes, etc., con tendencias mitómanas, a relatar aventuras y hechos extraordinarios propios para deslumbrar a las amistades o al público.

Y para todos, como su nombre vaticina, hay que estar alerta contra heridas, peleas con arma blanca, accidentes con cristales y herramientas, etc.

En general, en lo positivo, confiere creatividad intensa, inventiva, facultades para acometer grandes empresas o estudios o investigaciones, pero luchas o enfrentamientos con personajes influyentes o firmas internacionales.

Presagia inestabilidad económica, con fuertes altibajos monetarios a lo largo de la existencia. Capacidad para abogacía, jurisprudencia, magistratura, administración de justicia, derecho internacional, etc. En lo más intelectual: teosofía, psicología, literatura, sociología…

Los nacidos en día de *luna llena* (como los de 1938 y 1984) y *luna nueva* (como los de 1961 y 1999) deben vigilar mucho su salud, controlar el colesterol, no fumar, no beber alcohol y evitar las comidas con mucha grasa animal.

Los nacidos en este día se hallan bajo los influjos directos de dos estrellas: una es la *Merak,* de la constelación de la Osa Mayor. El nombre es de origen árabe y significa «heridas punzantes», «orificios que hacen las armas arrojadizas», como el venablo y la flecha. Es una estrella blanca, gigante, que comunica fuerza, coraje, altivez, arrogancia, determinación, pero que en lo negativo, cuando hay malos aspectos astrológicos, genera carácter rencoroso, autoritario, descreído, ateo, etc. En lo más negativo, da muchas personas marrulleras, embaucadoras, taimadas, etc. Y para todos, como su nombre vaticina, hay que estar alerta contra heridas, peleas con arma blanca, accidentes con cristales y herramientas cortantes, etc.

La otra estrella es la *Algenubi (Rasalasad Austral)* de la constelación de Leo. El nombre significa «el que arrebata», «el que rasga». Es una estrella amarilla que está situada en la boca de la figura del León en los dibujos antiguos de esa constelación. Comunica temperamento artístico, fuerza de expresión e interpretativa, ambición de sobresalir, pero también se recibe mucha dosis de dureza, egoísmo, egocentrismo, pomposidad y, en lo muy negativo, fanatismo, temeridad, grosería, falta de piedad, crueldad, sarcasmo, etc.

Los nacidos bajo tales influjos tienen posibilidades de escalar altos puestos en la sociedad y política, la mayoría de veces gracias a sus intrigas, negocios sucios o influencias de familiares o amistades poderosas, religiosas o políticas. Es una jornada que da muchos «trepadores».

Suele dominar la ambición del dinero y de la opulencia, aunque se disimula con ideas y palabras ideológicas, humanitarias o sociológicas. Capacidad para la intriga, la conspiración, la doblez, etc.

En el plano romántico, relaciones secretas, conquistas que no se pueden mostrar públicamente, con más tendencia carnal que sentimentalismo o ternura. Autoritarismo en el hogar y familia y riesgo de crisis o divorcio por malos tratos. La persona tiene que aprender a ser comedida, cautelosa y diplomática en todos los terrenos, de lo contrario cosechara muchos fracasos.

Riesgo de problemas con los padres, jefes y cónyuge para los nacidos en día de *luna llena* (años 1946, 1965 y 2003), pero con muchas posibilidades de alcanzar renombre o popularidad. En cambio, los nacidos en día de *luna nueva* (como los de 1942, 1988 y 2007 noche) corren mayor peligro de sufrir problemas nerviosos y de salud.

¡Este día se halla bajo el influjo potente de la estrella *Algenubi,* de la constelación de Leo. El nombre significa «el que arrebata», «el que rasga». Es una estrella amarilla que está situada en la boca de la figura antigua del León que representaba dicha constelación, por lo que también se la conocía por «las fauces del León». Otro nombre de esa estrella es *Ras Elased Australis (Rasalasad Austral).*

Es una estrella que confiere temperamento artístico, fuerza de expresión, ambición de sobresalir, pero también comunica mucha dosis de dureza, egoísmo, egocentrismo, pomposidad, audacia, osadía…, y en lo muy negativo, fanatismo, intransigencia, temeridad, grosería, falta de piedad, crueldad, sarcasmo, insolencia, brutalidad…

Pronostica facultades para sobresalir, escalar puestos en la sociedad y política, muchas veces gracias a influencias familiares o amistades religiosas o políticas. Se reciben cualidades para jefe, líder, director, gerente, empresario…

La mentalidad es fuerte, intuitiva, con un sexto sentido muy desarrollado, con dones para sociología, grafología, psicología, futurología…

Los nacidos por la madrugada y mañana aún notan los influjos de otra estrella, la *Merak,* de la constelación de la Osa Mayor. El hombre es de origen árabe y significa «heridas punzantes», «orificios que hacen las armas arrojadizas», como el venablo y la flecha, por lo que advierte que hay que estar alerta contra heridas, peleas con arma blanca, accidentes con cristales y armas del tipo mencionado. Si bien, en lo positivo y en general comunica una cierta dosis de inventiva y creatividad, pero antagonismos o enfrentamientos con personas influyentes o empresas importantes.

Es una jornada que ha dado políticos, revolucionarios, innovadores, vanguardistas, luchadores, personajes autoritarios…, con más inteligencia, sentido cerebral y coraje que ternura o sentimentalismo humanitario. Como trasfondo, hay una búsqueda del progreso, rebeldía frente a las normas establecidas, atracción por ideologías o doctrinas utópicas, apoyo de nuevas ideas e inventos…

Los venidos al mundo en este día necesitan autocontrolar sus impulsos y aprender a ser diplomáticos, flexibles, prudentes, mesurados, comprensivos, piadosos, y entonces sus asuntos personales, familiares y profesionales marcharán mejor.

Predominio de la estrella *Rasalasad (Rasalas),* de la constelación de Leo. El nombre viene del árabe *Ras el Asád,* «la cabeza del león». También se la conoce corno *Rasalasad boreal, Raselas, Ras Elased...* Es una estrella anaranjada ubicada en la parte norte de la cabeza del León.

Constelación de Leo

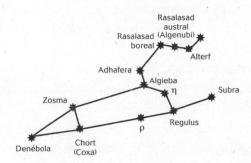

Los nativos de esta jornada reciben fuertes deseos de sobresalir en la sociedad y de destacar en su profesión, esperando premios y parabienes. Que lo consigan o no depende de otros factores de la carta natal personal. El carácter es firme, decidido, imprudente y hasta agresivo o muy temperamental. Son tan impulsivos como sentimentales «lunáticos» del tipo poético o cantautor.

En ocasiones, hay capacidad para administración, banca, bolsa, gestoría financiera, empresas mecánicas o relacionadas con hierro y acero, etc. Incluso ha dado joyeros, diseñadores de joyas, etc.

Riesgo de falta de armonía en el hogar paterno y propio, en especial para los nacidos en *luna llena* (como los de los años 1935, 1954 y 1973) y en *luna nueva* (años 1977 noche, 1996 y 2015). Los venidos al mundo en *cuarto creciente* (1937, 1975, 1994 y 2013) gozan de más buena estabilidad familiar y profesional. En el plano creativo favorece el dibujo, la pintura, el grabado, la cerámica, la música y la literatura. En la niñez deben preocupar las enfermedades víricas y bacterianas, y de mayor, las dolencias cardiovasculares, la columna, la vesícula biliar...

Sigue el influjo de la estrella *Rasalasad (Rasalasad boreal),* de la constelación de Leo. Jornada que señala inestabilidad sentimental, más de un matrimonio o pareja, varios hijos y altibajos emocionales muy acusados. Fuerte temperamento (incluso en la mujer nacida en este día), espíritu organizador, atracción por los deportes, capacidad de mando y para la vida militar y política. Lo internacional juega un papel importante en la vida, incluidos los idiomas. Incluso pronostica amores con personas de otros países, tanto para bien como para mal. Profesionalmente mantiene el interés o facultades por todo lo que sean escritos, publicidad, relaciones públicas, medios de comunicación social, secretariado e informática, periódicos y revistas, radio y televisión, etc.

En deportes, hay particular incidencia en ciclismo, hípica, motorismo, automovilismo, atletismo... Riesgo en la conducción y en la navegación.

En el plano de la salud, hay que vigilar lo cardiovascular, el corazón, la vesícula biliar, las vértebras dorsales, la fiebre reumática, los calambres musculares, la presión arterial...

Los nacidos en *luna nueva* (como los de 1928, 1939 y 1958) han de vigilar el sistema nervioso, el aparato digestivo y ser muy prudentes con todo lo relacionado con el agua y el mar. Y los venidos al mundo en un día de *luna llena* (años 1943, 1962, 1981, 2000 y 2019) corren mayor riesgo de inestabilidad sentimental, conyugal y hogareña.

nflujo directo de la estrella *Subra,* de la constelación de Leo. Se mantienen los deseos de protagonismo y popularidad a cualquier precio. Vanidad, exhibicionismo, búsqueda de un matrimonio provechoso, explotación de lo erótico y sexo si es necesario, vida sentimental agitada, con más de un matrimonio y flirteos.

Profesionalmente hay varias posibilidades o predisposiciones artísticas o industriales, siempre en pos de sobresalir o destacar. En el primer caso, confiere cualidades para la literatura, la poesía, el canto, las bellas artes en general, la artesanía en madera y talla en madera. En segundo término, ebanistería, carpintería e, incluso, empleos, negocios y empresas relacionadas con la madera.

En el caso de la política, hay que tener presente que el cargo o empleo es inestable o temporal y que se debe estar siempre preparado para cambios inesperados. Se prospera a base de esfuerzos propios y continuados, pero con muchas posibilidades de lograr fortuna y propiedades.

Los nacidos alrededor del mediodía tienen mayores probabilidades de triunfar en su profesión y de alcanzar renombre y fortuna.

En el plano de la salud, se debe vigilar el corazón, la columna, la vesícula biliar, las piernas, la circulación general… Es otra de las fechas en la que debe preocupar mucho la adicción al tabaco, al alcohol, a las drogas, al juego, al sexo…

Los nacidos en *luna nueva* (como los de 1947, 1966, 1985 y 2004) necesitarán mucha paciencia y sacrificio en el campo familiar y conyugal. En general, los hijos generarán conflictos o tendrán una salud delicada. Además, habrán de vigilar el sistema nervioso y el aparato digestivo, al igual que los venidos al mundo en *cuarto menguante* (años 1968, 1987 y 2006).

Prosigue el influjo de la estrella *Subra,* de la constelación de Leo. Combinado con el del Sol, hace que los Leo de esta jornada hagan gala de una aguda capacidad de observación, pero que no siempre saben aprovechar. Presagia intensas luchas y sacrificios para alcanzar lo que se ambiciona o se desea, tanto a nivel profesional y social como en el sentimental-familiar. Vaticina triunfo final gracias a la tenacidad. Tendencia a los amores imposibles o secretos. Ego muy fuerte y narcisista, en que el egoísmo y los intereses eclipsan a la ternura y la poesía. Cualidades para las artes escénicas, espectáculos, empresas relacionadas con diversiones, locales nocturnos, teatros, deportes, juego, bingo, casino, etc.

Predisposición para la navegación, la pesca y los deportes acuáticos y subacuáticos Dinamismo, iniciativas, inspiraciones, corazonadas, pero muchas veces mal dirigidas o mal encaminadas por exceso de confianza en la propia valía y no escuchar los consejos de los demás. Peligro de dejarse llevar por vicios, como el juego, el alcoholismo, las mujeres… Doble matrimonio; a veces tres.

Otros deportes a los que inclina: automovilismo, patinaje, esquí, boxeo, billar, ciclismo, etc.

Acentuado el riesgo de depresiones emocionales, alteraciones nerviosas o melancolías para los nacidos en *luna nueva* (como los de 1936, 1955, 1974, 1993 y 2012), si no llevan una vida regulada y una buena dieta alimentaria.

Para todos, ha de preocupar lo cardiovascular, por lo que hay que vigilar la presión, el colesterol y evitar el alcohol, el tabaco y las grasas animales.

mpiezan a notarse los efectos de la estrella gigante anaranjado-rojiza *Alfard*, de la constelación de la Hidra. Es una jornada que pronostica amores precoces o matrimonio en edad juvenil. Se suelen asumir responsabilidades familiares a edad temprana por situación conflictiva entre los padres o desaparición de uno de ellos.

Constelación de la Hidra

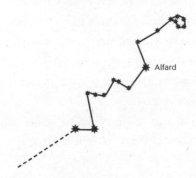

Alfard

Más posibilidades de renombre o popularidad que de alcanzar fortuna importante, si bien los nacidos alrededor del mediodía o en *luna llena* (como los de 1959, 1978, 1997 y 2016) suelen gozar de mayor suerte crematística y profesional. En cambio, los venidos al mundo en *cuarto menguante* (años 1938, 1957, 1976 y 1995) deben ser muy prudentes en los negocios y trabajos y estar alerta contra baches económicos y abusos de confianza y robos.

Tendencia exagerada a esperar o buscar un golpe de suerte en los juegos de azar, loterías, quinielas o negocios dudosos que solucionen los problemas monetarios. Sexualidad intensa y conflictos neuróticos para los nacidos de noche. Jornada que ha dado muchos activistas sociales, sindicalistas, políticos, humanistas…

En lo creativo-artístico, inclinación a las artes escénicas, séptimo arte, escultura, letras, música, filosofía…

En este día, a causa de las muchas tensiones y compulsiones a nivel subliminal, nacen personalidades tan complejas e inestables como talentosas y sobresalientes. En primer lugar, debido a que ya se notan los efectos de la estrella *Alfard,* de la constelación de la Hidra. El nombre viene del árabe *El Fard,* «el solitario», en este caso, «la solitaria», si bien el astrónomo Tycho Brahe prefería llamarla *Cor,* «corazón», de la Hidra. Es una estrella gigante anaranjada o rojiza que se considera que favorece la adquisición de conocimientos, sabiduría, facultades artísticas y musicales, así como filosóficas y sociológicas, pero que en lo íntimo inclina a fuertes pasiones y vicios, sobre todo de tipo sexual o erótico, si no hay un fuerte autocontrol de la libido o una buena educación moral o cívica. Se puede caer en actitudes excéntricas y lunáticas y hay riesgo de problemas cardiovasculares si se abusa del tabaco, alcohol y de los manjares.

Además, es un día que advierte de peligros con el agua, el mar, los venenos, las materias tóxicas, la contaminación atmosférica y las tempestades.

Y, en segundo lugar, ya se notan los efluvios de otra estrella, la *Adhafera,* de la constelación de Leo, si bien muy suaves por la mañana y de una manera más intensa por la noche. *Adhafera* o *Adhefera* viene del árabe ad-Dafira, «el cabello trenzado». Es una estrella doble, amarilla, llamada también *Al Serpha,* «la pira funeraria», la cual aumenta el peligro de accidentes con ácidos, explosivos, fuego, atentados, armas de fuego, etc. Por consiguiente, los nacidos en este día deben ser muy prudentes y precavidos en todos los planos y evitar peleas, altercados, enfrentamientos violentos, algaradas, huelgas salvajes, etc., así como también visitar países en guerra o revolución.

Es una jornada que ha dado muchos financieros economistas, empresarios deportistas, militares, abogados y miembros de las fuerzas de orden público. Hay capacidad para enfrentarse con situaciones límite o de emergencia y con accidentes colectivos.

Los nacidos en día de *luna nueva* (como los de 1963, 1982 y 2001) y los venidos al mundo en día de *luna llena* (como los de 1948, 1986 y 2005), corren mayor riesgo de inestabilidad familiar y conyugal y los que tienen que cuidar más su salud, en particular el sistema nervioso y el aparato digestivo.

Este día está bajo el influjo directo de tres estrellas (en realidad, cuatro), que generan individualidades muy complejas y temperamentales. En primer lugar, hay que recordar que siguen notándose los efectos de las estrellas *Alfar* y *Adhafera (véase* lo dicho para el día 19 de agosto). Pero, además, esta jornada también está bajo el dominio de la estrella *Algieba* o *Algeiba,* de la constelación de Leo. Se conoce, asimismo, como *Al Gleba* y *Al Jabhah.* Su nombre viene del árabe *Al-Jabhah (El Yebha),* «la frente», «parte delantera», por hallarse situada esa estrella en dicha parte de la figura del León que forma la constelación. Según Joaquín García Campos *(De toponimia arábigo-estelar,* Madrid, 1953), en español debería trascribirse *Alyebja.*

Algeiba es una estrella doble gigante anaranjada que tiene mucha fuerza y genera muchos problemas, peligros, conflictos o incidentes conectados con revueltas, guerras, huelgas, algaradas, etc., por lo que los nacidos en este día deben aprender a autocontrolar sus nervios e impulsos y rehuir todo tipo de pendencias y querellas. Como el carácter recibe mucha dosis de temeridad y osadía, da muchas vocaciones en el campo castrense, político, policial, servicios secretos, deportes vigorosos o arriesgados, etc. Por consiguiente, son personas que deben estar siempre alerta contra la actuación de enemigos, opositores e intrigantes y aprender a actuar con mesura y reflexión, en particular en el campo financiero y de los negocios, pues está acentuado el riesgo de sufrir estafas y abusos de confianza.

En el aspecto personal suelen ser dinámicos, trabajadores a ráfagas, generosos con las amistades, creativos compulsivos, ingeniosos, imaginativos de tipo inventivo y, en general, fieles a la familia. Pero debe preocupar la salud, pues hay peligro de caer en el estrés, el tabaquismo y el abuso de estimulantes como el café y el té, en particular los nacidos en día de *luna Nueva* (como los de 1952, 1971 noche, 1990, 2009…). No es una jornada que confiera longevidad.

Además, se notan los efluvios de la estrella *Eta Leonis* (η), de la constelación de Leo, que ayuda a sobresalir en la profesión y luchas cotidianas y estimula el ingenio.

Este día, sobre todo la mañana, está bajo el influjo directo de la estrella *Algieba* o *Algeiba,* de la constelación de Leo. Conocida también como *Al Gieba* y *Al Jabhah,* su nombre viene del árabe *El Yebha,* «la frente», «la parte delantera», por hallarse situada esa estrella en dicha parte de la figura del León en los dibujos antiguos de la constelación.

Es una estrella que genera muchos problemas, tensiones, peligros, conflictos o incidentes conectados con revueltas, guerras, huelgas, etc., por lo que los nacidos en este día deben aprender a autocontrolar sus nervios e impulsos y rehuir todo tipo de pendencias y querellas. El carácter recibe mucha dosis de temeridad, audacia y osadía. Son personas que deben estar siempre alerta contra la actuación de enemigos, opositores e intrigantes y aprender a actuar con mesura y reflexión, en particular en el campo financiero y de los negocios, puesto que está acentuado el riesgo de sufrir estafas y abusos de confianza.

Además, por la tarde, empiezan a notarse los fuertes influjos de la estrella *Regulus* o *Régulo* de la constelación de Leo, que en latín significa «joven rey», «joven príncipe». Los griegos la llamaban *Basiliscos,* «pequeño rey», pues consideraban de regia estirpe a los que nacían bajo su influencia. Es una estrella que favorece la popularidad, el alcanzar renombre y el recibir premios y honores por los propios méritos, pero que advierte del riesgo de inestabilidad sentimental y de caer en alocamientos sentimentales y fantasías románticas irrealizables. En este aspecto, este día y estrellas advierten de inmadurez emocional.

El carácter es independiente, indomable, con riesgo de más de un matrimonio y de vida íntima y erótica agitada, predispuesto a romper todo tipo de normas. En general, predisposición amable, educada, sociable y simpática, tanto para el trato con amistades y compañeros de trabajo como para con desconocidos. Pero con peligro, en los momentos tensionales y de exaltaciones, de caer en intemperancias, extravagancias y ridiculeces. Acentuado el riesgo de caer en el alcoholismo, tabaquismo, drogadicción, etc., por lo que han de preocupar los pulmones, las vías respiratorias, la circulación general y los procesos cardiovasculares, por lo que debe llevarse un control del colesterol, evitar las grasas animales y alimentarse con una dieta rica en frutas y verduras.

Los nacidos en *luna llena* (como los de 1956, 1975, 1994 y 2013) corren peligro de infatuarse, actuar con desenfreno y dejarse arrastrar por disputas y violencias.

Como trasfondo de todo, están los efectos de la estrella *Eta Leonis* (η), de la constelación de Leo, que contribuye a aguzar el ingenio y la creatividad.

Los nacidos en este día se hallan bajo el dominio directo e integral de la singular estrella *Regulus* o *Régulo,* de la constelación de Leo. En latín significa «joven rey», «joven príncipe». Los griegos la llamaban *Basiliscos* «pequeño rey», pues consideraban de regia estirpe a los que nacían bajo su influencia. Los árabes la denominaron *Almaliki,* «la real», si bien más tarde, astronómicamente, se denominó *Kalb al Asád,* «el corazón del león», por hallarse en el centro de la figura de ese animal. Sin embargo, entre muchos pueblos árabes le dan el nombre popular de *Es Sarfa,* «el amuleto», en el sentido de que es una estrella benéfica, favorecedora y que protege de percances y enemigos. Fue Copérnico, al traducir el nombre al latín, el que la bautizó como *Regulus.* Es curioso recordar que la longitud entre *Régulo* y la *Spica* de Virgo, cuidadosamente medida, sirvió a Hiparco para descubrir el fenómeno de la precesión de los equinoccios, antes de nuestra era.

Se llame como se llame, es una estrella que presagia fama, honores, encumbramiento, mando, realeza, elevación, dignidades, favor de los poderosos, golpes de suerte, oportunidades del destino, ayudas para salir adelante, posibilidades de encumbramiento desde lugares humildes, etc. Favorece a las eminencias grises y consejeros que están a la sombra de dirigentes políticos, religiosos y castrenses. Pero también presagia caída repentina, inesperada o en corto tiempo del puesto obtenido, generalmente por fatuidad, equivocaciones propias y actuación solapada de enemigos. Advierte del peligro de atentados, violencias, persecución judicial, etc., promovidos por enemigos acérrimos.

Los nacidos en este día, por poco que aprendan y se esfuercen en sus proyectos, estudios o profesión, tienen muchas posibilidades de alcanzar el éxito y la gloria. No necesitan pelearse ni emplear métodos oscuros o fuera de la ley; llegarán a sus objetivos de una manera escalonada, rápida y concluyente. Si caen o fracasan, o si su éxito es poco duradero, será por su propia culpa y vicios.

Aunque es una jornada que da muchos deportistas, artistas, intelectuales y políticos, hay que reconocer que también muchos banqueros, financieros y economistas han nacido bajo esa estrella.

En conjunto, la personalidad es individualista, temperamental, ambiciosa, exigente, intransigente e inflexible.

Los venidos al mundo en *luna nueva* (como los de 1941, 1960, 1979 y 1998) corren peligro de tener una vida más agitada e inestable, sobre todo a nivel romántico, hogareño y conyugal; necesitarán mucha diplomacia, tacto y paciencia para sortear las fricciones con los padres y más tarde con los hijos. En la salud debe preocupar la vesícula, lo cardiovascular y la columna vertebral.

Los nacidos en este día se hallan bajo el influjo de la estrella *Regulus,* de la constelación de Leo. *Regulus* (o *Régulo),* en latín significa «joven rey», «joven príncipe». Los griegos la llamaban *Basiliscos,* «pequeño rey», pues consideraban de regia estirpe a los que nacían bajo su influencia. Los árabes la denominaron *Almaliki,* «la real», si bien más tarde, astronómicamente, se llamó *Kaib al Asád,* «el corazón del león», por hallarse en el centro de la figura de ese animal en los mapas celestes. Sin embargo, entre muchos pueblos árabes le dan el nombre popular de *Es Sarfa,* «el amuleto», en el sentido de que es una estrella benéfica, favorecedora y que protege de percances y enemigos. Fue el astrónomo Copérnico, al traducir el nombre al latín, el que la bautizó como *Regulus.*

Es una estrella blanca muy brillante cuyo tamaño es cinco veces mayor que el Sol. En conjunto, presagia fama, premios, éxitos, honores, encumbramiento, mando, realeza, elevación, dignidades, favor de los poderosos, golpes de suerte, oportunidades del destino, ayudas para salir adelante, posibilidades de encumbramiento desde lugares humildes, etc.

Favorece a las eminencias grises y consejeros que están a la sombra de dirigentes políticos, religiosos y castrenses. Pero también presagia caída repentina, inesperada o en corto tiempo del puesto obtenido, generalmente por fatuidad, equivocaciones propias, vicios, pasiones y actuación solapada de enemigos u opositores. Advierte del peligro de atentados, violencia, persecución judicial, etc., promovidos por enemigos acérrimos y envidiosos.

En el plano creativo-profesional, confiere cualidades y vocación para literatura, medios de comunicación social, crítica literaria, artística o musical, canto, baile, obras teatrales, etc. Y en deporte incide principalmente en fútbol, golf, baloncesto, ciclismo, tiro, deporte de aventura…

Estimula ambiciones, negocios, empresas, etc., pero también inclina al boato, a los placeres, a las diversiones, al lujo, a las fiestas, al juego, etc.

En amor se recibe mucha dosis de erotismo y de espíritu conquistador. Difícilmente se conforma la persona con un solo matrimonio o pareja. Es un día que vaticina, en particular, complicaciones sentimentales y conyugales para los nacidos en día de *luna llena* (como los de 1945, 1964 y 1983), quienes tendrán una vida romántica muy agitada.

Siguen los efectos –aunque más suavizados– de la estrella *Regulus (Régulo)*, de la constelación de Leo, que favorece personal y profesionalmente y protege de contratiempos, trampas y enemigos. Los Virgo de este día son más calmados, prudentes, introvertidos y perseverantes. Por lo común, son estudiosos, aplicados, reflexivos, analíticos y prácticos, con mucho sentido del detalle.

Es una jornada que favorece las profesiones médico-sanitarias, la cirugía, la microcirugía y todas las empresas y oficios conectados con alimentación, naturopatía, restauración, hostelería, farmacia, alimentos de régimen, herboristería, etc.

En general, el matrimonio favorece el encumbramiento social o profesional, puesto que se busca a un cónyuge responsable y trabajador antes que a un juerguista. No obstante, los nacidos en día de *luna llena* (como los de 1930, 1949, 1968, 1987 y 2010) corren riesgo de conflictos sentimentales y depresiones por desengaños amorosos. Con todo, tienen más suerte los venidos al mundo alrededor del mediodía. Y los nacidos por la noche son más variables, hipocondríacos y versátiles, incluso en el plano laboral.

Al recibir mucha dosis de paciencia, sentido rutinario, detallismo y, al mismo tiempo, buscar la seguridad del empleo, es un día que da muchos funcionarios municipales y estatales. En salud deben preocupar la vista, los intestinos y el sistema nervioso.

Persistencia de los suaves influjos de la estrella *Regulus (Régulo)*, de la constelación de Leo *(véase* lo dicho el día 22 de agosto), la cual protege de enemigos y percances y ayuda a sortear peligros. Los Virgo de esta jornada reciben espíritu inquieto-ambicioso, pero laborioso y muy activo.

Es algo lento y le da miedo precipitarse, por lo que suele recoger frutos y éxitos al cabo de los años. Capacidad para la música, la literatura, las artes suntuarias, la filosofía, la psicología, la geología, la hidrología, etc. En el campo intelectual-político acostumbra a dar muchos parlamentarios, los cuales saben luchar y razonar sus planes y proyectos.

La personalidad también es astuta, previsora, buscando lo práctico y utilitario y, si conviene, fría y sin sentimientos. En tal sentido ha nacido en esta fecha más de un político empecinado en sus ideas, inflexible y sin piedad. Esa misma frialdad dificulta las relaciones románticas y hogareñas. Además, riesgo de conflictos con los hermanos y padres, en particular los venidos al mundo en *luna nueva* (como los de 1938, 1957, 1976 y 2014).

Por su parte, los nacidos alrededor del mediodía lo tienen mejor para destacar en su profesión y recibir honores y premios de la sociedad en el plano artístico, científico o deportivo.

En el plano de la salud, hay que vigilar los intestinos, los pies, el abdomen, lo cardiovascular, el sistema nervioso simpático… Una buena alimentación, sin tabaco ni alcohol, preserva a los Virgo de muchas dolencias y afecciones.

Se mantiene el influjo, por orbe, de la estrella *Regulus,* de la constelación de Leo *(véase* lo dicho el 22 de agosto). Pero, además, ya se nota el de la *Rho Leonis* (ρ), de la misma constelación. En general, fecha que genera sentido práctico, metódico, analítico y detallista. Se reciben aptitudes para las ciencias, la medicina, las leyes, la administración, la historia, el dibujo, la pintura, las letras, etc. Es un día que ha dado, incluso, dos profesiones, como médicos-escritores, médicos-pintores, químicos-escritores, etc. Los nativos de esta jornada dedican sus mejores esfuerzos a su profesión, oficio, carrera o creatividad, en cuyos planos es donde hallan sus mejores amigos y amigas.

Lo hogareño-familiar queda siempre en segundo plano, pasando mucho más tiempo fuera de casa que dentro. Su vida sentimental ha de considerarse regular o rutinaria, pero con tendencia a la conflictividad, tanto en el hogar paterno como en el propio, en especial para los nacidos en *luna nueva* (como los de 1946, 1965, 1984 y 1995) o en *luna llena* (años 1942, 1961, 1980, 1999 y 2018), si bien estos últimos tienen mayores posibilidades de triunfar en su profesión.

Como trasfondo, sigue la tendencia al funcionariado y a los cargos políticos, pero aquí relacionados con sanidad, cultura y trabajo. Asimismo, es un día que favorece profesiones y negocios conectados con la agricultura y la avicultura.

Se acentúan los efectos de la estrella *Rho Leonis* (ρ), de la constelación de Leo. Junto con el Sol, confiere cualidades para investigación, arqueología, criminología, química, historia, dibujo artístico e industrial, ciencias económicas, teneduría de libros, banca, administración, contabilidad, etc. Hay, además, fortaleza de espíritu y capacidad para ayudar al prójimo a un nivel médico, sanitario y humanitario. Persistencia en estudios, trabajos y empresas, con deseos de superación personal y profesional. La posición y la fortuna llegan por la paciencia, la rutina, la constancia y el sacrificio cotidiano más que por golpes de suerte en loterías o quinielas.

Los nacidos en torno al mediodía tienen más facilidades para destacar y ocupar cargos de responsabilidad, pero los nacidos por la noche reciben más cualidades como pensadores, intelectuales, filósofos, filólogos, literatos, etc.

Los venidos en *luna llena* (como en los años 1950, 1969, 1988 y madrugada de 1999) han de vigilar el sistema nervioso, los intestinos y lo cardiovascular, por lo que deben ser muy cuidadosos con su alimentación y evitar excitantes, estimulantes, alcohol y tabaco.

Los conflictos sentimentales vienen dados por dejarse absorber demasiado por el trabajo o el negocio y no prestar la debida atención al hogar. Esto es tan aplicable al hombre como a la mujer. En conjunto, mayor inclinación idealista, espiritual y metafísica que materialista o erótica.

Otra jornada gobernada por la estrella *Rho Leonis* (ρ), de la constelación de Leo. Día que comunica ingenio, intelectualidad, capacidad mental y cerebral, psicología, realismo, etc. Se recibe un sentido crítico y social muy claro y determinante, del tipo blanco o negro, de derechas o de izquierdas. Se persevera en las ideologías y doctrinas y difícilmente se da el brazo a torcer, si bien se está dispuesto a polemizar, dialogar y a razonar cualquier idea y filosofía. Es una jornada que da militares, políticos, parlamentarios, senadores, alcaldes, diplomáticos, etc. Los nacidos alrededor del mediodía reciben mayores dotes de mando y organización.

Sin embargo, hay riesgo de caer en crisis nerviosas, depresiones, inestabilidad emocional, además de vigilar lo cardiovascular y los intestinos, sobre todo los venidos al mundo en *luna llena* (como los de 1931, 1977, 1996 y 2007), si bien éstos pueden brillar más fácilmente dentro de la sociedad o de su entorno social.

En segundo plano se hallan las facultades para artes escénicas, dramaturgia, medios audiovisuales, dibujo humorístico y de historietas, etc. Y en deportes hay particular incidencia en baloncesto, fútbol, ajedrez, béisbol, tenis de mesa, bridge, balonmano, bolos, billar, etc.

mpieza el influjo de la estrella *Alioth,* de la constelación de la Osa Mayor *(véase* lo dicho el 31 de agosto). En este día hay tendencia a que lo extranjero, idiomas, multinacionales, trasporte a larga distancia y los viajes largos jueguen un papel importante en la vida de la persona. Cualidades para negocios y empresas de importación-exportación. En lo creativo, se mantienen las cualidades para las artes escénicas y las bellas artes, con muchas posibilidades de destacar o triunfar a corto plazo. Incluso en deportes se puede sobresalir a edad muy joven, ya que en este día el carácter recibe fuertes ramalazos de osadía y valor procedentes de la combinación del Sol con la *Alioth.*

En lo sentimental-erótico, preponderancia de lo conquistador, romántico y sexual, pero con tendencia a fricciones, situaciones quisquillosas, amores imposibles, relaciones secretas, etc.

En el hombre, presagia dificultades o fracasos profesionales o económicos por culpa de mujeres.

La mujer de este día es más fría y calculadora y va tras hombres que le interesan por su posición, renombre o profesión más que por su belleza o predisposición alegre y juerguista: prefiere lo práctico y sólido a lo fantasioso e imprevisible.

En lo más normal, es una fecha que vaticina amor o matrimonio con colega o compañero de trabajo.

Los nacidos en *luna nueva* (como los de 1935, 1981 y 2000) han de esperar conflictos y altercados en el matrimonio y en el hogar paterno. También han de cuidar el aparato digestivo, el sistema nervioso y los intestinos.

En general, se ha de vigilar la nutrición y controlar las inclinaciones hipocondríacas. Los pies han de preocupar con la edad.

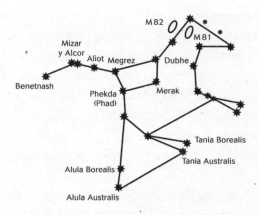

igue el influjo de la estrella *Alioth,* de la constelación de la Osa Mayor *(véase* lo dicho el 31 de agosto). La combinación de estrella y Sol confiere al Virgo de esta fecha carácter estudioso, aplicado, laboral e industrial, sin descartar cualidades para lo agropecuario y vías de comunicación, a pesar de que se mantiene un trasfondo intelectual y literario. En segundo plano están los estudios, ocupaciones y cargos conectados con alimentación, sanidad, medicina, farmacia y herboristería, nutrición, etc.

Constelación de la Osa Mayor

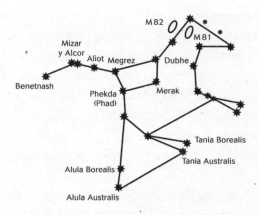

Sin embargo, en el carácter hay mucho sentido perfeccionista y de crítica, por lo que la persona es intolerante ante los errores de los demás. Se trata de un verificador nato y es muy exigente con sus empleados y colaboradores. Se posee mucha capacidad para la crítica literaria, cinematográfica, teatral y artística. Elabora los informes con detalle, concreción y meticulosidad.

Los nacidos en *luna nueva* (como los de 1943, 1962, 2008 y 2019) deben vigilar mucho su salud, en particular el aparato digestivo, los intestinos y el sistema nervioso. Y los venidos al mundo en *cuarto creciente* (años 1949, 1968, 1979 y 1998) tienen mayores posibilidades de destacar con su profesión.

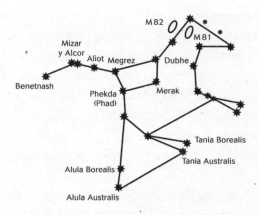

L os nacidos en este día se hallan bajo el fuerte influjo de la estrella *Alioth,* de la constelación de la Osa Mayor o Carro Mayor. Es una estrella blanco-azulada, doble y variable, que se halla colocada en la cola de la Osa, en los dibujos de dicha constelación. Se acostumbra a traducir el nombre por «cola», pero parece significar «oveja hembra». El arabista español Joaquín García Campos precisa que, a esta y otras dos estrellas cercanas, los argelinos y mayoría de berberiscos les dan el nombre de *En Naaóx,* esto es, «los Varales», por referencia a los que tienen una especie de angarillas o parihuelas en las que los musulmanes conducen sus muertos al cementerio, envueltos en un sudario. El nombre también recuerda al que los árabes dan a la cola de un carnero cebado.

Alioth (y su acompañante) comunica vitalidad, energía, sentido común, raciocinio, severidad, austeridad y perseverancia, unida a la rutina o convicción. Pero en lo negativo –y de acuerdo con los simbolismos que hemos visto– vaticina dificultades, imprevistos, renuncias, pérdidas, sacrificios, etc., con mucho sentido del deber y de las obligaciones y que no se vacila en supeditarse al bien común, renunciando muchas veces al propio confort, comodidad y egoísmos. Hay inclinación o capacidad para profesiones o tareas relacionadas con medicina, sanidad, naturopatía, farmacia, herboristería, acupuntura, medicinas alternativas…

En lo más mundanal, hay un cierto predominio de lo agrícola, ganadero, comercial y económico. Hay mucho sentido de la prudencia para los negocios y las finanzas, con riesgo de que las dudas excesivas malogren oportunidades profesionales y crematísticas. También hay aptitudes para la administración, la contabilidad, la mecanografía, etc. Es una estrella que ha dado muchos políticos y funcionarios de hacienda y del ministerio de agricultura y pesca.

Los nacidos en día de *luna nueva* (como los de 1932, 1970 noche y 1989) o en día de *luna llena* (como los de 1941, 1966 madrugada y 2012) corren mayor riesgo de inestabilidad sentimental y familiar y los que han de vigilar más su salud y cuidar más su alimentación e intestinos.

Otro día gobernado por la estrella *Alioth,* de la constelación de la Osa Mayor (Carro Mayor). Es una estrella blanco-azulada, doble y variable, que se halla colocada en la cola de la Osa, en los dibujos antiguos de dicha constelación. Se acostumbra a traducir el nombre por «cola», pero parece significar «oveja hembra». El arabista español Joaquín García Campos precisa que a esta y otras dos estrellas cercanas, los argelinos y mayoría de berberiscos les dan el nombre de *En Naaóx,* esto es, «los Varales», por referencia a los que tienen una especie de angarillas o parihuelas en las que los musulmanes conducen sus muertos al cementerio, envueltos en un sudario. El nombre también recuerda al que los árabes dan a la cola de un carnero cebado.

Como ya sabemos, *Alioth* (y su acompañante) comunica vitalidad, energía, sentido común, raciocinio, severidad, austeridad y perseverancia, unida a la rutina o convicción. Pero en lo negativo, vaticina dificultades, problemas, imprevistos, renuncias, pérdidas, sacrificios, etc., con mucho sentido del deber y de las obligaciones… Hace que la persona no vacile en supeditarse al bien común, renunciando muchas veces al propio confort, comodidad y egoísmos. También confiere inclinación o capacidad para profesiones o tareas relacionadas con medicina, sanidad, naturopatía, farmacia, herboristería, acupuntura, digitopuntura, medicinas alternativas…

Por otro lado, los nacidos en este día reciben mucha dosis de intelectualismo y de cualidades para todo lo que sea comunicación, estadística, encuestas, entrevistas, investigación, control, verificación, mejora de métodos, ciencias, etc. El magnetismo personal es muy intenso, si bien el carácter es poco bullicioso o juerguista, con fuerte tendencia a la vida monacal, al retiro místico, a los estudios e investigación en calma y soledad, a la vida hogareña. No obstante, eso no es obstáculo para que, según el año y la hora de nacimiento, ese día haya dado destacados humoristas y caricatos.

En el hombre hay cierta tendencia romántica y mujeriega, con peligro de caer en vicios y pasiones. Existe el riesgo acentuado de casarse con la persona que no conviene o que le hará a uno la vida imposible o que impondrá dolores o sacrificios importantes. Toda la capacidad analítica y racionalista que se tiene para el trabajo y los estudios desaparece a la hora de elegir pareja, en que uno se deja llevar más por el corazón que por el cerebro; suele elegirse a la persona que acaba perjudicando a uno o con la que es incompatible.

Los nacidos en día de *luna nueva* (como los de 1951 y 1997 noche) corren mayor peligro de sufrir melancolías, tristezas, hipocondría, depresiones, etc., si bien lo cardiovascular ha de preocupar con la edad.

En cambio, los venidos al mundo en día de *luna llena* (como los de 1974) tienen mayores posibilidades de destacar en su trabajo o profesión.

Esta jornada empieza con el influjo (sobre todo de madrugada) de la estrella *Alioth,* de la constelación de la Osa Mayor, el cual se acentuará en el siglo XXI. Es una estrella blanco-azulada ubicada en la cola de la Osa y que favorece lo intelectual y comunicativo, pero que advierte de dificultades, imprevistos y pérdidas, tanto económicas como sociales. Y a medida que avanza el día se notan los efectos de la estrella *Zosma,* de la constelación de Leo. El nombre deriva del griego y significa «faja» o «cinto». También se la conoce por la designación árabe de *Duhr el Asád,* «la espalda», «el espinazo del león», al hallarse situada en esa parte de la figura del León. Esta estrella crea más dificultades que felicidad, por lo que los nacidos en esta fecha deben ser muy precavidos, incluso en el amor.

Tanto el hombre como la mujer deben ser muy prudentes con el matrimonio, si se dispone de bienes o fortuna, pues hay riesgo de tener que dividir lo obtenido en caso de divorcio. Queda recomendado el matrimonio, pero con separación de bienes.

Profesional y creativamente, hay cualidades para leyes, economía, finanzas, trabajos de precisión, magisterio, política, sindicalismo, etc. Lo literario y artístico se mantiene como telón de fondo.

Tendencia a las exaltaciones y reacciones temperamentales e intransigentes para los nacidos en *luna llena* (como los de 1925, 1944 noche, 1955 y 2001 noche).

Los venidos al mundo en *cuarto creciente* (años 1965, 1984, 1995 y 2014) tendrán más satisfacciones en su profesión o carrera.

En el plano de la salud, deben preocupar especialmente los intestinos, el bazo, el sistema nervioso simpático…

Deben hacer una alimentación muy regulada y evitar el café, el alcohol, los estimulantes, etc.

ste día se halla bajo el dominio directo e intensísimo de la estrella *Zosma*, de la constelación de Leo. Significa «faja» o «cinto», aunque también se la conoce por el nombre de *Duhr el Asád* (o *Dorhr el Asád)*, que quiere decir «la espalda», «el espinazo del león», al hallarse situada la estrella en esa parte de la figura de Leo. En conjunto, es una estrella blanca que genera más sinsabores que alegrías. Inclina mucho a las dudas, timidez, introversión, melancolía, etc. Pero también, como contrapartida, confiere mucho egoísmo personal y egocentrismo, lo que dificulta todo tipo de relaciones, pero en particular las sentimentales o románticas, lo que presagia varios amores, desengaños sentimentales y más de un matrimonio o unión amorosa.

Es un día que pronostica ayudas familiares y de gente poderosa para salir adelante, pero esa dicha no va acompañada de estabilidad hogareña, se trate de la paterna o de la propia. Es una jornada que hace una selección estricta de sus nativos; son varios los que llegan a conseguir la gloria y la fortuna por medio de los propios esfuerzos, constancia y facultades. Hay cualidades para relaciones humanas y publicas, para psicología, parapsicología, medios audiovisuales, centros de diversión, etc. Y en lo artístico, hay cualidades innatas para escultura, pintura, novelística, canto, retablo, esmalte, cerámica, grabado…

Hay mayores posibilidades de fama, éxito y autorrealización para los nacidos en día de *luna llena* (como los de 1963 y 1982), mientras que los nacidos en día de *luna nueva* (como los de 1929, 1948, 1959 y 2005) son los que corren mayor peligro de alteraciones nerviosas y emocionales y de inestabilidad hogareña.

Los nacidos en este día están gobernados por los influjos y efectos de la estrella *Zosma,* de la constelación de Leo. El nombre parece significar «faja» o «cinto», aunque también se la conoce por el nombre de *Duhr el Asád* (o *Dorhr el Asád),* que quiere decir «la espalda», «el espinazo del león», al hallarse situada precisamente en esa parte de la figura del León que forma la constelación. Es una estrella blanca que, en conjunto, vaticina más sinsabores y luchas que alegrías y ayudas. Inclina mucho a las dudas, timidez, introversión, melancolía, etc. Pero también confiere mucho egoísmo personal y egocentrismo, lo que dificulta todo tipo de relaciones, pero en particular las sentimentales o románticas, lo que presagia varios amores y más de un matrimonio o unión importante.

En general, los nacidos en este día deben ser muy prudentes y autocontrolar sus vicios y pasiones, que serán su talón de Aquiles y que perjudicarán, en consecuencia, sus logros profesionales o ambiciones sociales o políticas, lo que deben tener particularmente en cuenta los nacidos en día de *luna nueva* (como los de 1937, 1956, 1967 y 1986) que, por añadidura, tendrán que ser muy pacientes y diplomáticos en el ámbito hogareño y familiar. Asimismo, habrán de cuidar su sistema nervioso, aparato digestivo e intestinos.

En lo profesional se reciben virtudes y aptitudes extraordinarias para trabajos conectados con centros hospitalarios, clínicos y sanitarios, así como todo lo conectado con farmacia, herboristería, alimentos de régimen, equipos e instrumentos médicos, inspecciones sanitarias, etc. Como trasfondo, hay capacidades artísticas y artesanales que, en muchas ocasiones, eclipsan a las anteriores tendencias.

Por otro lado, hay un trasfondo amoroso-sentimental muy acusado y la necesidad de un hogar estable; se ponen en marcha negocios familiares y se tiene un poco el concepto tribal de la familia. Sin embargo, son de esperar conflictos o frustraciones promovidos por hermanos o primos. En deportes, es una jornada que influye especialmente en ajedrez, golf, natación, baloncesto… En el plano materialista, se mantiene una atracción por la economía, las finanzas, la banca, la administración, los monopolios, las multinacionales, etc. Pero hay que tener en cuenta que es otro día que advierte del peligro de perder la posición alcanzada, de sufrir percances o perjuicios por la actuación de enemigos y opositores.

Los nacidos en esta jornada del signo solar de Virgo, están influenciados de manera especial por la estrella *Chort (Chertan o Coxa),* de la constelación de Leo. El nombre deriva del árabe *Al-Kharatani,* «las costillas menores», por hallarse en esa parte de la figura del León. Es una estrella blanca que contribuye a que el carácter tenga tendencia a «comerse el coco», a torturarse por las cosas más nimias. Hay riesgo de caer en complejos, temores infundados e hipocondría, por lo que debe preocupar el sistema nervioso, además de los intestinos y lo cardiovascular. También se corre peligro de buscar escapismos artificiales como el tabaco, el alcohol, el juego...

La horticultura y la vida de campo convienen mucho a los nativos de este día para conservar un buen equilibrio psíquico. Por motivos parecidos no resisten la soledad; necesitan afecto y comprensión, por lo que hay muy pocos solteros nacidos en esta fecha, prefieren hacer sacrificios por una familia que vivir solos.

Aunque persisten las facultades para lo político y lo científico, cobran aquí una mayor preponderancia los aspectos artísticos e intelectuales, por lo que en esta jornada han venido al mundo muchos profesionales de la literatura, artes gráficas, artes escénicas, música, espectáculos, artesanos de todo tipo, dibujo...

En el plano de la suerte crematística no presagia grandes premios de loterías, sino beneficios relacionados con la profesión, empresa o negocio. Al respecto, podríamos decir que es un signo y día más laboral que no lotero o quinielístico. Se es una «hormiguita trabajadora».

Las actividades públicas y sociales quedan muy potenciadas en los nacidos en *luna llena* (como los de 1941, 1960, 1971 y 1990), aunque están destinados a pasar muchos nervios y tensiones a nivel familiar.

Los nacidos en *luna nueva* (años 1975, 1994 y 2013) han de vigilar de manera especial su aparato digestivo, sistema nervioso simpático y sus intestinos, por lo que deben hacer una alimentación lo más naturista posible.

Los nacidos en este día están destinados a llevar una existencia más bien laboriosa, rutinaria y sedentaria, con inclinación por empleos o cargos municipales, estatales o políticos. Como trasfondo –se desarrolle o no– hay capacidad artística, literaria y poética. Al respecto, se tienen muchas posibilidades de alcanzar renombre o fama profesional, en especial los nacidos por la tarde y noche, en que empiezan a notarse los influjos de la estrella *Mizar*.

Mizar es una estrella que pertenece a la constelación de la Osa Mayor (Carro Mayor). Originariamente era *Mirak,* nombre árabe que significa «capital», «cabeza de nación», «ciudad importante», lo que parece presagiar que se puede llegar a ser una personalidad singular, brillante y destacada, con capacidad para imponerse a los demás, a mandar y dirigir.

Es una estrella muy compleja, cuyos influjos son muy difíciles de precisar, toda vez que *Mizar* es una estrella doble, pues tiene una compañera también muy interesante, *Alcor* o *Alkor,* nombre árabe que quiere decir «colina», «otero», «collado»…, si bien originariamente se llamaba en persa *Khwar,* «la olvidada», «la desatendida», por lo fácilmente que pasaba inadvertida u olvidada a causa de su escasa magnitud; sólo la veían quienes gozaban de buena vista. De ahí que también se la llamara *Saidak*, «la prueba», porque servía para probar la buena vista, si bien también significa «dote», «aportación», «regalo de boda»… En realidad, ambas estrellas están separadas por enormes distancias estelares, aunque aparentemente, vistas desde la Tierra, están juntas. Los indios norteamericanos llamaban a estas estrellas «el caballo» y «el jinete», respectivamente. Además, *Mizar* parece tener otra estrella cerca.

En general, los nacidos en este día, han de temer las heridas o lesiones que afecten a las extremidades, tanto superiores como inferiores, y las infecciones intestinales si no llevan una dieta alimentaria adecuada. En particular han de vigilar la salud los nacidos en día de *luna nueva* (como los de 1945 y 1964) o en día de *luna llena* (como los de 1968 noche, 1979, 1998 y 2017), quienes también corren mayor peligro de problemas hogareños y familiares.

Pese al sentido práctico, detallista, calculador y materialista, hay una cierta predisposición espiritual y religiosa y capacidad para llevar centros asistenciales, médicos y humanitarios. Los venidos al mundo en esta fecha suelen encontrar sus mejores amistades en el mundo laboral-profesional, de estudios, clubes o ateneos. Se poseen, igualmente, aptitudes para microcirugía, microelectrónica, ciencias aeroespaciales, meteorología, etc., por lo que muchos científicos deben su vocación y fama a este día y estrella.

Los nacidos en este día se hallan bajo el influjo total y directo de la estrella *Mizar* de la constelación de la Osa Mayor (Carro Mayor). *Mizar* (originariamente era *Mirak*) es nombre árabe que significa «capital», «cabeza de nación», «ciudad importante», lo que parece presagiar que se puede llegar a ser una personalidad singular, brillante y destacada. En este aspecto, se reciben inclinaciones artísticas, fuertes ambiciones, ansias de poder, capacidad para sobresalir en un trabajo o profesión, facultades para dirigir, mandar y organizar y tendencia –tanto para lo bueno como para lo malo– a dominar a otros y a ser autoritario en la empresa o familia.

Pero hay que señalar que es una estrella muy compleja –al igual que su influjo–, toda vez que *Mizar* es una estrella doble, pues tiene una compañera también muy interesante, *Alcor*, o *Alkor*, nombre árabe que quiere decir «colina», «otero», «collado»…, si bien originariamente se llamaba en persa *Khwar*, «la olvidada», «la desatendida», por lo fácilmente que pasaba inadvertida u olvidada a causa de su escasa magnitud; sólo la veían quienes gozaban de buena vista. De ahí que también se la llamara *Saidak*, «la prueba», porque servía para probar la buena vista, si bien también significa «dote», «aportación», «regalo de boda»…

En realidad, ambas estrellas están separadas por enormes distancias estelares, aunque aparentemente, vistas desde la Tierra, están juntas. Los indios norteamericanos llamaban a estas estrellas «el caballo» y «el jinete», respectivamente. Además, *Mizar* parece tener otra estrella cerca.

Los movimientos de tales estrellas dan lugar, pues, a fluctuaciones en la suerte y fortuna de los nacidos en este día, quienes deberán ser muy prudentes y sensatos en su profesión y negocio y tener presente que el cargo o éxito que consigan no será vitalicio y que siempre habrá riesgo de eclipse o pérdida de apoyos. Tienen que mentalizarse que sus logros serán temporales, que habrá alternancias entre lo positivo y lo negativo, que después de una buena racha vendrá un bache, que después de un período negativo vendrán buenos momentos…

En conjunto, los nacidos en este día tienen ingenio creativo, iniciativa, sentido del detalle y facultades para literatura, dramaturgia, artes escénicas, ciencias económicas y empresariales, política… En salud ha de preocupar lo cardiovascular, el hígado y los intestinos, por lo que deben evitar tabaco, el alcohol y las grasas animales.

Otra jornada bajo el dominio completo e irregular de la estrella *Mizar* y sus compañeras, de la constelación de la Osa Mayor. Es una estrella doble, pues tiene otra cerca llamada *Alcor,* si bien están separadas por enormes distancias estelares, pues no se hallan en el mismo plano. Además, *Mizar,* cuyo nombre significa «capital», «cabeza de nación», en árabe, tiene otra estrella próxima: *Sidus Ludovicianum,* que sólo puede detectarse con instrumentos ópticos.

Alcor (Alkor) es de color blanquecino. Su nombre viene del persa *Khwar,* «la abandonada o desamparada», aunque en árabe es conocida como *Saidak,* «la «prueba», porque se utilizaba para probar la buena vista del observador en aquellos tiempos. Pero podría ser que, en realidad, se refirieran a la *Sidus Ludovicianum,* que era casi imposible distinguirla a simple vista.

Alcor también fue conocida por los árabes como *Suhán* «la desatendida», «la olvidada», y como *Sadak,* «regalo de boda», «dote»…

En conjunto, pues, se reciben influjos diversos, alternativos y que auguran fluctuaciones en la suerte, salud y profesión. Sigue la necesidad de destacar e imponerse al prójimo, de demostrar la propia valía creativa o científica. Hay ramalazos dictatoriales o individualismo intenso, con el defecto de no saber escuchar los consejos de los demás y ser muy crítico y calculador. Egolatría intensa, persona que se cree superior al prójimo y que censura los trabajos ajenos, encontrando los defectos y errores, pero sin atinar a ver los propios fallos. Todo ello seguido de períodos de melancolías, angustias, desmoralizaciones e hipocondría. Luego se resucita y se lanza a la búsqueda del éxito o de la fortuna a cualquier precio, arriesgándose hasta en trabajos o deportes peligrosos. En caso muy negativo (si hay oposiciones planetarias intensas), no deben descartarse rencores y celos patológicos que pueden dar lugar a odios y agresiones. Más de un violento y asesino ha venido al mundo en esta fecha. De una forma u otra, inocente o culpable, hay riesgo de persecución judicial.

En el ámbito de la salud, es otro día en que ha de preocupar muy seriamente lo cardiovascular, lo intestinal, el sistema nervioso y, por consiguiente, el tabaquismo, el alcoholismo, la adicción a drogas y medicamentos, etc. En otro plano, advierte del riesgo de accidentes de tráfico y con todo lo relacionado con agua, mar, pesca y deportes náuticos.

Los nacidos en *luna nueva* (como los de 1953, 1991 y 2010) o en *luna llena* (años 1930 y 1976) corren el riesgo de dejarse arrastrar por crisis nerviosas, acciones alocadas y relaciones tumultuosas; por añadidura, deben ser muy prudentes en cuanto a viajes, baños y playas.

Y los venidos al mundo en *cuarto creciente* (1940, 1951, 1970 y 1989) serán más equilibrados y gozarán de mayor estabilidad personal, profesional y comercial.

Sigue el influjo, aunque más suave, de la estrella *Mizar* y compañeras, de la constelación de la Osa Mayor (Carro Mayor). Los Virgo de este día son de carácter prudente, sensato y reflexivo. Prefieren la estabilidad hogareña y profesional antes que las temeridades, aventuras arriesgadas y negocios oscuros. Exceso de cálculo y cautela. Personas meticulosas, austeras y razonables, aunque los nacidos alrededor del mediodía son más exaltados e imprevisibles. Fidelidad a sus principios, ideas o doctrinas. Capacidad para sanidad, medicina, dietética, herboristería…

En otro plano, facultades intelectuales, literarias y musicales, aunque continúa un trasfondo que inclina a la administración, banca, contabilidad, finanzas, abogacía, funcionariado, etc.

Referente a la salud, hay que vigilar los intestinos, el sistema nervioso, los pulmones, lo cardiovascular, lo neurológico…, aunque es una jornada que ha dado muchos longevos.

Los nacidos en *luna llena* (como los de 1938, 1957, 1995 y 2014) gozarán de mayores oportunidades sociales y profesionales. En cambio, los venidos al mundo en *luna nueva* (años 1934, 1980 y 2018) y *cuarto menguante* (años 1944, 1955, 1974 y 1993) padecerán más frustraciones sentimentales, hogareñas y familiares.

En esta jornada del signo solar de Virgo, ya empieza a experimentarse el influjo de la estrella *Denebola (Denébola),* de la constelación de Leo. Su nombre deriva del árabe *Deneb el Asád,* «la cola del león», por hallarse en esa parte del dibujo. Aunque sea blanca, no es beneficiosa, ya que augura pérdidas, conflictos y pesares, en especial provocados por elementos de la naturaleza *(véanse* los días posteriores).

En conjunto, este día hace que el espíritu sea curioso, investigador, culto y polifacético. Trasfondo de aptitudes para la administración, la economía y las finanzas. Espíritu empresarial. Fuerte tendencia constructiva y práctica, buscando lo útil y duradero. Alternancias idealistas y soñadoras relacionadas con política, religión, clubes deportivos, entidades culturales o musicales. Sentido de lo armónico, con virtudes innatas para la música, el canto, la ópera, la instrumentación, la escenografía… En deportes, hay una particular incidencia en golf.

Se busca la tranquilidad del hogar y de la vida doméstica. No obstante, hay tendencia a doble hogar o a dos matrimonios, con riesgo de que el segundo sea más conflictivo que el primero.

Los nacidos en *cuarto creciente* (años 1948, 1978 y 1997) o en *luna llena* (años 1984, 2003 y 2022) tienen mayores posibilidades de éxitos profesionales. Y los venidos al mundo en *cuarto menguante* (años 1963, 1982, 2001 y 2020) deben estar prevenidos de problemas con el dinero, salud y familia.

En el plano de la salud, cuidado con la alimentación, los intestinos, las intoxicaciones e infecciones, etc., si se abusa del alcohol y de las grasas animales.

Jornada influenciada por el influjo, por orbe, de la estrella *Denebola*, de la constelación de Leo *(véase* lo dicho en el 14 de septiembre). Genera conflictividad, pérdidas, enfrentamientos, problemas... Día que tiene que ver con el mando, el poder, el gobernar, el encumbramiento social, aunque se haya nacido en un hogar humilde. Conlleva muchos altibajos de ánimo, suerte y profesión. Presagia luchas, traiciones, calumnias, disputas, etc.

La vida sentimental de la primera mitad de la existencia es agitada, con sobrecargas eróticas y cierto carácter donjuanesco o mujeriego. Sibaritismo, atracción por la pompa y el lujo, aunque no pueda alcanzarse. Gustos refinados, en particular por los nacidos en los años 1940, 1959, 1977 y 1996.

Mentalidad fantástica, soñadora, metafísica, con atracción por lo misterioso, ocultista, paranormal. Amor a las letras.

Los nacidos en *luna nueva* y *eclipse solar* (como los de 1969, 1988 y 2007) deben vigilar mucho su salud, economía, imprevistos, accidentes y actuación de enemigos y opositores, al igual que los venidos al mundo en *cuarto menguante* (años 1952, 1971 y 1990 noche).

Otra jornada que se halla bajo el influjo, por orbe, de la estrella *Denébola,* de la constelación de Leo. Pese a los conflictos que pueda generar, es un día que se relaciona mucho con política, senado, parlamento, ayuntamientos, pero presagiando enfrentamientos y luchas contra acérrimos opositores, enemigos o contrincantes. No obstante, mental y profesionalmente se reciben aptitudes para lo médico-sanitario, química, farmacia, herboristería, dietética, medicina alternativa, naturismo, etc. Y en lo artístico, cualidades para las artes escénicas, espectáculos, variedades, canto, escultura, danza, talla de madera...

En otro plano, capacidad para relaciones públicas, representaciones comerciales, seguros, etc. Advierte que hay que ser muy precavido al elegir socios y colaboradores, pues es una fecha que augura el riesgo de estafas, abusos de confianza o pleitos, por exceso de ingenuidad.

Amores secretos, imposibles o que no pueden hacerse públicos por intereses familiares o políticos. Los nacidos en *luna llena* (como los de 1935, 1954, 1973, 1992 y 2011) han de dar más importancia a lo profesional-creativo y a lo social-político que a lo hogareño-familiar, tanto si se trata de una mujer como de un hombre. Más de un matrimonio, sea por divorcio o por viudez.

En deportes, estimula de manera especial el motociclismo, la natación, el fútbol, el ciclismo, el atletismo, etc. Y en el plano de la salud, sobre todo ha de preocupar lo cardiovascular, las vías respiratorias, el sistema nervioso y los intestinos.

Los nacidos en este día ya notan los influjos de la estrella *Denebola*, de la constelación de Leo. Su nombre deriva del árabe *Denéb el Asád*, «la cola del león», si bien el significado real es el de «la cola del devorador», que viene de *denéb*, «cola» (y que figura como componente de la designación de varias estrellas) y *boláa*, «devorador», «glotón».

Es un astro poco favorable, toda vez que advierte de pérdidas por causa de calamidades naturales, como sequía, riadas, inundaciones, epidemias, tempestades, etc., por lo que hay que tener siempre los seguros al día.

Comunica cualidades para negocios y profesiones conectadas con finanzas, economía, comercio, venta al detalle, trasportes, empresas de importación-exportación, trabajos de precisión…

Se puede obtener fama y fortuna, pero con riesgo de pérdida de bienes y propiedades por culpa de familiares o malos consejeros. Los nacidos en día de *luna nueva* (como los de 1939, 1958, 1977 *y* 2015) corren mayor peligro de conflictos y disputas familiares y conyugales, además de mayor inestabilidad de la salud por vicios o excesos propios.

Aunque hay un trasfondo artístico-creativo, es un día y estrella que confieren cierto amor al riesgo, por lo que ha dado muchos toreros, esquiadores, escaladores y practicantes de deportes de aventura.

En su aspecto más negativo, el carácter se hace muy crítico con los errores de los demás y se hace antipático por no saber ser diplomático o comprensivo.

De una forma u otra, los nacidos en este día están destinados a moverse en el campo laboral y a ser persistentes en sus ambiciones o proyectos, aunque éstos no den muchos beneficios.

En un plano más mundanal, han nacido en esta jornada muchos lavanderos, tintoreros, limpiadores industriales, conductores de vehículos de limpieza, mecánicos, empleados de hostelería y restaurantes…

Es ésta una jornada muy especial, compleja y tensional, en que sus nativos se mueven entre oleadas de nervios y fricciones y períodos de corta calma emocional. Se halla bajo el influjo directo e integral de la estrella *Denebola,* de la constelación de Leo, que es una estrella blanca más conflictiva que favorable, más generadora de problemas que de satisfacciones. Su denominación viene del árabe *Deneb el Asád,* «la cola del león», si bien el significado real es algo distinto, pues significa «la cola del devorador», que proviene de *denéb,* «cola» (y que figura como componente de la designación de varias estrellas) y *boláa,* «devorador», «glotón». De ahí que Joaquín García Campos señale que el nombre correcto de la estrella tendría que ser *Denéb el Boláa,* «la cola del devorador».

Es una estrella que vaticina conflictos, obstáculos, pérdidas o perjuicios provocados por elementos de la naturaleza, como lluvias, riadas, inundaciones, sequía, incendios forestales, terremotos…, por lo que se debe ser muy prudente y precavido, hasta el punto de tener los seguros al día y bien detallados, particularmente aquellos que sean agricultores, ganaderos, avicultores, lecheros, horticultores, etc. Pero, por otra parte, es un astro que confiere nobleza de carácter y buena predisposición para ayudar a la prosperidad familiar y de los colaboradores.

En otro plano, hay mentalidad muy crítica, analítica, reflexiva, con capacidad para matemáticas y cálculo, investigación, trabajos de precisión, empresas de bricolaje, etc. Asimismo, se posee facilidad para oratoria, literatura, novelística, historia, filología…

En lo deportivo contribuye a dar vocaciones en el fútbol, el críquet, el baloncesto, el golf, el submarinismo deportivo, etc. También presagia que el matrimonio y lo hogareño contribuyen al mejoramiento de la fortuna y posición social. Y hay tendencia al sibaritismo, a lo gastronómico. En lo muy especial, es un día y estrella que ha dado singulares economistas, banqueros y financieros.

Los nacidos en día de *luna llena* (como los de 1932 noche, 1943, 1962 y 1981) tienen mayores probabilidades de destacar en su profesión y sociedad que de gozar de estabilidad sentimental u hogareña.

En lo muy conflictivo, si no hay un sentido moral estricto, la estrella *Denebola* «devora» a sus nativos, ya que hay tendencia a buscar escapismos artificiales: tabaco, alcohol, drogas, medicamentos, sexo…, cosa que deben tener en cuenta los que se muevan en ambientes dudosos o conflictivos…

Aún se notan los influjos de la estrella *Denebola,* de la constelación de Leo. El nombre viene del árabe *Denéb el Boláa,* «la cola del devorador». Los Virgo del siglo XXI notarán con mayor intensidad esos efectos. Es una estrella más perniciosa y conflictiva que propicia, por lo que se debe ser muy prudente en todos los sentidos, sobre todo los que hagan trabajos arriesgados, vuelen, naveguen o conduzcan.

Pese a los accidentes y contingencias conectados con la naturaleza, es una jornada que comunica mentalidad abierta, detallista, minuciosa, pensadora, paciente, ambiciosa, estudiosa y capacitada para grandes empresas. Facultades para organización, planificación y responsabilidad profesional. Las relaciones sociales y públicas ayudan más al encumbramiento o realización de lo que se desea que el acumular muchos conocimientos.

Por lo común, la persona es laboriosa, pacienzuda y esmerada, pero sin perder de vista sus ambiciones innatas, se dedique al trabajo o negocio que sea. Sin embargo, es un día que faculta especialmente para la literatura, la filología, todo lo relacionado con libros, librerías y editoriales, así como las artes escénicas y la música, lo que no es obstáculo para que ingenieros, arquitectos, técnicos, mecánicos y electrónicos hayan nacido en esta fecha.

En el plano deportivo, da muchos jugadores de críquet, de fútbol, de fútbol americano, de squash, etc., así como deportes náuticos y empresas u oficios relacionados con el mar.

Sentimentalmente, el hogar y la familia quedan en un plano muy secundario, puesto que lo profesional enfría lo amoroso y ocupa un lugar prominente en la mente y el corazón de los nativos de esta jornada.

En el plano de la salud, deben preocupar los intestinos, el bazo, la vesícula, los procesos cardiovasculares, la circulación general, el sistema nervioso simpático…, por lo que debe llevarse una alimentación frugal y rica en frutas y verduras. El principal enemigo de este día es el alcohol.

Los nacidos en luna llena (como los de 1951, 1970, 1989 y 2008) son los que deben vigilar más su salud y los que tienen mayores posibilidades de alcanzar fama y fortuna, pero con marcada inestabilidad hogareña y romántica.

Los Virgo de este día se hallan bajo el influjo directo de la nebulosa espiral *Copula* (M 51), de la constelación de los Lebreles (Perros de Caza). Su nombre, de origen latino, quiere decir «lazo», «cadena», «atadura», «unión», «matrimonio»…, lo que parece indicar que quienes nacen en esta jornada corren peligro de quedar unidos, encadenados o dominados por sus tendencias, instintos o pasiones, sobre todo de tipo romántico-sexual. Es una nebulosa de influjo variable y confuso, ya que contiene miles de estrellas e infinidad de materia cósmica; augura penas de amor, amores imposibles, decepciones afectivas, etc. Pero también da buena memoria y cualidades para especulaciones, investigaciones y trabajos detallistas, pero con riesgo de querer hacer demasiadas cosas a la vez o empezar muchos proyectos que no se finalizan.

Por dicho motivo, hay riesgo de tropiezos profesionales o económicos por falta de visión de la realidad o de ser empujado por demasiada confianza en sí mismo. Capacidad polifacética y de hacer varios estudios o trabajos al mismo tiempo, pero con resultados limitados.

Asimismo, en salud, hay riesgo de defectos o afecciones en la vista, por lo que hay que ser muy prudente con productos químicos, detergentes, ácidos, etc., en particular si se trabaja en un laboratorio o en la elaboración de algún producto tóxico. También han de preocupar los intestinos, el hígado, el sistema nervioso simpático, el metabolismo…, por lo que se debe evitar el tabaco, el alcohol, los estimulantes…, si se quieren evitar procesos oncológicos.

En el plano de la profesión, esta jornada favorece trabajos de precisión y meticulosidad, minería, industria y tecnología modernas, incluso microelectrónica y ordenadores. En lo más mundanal: todo lo relacionado con sanidad, tintorería, lavandería, limpieza industrial… No obstante, como trasfondo están las labores intelectuales, literarias, artísticas, teatrales y cinematográficas.

Los nacidos en *luna llena* (como los de 1940, 1978, 1997 y 2016) tienen mayores posibilidades de destacar con su creatividad, pero sufriendo fuertes fricciones afectivas y familiares. Y los venidos al mundo en *luna nueva* (años 1955, 1974, 1993 y 2012) han de vigilar más su salud (incluido el aparato digestivo) y son los que padecerán más frustraciones hogareñas y familiares.

Día que se halla bajo el dominio de la nebulosa espiral *Copula* (M 51), situada en la constelación de los Lebreles (Perros de Caza). El nombre de *Copula* es de origen latino y significa «lazo», «cadena», «atadura», «unión», «matrimonio», lo que parece indicar que quienes nacen en esta fecha corren peligro de quedar unidos, encadenados o dominados por sus tendencias, instintos o pasiones, sobre todo de tipo romántico-sexual. Sin embargo, *Copula* es una nebulosa de múltiples, divergentes y confusos influjos, que auguran penas, conflictos, situaciones confusas o intrincadas, decepciones, desengaños, sobre todo en el campo afectivo.

Constelación de los Perros de Caza (Lebreles)

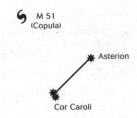

En lo positivo, los nacidos en este día tienen buena memoria y cualidades para especulaciones, investigaciones y trabajos detallistas, capacidad de cálculo y análisis, pero también de crítica y sarcasmo. Pero con riesgo de tropiezos profesionales o económicos por falta de visión de la realidad, si bien pronostica victoria sobre enemigos, opositores o contrincantes más poderosos o influyentes. Hay un exceso de introversión que suele perjudicar social y profesionalmente, ya que las cosas marchan con más lentitud sin los apoyos del exterior.

En el plano de la salud, hay riesgo de defectos o afecciones en la vista, por lo que hay que ser muy prudente con productos químicos, detergentes, ácidos, etc., en particular si se trabaja en un laboratorio o fábrica de productos químicos, gases, tóxicos, etc. En segundo plano queda todo lo referente a los intestinos y cardiovascular, por lo que hay que llevar una dieta alimentaria lo más regulada posible, evitando el tabaco, alcohol y grasas.

Profesional y creativamente es un día en el que nacen escritores, guionistas, dibujantes, actores, coreógrafos, políticos, empresarios, montañeros, toreros, automovilistas, cineastas…

Otro día que se halla bajo los fuertes efluvios de la nebulosa espiral *Copula* (M 51), situada en la constelación de los Lebreles (Perros de Caza). El nombre de *Copula* es de origen latino y significa «lazo», «cadena», «atadura», «unión», «matrimonio»…, lo que parece indicar que los nacidos bajo su influjo corren peligro de quedar unidos, encadenados o dominados por sus tendencias, instintos o pasiones, sobre todo de tipo romántico-sexual. Sin embargo, *Copula* es una nebulosa de múltiples, divergentes, variopintos y confusos influjos, que auguran penas, conflictos, situaciones borrascosas o intrincadas, decepciones, desengaños…, en particular en el campo afectivo-sentimental. También indica que hay que ser muy precavido con los productos químicos y cuidar la vista, ya que hay riesgo de afecciones en ella por imprudencias o accidentes.

Además, en este día se dejan sentir los efectos especiales de las estrellas *Labrum* (de la constelación de Cráter), *Benetnash* o *Al Kaid* (de la constelación de la Osa Mayor) y *Zavijava* o *Alaraph* (de la constelación de Virgo).

Constelación de Virgo

El nombre de *Labrum* es una voz latina que significa «vasija», «pila», «bañera», «cuba», «copa»…, por lo que no debe sorprender que esotéricamente se la relacione con la copa de Baco, con la copa sagrada, con el santo grial. Es una estrella que insufla cualidades psíquicas, hipersensibilidad, facultades parapsicológicas y tendencias místicas o religiosas.

En cuanto a la *Al Kaid (Alkaid)* significa en árabe «jefe de unidad o de grupo», «capitán», «jefe»…) o *Benetnash* (del árabe *Ka'id al-Banat an-Nash,* «el gobernador de las funerarias», aludiendo a la apariencia de ataúd de un conjunto de estrellas próximas) es una estrella blanca que, en lo positivo, parece comunicar carácter combativo, decidido e intrépido, con facultades para la creatividad y el comercio, así como para la política y sociología, con posibilidad de alcanzar puestos elevados o encumbrarse profesionalmente. Pero en lo negativo, induce a dejarse llevar por brotes fanáticos, revolucionarios, rebeldes, coléricos y rencorosos que suele hacer fracasar proyectos y relaciones. El que aprenda a gobernar o autocontrolar sus intemperancias de carácter y pasiones, evitará la «muerte» de sus planes, ilusiones o empresas.

La tercera estrella, *Zavijava* o *Alaraph (Alaraf)* es una estrella blanco-amarillenta cuyo nombre procede de *Al Zawiah,* «el ángulo» o «esquina», pero que también significa «belleza gloriosa», aunque simbólicamente fue llamada «peso correcto o justo». Comunica sentido del detalle, criticismo y meticulosidad. Es curioso señalar que esta estrella fue utilizada en 1922 para confirmar la teoría de la relatividad de Albert Einstein.

En conjunto, como se comprende al primer golpe de vista, es una jornada bulliciosa, hormigueante, laberíntica y volcánica, la cual suele dar personas fuera de serie en sus respectivas profesiones o carreras. Pronostica fama, honores, premios y riquezas obtenidas por uno mismo, con su trabajo, esfuerzos, facultades y empresas, pero con riesgo de dejarse arrastrar por el positivismo, por el materialismo, por lo vanidoso, por el sentido egoísta de adquirir cosas que los demás no tengan.

Hay una búsqueda de la originalidad, de lo singular, con amor innato al coleccionismo y a los objetos de arte. Se ven favorecidas o estimuladas las profesiones conectadas con el público, los espectáculos, el teatro, el cine, la televisión, la música, el canto y las artes suntuarias.

La vida sexual o erótica suele ser apasionada o agitada, pero pasando por fases o etapas de catarsis o purificación a través de dolores, arrepentimientos y sacrificios familiares. Asimismo, la personalidad pasa por ráfagas humanitarias, cívicas, religiosas y místicas, para caer más tarde en arrebatos eróticos o viciosos. No obstante, la existencia acostumbra a imponer muchas tensiones, dificultades y situaciones personales, familiares y sociales confusas y turbulentas, que cada uno soporta o soluciona de acuerdo con los detalles de su carta natal.

Jornada tan compleja como singular, toda vez que se halla bajo el patronazgo de tres estrellas importantes: *Labrum, Benetnash* y *Zavijava*. La primera pertenece a la constelación de Cráter, y su nombre es una voz latina que significa «vasija», «pila», «bañera», «cuba», «copa», por lo que no debe sorprender que esotéricamente se la relacione con la copa de Baco, con la copa sagrada, con el santo grial. Es un astro que comunica cualidades psíquicas, parapsicológicas, místicas o religiosas.

Constelación del Cráter (Copa)

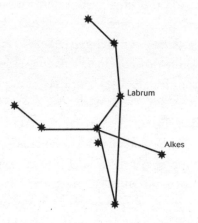

En cuanto a la *Benetnash* o *Benetnach* (llamada también *Al Kaid),* es una estrella blanca, de la constelación de la Osa Mayor. Viene del árabe *Ka'id al-Banat an-Nash,* «el gobernador de las funerarias», aludiendo a la apariencia de ataúd del conjunto de estrellas vecinas. *Alkaid* o *Al Kaid,* en árabe significa «jefe de unidad o de grupo», «gobernador», «capitán», «jefe»…

En lo positivo, comunica carácter combativo, decidido e intrépido, con facultades para la creatividad y el comercio, así como la política, con posibilidad de alcanzar puestos elevados. En lo negativo, riesgo de dejarse llevar por brotes fanáticos, rebeldes, coléricos, envidiosos y rencorosos.

La tercera, *Zavijaba* o *Zavijah,* es de la constelación de Virgo. Es blanco-amarillenta y su nombre procede del árabe *Al Zawiah,* «el ángulo» o «esquina», pero que también significa «belleza gloriosa», aunque simbólicamente fue llamada «peso correcto o justo». Es curioso señalar que esta estrella fue utilizada en 1922 para confirmar la teoría de la relatividad de Albert Einstein. También se la conoce como *Alaraph (Alaraf)*, «el vendimiador». Contribuye a la fortaleza de carácter, a la fuerza de decisión…, pero en lo negativo, comunica avaricia y mezquindad.

De todo ello se desprende que los nacidos bajo tales estrellas y el Sol en Virgo suelen tener una personalidad tan compleja como laberíntica, y que la existencia les impone muchas tensiones, dificultades y situaciones confusas y turbulentas, seguidas de otras situaciones brillantes, placenteras y exitosas. La inteligencia es lúcida, despierta, reflexiva, analítica y detallista.

Es un día que ha dado muchos políticos, sindicalistas, ecologistas, técnicos y científicos. Con todo, su vida es movida, imprevisible y con muchos altibajos profesionales y comerciales. No faltan complicaciones de tipo familiar y sentimental, y hay riesgo de pérdida de bienes por iniciativas comerciales o financieras equivocadas. Ello no es obstáculo para que profesionalmente se puedan obtener triunfos, premios, galardones y reconocimientos por el público o la sociedad.

En el plano de la salud debe preocupar el sistema nervioso, el vientre, los intestinos, la circulación en general y las intoxicaciones alimentarias, sin olvidar las alergias.

Los nacidos en *luna nueva* (como los de 1933, 1952, 1971 y 1990 mañana) han de vigilar su salud cuidadosamente y llevar una dieta alimentaria correcta, de lo contrario sufrirán altibajos de salud muy acusados, lo que perjudicaría sus proyectos profesionales.

Los nacidos en este día se hallan bajo el influjo de la estrella *Zavijava* (o *Alaraph*), de la constelación de Virgo. Es una estrella blanco-amarillenta cuyo nombre procede de *Al Zawiah,* «el ángulo» o «esquina», pero que también significa «belleza gloriosa», aunque simbólicamente fue llamada «peso correcto o justo». Es curioso señalar que esta estrella fue utilizada en 1922 para confirmar la teoría de la relatividad de Albert Einstein.

Esta estrella confiere muchas posibilidades de éxito y renombre, siempre y cuando se aprenda a ser equilibrado y actuar con sentido común y mesura, es decir, que la persona «de el peso moral correcto», que es el simbolismo de *Zavijava.* Pronostica que las relaciones públicas, las amistades, los padrinos y los protectores ayudarán a sobresalir en los asuntos profesionales y a superar los baches de la suerte.

En conjunto, se dará suma importancia al hogar, a la familia y a los hijos, si bien el trabajo o cargo ocupará la mayor parte del tiempo y de las preocupaciones. La mentalidad es abierta, con capacidad para el estudio, el análisis y la investigación, con facultades manuales para trabajos de precisión y artesanales. Facultades para el dibujo mecánico y arquitectónico, maquetismo, mecánica de precisión, profesiones relacionadas con alimentación, dietética, hostelería... Como trasfondo se hallan las artes escénicas, los trabajos intelectuales...

El cónyuge o el amante ayuda al encumbramiento, pero sin descartar los conflictos sentimentales y familiares.

Además, los nacidos por la noche ya notan los efectos de la estrella *Markeb,* de la constelación de la Quilla (Carena). El nombre viene del árabe *Marqueb,* «embarcación», «navío», haciendo referencia al navío mitológico Argos. Es una estrella que vaticina viajes, aventuras y visitas a otros países, además de estimular lo espiritual, idealista y religioso..

Los nacidos en día de *luna llena* (como los de 1937, 1956 y 1975) serán muy temperamentales, nerviosos y compulsivos, lo que generará problemas con los padres, superiores y jefes, pero con muchas posibilidades de obtener renombre o popularidad gracias a su trabajo.

Los nacidos en este día se hallan bajo el dominio amplio e integral de la estrella *Markeb,* de la constelación de la Quilla (Carena). El nombre viene del árabe *Marqueb,* «embarcación», «navío», haciendo referencia al navío mitológico Argos, que condujo a los argonautas a la Cólquida en busca del vellocino de oro.

Es una estrella que confiere idealismo, sentido espiritual, religioso y de ayuda al prójimo. Vaticina viajes, desplazamientos y navegación. Da muchas vocaciones relacionadas con el mar, el agua, la pesca, los deportes náuticos, las agencias de viajes, la geografía, la exploración y la investigación, aunque en otro plano inclina a la enseñanza, la investigación médica y clínica, las actividades religiosas, el orientalismo…

Como trasfondo del carácter, para los nacidos en esta jornada subyace un sedimento intelectual y literario, con mucho sentido del detalle, meticulosidad y afán perfeccionista. Salvo excepciones según la carta natal, el carácter es introvertido, reservado, cauteloso, prudente, que gusta de rodearse de espíritus cultos, elevados y responsables. Se rechaza a las personas viciosas y disolutas, por muy simpáticas y atractivas que éstas sean. Al respecto, los nacidos bajo esa estrella están en posesión de una mente tan lúcida como discriminatoria y racista.

Es un día que da muchas enfermeras y analistas clínicos.

En lo negativo, los nativos de esta jornada corren peligro de sufrir depresiones emocionales, afecciones en el aparato digestivo, intestinos, hígado y bazo si no controlan su sistema nervioso y abusan de las comidas fuertes, grasas y bebidas alcohólicas, lo que deben tener especialmente en cuenta los nacidos en día de *luna nueva* (como los de 1941 y 1979) o en día de *luna llena* (años 1926, 1945, 1964 y 2002).

Los nacidos en este día se hallan bajo el influjo de la estrella *Markeb,* de la constelación de la Quilla (Carena). El nombre viene del árabe *Marqueb,* «embarcación», «navío», haciendo referencia al navío mitológico Argos. Es una pequeña estrella amarilla que confiere sentido espiritual, idealista, religioso y de ayuda al prójimo. Da atracción por los viajes, la cultura, los descubrimientos y la búsqueda de lo oculto o desconocido.

La mentalidad es reflexiva, calculadora, analítica y fría, buscando lo práctico, útil y sensato. También da muchas vocaciones en el campo de la mar, navegación, pesca, exploración submarina y oceanográfica, deportes náuticos, agencias de viajes…

Hay atracción por lo extranjero, empresas internacionales, trasportes, etc., aunque en lo elevado hay un trasfondo intelectual, pero con riesgo acentuado de centrarse en los pequeños detalles y no saber ver el conjunto de un problema o asunto.

Es un día que presagia que los hermanos y primos traerán conflictos o preocupaciones.

En el plano de la salud, hay que vigilar la dieta, los intestinos, el sistema nervioso…, en particular los nacidos en día de *luna nueva* (como los de 1930, 1949, 1968 y 2006) o en día de *luna llena* (año 1983).

En especial, los nacidos en este día deben evitar las discusiones y peleas y saber ser astutos y diplomáticos. El ser sinceros y cantar las verdades les traerán muchos disgustos y problemas.

Aún se nota la fuerza de la estrella *Markeb,* de la constelación de la Quilla (Carena). Vaticina viajes y sentido espiritual, idealista o hasta religioso y humanitario. No obstante, es una jornada difícil y compleja, toda vez que es la frontera entre los signos solares de Virgo y Libra, por lo que para averiguar a qué signo solar se pertenece hay que consultar los libros de efemérides o a un astrólogo, de acuerdo con la hora y el lugar de nacimiento. Por lo general, los nacidos a la madrugada aún son Virgo, e incluso hay años en que todavía son Virgo los venidos al mundo alrededor del mediodía, mientras que a partir de la tarde ya se pertenece al signo solar de Libra.

De una forma u otra, la personalidad es tan compleja, nerviosa, compulsiva y temperamental como contradictoria, con altibajos muy acusados a lo largo de la existencia, ya que también se notan los influjos de un campo de galaxias y nebulosas.

Los nacidos alrededor del mediodía lo tienen mejor para triunfar en la vida, mientras que los que lo han hecho por la mañana son más nerviosos, calculadores e interesados. Y los venidos al mundo desde primeras horas de la tarde tienen más sentido de la sociabilidad, el carácter es más abierto y recibe mucha dosis de materialismo, erotismo y de sentido de la vida pública. Igualmente, los primeros son más intelectuales, mañosos y laboriosos, mientras que los nacidos a partir del mediodía tienen más capacidades para las bellas artes, música, canto, pintura…

En conjunto, vida conyugal y sentimental agitada, incoherente y alocada, con más de un matrimonio o unión, sobre todo para los nacidos en *luna nueva* (como los de 1938, 1957, 1976 y 1987) o en *luna llena* (años 1934, 1953, 1972, 1991 y 2010), si bien estos últimos tendrán más éxitos profesionales.

En el plano de la salud, se tiene que vigilar el sistema nervioso, los intestinos, los riñones, la zona lumbar…

Aún se notan los efectos de la estrella *Markeb,* de la constelación de la Quilla (Carena) *(véase* lo dicho en los días anteriores), y de un campo de galaxias y nebulosas cuyos influjos son difíciles de precisar.

Es una jornada que confiere carácter extravertido, sociable, comunicativo, amable, contemplativo… En conjunto, predisposición amistosa, pacifista, don de gentes y cualidades para orador, conferenciante y relaciones públicas, pero con brotes de crítica severa, detallismo intransigente y actitudes polemistas extravagantes. Poca resistencia a la soledad. Necesidad de rodearse de amistades y organizar reuniones, peñas, coloquios, comidas, salidas en grupo… Fuerte dosis de sentimentalismo y erotismo, con deseos de conquistas amorosas. Intensos estímulos de la libido.

Don de lenguas, por poco que se lo proponga.

A nivel de proyectos, estudios y empresas, hay riesgo de caer en apatías, indolencias, dudas e incertidumbres. Pérdida de oportunidades por no abandonar las comodidades. Exceso de prudencia. Falta de coraje o acciones a destiempo.

Búsqueda de ocasiones profesionales o comerciales a través de las amistades. Especialistas en negociar por la«puerta de atrás», buscando el «enchufen

Cualidades creativas de tipo artístico, artesanal y musical. Atracción por las ciencias abstractas, filosofía, literatura, culturas extranjeras… Gusto innato por lo bello y armónico. Aptitudes para los negocios y las profesiones conectadas con la belleza, la alta peluquería, la perfumería, las modas, la alta costura, los objetos para regalo, los vestidos de novia, el diseño y la fabricación de muebles, la edición y encuadernación de libros, etc.

Los nacidos en *luna llena* (como los de 1942, 1961 y 1980) o en *cuarto creciente* (años 1955, 2001 y 2020) han de vigilar más su salud y su dieta alimentaria. Gozarán de mayores oportunidades públicas y de éxitos profesionales.

Sigue el influjo de la estrella *Markeb,* de la constelación de la Quilla *(véase* lo dicho el 21 de septiembre), y de un campo de galaxias. Jornada que confiere capacidad extraordinaria para la diplomacia, el saber negociar, las relaciones humanas y públicas y la moderación. No debe sorprender, pues, que muchos Libra de esta fecha hayan sido presidentes de Gobierno y Estado, ministros, parlamentarios, senadores, embajadores, gobernadores civiles, alcaldes, etc.

Se reciben facultades para leyes, abogacía, administración de justicia... Y pronostica viajes al extranjero, empresas internacionales, premios y honores en otros países... Pero advierte del riesgo de enfrentamientos o conflictos con el poder religioso.

Trasfondo sentimentaloide y erótico, con probables aventuras románticas en el extranjero o en el curso de largos viajes. Como parte negativa, dudas, titubeos, temores sin fundamentos, cobardías, etc. Traiciones por parte de socios o familiares. Debe preocupar la salud de la familia, pues se tendrán que hacer sacrificios por ésta cuando menos se espere.

Los nacidos en *luna nueva* (como los de los años 1946, 1965 y 1984) o en *luna llena* (años 1969, 1988, 1999 y 2018) han de vigilar sus intestinos, riñones y lumbago y evitar el tabaco y el alcohol.

Además, para todos, hay que estar prevenidos contra los procesos neurológicos, afecciones en las lumbares, cálculos, arenilla...

Los nacidos en este día ya se hallan bajo los influjos, aunque suaves, de la estrella *Zaniah,* de la constelación de Virgo. El nombre deriva del árabe *Al Zawiah,* «el ángulo» o «esquina». Es una estrella blanca que comunica sociabilidad, dulzura, amabilidad, buenas maneras y refinamiento. También genera gusto artístico y cualidades armónicas, musicales y pictóricas. Además, en lo humano, inclina a servicios sociológicos, médicos, sanitarios y psicológicos.

El carácter es sociable y comunicativo, con predisposición innata para ayudar a los demás, aunque con exceso de ingenuidad. Deben esperarse abusos de confianza por parte de colegas, amigos o familiares.

En conjunto; la vida no es fácil ni placentera, aunque se da mayor importancia a conseguir la estabilidad de pareja que al aspecto financiero. Pero es una jornada que da más rompimientos y divorcios que pareja eterna. A los nacidos en este día les conviene más un empleo o unas obligaciones laborales que una profesión liberal o un negocio propio, puesto que el peligro principal consiste en ser demasiado variable y cambiar de objetivos a menudo, lo que trunca muchas vocaciones o sale perjudicado el negocio por ingenuidad.

La fémina de este día no debe soñar con que el matrimonio sea la solución a sus problemas personales o económicos. Tiene que aprender a ser autosuficiente y astuta, a fin de no salir excesivamente perjudicada en sus relaciones con el prójimo.

Los nacidos en día de *luna nueva* (como los de 1973, 1992 y 2003) o en día de *luna llena* (como los de 1931, 1950 y 2007), corren, además, el peligro de tener problemas de salud y graves conflictos familiares, por lo que deberán ser muy cautos y prudentes en todo momento.

Es un día que ha dado muchos cantantes, futbolistas, actores, actrices, músicos, periodistas, locutores, poetas, filósofos, astrónomos…

Este día se halla bajo el completo dominio de la estrella *Zaniah*, de la constelación de Virgo. El nombre deriva del árabe *Al Zawiah*, «el ángulo» o «esquina». Es una estrella que comunica sociabilidad, dulzura, amabilidad, buenas maneras y refinamiento. También genera gusto artístico y cualidades armónicas, musicales y pictóricas. Además, en lo humano, inclina a servicios médicos, sanitarios y psicológicos.

Por otro lado, hace que la persona tenga necesidad de trabajar en colaboración o con socios. En conjunto, espíritu muy crédulo y predispuesto a ser influenciado por personas, ideas o proyectos, ya que no sólo escucha a los demás sino que se cree la mayoría de las cosas que le explican u ofrecen, lo que algunas veces da lugar a pérdida de dinero o esfuerzos en proyectos o negocios vanos, al no saber actuar con racionalidad y sentido práctico.

Los nacidos de madrugada o por la noche suelen tener un carácter más melancólico e inestable, con riesgo de dejarse llevar por ilusiones, fantasías y de caer en obsesiones por la persona amada.

Los nacidos alrededor del mediodía tienen mayores posibilidades de adquirir fama o renombre y están más predispuestos a ocupar cargos oficiales o públicos, como funcionario municipal o estatal, magistrado, abogado del Estado, legislador, político, etc.

En salud, han de preocupar los riñones y los intestinos.

Además de parlamentarios y diplomáticos, es un día que ha dado muchos actores, actrices y cineastas.

Y en el plano de los deportes, han nacido muchos futbolistas, ciclistas, motoristas y automovilistas.

Los nacidos en día de *luna nueva* (como los de 1935, 1954 mañana y 2000) habrán de vigilar la salud, especialmente el sistema nervioso, y corren mayor peligro de problemas hogareños y familiares. Y los venidos al mundo en día de *luna llena* (como los de 1958 noche, 1977 y 1996) tienen mayores posibilidades de éxitos profesionales y de estabilidad sentimental.

Otro día que se halla bajo el influjo de la estrella *Zaniah,* de la constelación de Virgo. El nombre deriva del árabe *Al Zawiah,* «el ángulo» o «esquina». Es una estrella blanca que comunica sociabilidad, dulzura, amabilidad, buenas maneras y refinamiento. También genera gusto artístico y cualidades armónicas, musicales y pictóricas. Además, en lo humano, inclina a servicios médicos, sanitarios, humanitarios y psicológicos.

Es una estrella que en este día estimula de manera particular lo amoroso, erótico y sexual, pero con tendencia a obsesiones.

El carácter es abierto, sociable y, muchas veces, exhibicionista. Versatilidad e inestabilidad sentimental en muchas ocasiones. Si no hay una buena educación moral, la persona tiene tendencia a varios amores y más de un matrimonio. Puede haber una necesidad –tanto en el hombre como en la mujer– a reafirmar la personalidad a través del sexo.

En la juventud hay mucha inclinación a gastar la existencia en diversiones, placeres, vida nocturna, relaciones sentimentales…, pero de una manera exagerada o compulsiva. Incluso pueden tenerse grandes esperanzas o proyectos utópicos, la mayoría de los cuales no pueden llevarse a cabo. Puede haber necesidad de consejo psicológico en la adolescencia.

En el plano creativo, hay cualidades para artes escénicas, música, literatura, periodismo, bellas artes… En la edad adulta, hay mayor tendencia a la búsqueda de lo justo y equilibrado, así como a la lucha por lo ecológico, defensa de la naturaleza y de los animales…

Los nacidos en día de *luna llena* (como los de 1939 y 2004) son los que corren mayor, peligro de llevar una vida desordenada. Y los venidos al mundo en día de *luna nueva* (como los de 1962 y 1981), tienen mayor riesgo de sufrir problemas hogareños, tanto en el hogar paterno como en el propio.

Sigue notándose débilmente la estrella *Zaniah,* de la constelación de Virgo. Su influjo se incrementará a medida que avance el siglo XXI, para los nacidos en esta fecha y en la que sigue. Ya sabemos que comunica sociabilidad, amabilidad, refinamiento, afabilidad… Los nativos del signo solar de Libra de este día, además de su inteligencia y capacidad para adaptarse a diversos estudios, trabajos y oficios, reciben rasgos de genialidad y de singularidad, rompen normas y luchan por nuevas ideas y conceptos, sean éstos artísticos, literarios o empresariales. Sin embargo, no siempre escapan a extravagancias o excentricidades. En amor hay tendencia a los extremos: ha dado mujeriegos y donjuanes, místicos y religiosas, vampiresas y monjas.

Al margen del trasfondo intelectual, literario, novelístico y teatral, es un día que da muchos deportistas, publicistas, decoradores, modelos, modistas, sastres, cantantes, músicos, compositores, etc.

Los nacidos en *luna nueva* (como los de 1943, 1989 y 2008) deben cuidar mucho su alimentación, evitar excitantes y estimulantes, vigilar sus riñones, y son los que corren mayor peligro de problemas en el hogar paterno y de tener que tomar responsabilidades a edad muy temprana. Además, mucha prudencia con el alcohol y el chocolate.

Como trasfondo de todo, hay un sedimento espiritual, religioso y de preocupación por lo metafísico.

Continúa el influjo, pero muy suave, de la estrella *Zaniah,* de la constelación de Virgo. Al mismo tiempo, se reciben efluvios indescifrables de un campo de galaxias y nebulosas, lo que presagia muchos altibajos de la suerte, del estado de ánimo y de la seguridad en sí mismo. Carácter versátil y antojadizo. Pese a ello, es una jornada que comunica a sus nativos capacidad para la inventiva, la mecánica de precisión, el bricolaje, la abogacía, la magistratura, las profesiones médicas y sanitarias, si bien como trasfondo se mantienen las bellas artes.

Sentido de arbitraje y equilibrio, lo que faculta para político o sociólogo. Necesidad de luchar por la mejora de la comunidad. Pero todo con mucha dosis de erotismo y sensualidad, con riesgo de desviaciones sexuales y de explotación de los encantos personales, tanto masculinos como femeninos. Los nacidos en *luna llena* (como los de 1947, 1993 y 2012) son particularmente temperamentales y pueden destacar en su profesión u obtener renombre, pero con riesgo acentuado de conflictos hogareño-familiares.

Y los venidos al mundo alrededor del mediodía gozarán de mayores oportunidades de suerte y prosperidad.

Empiezan a notarse, aunque de manera difusa, las inducciones de las estrellas *Vindemiatrix* y *Porrima*, ambas de la constelación de Virgo. El nombre de la primera, que es anaranjada, viene del latín y significa «vendimia» «vendimiadora», en recuerdo de las fiestas *vindemiales* de los romanos. Los árabes la designaron como *Almuredin*.

Por su parte, *Porrima* es una estrella doble blanco-amarillenta, que lleva el nombre de la diosa romana a la que se invocaba para que el feto se colocara bien en el seno materno. Era conocida como *Cafir* por los árabes, que quiere decir «descreído», «infiel».

El influjo de ambas contribuye a dar personalidades singulares, tanto para bien como para mal, tanto para lo espiritual como para lo materialista o vicioso. Mejoramiento con la edad y la experiencia. En la juventud advierte de la contingencia de caer en el alcoholismo, vicios sexuales, tabaquismo, drogadicción, etc.

Predomina el sentido de lo hogareño-familiar y se busca la comodidad de la vida doméstica que no el mariposeo sentimental. Que se consiga o no depende de la carta natal de cada uno. Aunque hay una tendencia comercial o empresarial, y hasta política, no deben descartarse las actividades sociológicas o humanitarias.

No deben descartarse fuertes intemperancias de carácter en los momentos difíciles o adversos, con la posibilidad de dejarse arrastrar por neurosis, especialmente los nacidos en día de *luna llena* (como los de 1955 y 1974) o en día de *cuarto menguante* (años 1961, 1980, 1991 y 2010). En tales casos hay que aprender a consultar al psicólogo o sociólogo para mantener el equilibrio de la personalidad y no dejarse llevar por los arrebatos y escapismos artificiales.

Altibajos muy acusados de la suerte, con pérdida de bienes, apoyos o ayudas. Vaticina que amistades, socios o colegas traicionarán y le dejarán a uno en la estacada. Capacidad para la diplomacia. Negociador político y árbitro de situaciones difíciles.

Referente a la salud, hay que vigilar de manera especial la vista, los riñones y la región lumbar.

Los nacidos en este día lo hacen con particulares tensiones, energías y capacidades. En primer lugar, destaca el influjo directo y dominante de la estrella *Vindemiatrix,* de la constelación de Virgo. Su nombre deriva del término latino que quiere decir «vendimia», y gobernaba las fiestas *vindemiales* de los romanos. Los árabes le dieron el nombre de *Almuredin,* «el viñador». Es una estrella gigante amarilla y brilla cincuenta veces más que el Sol. No es una estrella muy favorable, por lo que los venidos al mundo en esta jornada corren peligro de no conseguir una «buena cosecha» en sus proyectos, empresas o realizaciones, en particular si se dejan llevar por placeres, diversiones, sexos y comodidades.

Conocida como «estrella de la viudez», vaticina rompimientos sentimentales, divorcio, separaciones, soltería o viudez. Por consiguiente, los que se hallan bajo su influjo deben evitar los arrebatos e impulsos y actuar con gran mesura y cautela, a fin de que no «cosechen» muchos fracasos y sinsabores, tanto en el plano afectivo-familiar como en el profesional-creativo.

Por otro lado, este día también se halla bajo el gobierno de la estrella *Porrima* o *Caphir (Cafir),* asimismo de Virgo. El nombre parece venir de *Porrina,* estado de los sembrados cuando están muy pequeños y verdes, si bien en la tradición esotérica se relaciona con «expiación», «redención», «propiciación del sacrificio». Así, pues, muchos nativos de este día reciben cualidades espirituales, humanitarias y sociológicas, por lo que se les encuentra en tareas de beneficencia, Cruz Roja, ONG, instituciones de ayuda al Tercer Mundo, etc. Muchos pacifistas y ecologistas han nacido en esta jornada. Pero siempre, a nivel de cada uno, se ha de purgar o purificar algo por medio del dolor o de la frustración. Han de preocupar los enemigos, intrigantes y opositores, tanto en política, como en deportes o ámbito laboral-profesional.

Además, estas estrellas también comunican videncia, sentido profético y aptitudes para la parapsicología, las artes adivinatorias, la astrología, la psicología, la psiquiatría y la filosofía.

Los nacidos alrededor del mediodía tienen mayores posibilidades de sobresalir en su trabajo o creatividad o de tener suerte en sus empresas o proyectos.

Los nacidos en este día se hallan bajo los influjos directos de las estrellas *Vindemiatrix* y *Porrima,* ambas de la constelación de Virgo. El nombre de la primera deriva del término latino que quiere decir «vendimia», y gobernaba las fiestas *vindemiales* de los romanos. Los árabes le dieron el nombre de *Almuredin,* «el viñador». Es una estrella gigante amarilla y brilla cincuenta veces más que el Sol. No es una estrella muy favorable, por lo que los nacidos en este día corren peligro de no conseguir una «buena cosecha» en sus proyectos o realizaciones, en particular si se dejan llevar por diversiones, placeres y sexo, que es lo más corriente. Conocida como «estrella de la viudez», vaticina rompimientos sentimentales, soltería o viudez. Si no se actúa con gran mesura y cautela se corre el riesgo de cosechar muchos fracasos y sinsabores, tanto en el plano afectivo como profesional.

Por su parte, la estrella *Porrima* o *Caphir (Cafir)* es, en realidad, una estrella doble; las dos son de color blanco-amarillento y una de ellas gira en torno de la otra, lo que hace que sus influjos sean variables a través de años y generaciones. Estas estrellas confieren sentido de la cortesía, amabilidad, refinamiento, facultades creativas artísticas, gusto por la belleza, etc. La tradición esotérica relaciona a *Porrima* con «expiación», «redención», «propiciación del sacrificio»… Así pues, muchos de los que reciben los influjos e inducciones de estas estrellas tienen cualidades espirituales, humanitarias y sociológicas, por lo que se les encuentra en tareas de beneficencia, Cruz Roja, instituciones de ayuda al Tercer Mundo, etc.

Además, los nacidos en esta jornada pueden tener hasta videncia, sentido profético y aptitudes para la parapsicología, las artes adivinatorias, la astrología, la psicología, la psiquiatría y la filosofía.

En el plano personal, se posee cortesía, amabilidad, elegancia, don de gentes, capacidad para relaciones humanas y públicas, facultades para la carrera diplomática, y misiones o representaciones a otros países, sobre todo de tipo deportivo y cultural. Lo extranjero, para bien o para mal, juega siempre un papel importante en la existencia del sujeto.

Los nacidos alrededor del mediodía tienen mayores ambiciones y capacidad de audacia, valentía y suerte. Y los venidos al mundo por la madrugada deben cuidar más sus riñones, intestinos, ovarios y sistema nervioso.

Los nacidos en este día lo hacen bajo los efectos, aunque muy suaves, de la estrella *Porrima* o *Caphir (Cafir),* de la constelación de Virgo. En realidad, se trata de una estrella doble; las dos son de color blanco-amarillento y una de ellas gira en torno de la otra, lo que hace que sus influjos sean variables a través de años y generaciones. Estas estrellas confieren sentido de la cortesía, amabilidad, refinamiento, facultades creativas artísticas, gusto por la belleza, etc.

La tradición esotérica relaciona a *Porrima* con «expiación», «redención», «propiciación del sacrificio»... Así, pues, muchos de los que reciben los influjos e inducciones de estas estrellas tienen cualidades espirituales, humanitarias y sociológicas, por lo que se les encuentra en tareas de beneficencia, Cruz Roja, instituciones de ayuda al Tercer Mundo, etc.

En conjunto, hay tendencia a la fidelidad a la palabra dada, a respetar los contratos establecidos, sea en lo matrimonial, profesional o empresarial. En el plano de la suerte hay altibajos acusados, si bien con mucha fuerza de recuperación y posibilidades de éxito final. Las cosas suelen marchar lentamente, por lo que no hay que apresurarse en nada, puesto que lo que se tenga que conseguir llegará a su tiempo.

Por otro lado, hay aptitudes para cargos políticos, instituciones públicas y cívicas, jurisprudencia, abogacía, artes escénicas, canto, psicología, humanidades, etc.

Se marcha tras la comodidad y los placeres. Hay poca resistencia a la soledad, por lo que se buscan amistades y relaciones para todo. Más que el futuro, uno se preocupa de vivir el presente rodeado de familiares, amigos o colegas que compartan sus gustos, diversiones y conocimientos. En ese aspecto, el carácter es algo inmaduro, infantil; como un crío, necesita tener siempre gente en torno suyo para que aplauda sus ocurrencias.

Los nacidos en día de *luna llena* (como los de 1960, 1971, 1990 y 2009) corren mayor peligro de problemas familiares y conyugales, al igual que los venidos al mundo en día de *cuarto menguante* (años 1950 y 1996) que, además, tienen mayor riesgo de sufrir heridas, golpes, enfermedades nerviosas, disfunciones que afecten a los riñones, etc.

Recordemos que *Porrima* es el nombre de una deidad romana a quien invocaban las mujeres embarazadas para que los fetos se colocaran convenientemente en el claustro materno para nacer bien. Por ello ese nombre tiene el significado de «movimiento para colocarse bien», para obtener un premio, un cargo, un beneficio profesional…

Como los influjos de este grupo estelar no son fijos, a causa del movimiento de traslación de uno de los componentes, tampoco la personalidad y la suerte del nativo se mantienen fijas y estables, sino que son variables, si bien, en general, siempre hay una tendencia innata a «moverse hacia la dirección más conveniente o más agradable», «a girar hacia lo más positivo».

Jornada poco placentera. Empiezan a notarse los efectos de la estrella doble *Algorab (Al Gorab);* es blanca y tiene como compañera una enana anaranjada. Pertenece a la constelación del Cuervo.

Constelación del Cuervo

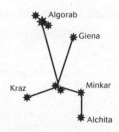

Inclina a lo materialista, a lo comercial y a buscar el placer por encima de cualquier otra circunstancia. Por lo común está acentuado el riesgo de inestabilidad conyugal y romántica, con peligro de separación o divorcio, por lo que se debe elegir la pareja con sumo cuidado y prescindiendo de fantasías y arrebatos eróticos. De una forma u otra hay más de un matrimonio o unión.

Se debe estar alerta ante la posibilidad de pérdida de propiedades o bienes a causa de malas inversiones financieras, abusos de confianza de socios o administradores o por herencias mal dispuestas legalmente. No debe confiarse en nada dado de palabra y sí exigir siempre documentos y contratos bien escriturados y firmados, en particular los nacidos en día de *luna llena* (como los de 1941, 1979, 1998 y 2017) o en día de *cuarto creciente* (años 1935, 1954 y 2000).

Los nacidos por la tarde-noche notarán más los efectos de dicha estrella, por lo que deben saber autocontrolar sus intemperancias, vicios o pasiones, pues de lo contrario habrá frustraciones profesionales o comerciales. Hay gusto artístico y artesanal, con aptitudes para arqueología, talla de madera y vidrio, escultura, pintura, retablo, diseño, restauración de obras de arte, etc. Asimismo, es un día que ha dado intelectuales y filósofos. En el plano de la salud, deben seguir preocupando los riñones, la región lumbar, el aparato urinario, las alergias, el metabolismo, lo cardiovascular, los intestinos, la cabeza…

Esta jornada del signo solar de Libra se halla bajo el influjo y dominio completos de la estrella *Algorab* o *Al Gorab* (o *Algores)*, cuyo nombre viene del árabe *El Gorab,* que quiere decir «el cuervo», toda vez que esa estrella amarillo-anaranjada pertenece a la constelación del Cuervo. Comunica instinto materialista, negociante y mercantilista. El carácter se hace impulsivo, temperamental, agresivo, imprudente y falto de delicadeza, con peligro de dejarse arrebatar por pasiones perniciosas, tanto para la moral como para la salud. Riesgo de matrimonio prematuro o de embarazo en la adolescencia. Quedan recomendados los consejos de un buen psicólogo en los momentos cruciales o de conflictividad personal o familiar.

Aunque pueda parecer sorprendente, es una jornada que da muchos barrenderos, mujeres de la limpieza, limpiacristales, sirvientas, camareras y todos aquellos empleos conectados con la limpieza de pueblos, ciudades y empresas, recogida de basuras, incineración de residuos industriales, lavanderías industriales, etc.

En otro plano, pese al trasfondo intelectual y artístico, confiere aptitudes para las artes escénicas, ilusionismo, ventriloquia, baloncesto, fútbol, balonmano, críquet, toreo, esquí…

Muchos periodistas de prensa y medios audiovisuales han nacido bajo este día y estrella, y experimentan fuertes altibajos profesionales por cuestiones ideológicas o políticas.

En el plano de la salud, se han de vigilar los riñones, la zona lumbar, lo neurológico, el aparato urinario, la piel, los cálculos biliares y arenilla (si no se hace una alimentación adecuada)…

Los nacidos en *luna nueva* (como los de 1945, 1983 y 2002) deben cuidar su sistema nervioso y aparato digestivo y autocontrolar sus arrebatos, pues corren peligro de pleitos y enjuiciamientos criminales. Han de mantenerse apartados de todo grupo antisocial o tribu urbana.

Los venidos al mundo en *cuarto creciente* (años 1943 noche, 1962 y 1981) tienen mayores probabilidades de alcanzar sus objetivos profesionales y creativos.

Jornada dominada por el influjo de la estrella *Algorab* o *Al Gorab,* sobre todo por la mañana. Pertenece a la constelación del Cuervo. Su nombre es una voz árabe que quiere decir precisamente eso: «el cuervo».

Es una estrella doble de color amarillo-anaranjado que comunica instinto materialista, negociante y mercantilista, si bien el carácter de los nacidos en este día también adquiere cierta dosis de rebeldía, de inconformismo y de lucha ideológica. Vaticina altibajos personales y profesionales muy acusados, con peligro de persecución por la justicia o de trampas o conspiraciones por parte de enemigos y opositores. Los idiomas, los viajes a otros países y todo lo extranjero tendrán un papel importante en la vida del sujeto, tanto para bien como para mal.

En la primera parte de la existencia, vida romántica algo alocada, inconstancia en el amor, ensueños exagerados... En lo matrimonial, la pareja generará problemas de convivencia, familiares o ideológicos.

Con la madurez, renuncia a lo carnal y sublimación de los sentimientos hacia lo espiritual, ideológico y religioso. Capacidad para cargos políticos y oficiales; probabilidad de altos cargos estatales si se dedica a la política.

En negocios y profesión, espíritu emprendedor e improvisador, ligero y confiado, se adapta continuamente a las nuevas circunstancias, lo que hace malograr empresas y proyectos. En lo artístico y creativo pueden obtenerse premios, galardones, reconocimientos, etc.

Es un día que incluso ha dado mentalidades científicas, investigadoras y médicas.

Los nacidos alrededor del mediodía son más egoístas, decididos, calculadores, ambiciosos y agresivos.

Los venidos al mundo en día de *luna llena* (como los de 1930, 1949, 1987 y 2006) tienen que vigilar su salud de manera especial y estar siempre alerta contra enemigos y obstáculos inesperados. Y los nacidos en día de *luna nueva* (1972, 1991 noche y 2010) son los que corren mayor peligro de depresiones emocionales y de tener problemas hogareños y familiares.

Predominio de la estrella *Theta* (θ), de la constelación de Virgo. Mentalidad y aptitudes amplias para la ciencia, el arte y la cultura, según la carta natal personal. Se reciben maneras tan finas, corteses, elegantes y simpáticas para el trato social, y también se tienen cualidades para cargos y carreras diplomáticas y políticas. Aunque se haya nacido en un hogar humilde, se abre uno camino en la vida, pudiendo alcanzar aquello que se propone, sea riqueza o reconocimiento público. Trasfondo erótico-sexual muy acentuado y posibilidad de varias uniones o matrimonios. La pareja, a pesar de las frustraciones y tensiones, es importante para la actividad profesional o pública de los Libra nacidos en esta jornada. Posibilidades de hacer un casamiento importante o de alcurnia.

Como parte negativa no deben descartarse problemas, traiciones, falacias o persecuciones motivadas por la ideología propia. Riesgo de exilio o de largas temporadas en otros países. Lo extranjero sigue marcando de cerca el destino de estos Libra.

Es un día que ha dado muchos políticos, parlamentarios, diplomáticos, militares, senadores, funcionarios ministeriales… En deportes, inclina al atletismo, la gimnasia, la esgrima, el tenis, el fútbol, etc.

Los nacidos en *luna llena* (como los de 1957, 1976, 1995 y 2014) corren mayor peligro de problemas en el hogar paterno y de enfrentamientos con los padres, jefes y superiores, al tiempo que tienen mayores posibilidades de de destacar en su trabajo o socialmente.

Los venidos al mundo en *cuarto menguante* (años 1955, 1974, 1993 y 2012) han de vigilar más su salud, en particular riñones, intestinos y zona lumbar, sin descartar los consabidos sinsabores en el ámbito hogareño. Riesgo de varios rompimientos sentimentales.

Día gobernado por la estrella *Theta Virginis* (θ), o sea, de la constelación de Virgo. Jornada que confiere, en su conjunto, una fuerte capacidad para lo armónico, sea música, poesía, literatura o formas pictóricas. Se nace con un gusto innato por lo musical y el canto, que se desarrolla o no de acuerdo con otros aspectos de la carta natal. La vida es agitada, poco cómoda, con altibajos acusados y un trasfondo erótico-amoroso muy marcado. El erotismo es exagerado y sin barreras. Se posee un sentido pacifista, constructivo y creativo, que se acentúa con los años, a medida que se dejan atrás las pulsiones de la libido. No obstante, siempre queda en el sedimento del carácter muchas dosis de rebeldía, de vanguardismo y de innovación, acompañadas o no de neurosis.

Aunque se reciben ayudas y colaboraciones de amigos y mecenas para salir adelante con proyectos y empresas, continuamente hay que estar alerta contra la intervención de enemigos, competidores y envidiosos.

En la tarde-noche ya se notan los efectos de la estrella *Seginus* (o *Haris),* de la constelación del Boyero, la cual pronostica prosperidad gracias al trabajo, profesión, estudios y creatividad. Contribuye, por supuesto, a la obtención de fama y éxito.

Los nacidos en día de *luna llena* (como los de 1938 y 1984) o en *cuarto menguante* (años 1944, 1963 y 1982) deben vigilar más su salud, a los enemigos y competidores y son los que corren mayor riesgo de frustraciones o problemas en el hogar paterno y, más tarde, en el propio.

En el plano de la salud, hay que vigilar la zona lumbar, los riñones, la vejiga, el sistema nervioso, los intestinos, el metabolismo, los cálculos, la arenilla, los quistes (en los riñones), la piel, los intestinos, la anemia…

Los nacidos en este día se hallan bajo el influjo directo e intenso de la estrella *Seginus* o *Haris,* de la constelación del Boyero. Es una pequeña estrella blanco-amarillenta que augura triunfo y prosperidad por medio del trabajo, labor y esfuerzos. No facilita loterías ni herencias cuantiosas y advierte, además, que las imprudencias y las falsas amistades traerán problemas o disgustos personales o familiares.

La mentalidad es sutil, intelectual, detallista, meticulosa, aplicada y penetrante. Quedan favorecidos los trabajos intelectuales, literarios, artísticos, artesanales… Capacidad para filosofía y letras, humanidades, psicología, filología, etc. En lo más mundanal, facultades innatas para lo bello, se trate de pintura como de peluquería, modas, esteticismo, etc.

Hay riesgo de frustraciones en el hogar paterno e incomprensiones en el pueblo o ciudad de nacimiento, antes de alcanzar honores o reconocimientos por la labor realizado o el propio talento.

Tendencia a la vida estable de pareja y hogar más que de romanticismo o erotismo alocado, si bien los nacidos en día de *luna llena* (como los de 1946, 1965 y 2003) o en día de *luna nueva* (como los de 1942 y 1988) tendrán una vida sentimental más movida y con situaciones tensas y frustrantes en el plano amoroso-sentimental.

En el plano de la salud, han de preocupar los intestinos, los riñones y los ovarios, por lo que debe llevarse una alimentación lo más frugal y naturista posible y evitar los fritos, el alcohol, las grasas animales, el tabaco, etc.

Sigue el influjo de la estrella *Seginus* o *Haris,* de la constelación del Boyero. Es un día algo neurótico e histérico, pero que pronostica para la mayoría de sus nativos prosperidad a través de los propios esfuerzos y conocimientos y que se vencerá a enemigos, opositores y competidores. Los nacidos alrededor del mediodía son de espíritu más dominador y ansioso de éxito y logros profesionales. Existe riesgo de accidentes, percances, atentados, etc.

En el plano de la salud, ha de preocupar la circulación general, intestinos, riñones y aparato urinario, por lo que debe llevarse una buena alimentación a base de frutas y verduras y evitar las grasas animales. Según la carta natal personal, no debe. descartarse algún tipo de alergia.

Carácter con sentido del humor, del sarcasmo y de lo irónica, probablemente para escapar a inquietudes interiores o debilidades del propio ego. Inestabilidad sentimental, viudez o separación, tendencia mujeriega en el hombre. Varios hijos, a veces de mujeres u hombres distintos. Incapacidad para vivir en soledad y riesgo de caer en el tabaquismo, el alcoholismo, la drogadicción...

En otro plano, contribuye a cargos oficiales, oficios o empresas conectados con alimentación, víveres, pastelería..., si bien abundan periodistas y abogados nacidos en este día. En deportes, hay una mayor incidencia en baloncesto, gimnasia, fútbol, motociclismo, atletismo, tenis...

Los venidos al mundo en *luna nueva* (como los de 1931, 1950, 1969 y 2007) y en *cuarto menguante* (años 1933, 1971, 1990 y 2009) tendrán especiales complicaciones sentimentales y familiares.

Se nota el influjo, aunque muy débil, de la estrella *Seginus* o *Haris,* de la constelación del Boyero. El nombre significa «boyero». Es una estrella blanca amarillenta y de buen augurio. Además, por la tarde, se notan ya los efectos de la estrella *Heze,* de la constelación de Virgo. En consecuencia, jornada ambivalente, en que según los aspectos personales de la carta natal, la persona deriva hacia lo espiritual, humanístico, sociológico o místico, o se deja arrastrar hacia el lado oscuro, hacia lo perverso, materialista, placentero, vicioso, lujurioso... Con todo, da mayor número de seres positivos con ideas innovadoras, pacifistas, ecologistas, defensores de los derechos humanos y el respeto a los animales, etc. Muchos religiosos han nacido en esta jornada. Y en general, los ideales terminan por imponerse y la persona labora para el mejoramiento de su medio social.

De una forma u otra, la providencia ayuda a superar problemas y obstáculos y salir adelante en planes, proyectos y empresas. Los viajes, particularmente a países exóticos, tienen un papel importante en la vida del sujeto, ya se trate de desplazamientos turísticos, comerciales o de representación consular.

Se mantiene un trasfondo pictórico, musical e intelectual. El talón de Aquiles de los nativos del 12 de octubre es lo sexual-erótico, con tendencias promiscuas.

Los nacidos en 1976, 1977, 1978, 1979, 1980 y 1981 deben vigilar muy estrictamente su salud y alimentación, en particular los riñones y la zona lumbar. Si no reciben una buena educación moral, pueden caer fácilmente en perversiones sexuales.

Los venidos al mundo en *luna nueva* (como los de 1939, 1958, 1977 y 1996) y en *cuarto menguante* (años 1960, 1979 y 1998) son los que deben elegir a su pareja con mayor sentido común, puesto que tienen acentuada la amenaza de divorcio o rompimiento, con los consiguientes perjuicios económicos o pérdida de bienes.

En este día del signo de Libra, los viajes y desplazamientos juegan un papel importantísimo, tanto a nivel de estudios o profesión como sentimental o familiar. Sin embargo, las relaciones amorosas con personas extranjeras traerán más sacrificios y sinsabores que dicha o felicidad. Predominan, en este jornada, los efluvios magnéticos de la estrella blanca *Heze,* de la constelación de Virgo, la cual confiere sentido detallista y minucioso y percepción estética. Hay aptitudes para representaciones comerciales, relaciones públicas, agencias de publicidad, editoriales, medios audiovisuales, diplomacia, política... Y en lo creativo, pintura, dibujo, cerámica, grafismo, diseño de modas, música, canto, etc.

Pero en conjunto, hay que aprender a ser práctico, realista y planificador y saber prescindir de las ideas y proyectos fantasiosos o utópicos, pues muchos fracasarán y se tendrá que cambiar de rumbo profesional o empezar de nuevo con otro derrotero.

En especial para los nacidos alrededor del mediodía, han de tener presente que la valentía, la fuerza de decisión y el coraje les generarán más beneficios que la cobardía, la indecisión o las dudas. No obstante, siempre han de estar alerta contra la actuación de enemigos y opositores y saber sortear los escollos con voluntad firme.

Los nacidos en *luna llena* (como los de 1943, 1962, 1981, 2000 y 2019 noche) gozarán de más oportunidades para obtener renombre con su trabajo.

os nacidos en este día se hallan bajo el patronazgo de la estrella *Foramen,* de la constelación Nave Argo. En latín significa «agujero», «abertura», «orificio», y es una estrella que advierte que se tienen que cuidar los ojos, pues se corre peligro de afección en éstos por imprudencia, desidia o accidente, lo que deben tener muy presente los manipuladores de productos químicos. Por consiguiente, hay que acudir al oftalmólogo al menor síntoma de alteración o problema.

En el plano de la suerte, es una estrella que pronostica fortuna, bienes y elevación por los propios méritos y esfuerzos, pero con riesgo de caída o pérdida de la posición alcanzada, lo que no deben olvidar todo tipo de profesionales, políticos, empresarios, financieros, artistas, deportistas, etc. De una forma u otra se pierden bienes, propiedades o privilegios por culpa de estafas o traiciones de amistades íntimas, colegas o parientes.

Esta estrella también confiere cierta dosis de espiritualidad, idealismo y misticismo, por lo que es otro día que da vocaciones religiosas, piadosas y humanitarias. Asimismo, muchos políticos, militares, magistrados, cónsules, embajadores…, han nacido en esta jornada gobernada por la estrella *Foramen*, conocida también como Tseen She.

En el plano de la salud, como trasfondo general, debe preocupar todo lo relacionado con los intestinos, riñones, lumbago…

Además, los nacidos en día de *luna nueva* (como los de 1947, 1966, 1985 y 2004) tienen que vigilar mucho su aparato digestivo y sistema nervioso, así como ser muy diplomáticos en el ámbito familiar, puesto que está acentuado el riesgo de desavenencias, tanto en el hogar paterno como en el propio.

Además, se notan los efluvios magnéticos de la estrella blanca *Heze,* de la constelación de Virgo, la cual confiere sentido detallista, minucioso y percepción estética, pero genera inestabilidad interna.

Los nacidos en este día lo hacen bajo el fuerte influjo de la estrella *Foramen,* de la constelación de la Carena. En latín significa «agujero», «abertura», «orificio», y es una estrella que advierte que se tienen que cuidar los ojos, pues se corre peligro de afección en éstos por imprudencia, desidia o accidente, lo que deben tener muy presente los manipuladores de productos químicos. Por consiguiente, hay que acudir al oftalmólogo al menor síntoma de alteración o problema.

Asimismo, es una estrella que pronostica fortuna, bienes y elevación por los propios méritos y esfuerzos, pero con riesgo de caída o pérdida de la posición alcanzada. De una forma u otra se pierden bienes, propiedades o privilegios por culpa de estafas o traiciones de amistades íntimas, colegas o parientes.

Foramen también es una estrella que confiere cierta dosis de espiritualidad, idealismo y misticismo.

En conjunto, los nacidos en esta jornada tienen aptitudes científicas, especialmente para física, química y medicina. Además, es un día que inculca fuerte capacidad intelectual, don de la observación y análisis y facultades filosóficas y metafísicas, así como búsqueda mental de lo trascendental y cósmico, pero con exceso de análisis, de tortura interna por los valores morales o trascendentales de la existencia. Pero hay una necesidad narcisista de imponer las propias creencias o doctrinas al prójimo y esperar su aplauso.

En creatividad, se mantiene un trasfondo musical, literario, teatral, cinematográfico y pictórico, si bien cobran especial importancia en ese día las profesiones y deportes conectados con el agua *y* el mar.

En amor, presenta las dos caras de la moneda: por un lado, una sexualidad y un erotismo exagerados y exaltados; y por otro, renuncia al sexo, con tendencia neurótica al celibato o a la misoginia. Las relaciones sentimentales y conyugales pocas veces son armónicas y estables.

Los venidos al mundo por la noche ya notan los influjos de otra estrella, *Spica,* de la constelación de Virgo. Es un nombre latino que significa «espiga», y hace referencia a la época de recolección o cosecha. Contribuye a obtener éxito, bienes y logros personales.

Los nacidos en este día reciben particulares tendencias, inclinaciones y acoplamiento de diversos influjos estelares. Primeramente está el trasfondo de la estrella *Foramen,* de la constelación de la Carena. En latín significa «agujero», «abertura», «orificio», y es estrella que ayuda a la elevación de la persona y estimula o inclina a los viajes, principalmente por mar. Es una estrella que da navegantes, marinos, pescadores, etc. Pero en salud advierte que hay que cuidar la vista y acudir al oftalmólogo al menor síntoma de afección.

Al mismo tiempo, esta fecha se halla bajo el fuerte y dominante poder de la estrella *Spica,* de la constelación de Virgo. Es nombre latino que significa «espiga», y hace referencia a la época de recolección o cosecha, a la obtención del grano que alimenta. Es la estrella más brillante de dicha constelación, y también se la conoce por el nombre árabe de *Azimech* o *Azimec.*

Es otra estrella que favorece los logros personales, la obtención de renombre y los éxitos profesionales. En militares y políticos vaticina victoria sobre los enemigos; y en deportistas, sobre competidores.

Por otro lado, aumenta el sentido de justicia, de equidad, de idealismo, de espiritualidad…, por lo que suele dar vocaciones en el campo de la sociología y humanidades. Hay muchos abogados, magistrados, jueces, árbitros, médicos y misioneros nacidos en un 16 de octubre.

Sin embargo, perdura un trasfondo intelectual y cerebral muy acusado, por lo que destacados literatos, dramaturgos y guionistas han nacido bajo tales estrellas; la mayoría se caracteriza por las torturas internas que la angustia y una preocupación casi neurótica por su creatividad.

El amor, el matrimonio, el hogar y la familia no son nada armónicos ni placenteros para esas personas de ánimo tan inquieto, que suelen gozar de mayores satisfacciones profesionales o públicas que hogareñas. En particular para los nacidos en día de *luna llena,* como los de los años 1959, 1978, 1997 y 2016.

Asimismo, es una jornada que ha dado muchos oftalmólogos y ópticos.

Esta jornada empieza por estar dominada por las fuertes energías e influjos de la estrella *Spica,* de la constelación de Virgo. Es nombre latino que significa «espiga», y hace referencia a la época de recolección o cosecha, a la obtención del grano que alimenta. Es la estrella más brillante de dicha constelación, y también se la conoce por el nombre árabe de *Azimech* o *Azimec.*

Es una estrella blanca que confiere sentido de equidad y justicia y favorece los logros personales, la obtención de renombre y éxitos profesionales, pero por medio de los propios esfuerzos.

Además, tales influjos se funden con las inclinaciones e impulsos procedentes de la estrella *Arcturus* o *Arturo,* de la constelación del Boyero. El nombre parece derivar de su posición en el firmamento, ya que *Arctos-oura* significa «a la cola de la Osa», de ahí que se la vea como un pastor, un cazador o un «guardián de la Osa», de las siete estrellas del Norte, pues se halla a la cola de la Osa Mayor.

Para los antiguos griegos era una estrella que regulaba los trabajos agrícolas, las labores del campesino, pero astrológicamente se considera que es un astro que confiere fama, honores, premios, fortuna, reconocimientos, éxito... Favorece viajes y contactos con el extranjero, así como negocios y profesiones conectados con viajes, trasportes internacionales, puertos, pesca, empresas de importación-exportación, etc.

Como sedimento, a causa de la confluencia de los influjos de ambas estrellas, hay fuerte dosis de humanismo, sociología, idealismo...

En el amor, es un día que presagia duras pruebas y más de un matrimonio o unión, con predominio del sexo, de lo erótico, de lo amoroso, de los placeres carnales por encima de otras circunstancias. En lo negativo hay ciertas dosis de coquetería, donjuanismo, orgullo, altanería...

Es un día que ha dado actores, actrices, escritores, escritoras, políticos, futbolistas, golfistas..., que han destacado por su sensibilidad o humanismo ante los problemas sociales o colectivos, pero sin abandonar su parte negativa de tipo erótico-romántica.

Los nacidos en este día se hallan bajo el influjo y las buenas inducciones de la estrella *Arcturus,* de la constelación del Boyero. Los venidos al mundo por la mañana reciben energías más intensas que los nacidos por la tarde-noche. *Arturo* es una estrella gigante de color naranja y es la cuarta estrella del firmamento por orden de brillo o luminosidad. Su diámetro es unas veinticinco veces mayor que el del Sol.

El nombre parece derivar de su posición en el cielo, ya que *Arctosoura* significa «a la cola de la Osa», de ahí que se la vea como un pastor, un cazador o un «guardián de la Osa» de las siete estrellas del Norte, pues se halla a la cola de la Osa Mayor.

Para los antiguos griegos era una estrella que regulaba los trabajos agrícolas, las labores del campesino, pero astrológicamente se considera que es un astro que confiere fama, ayuda a obtener honores, premios, fortuna, reconocimientos, éxito… Favorece viajes y contactos con el extranjero, así como negocios y profesiones conectados con viajes, trasportes internacionales, puertos, pesca, empresas de importación-exportación, etc.

Como parte negativa presagia luchas y enfrentamientos, pero con victoria sobre los enemigos, opositores y competidores. También hay aptitudes para cargos públicos y políticos, en particular los relacionados con cultura, deportes, enseñanza y espectáculos. La persona es muy emprendedora, laboriosa y constante en aquello que le gusta y tiene un trasfondo netamente artístico o de buen gusto.

Sin embargo, son de esperar crisis emocionales y nerviosas muy acusadas, con problemas en la región lumbar y aparato urinario, en particular para los venidos al mundo en día de *luna nueva* (como los de 1952 noche, 1990 y 2009) o en día de *cuarto menguante* (1954, 1973 noche y 2003).

Los nacidos en día de *luna llena* y *eclipse de Luna* (como los de 1948 y 1967) corren mayor peligro de conflictos hogareños y familiares, separación, divorcio, etc. Además, tienen el riesgo de perder patrimonio o fortuna y de sufrir traiciones o deslealtades por parte de socios o colaboradores. Y para todos, existe la contingencia de adicción al tabaco, alcohol y a productos de pastelería, principalmente al chocolate.

Dominio de la estrella *Izar*, de la constelación del Boyero. Nombre que viene del árabe *Al Isar*, «el delantal», «el taparrabo»…, por hallarse ubicada en esa parte de la figura. Es una estrella doble gigante de color amarillo-anaranjada. Su compañera es azul-verdosa. Influye en que los nativos de esta jornada solar de Libra sean más tranquilos, reflexivos, diplomáticos e ingeniosos, incluso filosóficos, con una tendencia innata a equilibrar o armonizar cualquier problema o asunto, buscando soluciones constructivas y ventajosas para todos los implicados. De ahí que tantos árbitros, jueces, magistrados, abogados, legisladores y moderadores de todo tipo hayan nacido en un día como éste.

Se posee gusto exquisito y tendencia al sibaritismo. Sentido muy desarrollado de la oratoria, de lo artístico y de lo intelectual, con mentalidad para penetrar lo que hay tras las apariencias o fachada de personas, conflictos o situaciones. Es una jornada que ha dado buenos literatos, novelistas y poetas.

En el plano de la salud, hay que vigilar los riñones, la zona lumbar, la vejiga, lo neurológico…, y evitar las tensiones nerviosas y el estrés.

Los nacidos en *luna nueva* (como los de 1933, 1971 y 2017) corren mayor peligro de sufrir depresiones y neurosis, mientras que los venidos al mundo en *cuarto creciente* (años 1958, 1977, 1996 y 2007) tienen mayores posibilidades de alcanzar fama y fortuna con su profesión.

Otra jornada bastante encalmada del signo solar de Libra. Sigue el influjo de la estrella *Izar,* de la constelación del Boyero. En este día pronostica vida laboriosa, obligaciones cotidianas, paciencia y perseverancia, pero con cierto espíritu conformista o fatalista. Suele preferirse una vida estable, rutinaria y armónica que el asumir grandes esfuerzos o lanzarse a luchas interminables. No obstante, los nacidos alrededor del mediodía suelen ser más ambiciosos, codiciosos, luchadores y no temer las responsabilidades, a pesar de las dudas internas.

En el plano de la salud, hay que vigilar las rodillas, la zona lumbar, los riñones, la artrosis…

Como trasfondo perduran las virtudes, aficiones y aptitudes para las bellas artes, historia del arte y de los estilos artísticos, pintura, retablo, talla de madera e imaginería en particular. Además, hay capacidad para psicología, sociología, humanidades, filosofía y letras, diplomacia, política, etc. Es otra fecha que ha dado muchos políticos, parlamentarios y funcionarios ministeriales.

En el amor y la familia busca la estabilidad y lo duradero. Procura rodearse de un buen hogar como retiro o refugio. Hay mucha dosis de comodidad y de pasividad en los nacidos por la noche. Pero de una forma u otra, hay sacrificios familiares.

Los nacidos en *luna nueva* (como los de 1941, 1960 y 1998) deben vigilar más su salud, en particular el aparato digestivo, el vientre y el sistema nervioso. Riesgo de neurosis.

Todo parece indicar que en este día del signo solar de Libra predominan los influjos de la estrella amarillenta *Ascellus* o *Asellus,* de la constelación del Boyero. El nombre quiere decir «borriquillo» en latín. Además, hay que suponer que llegan efluvios de un campo de galaxias. En conjunto, en esta jornada hay preponderancia de lo formal, rutinario y más cómodo. Los nativos de esta fecha suelen dejarse llevar por las circunstancias, sobre todo familiares y del ambiente, antes que romper con las normas sociales y convertirse en rebeldes y contestatarios. Tienen necesidad de moverse en grupo o entre amigos y correligionarios. Son los clásicos miembros de tertulias, peñas, ateneos… Prefieren lo seguro y cómodo a grandes promesas acompañadas de enormes y persistentes luchas. Eso no es obstáculo para que en esta jornada, sobre todo alrededor del mediodía, haya dado vida a luchadores ideológicos y militares. Por la noche han nacido bastantes bohemios y artistas, si bien se van trasformando en conservadores y codiciosos con los años.

En lo creativo y profesional, suelen ser detallistas y fanáticos de la perfección, como corresponde a las inducciones de este signo, ya se trate de músicos, pintores, escultores, escritores, coreógrafos, directores de orquesta, compositores, etc.

Y por su capacidad idealista y justiciera ha generado magistrados, jueces, juristas, legisladores, abogados…

En el plano de la salud, ha de preocupar el páncreas, el hígado, los riñones, la zona lumbar, la vejiga…, por lo que deben evitarse el alcohol, el tabaco y las grasas animales de una manera muy estricta.

Asimismo, han de vigilar mucho la salud los nacidos en *luna nueva* (como los de 1949 noche, 1968 noche, 1979 y 2025) y en *cuarto menguante* (años 1943 1989, 2008 y 2019).

Los venidos al mundo en *luna llena* (años 1945, 1964, 1983 noche y 2002) tienen mayores probabilidades de obtener premios y honores por sus actuaciones profesionales.

Se mantiene el influjo de la estrella blanco-amarillenta *Ascellus,* de la constelación del Boyero, y de un campo de galaxias y nebulosas *(véase* lo dicho el día anterior). Jornada poco afortunada, ya que advierte a sus nativos del riesgo de accidentes y lesiones graves a causa de vehículos, aviones o deportes violentos o arriesgados, por lo que se debe ser muy prudente en todo momento y no mostrarse temerario en los días adversos o tensos del horóscopo personal. Asimismo, es un día que presagia enemigos encarnizados y luchas empresariales o con opositores, sea por causas ideológicas, políticas o deportivas.

La personalidad sigue conservando un interés por lo artístico, lo creativo, lo literario y lo histórico, con atracción por el lujo, los objetos de arte y los placeres gastronómicos. En la mujer de esta fecha hay particulares querencias por la comodidad y el placer, con cierta predisposición al mariposeo romántico.

En salud ha de preocupar la circulación general, los riñones, las vías urinarias y el riesgo de flebitis, tromboflebitis, etc., por lo que se debe llevar una vida regulada y ser muy frugal y sensato con la alimentación y la bebida.

Los nacidos en *luna nueva* (como los de 1987 y 2006) tendrán que hacer mayores esfuerzos para abrirse camino en la profesión que elijan, y son los que corren mayor peligro de inestabilidad en el hogar paterno. Mientras que los venidos al mundo en *luna llena* (como los años 1934, 1953 y 1972) o en *cuarto creciente* (arios 1947, 1993 y 2012) gozarán de mayores facilidades para destacar profesional y empresarialmente.

Jornada fronteriza entre los signos solares de Libra y Escorpión. En la mayoría de los años pertenece íntegra al signo solar de Libra, pero en otros, si se ha nacido por la noche, ya se es del signo solar de Escorpión. Hay que consultar, pues, al astrólogo o al libro correspondiente de efemérides para averiguar a qué hora exacta termina un signo solar y principia el otro en el año particular del nacimiento.

Pero todos los venidos al mundo en este día lo hacen bajo el influjo de la estrella amarillenta *Ascellus,* de la constelación del Boyero, y de un campo de galaxias y nebulosas.

De una forma u otra, los nativos de este día reciben una fuerte carga de erotismo y de reacciones tan temperamentales como alocadas y agresivas, con riesgo de rompimientos sentimentales y familiares incomprensibles. Hay que aprender a autodominarse y sacrificarse para evitar ser juguete de las pasiones o instintos.

En lo profesional-creativo persiste el interés por el detalle y el perfeccionismo y hay brotes geniales o de fuera de serie, lo que marca altibajos empresariales o del oficio, si bien uno vuelve a resucitar o recuperarse en corto tiempo. Es una jornada que ha dado valiosos deportistas, artistas temperamentales y hasta científicos importantes.

Los nacidos en *luna llena* (como los de 1961 noche, 1980, 1991 y 2010) tienen especiales cualidades para sobresalir en la sociedad, pero con riesgo de tener que sacrificar su estabilidad hogareña o familiar.

Día que se halla bajo el influjo de la estrella amarillenta *Syrma,* de la constelación de Virgo, la cual pronostica luchas y sacrificios constantes para abrirse camino y alcanzar los objetivos propuestos. Se debe estar alerta contra traiciones y abusos de confianza. Sus nativos difieren bastante de los nacidos en jornadas anteriores. Son mucho más individualistas e independientes, con capacidad para la lucha solitaria, la profesión liberal o la empresa propia. Se guardan la mayoría de problemas en su interior y no los comunican a nadie, lo que da lugar a sobrecargas emocionales y nerviosas que perjudican la salud y la convivencia social.

Hay afán por sobresalir o aplicar sus ideas y elevarse por los esfuerzos personales y los sacrificios, pues su mayor satisfacción íntima es no tener que depender de nadie, ser autosuficientes.

Vocaciones en el campo militar, la armada, fuerzas de orden público, hacienda, administración de justicia, etc. Pero, por otro lado, el detallismo e intelectualismo de esta fecha suele encaminarse más hacia la física, la química y la bioquímica, si bien ello no es obstáculo para que en este día nazcan cantantes, escritores y artesanos.

En amor, tendencia a las grandes pasiones, obsesiones sexuales, celos patológicos, sufrimientos por amores imposibles, etc.

Los venidos al mundo en *luna llena* (como los de 1942, 1999 y 2018) tienen mayores probabilidades de tener éxito en su profesión y medio ambiente social.

En este día empieza a notarse –sobre todo a partir del mediodía– el influjo de la estrella *Princeps* o *Tsieh Kung*, de la constelación del Boyero.

El nombre latín significa «el que ocupa el primer lugar», «el príncipe», etc. Es una estrella gigante amarilla que confiere mente profunda, aguda, penetrante, analítica, hábil para investigar y experimentar en cualquier campo. Por consiguiente, no debe sorprender que en una jornada como ésta nazcan tantas personas audaces, temerarias, innovadoras y precursoras. Se reciben aptitudes para la ciencia, la tecnología y la investigación en todos los terrenos, incluso en el industrial.

Hay que aclarar que los nacidos en el siglo XXI notan más suavemente ese influjo que los venidos al mundo en el siglo XX.

Además, los nativos de esta jornada tienen cierta tendencia al aislamiento, a la meditación, al trabajo en silencio, a la filosofía y a la profundidad de pensamiento y de creencias. Hay fuertes ansias de superación personal y de alcanzar un lugar destacado dentro de la sociedad, al precio que sea.

En amor, predominio de lo sexual sobre lo romántico, de lo pasional y temperamental por encima de la rutina doméstica.

En general, como trasfondo, hay que estar alerta contra la actuación de enemigos y los accidentes imprevistos.

Problemas sentimentales y dificultades con los padres para los nacidos en *luna nueva* (como los de 1992 y 2003) o en día de *cuarto menguante* (años 1948 y 1986).

Por otro lado, se notan los efectos de la estrella *Syrma*, de la constelación de Virgo, que advierte que se tendrá que luchar duro y fuerte para alcanzar los objetivos propuestos.

Los nacidos en este día se hallan bajo el dominio y patronazgo intensos de la estrella *Princeps* de la constelación del Boyero (Bootis). En latín significa «el que ocupa el primer lugar», «el primero en dignidad», «el que va delante», «el príncipe», «el jefe», etc. Esta estrella también tiene el nombre oriental de *Tsieh Kung.*

Es una estrella amarillenta que suele conferir una mente aguda, profunda, analítica, estudiosa, con habilidad para investigar y experimentar. Ayuda a encumbrarse, a sobresalir, a dirigir, a mandar, a tener iniciativas, a convertirse en jefe o líder. Por consiguiente, es una jornada que da políticos, militares, empresarios, industriales, activistas sociales y sindicales. Se posee audacia y espíritu de empresa y se lucha hasta el final por las propias convicciones. No se es comodón, vago ni conformista.

Asimismo, se reciben facultades artísticas, intelectuales y con mucho sentido o visión del detalle, pero es un día en que han nacido muchos químicos, cirujanos, abogados, notarios, empleados municipales y funcionarios de justicia, y hasta empleados conectados con servicios de pompas fúnebres.

En salud aumentan las incidencias que puedan afectar a los genitales y próstata, por lo que deben evitarse los fritos, picantes y comidas que lleven mucha grasa animal. Tampoco se debe abusar del café, té ni alcohol.

Es una jornada que presagia problemas con parientes a causa de herencias y testamentos, conflictos empresariales, sociales o políticos por calumnias y actuación artera de enemigos y opositores, con riesgo de perder el estatus conseguido, cosa que deben tener particularmente presente los nacidos en día de *luna llena* (como los de 1931, 1977, 1996 y 2007) o en día de *luna nueva* (como los de 1954, 1973 y 2011), quienes corren, al mismo tiempo, mayor riesgo de conflictos hogareños y matrimoniales.

Además, también influye la estrella *Syrma,* de la constelación de Virgo, que presagia luchas constantes, tribulaciones y traiciones imprevistas o inesperadas, por lo que siempre se debe actuar con suma cautela y astucia.

Este día se halla bajo el suave influjo de la estrella *Princeps* de la constelación del Boyero (*Bootis*). Es una estrella amarillenta que suele conferir una mente aguda, profunda, analítica, estudiosa, con habilidad para investigar y experimentar. En latín significa «el que ocupa el primer lugar», «el primero en dignidad», «el que va delante», «el príncipe», «el jefe», etc. Esa estrella también tiene el nombre oriental de *Tsieh Kung*.

Constelación del Boyero

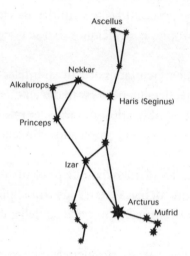

Es una estrella que, en lo positivo, ayuda a encumbrarse, a sobresalir, a ser popular, a dirigir, a tener iniciativas, a convertirse en jefe o líder, en destacar… El espíritu es batallador y hay predisposición a luchar contra viento y marea por los objetivos propuestos, muchas veces sin ver el conjunto del problema y arrastrando a otros a empresas temerarias o utópicas.

La mentalidad es despierta, intelectualoide y astuta, pero que no siempre sabe canalizar sus facultades hacia un trabajo adecuado o una empresa que rinda beneficios. Esta jornada presagia altibajos profesionales y económicos muy marcados a lo largo de la existencia debido a imprudencias comerciales o financieras.

En el aspecto negativo o tensional, hay el riesgo acentuado de quemarse tras proyectos audaces, empresas ambiciosas por encima de las posibilidades propias e ilusiones poco prácticas. Es un día y estrella que han dado triunfadores, qué duda cabe, pero existe un trasfondo muy amplio de seres que no llegaron a la meta porque no supieron ser prácticos ni realistas.

Particularmente, en la mujer de este día está acentuado el peligro de sufrir depresiones emocionales o perniciosas melancolías si no canalizan facultades y sentimientos hacia algo creativo; llegado el caso, sólo pueden superar el bache con ayuda de un buen consejero psicológico.

En general, los nacidos en esta jornada deben ser muy precavidos con todo lo relacionado con agua, navegación, pesca y deportes náuticos.

Y, por lo común, es más afortunada la persona en el trabajo o profesión que en amor. Hay que esperar frustraciones románticas, de las que se exagerará su importancia.

Además de políticos, empresarios y científicos, es un día en que han nacido muchos deportistas, actores, actrices, cineastas, cantantes, poetas, escritores...

Por otro lado, en esta fecha también influye la estrella *Syrma,* de la constelación de Virgo, cuyo nombre latín quiere decir «vestido talar». Augura luchas, enfrentamientos, tribulaciones y traiciones inesperadas, por lo que hay que planificar con suma cautela las actuaciones profesionales de uno.

Los nacidos en *luna nueva* (como los de 1935, 1981 y 2000) deben vigilar mucho su salud, en particular el aparato digestivo, los genitales y el sistema nervioso.

En cambio, los venidos al mundo en *cuarto creciente* (como los de 1941, 1960 y 1971) gozarán de mayores posibilidades de sobresalir en su profesión y de ver cumplidos sus proyectos.

En este día ya se nota el influjo de la estrella *Khambalia* o *Kambalia,* de la constelación de Virgo, si bien de manera muy suave, aunque los efectos se acentúan para los nacidos por la tarde y noche. *Kambalia* es una pequeña estrella blanca cuyo nombre parece provenir del copto «garra retorcida».

Confiere carácter temperamental, rebelde, irascible, inquieto, batallador, inestable…, aunque con ingenio y destellos de singularidad. En conjunto, la personalidad es aplicada, laboriosa y pensadora, por lo que es un día que da vida a muchos escritores, intelectuales y pensadores, pero dotados del afán de sobresalir y recibir premios y honores.

Los nacidos en este día no son idealistas puros, sino materialistas disimulados. Sus ambiciones y deseos de bienes y pertenencias son tan intensos como persistentes sus impulsos creativos. Por lo común, adolecen del defecto de creer que cuanto más laboren, más beneficios tendrán o conseguirán, cuando en realidad pierden buenas ofertas o posibilidades profesionales por falta de relaciones humanas o pérdida de contactos sociales.

No obstante, sus mayores satisfacciones les llegan por medio de los estudios, trabajos e investigación. Hay poca flexibilidad o diplomacia en el trato con los demás, y corren el riesgo de caer en idealismos fanáticos y actitudes tiránicas o despóticas.

También es una jornada que confiere predisposición para lo parapsicológico, misterioso, ocultista, astrológico, espiritualismo, etc.

Los venidos al mundo en día de *luna llena* y *eclipse de Luna* (como en los años 1939, 1985 y 2004), son los que corren mayor peligro de inestabilidad familiar y hogareña y de sufrir fuertes altibajos profesionales y comerciales. Harán bien, pues, en ser prudentes y diplomáticos en lo financiero y en el trato con los demás.

En salud, han de preocupar los riñones, los genitales…

Los nacidos en este día se hallan bajo el dominio intenso de la estrella *Khambalia,* de la constelación estelar de Virgo. El nombre parece provenir del copto «garra retorcida». Es una estrella blanca que confiere carácter temperamental, rebelde, irascible, inquieto, batallador, etc. La suerte es variable, con altibajos muy acusados. La fortuna se tuerce cuando menos se espera, generalmente por propia culpa, al no adaptarse a las exigencias de los otros o por exceso de confianza en el prójimo. Hay, además, un fuerte individualismo, mucho sentido de independencia, un cierto aislamiento, un rechazo a las ataduras muy exigentes...

La vida sentimental corre pareja con dichos baches de la suerte. Son de esperar fricciones y tensiones en el hogar paterno y en el propio, al no querer ajustarse a normas demasiado estrictas.

Los venidos al mundo en día de *luna nueva* (como los de 1932, 1943 y 1989) o en día de *luna llena* (como los de los años 1947, 1966 y 2012) necesitan mucho más espíritu de sacrificio y paciencia para mantener un hogar armónico o estable o para entenderse con socios. Además, habrán de ser muy prudentes con todo lo relacionado con agua, fuego y herramientas de corte.

Para la mayoría está acentuado el riesgo de caer en los escapismos perniciosos del tabaco, del alcohol y de la droga.

En lo positivo, esta estrella favorece los aspectos tecnológicos, industriales e inventivos y todo lo conectado con piedras preciosas y minería. También da militares, policías, armeros, ferreteros, trabajadores siderometalúrgicos, mecánicos, fundidores, etc.

En lo creativo, incide en lo pictórico (dibujo, pintura, grafismo...) y en deportes, inclina al ciclismo, fútbol, baloncesto, deportes náuticos, arbitraje deportivo, periodismo deportivo, etc.

Más de un arriesgado torero ha nacido en esta jornada.

Sigue el predominio de la estrella blanca *Khambalia* (o *Klamblia,* por error), de la constelación de Virgo, influjo que se combina con la personalidad de Escorpión. El nombre deriva del copto «garra retorcida» y el astro se halla ubicado en el pie izquierdo de la figura de la Virgen. En el nativo de este día persiste el carácter combativo, batallador, temperamental, emocional y celoso. El sujeto se encrespa fácilmente cuando se le atosiga mucho o se le quiere mandar demasiado rigurosamente. Es preferible que marche a su aire, pues su espíritu inquieto no se supedita fácilmente a las normas generales. Por cada genio que nace en esta jornada lo hacen doscientos o trescientos fracasados o más.

Asimismo, hay un trasfondo de conflictividad erótico-sexual. Predominio del sentido de conquista y de lo genital por encima de lo romántico y de la fidelidad conyugal. Varios amores intensos a lo largo de la existencia, a veces acompañados de escándalos sociales o familiares. La libido actúa de manera muy compulsiva sobre la mente y voluntad del sujeto, que pierde su autocontrol cívico y moral fácilmente. Más de un delincuente sexual ha nacido en esta fecha.

La suerte se tuerce y retuerce como los meandros de un río, por lo que la persona debe prevenir tales tortuosidades o recovecos si no quiere ser engullido por el río de la existencia, se trate de estudios, empleos, empresas, cargos, deportes o profesiones liberales. Hay riesgo acentuado de caer en escapismos artificiales.

Por otro lado, se poseen aptitudes raras lo ocultista, parapsicológico, astrológico, artes adivinatorias, magia, etc., pero con riesgo de ser dominado por supersticiones y manías. En creatividad, negocios y profesión se puede llegar a lo más alto, pero también caer en lo más hondo, casi siempre por equivocaciones y vicios propios.

Los nacidos en *luna nueva* (como los de 1940, 1951, 1970 y 2016) o en *cuarto menguante* (años 1934, 1980, 1991 y 2010) son los que acusarán particulares altibajos de la suerte y los que deben ser más prudentes y reflexivos en sus proyectos personales, profesionales y en el plano de la salud.

Como trasfondo general, hipersensibilidad para la creatividad musical, literaria y poética. Es un día que ha dado vida a verdaderos sufridores de la pluma.

Los nacidos en este día se hallan, primordialmente, bajo el influjo de la estrella *Khambalia (Kambalia),* de la constelación de Virgo. El nombre parece provenir del copto «garra retorcida». Es una estrella blanca que confiere carácter muy temperamental, rebelde, inconformista, irascible, inquieto, batallador, violento, inestable, variable, etc., pero con mucho ingenio y capacidad de adaptación a las circunstancias más difíciles.

La suerte es variable, con altibajos muy acusados. Es un día que presagia fuertes y prolongadas luchas para superar los obstáculos que el destino, enemigos y opositores ponen en el camino de uno.

Para los que han nacido en hogares acomodados, la suerte se puede torcer en el momento más inesperado. Pero, por lo general, es un día que vaticina infancia y adolescencia problemática o difícil, con riesgo de graves conflictos en el hogar paterno. Los nacidos en hogares modestos y que sean muy rebeldes e individualistas, suelen abandonar el hogar de los padres a edad temprana o a no aceptar las imposiciones de los progenitores, dejándose arrastrar por malas compañías, tribus urbanas, actitudes antisociales, sectas religiosas, etc. Además, hay un riesgo acentuado de caer en el tabaquismo, alcoholismo, drogadicción, explotación del sexo, etc.

Los problemas de todo tipo son más intensos y difíciles de solucionar para los venidos al mundo en día de *luna nueva* (como los de 1959 noche, 1978 y 1997) o en día de *cuarto menguante* (años 1938, 1961 y 1999).

Es una jornada que da muchos solteros, individualistas, separados, divorciados, etc. En salud han de preocupar los genitales, el hígado, el páncreas, y los sistemas urinario y nervioso.

En lo profesional-creativo se reciben aptitudes para todo lo concerniente a navegación, pesca, industrias conservaras, marisco, alimentación, química, espeleología…

En el plano de lo paranormal comunica sensibilidad o fuerza para todas las ramas del ocultismo, espiritualidad, mediumnismo, parapsicología, quiromasaje, medicinas alternativas, etc.

Fecha que está bajo el influjo de la estrella *Mu* (μ), de la constelación de Virgo. Induce el sentido del detalle y de lo meticuloso, pero mezclado con altibajos emocionales y crisis melancólicas. Confiere carácter sutil, astuto, interesado y taimado, que busca sus propios intereses y satisfacciones antes que las necesidades de la comunidad. Tendencia mercantilista y práctica que rechaza lo espiritualista y altruista. Luchas intensas por destacar, hacerse un nombre e imponer ideas a los demás. No le da miedo el trabajo ni la entrega profesional. Prefiere morir laborando que convertirse en un cómodo haragán que se consume en un rincón.

Aunque es una jornada que da muchos empresarios, comerciantes, economistas, dirigentes, banqueros y financieros, también hay un trasfondo muy acusado para las bellas artes, las artes escénicas como la música, la danza y el canto, así como la literatura. Ahora bien, todos con un sentido práctico y realista muy desarrollado. Incluso si hay religiosos o médicos en este día, buscan lo más útil y provechoso para todos y tienen capacidad organizadora. No creen en oraciones milagrosas ni en rosarios divinos, sino en el fruto del trabajo y el esfuerzo personal y colectivo.

En deportes, hay particular incidencia en fútbol, golf, atletismo, náutica, etc.

Los nacidos en *luna llena* (como los de 1952 noche, 1963, 1982 y 2001) tienen mayores posibilidades de destacar en su profesión y hacerse populares, pero con muchos altibajos emocionales, sentimentales y familiares.

En el plano de la salud, las dolencias que los afectan se deben, la mayoría de las veces, por los excesos con el alcohol, el tabaco, los estimulantes, las comilonas, etc.

En general, se debe controlar el azúcar, la presión, el colesterol… En edad madura, deben preocupar los genitales y la próstata.

Los nacidos en este día reciben los influjos estelares –aunque de una manera suave– de la estrella *Acrux,* «cruz», de la constelación Cruz del Sur. *Acrux* o *Alfa crucis,* la más brillante de la constelación, es una de las más bellas estrellas dobles, de color blanco-azulado. Su influjo y efectos son dobles, pero variables, alternables y eclipsables.

Estas estrellas favorecen lo misterioso, enigmático, mágico, místico, parapsicológico y ocultista, incluidas las artes adivinatorias y la astrología. En lo más científico, contribuyen a dar vocaciones en el campo de la exobiología, astrofísica, astronomía, antropología, farmacología, psiquiatría, etc.

El carácter de la persona es firme, decidido y hasta temerario. Desde el punto de vista de la suerte, esta jornada presagia peligros, conspiraciones, persecuciones o pleitos a causa de las propias ideas religiosas o políticas o por imprudencias empresariales o financieras. Puede haber un cambio de la suerte o un susto inesperado por la actuación de enemigos o situaciones violentas sociales o bélicas.

Es un día que vaticina que los idiomas, los viajes, la navegación y lo relacionado con otras culturas será más importante para la persona que su lugar de nacimiento.

En salud ha de preocupar todo lo relacionado con los genitales, riñones, vías urinarias, ano, etc. Asimismo, hay una tendencia innata a la depresión y melancolía perniciosas, dislexia…, en particular para los nacidos en 1943, 1957, 1962 y 1976, quienes pueden necesitar el consejo de un buen psicólogo o neurólogo, cosa que también deben tener en cuenta los nacidos en día de *luna nueva* (como los de 1956, 1967, 1986 y 2005) o en día de *luna llena* (como los de los años 1933, 1952 madrugada, 1971 noche, 1990 y 2009).

os nacidos en este día se hallan bajo el influjo directo de la estrella *Acrux,* «cruz», de la constelación Cruz del Sur; es la más brillante de ésta. La *Acrux* o *Alfa crucis* es una de las más bellas estrellas dobles, de color blanco-azulado. Su influjo y efectos son dobles, pero variables, alternables y eclipsables.

Constelación de la Cruz del Sur

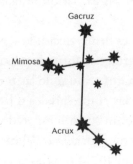

En primer lugar, estas estrellas confieren intensas dosis o inclinación por lo místico, espiritual, religioso, esotérico, sobrenatural, parapsicológico y hasta mágico y brujesco, por lo que da muchos practicantes en dichas disciplinas. Por otro lado, el carácter recibe cierta dosis de bondad, de nobleza, de sinceridad… El carácter de los nacidos en esta jornada tiene un trasfondo, como ya hemos dicho, de experimentador, de investigador, de calibrador, por lo que no se deja deslumbrar fácilmente por las apariencias de las cosas, situaciones y personas; busca el fondo real de todo. Por lo común, hay una necesidad de mandar y dirigir, por lo que es un día que da muchos políticos, parlamentarios, senadores, funcionarios ministeriales y municipales, etc. Todo ello no es obstáculo para que muchos prefieran ser independientes a través de una profesión artística o artesanal, como el dibujo, la pintura, el diseño, el grabado, el retablo, el forjado de hierro, la escultura, etc., si bien abundan más los pequeños empresarios o industriales. Los venidos al mundo en día de *luna nueva* (como los de 1937, 1975 y 1994) corren mayor peligro de inestabilidad emocional, sentimental y familiar y de tener problemas de salud.

Los nacidos en este día lo hacen en una jornada en que se cruzan y entrecruzan fuertes-influjos estelares. Por un lado se notan los efectos intensos de la estrella Acrux, «cruz», de la constelación Cruz del Sur; es la más brillante de la misma. La Acrux o *Alfa crucis* es una de las más bellas estrellas dobles, de color blanco-azulado. Su influjo y efectos son dobles, pero variables, alterables y eclipsables.

Estas estrellas favorecen lo misterioso, enigmático, mágico, místico, parapsicológico y ocultista, incluidas las artes adivinatorias y la astrología. En lo más científico, contribuye a dar vocaciones en el campo de la exobiología, astrofísica, astronomía, antropología, farmacología, psiquiatría, etc.

Pero, por otro lado, como trasfondo suave –pero acentuándose por la noche– se notan las inducciones de la estrella *Alphecca* (o *Alfecca)*, de la constelación de la Corona Boreal. El nombre deriva del árabe *El Fécca,* «la Corona», porque dicha constelación adopta esa forma. El nombre completo árabe es *Munír el Fécca,* o sea, «la refulgente de la Corona», pues es la más brillante y hermosa de dicha constelación. De ahí que en latín también se le dé el nombre de *Gemma,* «piedra preciosa», «gema». Es una estrella blanca variable que estimula las actividades y profesiones sociales, públicas, artísticas y deportivas, con muchas probabilidades de obtener premios, honores y dignidades.

En esta jornada también se reciben facultades para todo lo que sea oratoria, declamación, artes escénicas, poesía, radio y televisión. Lo difícil, para los nacidos en este día, es concentrarse en una sola actividad o labor; hay riesgo de dispersión de ideas y esfuerzos.

En lo negativo, es una jornada que advierte del riesgo de accidentes o disgustos en los viajes, sobre todo en automóvil y avión, por lo que se debe ser muy cauteloso y prudente en los desplazamientos.

Los nacidos en día de *luna nueva* (como los de 1945 noche, 1964, 1983 noche y 2002) han de cuidar mucho su salud, principalmente el aparato digestivo, el sistema nervioso y los genitales.

Y los venidos al mundo en día de *luna llena* (como los de 1941, 1979 y 1998) tienen mayores posibilidades de obtener fama y renombre con un cargo o profesión.

Los venidos al mundo en este día lo hacen bajo el influjo directo de la estrella *Alphecca* (o *Alfecca),* de la constelación de la Corona Boreal. El nombre deriva del árabe *El Fécca,* «la Corona», porque dicha constelación adopta esa forma. El nombre completo árabe es *Munír el Fécca,* o sea, «la refulgente de la Corona», pues es la estrella más brillante y hermosa de la mencionada constelación. De ahí que en latín también se le dé el nombre de *Gemma,* «piedra preciosa», «gema». Es una estrella blanca variable que estimula las actividades y profesiones sociales, públicas, artísticas y deportivas, con muchas probabilidades de obtener premios, honores y dignidades.

En especial, favorece las artes escénicas, por lo que han dado muchos profesionales relacionados con el teatro, el cine, la dramaturgia, los espectáculos, las variedades, la televisión, etc.

El carácter suele ser franco, claro y liberal, pero con tendencia excesiva a cantar las verdades, a criticar al prójimo o a la sociedad. Se posee mucha dosis de escepticismo y rebeldía frente a las creencias y doctrinas que siguen o practican los demás, pero la experiencia y la acumulación de conocimientos ayuda, incluso, a despertar vocaciones tardías en el campo de la mística, humanidades, filosofía y letras, psicología…

En el plano deportivo hay mayor predilección por los deportes náuticos o relacionados con el agua, como waterpolo, vela, escafandrismo, pesca, esquí acuático, piragüismo, surf, etc.

En el amor, presagia varios romances o amoríos, con mayor tendencia sexual-erótica que no platónica-idealista.

En la salud, conviene estar alerta con la circulación general, con el colesterol, lo cardiovascular, lo intestinal, el ano y los genitales, por lo que se debe llevar una buena dieta alimentaria. Hay riesgo acentuado de caer en el tabaquismo, alcoholismo y drogadicción, por ese orden.

Los nacidos alrededor del mediodía tienen mayores posibilidades de obtener fama y riquezas con su trabajo o profesión. Y los venidos al mundo en día de *luna llena* (como los de 1949 noche, 1968, 1987 y 2006) tienen mayores posibilidades de hacerse populares que de gozar de un hogar estable y armónico, al tiempo que deben cuidar su sistema nervioso y aparato digestivo.

os nacidos en este día se hallan bajo los influjos tensionales y nerviosos de varias estrellas, las cuales forman una especie de trenzado no siempre fácil de interpretar. En primer lugar, se nota el dominio de la estrella *Alfecca,* de manera intensa por la mañana y mucho más suave por la tarde.

La estrella *Alphecca* o *Alfecca* pertenece a la constelación de la Corona Boreal. Su nombre deriva del árabe *El Fécca,* «la Corona», porque dicha constelación de estrellas adopta esa forma. El nombre completo árabe es *Munír el Fécca,* o sea, «la refulgente de la Corona», pues es la más brillante y hermosa de dicha constelación. De ahí que en latín también se le dé el nombre de *Gemma,* «piedra preciosa», «gema». Es una estrella blanca que favorece las artes escénicas: teatro, cine, mímica, declamación, oratoria, dramaturgia, etc. Ayuda a destacar y triunfar en tales campos.

Constelación Corona Boreal

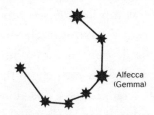

Alfecca
(Gemma)

Por otro lado, predomina y se superpone a tales influjos el poder de la estrella *Kiffa Australis,* de la constelación de Libra o Balanza. El nombre deriva del árabe *Kif-fatz el Yanubia,* «el platillo del Sur», refiriéndose a la estrella más austral de dicha constelación. No obstante, también ha llegado hasta nosotros la variante *Zabán el Genubi,* y *Zuben el Genubi* (algunos tratados llaman a dicha estrella *El Genubi),* «la pinza del Sur», probablemente por hallarse casi encerrada entre las pinzas del Escorpión (la constelación siguiente). No olvidemos que en la antigüedad no existía el signo de Libra y que el espacio correspondiente a éste estaba ocupado por las pinzas del Escorpión, que era un signo con doble extensión. *Zabán,* «pinza», es de origen persa, y su significado exacto es el de «aguijón», como el de la cola del Escorpión.

Desde el punto de vista astrológico es una estrella doble blanco-amarillenta a la que simbólicamente se conoce como «precio insuficiente», «valor insuficiente». Vaticina obstáculos, pesares, obstrucciones, conflictos, peligro de pérdida de prestigio o reputación por culpa propia o por actuación de enemigos u opositores. Y en salud señala el riesgo acentuado de intoxicaciones, que pueden ser debidas a comidas o bebidas en malas condiciones o accidentes con productos químicos. También se puede ser alérgico a medicamentos o alimentos. Por consiguiente, se deberá ser muy cauto en todo momento y rechazar alimentos sospechosos.

En conjunto, hay tendencia innata al desánimo y a las depresiones ante los fracasos o lentitud en proyectos, para resurgir más tarde con optimismo cuando hay satisfacciones o éxitos con otros planes. Pero de una forma u otra siempre hay inclinación a torturarse internamente, de manera exagerada, por cualquier problema o dificultad. No es un día que dé muchos «pasotas», sino todo lo contrario.

Es una jornada en que se encuentran muchos profesionales del canto, de la ópera, de la música, de la composición, etc. En segundo lugar quedan los trabajos y carreras intelectuales.

Los nacidos en día de *luna nueva* (como los de 1953, 1972 mañana, 1991 y 2010) corren mayor peligro de tener baches de salud y problemas hogareños y familiares. Y los venidos al mundo en día de *luna llena* (como los de 1930, 1976 y 2014 noche) tienen mayores posibilidades de éxitos profesionales, pero en detrimento de la estabilidad conyugal o sentimental.

Otro día que se halla bajo el dominio directo e intenso de la estrella *Kiffa Australis* o *Zuben el Genubi,* de la constelación de Libra o Balanza. El nombre deriva del árabe *Kif-fatz el Yanubia,* «el platillo del Sur», refiriéndose a la estrella más austral de dicha constelación. Es una estrella doble blanco-amarillenta.

Desde el punto de vista astrológico es una estrella a la que simbólicamente se conoce como «precio insuficiente», «valor insuficiente»... Vaticina problemas, pesares, obstáculos, conflictos, obstrucciones, altibajos, subidas y bajadas del platillo de la balanza de la suerte. Es otra estrella que presagia el peligro de pérdida de prestigio o reputación por culpa propia o por actuación de enemigos y opositores, con el fin de que el sujeto no alcance fácilmente lo que ambiciona o desea.

El carácter de los nacidos en esta jornada adquiere tonalidades muy temperamentales y agresivas, pero con cierto sentido justiciero o de lucha por ideales o proyectos sociales o comunitarios. Aunque se caiga en fanatismos políticos o religiosos, se mantiene la palabra dada y hay un trato equilibrado o de nobleza con el enemigo u opositor.

Pese a los escollos y pesares sentimentales y emocionales que genera este día, la personalidad es tan fuerte –o se endurece con el dolor o se crece ante las dificultades– que no para de batallar por lo que ambiciona, por lo que no debe sorprender que los que lleguen a la meta reciban premios y honores, incluso reconocimientos *post mortem.*

Al margen del sentido intelectual, estético y artístico de la constelación de Libra, se reciben facultades para todo lo que sea investigación y experimentación, por lo que muchos químicos, bioquímicos, biólogos, fisiólogos, zoólogos, antropólogos y psicólogos han nacido en un 7 de noviembre. Varios premios Nobel han venido al mundo en esta fecha.

En el amor, inclina a la soledad, al aislamiento, a la separación, a la viudez, etc., buscando siempre algo que no parece existir o no conformándose con una vida doméstica vulgar y corriente.

Y en la salud han de preocupar las intoxicaciones alimentarias o por medicamentos, las infecciones, las dolencias que afecten a los riñones y al aparato urinario, por lo que se debe evitar el alcohol, tabaco, grasas...

Los nacidos en este día se hallan bajo los influjos suaves de la estrella *Kiffa Australis* o *Zuben el Genubi,* de la constelación de Libra o Balanza. Su nombre deriva del árabe *Kif-fatz el Yanubia,* «el platillo del Sur», refiriéndose a la estrella más austral de dicha constelación de estrellas. En realidad, la *Kiffa Australis* es una estrella doble blancoamarillenta.

Desde el punto de vista astrológico es una estrella a la que simbólicamente se conoce como «precio insuficiente», «valor insuficiente»… Vaticina problemas, pesares, obstáculos, conflictos, obstrucciones, altibajos, subidas y bajadas del platillo de la balanza de la suerte o del equilibrio. Es otra estrella que presagia el peligro de pérdida de prestigio o reputación por culpa propia o por actuación de enemigos y opositores, con el fin de que el sujeto no alcance fácilmente lo que ambiciona o desea.

En general, no sólo han de preocupar los escollos y los problemas, sino también la salud en la infancia y adolescencia. Hay que cuidar mucho la alimentación y evitar el caer en vicios perniciosos, como fumar o consumir alcohol; al respecto, los amigos serán más perjudiciales que beneficiosos.

En lo profesional y estudios hay que luchar y esforzarse intensamente, muchas veces en solitario y en situaciones muy precarias. Los nacidos en este día necesitan aprender mucho y prepararse intelectualmente para la feroz lucha cotidiana que les aguarda. Hay que adquirir continuamente nuevos conocimientos y adaptarse a nuevas técnicas, pues les esperan muchas trabas, desafíos, dificultades y opositores, y corren el peligro de perder lo conseguido si se duermen en los laureles o se vuelven muy conformistas o haraganes.

Este día comunica atracción por lo misterioso, lo mágico, lo paranormal, lo astrológico, etc. Y en el amor, enamoramientos platónicos o imposibles, soltería, necesidad de libertad, miedo a las ataduras conyugales… Son personas particularmente independientes las nacidas en los años 1953, 1967, 1968, 1987 y 1991, las cuales resisten muy mal el permanecer encerrados en casa. Necesitan la actividad pública y social como el aire que respiran.

Los nacidos alrededor del mediodía tienen mayores posibilidades de destacar, mientras que los venidos al mundo por la noche están más dominados por el sexo, el erotismo y lo genital, por lo que son infieles por naturaleza.

Sigue el influjo débil de la estrella *Kiffa Australis (El Genubi),* de la constelación de Libra (Balanza). Y se empiezan a notar los efluvios de la *Kiffa Borealis (El Schemali),* de la misma constelación. Los nativos de este día se caracterizan por un carácter bastante celoso, desconfiado y quisquilloso, con altibajos emocionales muy acusados y riesgo de períodos de angustia y depresión. Vaticina pesares y frustraciones sentimentales, pese a su fuerte sentido erótico-sexual y su afán de conquista amorosa. Para bien y para mal, el sexo está como trasfondo o sedimento de la personalidad, es decir, que igual da un simpático o atractivo conquistador que un delincuente sexual.

Constelación de Libra

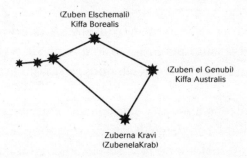

(Zuben Elschemali)
Kiffa Borealis

(Zuben el Genubi)
Kiffa Australis

Zuberna Kravi
(ZubenelaKrab)

En lo profesional-creativo confiere inclinación o facultades para todo lo concerniente a empresas e industrias de todo tipo, sociedades mercantiles, abogacía, notaría, política, fuerzas de orden público, funcionarios de justicia o municipales, etc. Y, en otro plano, hay particular incidencia en filosofía y letras, historia, dramaturgia, artes escénicas, arqueología, paleontología, psicología, artes marciales, carreras militares y de marina de guerra, etc.

La familia y el hogar generarán especiales problemas, frustraciones y necesidades para los nacidos en *luna nueva* (como los de 1931 noche, 1950 noche, 1969 noche, 1988 y 2007 noche), al igual que los venidos al mundo en *luna llena* (años 1946, 1965 y 2003) o en *cuarto menguante* (años 1952, 1971 noche, 1990 y 2009).

Se notan los efectos muy disminuidos de la *Kiffa Australis (El Genubi)*, así como se acentúa el influjo de la *Kiffa Borealis (El Schemali)*, estrellas ambas de la constelación de Libra (Balanza). Los Escorpiones de esta fecha son de carácter singular o insólito, pues tanto se reciben efluvios para generar un delincuente como un representante de la ley, un demente como un psiquiatra, dependiendo, claro está, de los aspectos de la carta natal personal. Son de temperamento muy franco, directo, y hasta sarcástico, lo que en ocasiones hiere la susceptibilidad ajena. También es irascible y reacciona violentamente a la menor provocación, aunque tiene la virtud de calmarse con relativa facilidad. Su estado de ánimo pasa por rachas de gran introversión y aislamiento, con riesgo de depresiones y neurosis, para derivar luego hacia períodos de febril actividad, tanto privada como social o pública. Entonces lucha por altos ideales personales o por las necesidades de la comunidad, barrio, empresa o club.

En conjunto, el espíritu es individualista, ambicioso, batallador y necesitado del aplauso público, por lo que puede ser tan narcisista como exhibicionista de la propia sabiduría, o sea, un petulante supremo.

En lo sentimental-amoroso, vida agitada, con muchos cambios y situaciones insólitas, con riesgo de dejarse arrastrar por apasionamientos y obsesiones sexuales si no practica el autocontrol moral. Más posibilidades de divorcio que de permanecer con la misma pareja.

Riesgo de alcoholismo, tabaquismo, drogadicción, ludopatía, etc. Los nacidos en *luna nueva* (como los de 1931 madrugada, 1950 madrugada, 1969 madrugada y 2007 madrugada) han de vigilar mucho su salud y alimentación y hacer acopio de espíritu de sacrificio para soportar particulares problemas familiares.

Para todos, han de vigilar el aparato genital, la garganta, el intestino grueso, los riñones, la vejiga, las infecciones…

Por la noche ya se notan de manera notable los efectos de la estrella *Kiffa Borealis,* la cual genera más tensiones y adversidades que alegrías. De tal manera que, en general, suelen tener más suerte los nacidos alrededor del mediodía.

Los nacidos en este día también se hallan bajo el influjo directo y patronazgo de la estrella *Kiffa Borealis,* de la constelación de Libra o Balanza. El nombre deriva del árabe *Kif-fatz el Xemalía,* «el platillo del Norte o Boreal», refiriéndose a uno de los dos platos de la balanza que representa dicha constelación. A esa estrella también se la conoce por los nombres de *El Schemali* y *Zuben Eschamali,* que vienen de árabe *Zuben el Schemali,* «la pinza al Norte» para señalar la zona del firmamento que correspondía al signo de Escorpión en la antigüedad. Esta estrella es de color verde pálido y ya antiguamente era conocida como «el grado maldito del signo maldito», lo que indica que no se consideraba muy afortunado el nacer bajo sus efectos. En general, hace que el carácter sea osado, lanzado, decidido, obstinado, agresivo y batallador. Vaticina honores, premios, reconocimientos y fama a los atrevidos, pero acompañados de fuertes sinsabores familiares y sentimentales.

Muchos astrólogos consideran que esta jornada trae suerte y fortuna, lo que se aparta bastante de la realidad, toda vez que el éxito, la riqueza y la popularidad se consiguen sudando sangre, y eso no es suerte. Es un día que no regala nada a sus hijos; éstos tienen que hacerse a sí mismos por medio de intensos esfuerzos y sacrificios. Presagia contactos, viajes, estudios o negocios con el extranjero, así como posibilidades de éxito con empresas de importación-exportación, turismo, navegación, etc. Hay, por supuesto, una fuerte dosis intelectual en la personalidad, por lo que da muchas vocaciones en el campo de la filosofía, literatura, poesía, filología, idiomas, traducciones… En segundo plano se hallan la las artes escénicas, ciencias políticas, canto, composición, pintura… En deportes, hay particular incidencia en atletismo, fútbol, baloncesto… En ocasiones, y según el año de nacimiento, hay en el carácter mucha tendencia a la vanidad, al exhibicionismo, al erotismo, a la ruptura con normas morales tradicionales…

Pronostica altibajos muy acusados de suerte para los nacidos en día de *luna nueva* (como los de 1939, 1958, 1977 y 1996), quienes habrán de ser diplomáticos, cautelosos y reflexivos para solucionar los conflictos que se presenten. No conseguirán nada actuando violentamente.

Los venidos al mundo en día de *luna llena* (como los de 1962, 1981 y 2000) tienen más posibilidades de destacar en su trabajo, profesión o empresa, pero sin escaparse de la inestabilidad sentimental, hogareña y familiar.

Los nacidos en este día se hallan bajo el influjo personal y directo de la estrella *Kiffa Borealis,* de la constelación de Libra o Balanza. El nombre deriva del árabe *Kif-fatz ex Xemalía,* «el platillo del Norte o Boreal», refiriéndose a uno de los dos platos de la balanza que representa dicha constelación.

A esa estrella se la designa con otros nombres, como las de *El Schemali* y *Zuben Eschamali,* que vienen del árabe *Zuben el Schemali,* «la pinza al Norte», para señalar la zona del cielo que correspondía al signo de Escorpión en la antigüedad. Esta estrella es de color verde pálido y ya antiguamente era conocida como «el grado maldito del signo maldito», lo que indica que no se consideraba muy afortunado el nacer bajo sus efectos.

En general, hace que el carácter sea osado, lanzado, decidido, obstinado, agresivo y batallador. Vaticina honores, premios y fama a los atrevidos, pero acompañados de fuertes sinsabores familiares y sentimentales, en particular para los nacidos en día de *luna nueva* (como en los años 1928, 1947, 1966, 1985 y 2004) y en día de *luna llena* (1943).

La persona, con el paso del tiempo, se hace muy individualista e independiente, que difícilmente se adapta a empleos o a estar subordinado a otros. Prefiere la lucha en solitario, una profesión liberal o una empresa o comercio propios. Es de espíritu inconformista, rebelde y con ramalazos agresivos. De joven se es muy inquieto e indisciplinado, por lo que se tienen dificultades con educadores, padres, jefes y condiscípulos. Posibilidad de interrumpir estudios o carrera y embarcarse a la aventura con la tarea que a uno le agrada.

Fuertes ambiciones y luchas por destacar y ser tenido en cuenta. Pero siempre se han de vencer grandes escollos y dificultades para salir adelante. El triunfo nunca es fácil, en particular para los nacidos en la madrugada.

Se poseen destreza y creatividad muy amplias, sea en lo artístico o artesanal o en deportes. Es un día que ha dado muchos dibujantes, pintores, retablistas, escultores, tallistas, orfebres, músicos, cantantes, diseñadores, etc. Y en lo deportivo hay particular incidencia en gimnasia, golf, fútbol, hípica, motociclismo, tenis, baloncesto…

En el plano de la salud, han de preocupar los golpes y las afecciones en la cabeza, vista, genitales, región lumbar, riñones, aparato urinario…También deben preocupar los accidentes con vehículos, aviación, embarcaciones…

Los nacidos en este día se hallan bajo el influjo directo e intenso de la estrella *Unukalhai (Unuk Elhaia),* de la constelación de la Serpiente. El nombre deriva del árabe *Unuk al-Haiia,* «la garganta (o cuello) de la Serpiente», haciendo referencia a su ubicación en la figura antigua de la constelación a que pertenece. Esa estrella anaranjada también se denomina *Cor Serpentis,* que en latín quiere decir «el corazón de la Serpiente».

Constelación de la Serpiente

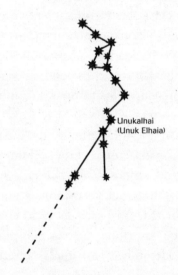

Unukalhai
(Unuk Elhaia)

Es una estrella que comunica fortaleza de carácter, astucia, sagacidad y reflexión. Pero vaticina pruebas difíciles, enfermedades, celos y riesgos de envenenamiento o intoxicación. Hay que estar alerta contra los ofidios, si se vive en el campo, y las heridas que pueden provocar tétanos. Asimismo, hay riesgo de intoxicación alimentaria (mucho cuidado con las conservas) y por medicamentos.

La persona nacida en este día es, por lo general, muy intuitiva, sutil y aplicada para penetrar los secretos de la naturaleza. Le atrae lo singular y fuera de serie, le gusta ver lo que hay en el fondo de las cosas y desconfía de las apariencias. Le gusta observar y penetrar en la vida de su entorno. Su introversión, individualismo y capacidad de aislamiento le permite trabajar en silencio y quietud, tendencia que se acentúa con los años. Huye de lo banal y se siente atraída por los misterios de la vida y de la naturaleza. Así, no debe sorprender que en este día hayan nacido antropólogos, etnólogos, psicólogos, escritores, pintores, ocultistas, historiadores, estudiosos de lo misterioso y hermético, etc.

Por otro lado, es una estrella y jornada que presagian poca estabilidad sentimental o romántica. Se busca el sexo, las satisfacciones eróticas y los placeres en pareja, pero se odian o dan miedo las ataduras y las obligaciones domésticas.

Hay posibilidades de recibir fortuna, bienes o dinero heredados, o contar con ayudas familiares para encumbrarse o realizar aquello que a uno le gusta. Por su capacidad de adaptación, flexibilidad y astucia, también es un día que ha dado muchos políticos de todas las tendencias.

En salud, deben preocupar los riñones, los pulmones, las vías respiratorias, el ano, la próstata…

Además, también se notan los efluvios de la estrella *Zubenelakrab (Zubernakravi),* de la constelación de Libra. El nombre viene del árabe –según Joaquín García Campos *(De toponimia arábigo-estelar)–* *Zabania el Aakráb,* «las pinzas del Escorpión, seguramente por haber ocupado, en la antigüedad, esa parte del cielo correspondiente a Libra. Es una estrella que contribuye a crear personalidades luchadoras y combatientes, pero depresivas, torturadas interiormente y de ego emocionalmente débil.

Los nacidos en *luna llena* (como los de 1951, 1970, 1989 y 2008) tienen mayores oportunidades de cobrar fama en sus profesiones y actividades sociales y públicas.

Los nacidos en este día se hallan bajo el predominio de la estrella *Unukalhai (Unuk Elhaia)*, de la constelación de la Serpiente. El nombre deriva del árabe *Unuk al-Haiia*, «la garganta (o cuello) de la Serpiente», haciendo referencia a su ubicación en la figura antigua de la constelación a que pertenece. Esa estrella anaranjada también se denomina *Cor Serpentis*, que en latín quiere decir «el corazón de la Serpiente».

Es una estrella que comunica fortaleza de carácter, astucia, sagacidad y reflexión. Pero vaticina pruebas difíciles, enfermedades, celos y riesgos de envenenamiento o intoxicación. Hay que estar alerta, por tanto, contra los ofidios –si se vive en el campo– y las heridas que puedan provocar tétanos. Asimismo, hay riesgo de intoxicación alimentaria (mucho cuidado con las conservas) y por medicamentos.

Como trasfondo de este día está lo sexual-erótico, con riesgo acentuado de caer en obsesiones amorosas, excesos eróticos, inmoralidades, infidelidades, perversiones…

Es una jornada que vaticina varios matrimonios o uniones, así como separaciones, rompimientos sentimentales, divorcios… Es uno de los días que da más matrimonios o parejas rotas.

En lo profesional y creativo suele haber ambiciones por encima del sentido común y el trabajar mucho en dirección equivocada, hasta el punto de estudiar una carrera u oficio que luego no se practica o iniciar una profesión o empresa que más tarde se traspasa para dedicarse a otra cosa, para marchar tras otro proyecto o ensueño. Eso no impide que se nazca con un trasfondo artístico muy notable, que puede dar fama y dinero para aquellos que sepan autocontrolar su libido y encaucen su energía y voluntad hacia la música, pintura, esmalte, cerámica, etc.

Los nacidos alrededor del mediodía tienen mayores posibilidades de suerte y fama, mientras que los venidos al mundo en día de *luna nueva* (como los de 1936, 1955 y 1974 madrugada) necesitarán cuidar más su salud y alimentación y padecerán más problemas familiares, tanto en el hogar paterno como en el propio.

También vaticina problemas sentimentales para los nacidos en día de *cuarto menguante* (como los de 1938, 1957 noche, 1976 noche y 2014).

Este día empieza con un influjo suave de la estrella *Unukalhai,* si bien éste se irá acentuando en el siglo presente y en los siguientes. Esta estrella, como hemos visto anteriormente, pertenece a la constelación de la Serpiente, nombre que deriva del árabe *Unuk al-Haiia,* «la garganta (o cuello) de la Serpiente», haciendo referencia a su ubicación en la figura de la constelación a que pertenece. Esta estrella anaranjada también se la conoce como *Cor Serpentis,* que en latín quiere decir «el corazón de la Serpiente».

Como sabemos, es una estrella que comunica fortaleza de carácter, astucia, sagacidad y reflexión. Pero pronostica pruebas difíciles, contratiempos, enfermedades, celos, envidias y riesgo de sufrir intoxicaciones o envenenamientos. Por consiguiente, han de preocupar los enemigos, opositores y los conflictos inesperados, en particular los nacidos en la madrugada, Incluso se ha de estar alertado del riesgo de persecución judicial y encarcelamiento, ya que suele irse contracorriente de la ideología política imperante, sea de izquierdas o de derechas.

Por lo común, la persona es paciente, laboriosa e introvertida y, en ocasiones lenta, apática o conformista, Todo ello no es obstáculo para que tenga facultades creativas, investigadoras, científicas y artísticas. Hay inclinación por lo metafísico, lo misterioso, lo sobrenatural y lo parapsicológico.

Además, los nacidos en esta fecha están bajo el patronazgo directo e intenso de la estrella *Agena,* de la constelación del Centauro. El nombre parece derivar del árabe *El Hená,* «calma», «serenidad»…, quizá debido al tranquilo fulgor de esa estrella, que augura resistencia, vigor, vitalidad y ayuda para superar los baches de suerte y salud.

No obstante, los venidos al mundo en día de *luna nueva* (como en los años 1944, 1982 y 2001) o en día de *cuarto menguante* (años 1946 y 1995), deben estar prevenidos contra altibajos emocionales, crisis nerviosas y depresiones.

Es un día que ha dado muchos escritores, deportistas, médicos, políticos, químicos, músicos, empresarios y emprendedores de todo tipo.

Los nacidos en este día se hallan bajo el fuerte influjo de la estrella *Agena*, de la constelación del Centauro. El nombre parece derivar del árabe *El Hená*, «calma», «serenidad», quizá debido al tranquilo fulgor de esa estrella. Es una estrella blanca que augura resistencia, fortaleza, vitalidad y ayuda para superar los baches de salud y las situaciones laborales o profesionales conflictivas o adversas.

Es una estrella que empuja al éxito profesional y a conseguir fama y honores por medio de los propios esfuerzos y realizaciones. Y frente a enemigos, opositores y competidores, coloca protectores, mecenas y buenos colaboradores o ayudantes. De todas maneras, este día y estrella no dejan de señalar altibajos profesionales, pero con curva ascendente, de superación, de mejoramiento, de encumbramiento a largo plazo.

Aunque es una estrella que inclina a la calma, a la reflexión, a la serenidad y al sosiego, la persona no deja por eso de ser ambiciosa, trabajadora y empecinada a sobresalir en su profesión. Confiere vocaciones en el campo médico-sanitario, científico, periodístico, artes escénicas, televisión y radio, política, etc. También hay que destacar que en este día han nacido muchos compositores, músicos y cantautores.

En el plano de los deportes, hay mayor incidencia en fútbol, esquí, hípica, submarinismo, natación, náutica, baloncesto, automovilismo…

Los nacidos en día de *luna nueva* (como en los años 1925, 1963 y 2009) o en día de *cuarto menguante* (arios 1927, 1965 y 1984) son los que corren mayor peligro de desmoralizaciones, melancolías, taciturnidad, depresiones, alteraciones nerviosas y, en consecuencia, los que más deben cuidar su alimentación y evitar el tabaco y el alcohol, si es que quieren ver cumplidos sus objetivos profesionales.

Los venidos al mundo en día de *luna llena* (como en los años 1948, 1986, 2005…) tienen más facultades para destacar dentro de la sociedad que para llevar una vida hogareña y familiar armónica y rutinaria. Asimismo, hay una tendencia exagerada al individualismo, que se acentúa con la edad, y a dejarse llevar por egoísmos que, en ocasiones, hacen que se rompan con amistades y colaboradores. Se intenta presentar al prójimo una personalidad sociable y humanitaria, pero en el fondo no se vacila en sacrificar a quien sea si uno cree que no le sirve para encumbrarse o le hace «sombra».

En otro plano, la estrella *Agena* contribuye a crear vocaciones en el campo de las leyes: abogados, fiscales, magistrados, procuradores, etc.

Los nacidos en este día aún se hallan bajo el influjo de la estrella *Agena,* de la constelación del Centauro, pero de manera muy suave. Los nacidos por la mañana notan los efectos de una manera algo más intensa.

El nombre de la estrella parece derivar del árabe *El Hená,* «calma», «serenidad», quizá debido al tranquilo fulgor de esa estrella blanca que augura resistencia, fortaleza, vitalidad y ayuda para superar los baches de salud y las situaciones laborales o profesionales conflictivas o adversas.

Es una estrella que empuja al éxito profesional y a conseguir fama y honores por medio de los propios esfuerzos, destreza y realizaciones. Y frente a enemigos, opositores y competidores, coloca protectores, mecenas, ayudas y buenos colaboradores o ayudantes.

Los nacidos hacia el mediodía son los que tienen mayores posibilidades de éxito profesional y, en definitiva, los más valientes o audaces en el momento de embarcarse en especulaciones financieras o negocios poco seguros.

Es una jornada que estimula mucho la creatividad artística y artesanal: joyería, orfebrería, repujado, grabado, marquetería, cerámica, talla de cristal, fotografía artística, impresión artística, etc. Expertos en estadística, encuestas y registros oficiales también han nacido en un 17 de noviembre.

Aunque el carácter mantenga un trasfondo sociable y comprensivo, el sentido individualista no deja de manifestarse y de querer sobresalir. La persona suele formar equipo, pero siempre con miras a sacar provecho de él y de buscar beneficios para sí antes que hacer apostolado para los demás.

Esta jornada y estrella pronostican vida sentimental y emocional agitada, con probables amores imposibles o secretos impuestos por las circunstancias o el entorno social.

En salud han de preocupar las enfermedades víricas y contagiosas, las afecciones en los genitales, el hígado, el páncreas, etcétera.

Hay que esperar altibajos laborales, sociales, familiares y económicos para los nacidos en día de *luna nueva* (como los de 1933, 1952 y 1990) o en día de *cuarto menguante* (como los de 1954, 1973, 1992 y 2003), quienes deberán ser muy prudentes y cautos con su dinero, inversiones y negocios que pongan en marcha.

Se mantienen los influjos suaves de la estrella *Agena,* de la constelación del Centauro, que favorece la vitalidad y la resistencia ante los avatares del destino *(véase* lo dicho en los días anteriores). En esta fecha, el carácter es relativamente campechano, amigable, simpático y con don de gentes. Fuerte magnetismo personal y capacidad para reunir un amplio círculo de amistades sinceras y leales. Su sociabilidad le abre más puertas que su sabiduría o conocimientos profesionales. Pero no por ello se deja de tener un trasfondo fuertemente ambicioso y temperamental. Los nacidos por la noche incluso pueden adolecer de algún tipo de neurosis, que puede ser creativa.

La persona es muy romántica, erótica y persuasiva a nivel sentimental, aunque siempre mira más por sus intereses profesionales o sociales que el sacrificarlos por una pasión sexual.

Es una jornada que da muchos militares, marinos, navegantes, jueces, magistrados, fiscales, funcionarios de justicia, miembros de las fuerzas de orden público, economistas, matemáticos, arquitectos, empresarios del trasporte, trasportistas, ferroviarios… En otro plano, hay fotógrafos, cineastas, actores, actrices, etc.

Pese a su finura y elegancia, el sujeto puede convertirse en osado, duro y tenaz si las circunstancias lo requieren, lo que explica que aviadores y astronautas hayan nacido un 18 de noviembre.

No obstante, en general, vaticina conflictos o pruebas en el hogar paterno, por lo que los nacidos en este día deben aprender a valerse por sí mismos a edad temprana, asumiendo responsabilidades y trabajando muy duramente, en especial los venidos al mundo en *luna llena* (como los de 1937, 1956, 1975 noche y 1994).

Aún se notan débilmente los efectos provenientes de la estrella *Agena*, de la constelación del Centauro. Además, aunque suavemente, se dejan sentir los efluvios de *Rigil Kentaurus* o *Toliman*, de la misma constelación *(véase* lo dicho en días anteriores y posteriores). Aquí, el espíritu del Escorpión se tiñe de lo místico, religioso y espiritualista. Hay un interés inusitado por lo metafísico y escatológico, por las facultades oscuras del hombre y su destino trascendental. Es una jornada, por consiguiente, que ha dado muchos religiosos, espiritistas, ocultistas, parapsicólogos, adeptos a sectas religiosas, psicólogos, psiquiatras, etc.

En otro plano más mundanal y materialista, inclina a los viajes, política, sociología, actividades económicas, medios de comunicación audiovisuales, industrias eléctricas, banca, etc.

Aunque como trasfondo está, lo hogareño-familiar, la profesión ocupa el mayor tiempo de la vida del sujeto, que necesita autorrealizarse a través de sus ideologías o creatividad a cualquier precio.

No es un día que facilite el éxito o el logro de lo que se desea, pese a que pronostica fuertes apoyos familiares y sociales. Está muy acentuado el peligro de graves conflictos o ataques por parte de enemigos y opositores. Asimismo, han de preocupar los viajes en avión o barco. Lo inesperado siempre aletea en torno a los nacidos en este día, tanto si les afecta directa o indirectamente.

Debe evitarse el alcohol, el tabaco y las grasas animales, pues con el tiempo hay riesgo acentuado de sufrir problemas cardiovasculares, de los riñones, reumatismo, procesos artrósicos, dolencias que afecten a la columna y región lumbar y genitales.

Los nacidos en *luna nueva* (como los de 1922, 1941, 1960 madrugada, 1979 y 1998) son los que tienen que luchar más para abrirse camino en la vida o con la vocación que han elegido. Además, corren mayores riesgos de tener problemas con enemigos y de sufrir inestabilidad en el hogar de los padres. Los puntos flacos de su salud son el aparato digestivo, el sistema nervioso y los genitales.

Empieza a notarse el influjo de la estrella *Rigil Kentaurus (Toliman o Bungula)*, de la constelación del Centauro. Es una estrella doble; la «A» es de color amarillo, la «B», de color anaranjado. Presagian honores, amigos influyentes, premios, protectores, reconocimientos, golpes de suerte, superación de peligros y enfermedades, etc. Según el año de nacimiento y la carta natal personal, no deben descartarse enemigos acérrimos y peligrosos.

En general, carácter pragmático, poco dado a perder el tiempo en reuniones o fiestas que no puedan reportar algún tipo de beneficio. Se suele concentrar todo el interés personal y profesional en lo que es útil y práctico. Incluso en amor hay tendencia a buscar lo que conviene más.

Capacidad para literatura, artesanía, investigación, química, biología, hidrología, empresas hidroeléctricas, construcción y explotación de carreteras y autopistas.

Es otro día –hay que insistir en ello– que vaticina peligros generados por enemigos y conspiradores, en particular para los que ocupen cargos públicos.

Aunque hay amor a la familia y al hogar, la tendencia a la infidelidad y a los amores secretos es muy acentuada. El sexo es el talón de Aquiles para los escorpiones de este día.

Los venidos al mundo por la tarde y noche tienen mayores posibilidades de éxito y encumbramiento, toda vez que se sienten los efectos de la componente *Rigil Kentaurus* con mayor intensidad.

En el plano de la salud, deben vigilar de manera especial los genitales, la vejiga, la próstata, la garganta, el intestino grueso y el peligro de intoxicaciones alimentarias y con productos químicos…

Los nacidos en *luna nueva* (como los de 1949, 1968 y 2006 noche) son más propensos a problemas hogareños y a sufrir depresiones emocionales y alteraciones nerviosas.

Los nacidos en este día se hallan bajo el patronazgo completo y directo de la estrella *Rigil Kentaurus,* de la constelación del Centauro. El nombre deriva del árabe *Rijl al Qanturis,* «la pata del Centauro». También se la conoce por los nombres de *Toliman* y *Bungula.* Es la tercera estrella del firmamento por orden de brillo y es la más próxima al Sol y a la Tierra, por lo que también se la designa como *Próxima Centauri* y *Alfa Centauri,* en realidad, es una estrella triple.

Pronostica honores, amigos influyentes, protección y protectores, hitos, encumbramiento, golpes de suerte, superación de peligros, etc.

En conjunto, los nacidos bajo estas estrellas tienen capacidad para altos cargos políticos y públicos, artes escénicas, dramaturgia, abogacía, jurisprudencia, filosofía, psicología, antropología y todo lo que trate del conocimiento del ser humano. También son estrellas que favorecen el sexto sentido, la clarividencia, la telepatía, las artes adivinatorias, etc., puesto que a *Toliman* se la relacionaba con el pasado y el futuro, quizá por ser una estrella binaria si bien modernamente se ha visto que era una estrella que tenía dos acompañantes más. Lo cierto es que influye en la vocación de muchos parapsicólogos, magos, astrólogos, ocultistas, alquímicos, adivinos…

Pero todo ello no es obstáculo para que el carácter sea astuto, ingenioso, pícaro, taimado, socarrón, artero, etc., con ramalazos agresivos, temperamentales y destemplados. Hay un trasfondo celoso y autoritario muy acusado, tanto para la familia como para subordinados y colaboradores. Pocos nacidos en este día se casan una sola vez.

Loa nacidos en día de *luna nueva* (como los de 1957, 1976 y 1987) corren mayor peligro de sufrir problemas familiares, conyugales y de salud.

Este día también se halla bajo el dominio de la estrella *Rigil Kentaurus* o *Rigel Kent,* de la constelación del Centauro. El nombre deriva del árabe *Ar-Rijl,* «el pie» o «pata», por lo que *Rilj al Qanturis* significará «la pata del Centauro», por hallarse el astro en esa extremidad de la figura antigua con que se representaba la constelación. También se la conocía por los nombres de *Toliman* y *Bungula,* lo que no debe sorprender, pues se trata de una estrella triple, cosa que desconocían en la antigüedad.

Constelación del Centauro

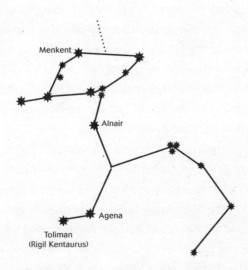

Asimismo, en astronomía, es conocido ese sistema como *Alfa Centauri* y *Próxima Centauri* que, por brillo, es la tercera estrella del firmamento. La más próxima al Sol de las tres es una enana roja.

En conjunto, estos astros pronostican honores, premios, reconocimientos sociales o públicos, golpes de suerte, protección, padrinos… Ayudan a superar todo tipo de problemas, obstáculos, deficiencias físicas, accidentes y confieren firmeza de voluntad para sobreponerse a las situaciones temporales más adversas. En salud ha de preocupar la vista, el sistema nervioso y los genitales.

Hay capacidad para cargos públicos, políticos, artes escénicas, dramaturgia, abogacía, jurisprudencia, filosofía, psicología, antropología y todo lo que se refiera al conocimiento del ser humano.

Igualmente, son, estrellas que favorecen el sexto sentido, la clarividencia, la telepatía, las artes adivinatorias, la astrología, etc., puesto que son estrellas conectadas con el pasado y el futuro, pues las dos principales forman un sistema binario bien delimitado, por lo que sus influjos son tan variables come alternantes. Lo cierto es que son astros que han dado muchos parapsicólogos, magos, astrólogos, ocultistas, alquímicos, adivinos…

Pero todo ello no impide que el carácter reciba mucha dosis de astucia, desconfianza, ingenio, picardía, agresividad, intemperancias, celos… La personalidad es tan compleja e imprevisible como ambiciosa e individualista, con riesgo de caer en autoritarismos, intransigencias… Hay fuerte tendencia a imponerse a los demás, a luchar por altos ideales, a buscar la superación constante…

De joven se es muy impulsivo, rebelde, insociable, fanático… Pero con los años se vuelve uno menos nervioso, más sensato y calmado, más práctico e interesado, y hasta conservador.

Es otro día que pronostica que las colaboraciones, las asociaciones, los negocios compartidos y el trabajo en equipo serán más favorables que el laborar o luchar solo, como si uno fuera un guerrillero urbano.

De una forma u otra se acostumbra a tener más de una profesión o varias aficiones, que se van alternando a lo largo de la existencia y conservando, al mismo tiempo, cierto grado de individualismo.

Además, es un día de frontera entre los signos solares de Escorpión y Sagitario por lo que hay que consultar al astrólogo a qué signo se pertenece según la hora de nacimiento.

Los nacidos en este día lo hacen bajo los influjos directos combinados de dos estrellas importantes: *Korneforos* y *Yed Prior*. La primera pertenece a la constelación de Hércules y en griego significa «el que lleva la maza», refiriéndose a la figura de Hércules, armado de tal guisa. Es una estrella amarilla que confiere tenacidad, perseverancia, valentía, osadía, resistencia, apasionamiento, ímpetu, etc. El carácter es dinámico, ardiente y audaz; a la persona no le acobarda ningún riesgo u obstáculo, ya que está llena de sí y dispone de suficiente fuerza, ideales y agresividad para enfrentarse con lo que sea.

En cuanto a la segunda, la *Yed Prior*, pertenece a la constelación de Ofiuco y su nombre es una combinación del árabe *Iédd*, «la mano», y del latín *Prior*, «anterior», «de delante», lo que vendría a decir «la de delante en la mano», haciendo referencia a esa estrella en la mano de la figura de Ofiuco. Es un astro de color anaranjado que confiere mucha impulsividad, rebeldía, espíritu innovador, inconformista y revolucionario, lo que presagia un destino con muchos altibajos y luchas, si bien el conjunto de ambas estrellas es bastante positivo, ya que indica triunfos, éxitos, honores, encumbramiento, responsabilidades y capacidad para el mando. No debe descartarse el que se tenga que ver con luchas bélicas, guerras, revoluciones, etcétera.

El carácter es aguerrido y presto a reacciones temperamentales, polémicas, enfrentamientos dialécticos… Defiende sus ideas y doctrinas contra viento y marea. Cuando acepta una ideología o creencia, difícilmente la abandona. En el destino de tales personas hay un predominio de los viajes, de lo extranjero, de los idiomas, etc. Y en lo creativo, aparte lo político, religioso, legislativo, leyes, justicia, están capacitadas para todo lo que sean medios audiovisuales. En deportes, es un día que influye de manera especial en béisbol, fútbol americano, baloncesto, fútbol, natación, waterpolo, tenis, esquí acuático, etc.

En el plano de la salud han de preocupar el vientre, el hígado, el páncreas, la vesícula, los procesos cardiovasculares, la circulación general, etc. Son de las personas a las que el tabaco, el alcohol y las grasas animales perjudican muy particularmente. Los nacidos en día de *luna llena* (como los de 1923, 1969 noche, 1988 y 1999) o en día de *luna nueva* (como los de 1946, 1965 mañana y 2003 noche) son los que corren mayor peligro de dejarse arrastrar por exaltaciones, impulsividades, agresividades y violencias. También son los que deben vigilar más su aparato digestivo y su sistema nervioso.

Los nacidos en este día lo hacen en una jornada de particulares tensiones y generadora de complejas personalidades y singulares destinos. Para bien o para mal, todo se aparta de lo rutinario y vulgar. Los nativos de este día no sólo se hallan aún bajo los influjos directos de las estrellas *Korneforos* y *Yed Prior*, sino que, además, notan los efectos de otras dos estrellas importantes, sobre todo a partir del mediodía, que son *Dschubba* y *Acrab*, ambas pertenecientes a la constelación de Escorpión.

Constelación de Escorpión

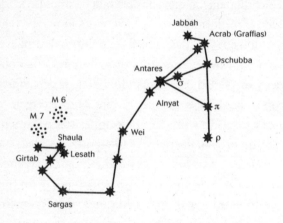

En primer lugar recordemos que *Korneforos* pertenece a la constelación de Hércules y en griego significa «el que lleva la maza», refiriéndose a la figura de Hércules, armado de tal guisa. Es una estrella amarilla que confiere tenacidad, perseverancia, valentía, osadía, resistencia, apasionamiento, ímpetu, etc. Confiere al carácter dosis de dinamismo, audacia y empuje; a la persona no le acobarda ningún riesgo u obstáculo, ya que pese a los problemas y dificultades que pueda sufrir, está llena de sí y dispone de suficiente fuerza, ideales y agresividad para enfrentarse con lo que sea.

En cuanto a la *Yed Prior*, pertenece a la constelación de Ofiuco y su nombre es una combinación del árabe *Iédd*, «la mano», y del latín *Prior*, «anterior», «de delante», lo que vendría a decir «la de delante en la mano», haciendo referencia a esa estrella en la mano de la figura de Ofiuco. Es un astro de color anaranjado que confiere mucha impulsividad, rebeldía, espíritu innovador, inconformista y revolucionario, lo que presagia un destino con muchos altibajos y luchas, si bien el conjunto de ambas estrellas es bastante positivo, ya que indica triunfos, éxitos, honores, responsabilidades y capacidad para el mando.

Dschubba, nombre de origen árabe que quiere decir «la delantera de la frente», hace alusión a que se halla en esa parte frontal de la figura del Escorpión. Se considera que es una estrella que provoca luchas o enfrentamientos repentinos, arrebatos de carácter, malevolencia, defectos físicos, y que advierte de robos, asaltos y agresiones por parte de opositores o enemigos emboscados. También se la conoce por el nombre de *Isidis*, y antiguamente se consideraba que esta estrella era «el árbol del jardín de la luz», haciendo referencia a la «iluminación interior» que adquirían los espíritus elevados por medio de la soledad, el aislamiento, la meditación, el estudio…, que ayudaban al sujeto a encontrarse a sí mismo, a penetrar en el conocimiento de la verdadera naturaleza psíquica del ser humano. De una forma u otra es, por consiguiente, un astro que hace que sus nativos se torturen interiormente por cuestiones metafísicas y escatológicas y busquen la verdad trascendental de las cosas y de sí mismos. Influye, por tanto, en vocaciones religiosas, filósofas y científicas.

En cuanto a la estrella *Acrab*, su denominación procede del árabe *aacráb*, «alacrán», «escorpión». Se la conoce, además, por el otro nombre de *Graffias*, que en griego significa «el cangrejo». También se la llama «la frente del Escorpión», por hallarse en ese lugar de la figura mitológica en los antiguos mapas estelares.

En realidad, *Acrab* es un conjunto de cinco estrellas, dos de las cuales son binarias espectroscópicas. El conjunto es de color es blanco-lila. Por supuesto, son estrellas de influjo variable y variopinto, pero que advierten de conflictos, intrigas, enfermedades contagiosas y víricas, intoxicaciones, etc.

No obstante, *Dschubba* y *Acrab* comunican fortaleza de ánimo, firmeza de voluntad, capacidad para la lucha individualista y fuertes ambiciones, lo que hay que sumar a las dosis de impulsividad, rebeldía, sentido innovador y revolucionario de las dos primeras.

En conjunto, presagian muchos altibajos de la suerte, actitudes y capacidades variopintas, por lo que los nativos de este día reciben una fuerte potencia creadora, sea para cualquier trabajo o profesión que elijan, sea para el bien o para el mal.

El carácter es muy individualista, agresivo, celoso, obstinado y autoritario (sobre todo en el hombre). Su facultad para organizar, mandar y dirigir hace que en esta jornada hayan nacido muchos políticos, militares, policías y funcionarios municipales y estatales. Y, por otro lado, da muchos empresarios, gerentes, directores, mánager, deportistas, artistas, aventureros, etc., todos ellos con un ego muy desarrollado y hasta narcisista.

Son personas más afortunadas en trabajo o empresa que en amor. Hay un promedio muy elevado de divorcios entre los nacidos en este día. Y también tienen desengaños y dificultades con los hijos al quererlos controlar excesivamente.

En salud se ha de vigilar muy particularmente el hígado, el páncreas, el aparato digestivo, las vías respiratorias y lo cardiovascular. El sistema nervioso puede fallar por exceso de trabajo, por agotamiento, por descansar poco.

Los nacidos en día de *luna nueva* (como los de 1973 y 1992) han de vigilar de manera especial su salud, además de correr riesgo de problemas en el hogar paterno y en el propio.

Y los nacidos en día de *luna llena* (como los de 1950 y 2007) tienen mayores posibilidades de destacar en su trabajo y profesión que de gozar de estabilidad sentimental o conyugal.

Los Sagitario de esta jornada son de los que tienen el carácter más difícil.

Los nacidos en esta jornada tensional y singular se hallan, en primer lugar, bajo los efectos suaves de las estrellas *Korneforos* y *Yed Prior*. La primera es una estrella amarilla que pertenece a la constelación de Hércules y en griego significa «el que lleva la maza», refiriéndose a la figura mitológica de Hércules, armado de tal guisa. Es una estrella que confiere tenacidad, perseverancia en las ambiciones, resistencia a los obstáculos, apasionamiento, ímpetu, afán de lucha, etc. Hace que el carácter sea dinámico, ardiente y valiente; a la persona no le acobarda ningún riesgo u obstáculo, ya que está llena de sí y dispone de suficiente fuerza y agresividad para enfrentarse con lo que sea.

En cuanto a la *Yed Prior*, es una estrella amarilla que pertenece a la constelación de Ofiuco; su nombre es una combinación del árabe *Iédd*, «la mano», y del latín *Prior*, «anterior», «de delante», lo que vendría a decir: «la de delante en la mano», haciendo referencia a esa estrella en la mano de la figura de Ofiuco. Es un astro que confiere mucha impulsividad, rebeldía, espíritu innovador, inconformista y revolucionario, lo que presagia que, en parte, el destino de la persona sufrirá muchos altibajos y luchas.

Además, se acusan fuertemente las inducciones de las estrellas *Dschubba* y *Acrab*, ambas pertenecientes a la constelación de Escorpión.

Dschubba, nombre de origen árabe que quiere decir «la delantera de la frente», hace alusión a que se halla en esa parte frontal de la figura del Escorpión. Se considera que es una estrella que provoca luchas o enfrentamientos repentinos, arrebatos de carácter, malevolencia, defectos físicos, y que advierte de robos, asaltos y agresiones por parte de opositores o enemigos emboscados. También se la conoce por el nombre de *Isidis*, y antiguamente se consideraba que esta estrella era «el árbol del jardín de la luz», haciendo referencia a la «iluminación interior» que adquirían los espíritus elevados por medio de la soledad, el aislamiento, la meditación, el estudio…, que ayudaban al sujeto a encontrarse a sí mismo, a penetrar en el conocimiento de la verdadera naturaleza psíquica del ser humano. De una forma u otra es, por consiguiente, un astro que hace que sus nativos se torturen interiormente por cuestiones metafísicas y escatológicas y busquen la verdad trascendental de las cosas y de sí mismos. Influye, por tanto, en vocaciones de religiosos, filósofos y científicos.

En cuanto a la estrella *Acrab*, su denominación procede del árabe *aacráb*, «alacrán», «escorpión». Se la conoce, además, por el otro nombre de *Graffias*, que en griego significa «el cangrejo». También se la llama «la frente del Escorpión», por hallarse en ese lugar de la figura mitológica en los antiguos mapas estelares.

En realidad es un conjunto de cinco estrellas, dos de las cuales son binarias espectroscópicas. El conjunto del color es blanco-lila. Por supuesto, son estrellas de influjo variable y variopinto, pero que advierten de conflictos, intrigas, enfermedades contagiosas y víricas, intoxicaciones, etc. Pero al mismo tiempo, como contrapartida, comunican fortaleza de ánimo, firmeza de voluntad, capacidad para la lucha individualista y anuncian premios y reconocimientos de acuerdo con los trabajos realizados.

En conjunto, los nativos de este día reciben mucha fuerza temperamental, afán de sobresalir, mandar y dirigir, al precio que sea. El carácter es eminentemente laborioso, belicoso y agresivo. Y tal como ya hemos dicho varias veces, inclina a lo político, militar y fuerzas de orden público.

En otro plano, es una jornada que presagia adquisición de bienes y propiedades y encumbramiento por los propios méritos. Pero advierte que los cargos o empleos no serán eternos y que pueden surgir cambios súbitos en cualquier momento.

Asimismo, faculta para todo lo que sea comercio marítimo, puertos, empresas de importación-exportación, viajes, empresas turísticas, etc. Lo místico, espiritual, religioso e idealista permanece como sedimento de la personalidad, aunque con el riesgo de dejarse llevar por fanatismos.

Tanto en el hombre como en la mujer, el amor se de da una manera exclusivista, ordenado, serio y reglamentado. Se quiere llevar la pareja, el hogar y la familia como si fuera una empresa o una oficina estatal, lo que no deja de crear tensiones y fricciones. Al respecto, la persona necesita adquirir algo de diplomacia, flexibilidad y prudencia, lo que evitará muchos rompimientos y conflictos sociales y familiares.

Los nacidos en día de *luna llena* (como los de 1931, 1977 y 1996) son los que pueden destacar más rápidamente en su trabajo o profesión, pero con riesgo de alteraciones emocionales muy intensas y de crisis hogareñas. También son los que pueden sufrir mayores altibajos profesionales o comerciales.

Los venidos al mundo en día de *cuarto menguante* (como los de 1941, 1956 y 1967) corren mayor peligro de tener un hogar paterno inestable y de interrumpir estudios.

Todavía se dejan sentir los efluvios procedentes de la estrella *Acrab* o *Graffias,* de la constelación de Escorpión, junto con los de las estrellas *Pi* (π) y *Rho* (ρ) de la misma constelación. Jornada algo más calmada y equilibrada que las anteriores, si bien la suerte puede torcerse en cualquier momento, probablemente a causa de revueltas, algaradas, conflictos bélicos, guerras, accidentes colectivos, etc. Por consiguiente, uno debe estar siempre alerta ante lo imprevisto.

Los Sagitario de este día, aunque sigan siendo individualistas y autoritarios, son más hogareños y familiares. Tendencia a preferir propiedades y bienes tangibles antes que lanzarse a especulaciones arriesgadas. La fémina nacida en esta jornada corre peligro de tener problemas con la vivienda, piso, negocio, etc., sea por separación o por viudez. Así, debe tener siempre contratos, documentos y escrituras al día y legalizados, dejando de lado fantasías y ensueños propios o del marido.

La agresividad y la ambición suelen encaminarse por un deporte, trabajo artístico o empresa que permita destacar y halagar el ego. Es una jornada que ha dado muchos cantantes, escritores, actores y actrices, empresarios de espectáculos, deportistas de todo tipo y, en particular, deportes de aventura.

Los nacidos de madrugada suelen tener un trasfondo erótico muy fuerte, que puede derivar en lo genital y pornográfico si no existe una buena educación moral.

Los venidos al mundo en *luna nueva* (como los de 1924, 1935, 1981, 2000 y 2019) son más nerviosos, emocionales, viajeros y amantes de aventuras o empresas arriesgadas, pero con mayor inestabilidad familiar y frustraciones sentimentales.

En este día aún se notan los efectos muy suaves y debilitados de la estrella *Acrab* o *Akrab,* de la constelación de Escorpión. El nombre deriva del árabe *aacráb,* «alacrán», «escorpión». Se la conoce, además, por el otro nombre de *Graffias,* que en griego significa «el cangrejo». También se la llama «la frente del Escorpión», por hallarse en ese lugar de la figura mitológica en los antiguos mapas estelares. En realidad es un conjunto de cinco estrellas, dos de las cuales son binarias espectroscópicas. El conjunto del color es blanco-lila. Por supuesto, son estrellas de influjo variable y variopinto, pero que advierten de conflictos, intrigas, enfermedades contagiosas y víricas, intoxicaciones, etc. Pero al mismo tiempo, como contrapartida, comunican fortaleza de ánimo, firmeza de voluntad, capacidad para la lucha individualista y premios y reconocimientos de acuerdo con los trabajos realizados.

Por lo común, en la personalidad de los nacidos en este día –aunque son muy variables– se mantiene un trasfondo individualista y una inclinación aislacionista muy acusados, que se intensifican con el paso de los años. En consecuencia, están capacitados para estudios e investigaciones que requieran soledad, retiro, silencio, etc. El carácter es inconformista, laborioso, inventivo, investigador, con mucho sentido de superación y afán de mayores conocimientos. Y según el año de nacimiento, se poseen altos ideales, sean políticos, religiosos, filosóficos, sociológicos o artísticos.

Tales estrellas auguran varios oficios, estudios o cargos a lo largo de la existencia, pero siempre con miras a destacar o sobresalir o recibir el aplauso ajeno. Además de lo dicho, hay predisposición para todo lo conectado con comercio, economía, organización empresarial, ciencias, tecnología, etc. En deporte hay un incremento notable de futbolistas, ciclistas, esquiadores, preparadores físicos, jugadores de baloncesto, practicantes de las artes marciales…

Los venidos al mundo en día de *luna nueva* (como los de 1943, 1962 y 2008) corren mayor peligro de inestabilidad hogareña y familiar y son los que deben estar más alerta contra la actuación de opositores, enemigos y delincuentes. Y los nacidos en día de *Luna llena* (como en los años 1928 y 1985) corren mayor riesgo de sufrir altibajos profesionales y familiares.

Y como telón de fondo general, se mantienen los poderes de las estrellas *Pi Scorpii* (π) y *Rho Scorpii* (ρ), ambas de la constelación de Escorpión (*véase* lo dicho el 26 de noviembre).

Aunque de una manera muy suave y debilitada, los nacidos en este día ya notan los efectos e influjo de la estrella *Han* o *Ham*, de la constelación de Ofiuco.

Constelación de Ofiuco

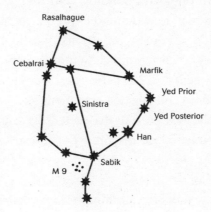

El nombre parece venir del árabe *hann*, «compadecerse», lo que concuerda con la tradición esotérica de que es un astro que trae sinsabores, tribulaciones, adversidades, desengaños, percances…, de que hay que «compadecerse» de los que nacen bajo su luz. *Han* es una estrella blanca que acentúa el riesgo de altibajos sociales y públicos, por lo común provocados por calamidades, falsos amigos, colaboradores y consejeros falaces, empleados infieles, enamorados neuróticos y vengativos…

En conjunto, los nacidos en este jornada tienen un trasfondo independiente, individualista, y son de naturaleza vivaz. La persona acostumbra tomar decisiones unilaterales, como si el pedir consejo a otros fuera un signo de debilidad. Io planea todo sola, por lo que difícilmente halla descanso entre las amistades, no sabe relajarse entre el prójimo. No es gregaria a ningún precio.

Aunque sea para lo malo o delictivo, se posee capacidad para organizar, mandar, dirigir, planificar y aconsejar, todo ello con mucho sentido paternalista y autoritario. Y, por descontado, se tiene mucho don persuasivo, por lo que sabe arrastrar a los demás a los propios proyectos y empresas. Por añadidura, es un carácter que acrecienta su valor y afán de superación ante los obstáculos, adversidades o trampas. No perdona las ofensas ni las traiciones y está predispuesto a la lucha en todo momento.

Esta jornada da vocaciones en el campo de la religión, jurisprudencia y medicina. Pero ello no es obstáculo para que también confiera facultades para lo intelectual. En este día hay un gran aumento de literatos, historiadores, antropólogos, filósofos, comediógrafos y periodistas.

Para bien o para mal, lo extranjero e internacional tiene un papel importante en la vida personal y profesional, por lo que hay muchas posibilidades de vivir largas temporadas en otros países, sea por asuntos laborales o sentimentales. No deben descartarse nunca relaciones amorosas o matrimonio con persona extranjera.

Asimismo, los nacidos en este día tienen predisposición a complicarse la vida sentimental de mayores, por lo que es más fácil que se divorcien entre los cincuenta y sesenta años que entre los treinta y cuarenta, por ejemplo.

Por otro lado, hay mucha atracción por la naturaleza, la vida campestre, los lugares exóticos, etc. Es la clásica persona que sueña con vivir en un castillo, en una ermita, en un lugar apartado del bullicio y del gentío.

Los nacidos en día de *luna nueva* (como los de 1913 madrugada, 1932 madrugada, 1951 noche, 1970 y 1989) han de vigilar particularmente la salud y no cometer excesos con el café, el tabaco y el alcohol. Las drogas traen graves percances personales. También son los que corren mayor riesgo de sufrir conflictos conyugales y familiares.

Los venidos al mundo en día de *luna llena* (como los de 1936, 1947 y 1966) tienen mayores posibilidades de fama y renombre, pero también de inestabilidad familiar.

Para todos, ha de preocupar el hígado, el páncreas, el colesterol, la diabetes, los brotes depresivos, la úlcera duodenal, etc.

Los nacidos en este día se hallan bajo el influjo –aunque de manera suave–, patronazgo y dominio de la estrella *Han* o *Ham,* de la constelación de Ofiuco. El nombre parece venir del árabe *han,* «compadecerse», lo que concuerda con la tradición esotérica de que es un astro que trae sinsabores, tribulaciones, adversidades, desengaños, percances…, de que hay que «compadecerse» de los que nacen bajo su luz. *Han* es una estrella blanca que acentúa el riesgo de altibajos sociales y públicos, por lo común provocados por falsos amigos, colaboradores y consejeros falaces, enamorados neuróticos y vengativos…

En conjunto, es un día que da personas aventureras, imprevisibles, atrevidas, temerarias y audaces que luchan por los ideales más desprendidos o se lanzan en pos de empresas tan disparatadas como exóticas. Lo que es la buena suerte no acompaña precisamente a los nacidos en esta jornada, aunque lleguen a destacar. El destino no les regala absolutamente nada. La escalera de su vida profesional, social y pública se la tienen que edificar ellos mismos peldaño a peldaño. Sufren fuertes vaivenes, fracasos y caídas, pero vuelven a levantarse y seguir hacia arriba con ímpetu, agresividad, entusiasmo y una nueva lección aprendida.

Son seres que necesitan meditar, reflexionar, frenar su infantil manera de confiar en el prójimo y autocontrolar su sistema nervioso, pronto a las exaltaciones e impulsividades. Parte de los infortunios, conflictos y problemas que han de afrontar son debidos a la ingenuidad con que juzgan a los demás, al caso que hacen de las apariencias de los sujetos.

En otro plano, hay necesidad de moverse, viajar y estar activo, por lo que son personas aptas para todo tipo de deporte, gimnasia y espectáculos. En amor, no vacilan en romper cualquier tipo de barrera social y étnica. Se trata de una jornada que ha dado singulares luchadores políticos, sindicalistas, sociólogos, humanistas, religiosos…

Los nacidos en los años 1955, 1956, 1957, 1973, 1974, 1975 y 1976 están destinados a ser particularmente individualistas y rebeldes.

Los venidos al mundo en día de *luna nueva* (como en los años 1940 y 1951) y en día de *luna llena* y *eclipse de Luna* (como en los años 1955, 1974 y 1993) son los que corren mayor peligro de tener problemas de salud, crisis nerviosas e inestabilidad hogareña y familiar.

Por otro lado, en el 29 de noviembre ya se notan los efectos de la estrella *Sigma* (σ), de la constelación de Escorpión, la cual empuja a sobresalir en el trabajo o profesión y confiere espíritu de superación. Pero en salud genera problemas nerviosos, afecciones en los genitales e hígado si uno no lleva una alimentación racional.

Los nacidos en este día se hallan bajo el dominio de la estrella *Han* o *Ham,* de la constelación de Ofiuco. El nombre parece venir del árabe *hann,* «compadecerse», lo que concuerda con la tradición esotérica de que es un astro que trae sinsabores, tribulaciones, adversidades, desengaños, percances…, de que hay que «compadecerse» de los que nacen bajo su luz e influjo. Han es una estrella blanca que acentúa el riesgo de altibajos sociales y públicos, por lo común provocados por falsos amigos, colaboradores y consejeros falaces, enamorados neuróticos y vengativos…

Por lo común, los venidos al mundo en este día reciben altos ideales y amplias miras intelectuales y sociológicas, pero con inclinaciones autoritarias y dictatoriales. Tienen capacidad para imponer ideas y doctrinas, así como para dirigir, mandar y asumir responsabilidades. El espíritu es del tipo investigador, calibrador, con mucha dosis intelectual pero, al mismo tiempo, guerrero, agresivo y temerario, por lo que si las circunstancias son propicias, puede convertirse en destructivo y demoledor.

Es un día que presagia altibajos sociales, públicos y profesionales, pero con éxitos temporales y hasta honores y premios. Hay que estar prevenido contra accidentes con vehículos en el curso de largos viajes, y con productos químicos, en particular los nacidos en día de *luna nueva* (como los de 1959, 1978 y 1997) o en día de *luna llena* (como los de 1944 mañana, 1963 noche y 2001), que además corren peligro de inestabilidad o conflictos en los hogares paterno y propios.

En deportes, este día inclina de manera particular al fútbol, baloncesto, piragüismo, surf, deporte de aventura, esquí acuático, vela…

Asimismo, es una jornada que ha dado muchos literatos, pintores, guitarristas, músicos, pianistas, actores, actrices, cantantes…

Además, se notan los influjos de la estrella *Sigma* (σ), de la constelación de Escorpión. Comunica afanes para sobresalir, sea con un trabajo creativo o político. Hay cierta angustia interna y ráfagas de melancolía. En la salud, deben preocupar los genitales y el hígado; y deben evitar el alcohol, el tabaco, los estimulantes y el café, si no se quiere tener serios baches cuando menos se esperen.

Jornada muy variopinta y polifacética, así como versátil, tanto para lo positivo como para lo negativo. En primer lugar, este día se halla bajo el influjo de la estrella *Han* o *Ham,* de la constelación de Ofiuco. El nombre de *Han* parece venir del árabe *hann,* «compadecerse», lo que concuerda con la tradición esotérica de que es un astro que trae sinsabores, tribulaciones, adversidades, desengaños, percances, de que hay que «compadecerse» de los que nacen bajo su luz. Es una estrella blanca que vaticina altibajos inesperados en los planos profesional, social y familiar, por lo común provocados por falsos amigos, colaboradores falaces, enamorados neuróticos… Suele dar personas aventureras, atrevidas, temerarias y audaces que luchan por altos ideales o ensueños o se lanzan en pos de empresas tan disparatadas como exóticas.

En segundo lugar, en este día también se dejan sentir con mucha intensidad los efluvios de la estrella *Antares,* de la constelación de Escorpión. Es una estrella supergigante roja variable y doble, es decir, que tiene una compañera. Debe su nombre, que significa «rival de Ares (Marte)», al color rojo que la caracteriza, es decir, que compite con Marte, el planeta rojo. *Antares* ocupa el lugar del corazón en la figura celeste del Escorpión. De ahí que en árabe se la conozca por *Kalb el Aakráb,* «el corazón del Escorpión». Es una estrella que comunica mentalidad aguda, coraje, audacia y fuertes ambiciones, a la vez que vaticina éxitos, honores, premios, reconocimientos y golpes de suerte repentinos. Pero, al mismo tiempo, vaticina rivalidades, luchas intensas con competidores o antagonistas, turbulencias personales y familiares, imprudencias y peligro de pérdidas y de altibajos profesionales y sentimentales por culpa propia o por dejarse arrastrar por pasiones o vicios.

Antares advierte que hay que vigilar la vista y que existe el peligro de heridas y hemorragias. Vaticina peligros para militares, políticos y fuerzas del orden público. En amor, hay un predominio de lo sexual-genital, de lo carnal, que se disimulará o no ante los demás. Presagia rompimientos conyugales inesperados y altibajos hogareño-familiares. Para médicos y cirujanos pronostica éxitos profesionales, pero alejamiento de la familia o inestabilidad sentimental.

Los nacidos en día de *luna nueva* (como los de 1929, 1967, 1986 y 2005) o en día de *cuarto menguante* (como en los años 1942, 1988 y 2007) o en día de *luna llena* (como en los años 1952, 1982 madrugada…) corren mayor riesgo de problemas sentimentales, hogareños y familiares. También habrán de vigilar su sistema nervioso, aparato digestivo, genitales e hígado. Los venidos al mundo en día de *luna llena* tienen mayores posibilidades de alcanzar renombre y popularidad.

Los nacidos en este día también se hallan bajo los influjos intensos de la estrella *Antares,* de la constelación de Escorpión. Es una estrella supergigante roja variable y doble, o sea, que tiene otra estrella por compañera. Debe su nombre, que significa «rival de Ares» (Marte), al color rojo que la caracteriza, es decir, que compite con Marte, el planeta rojo. *Antares* ocupa el lugar del corazón en la figura celeste del Escorpión. De ahí que en árabe se la conozca por *Kalb el Aakráb,* «el corazón del Escorpión».

Es una estrella que comunica mentalidad aguda, coraje, audacia y fuertes ambiciones, a la vez que vaticina éxitos, honores, premios reconocimientos y golpes de suerte repentinos. Pero, al mismo tiempo, presagia rivalidades, luchas intensas con competidores o antagonistas, turbulencias personales y familiares, imprudencias y peligro de pérdidas y de altibajos profesionales y sentimentales por culpa propia o por dejarse arrastrar por arrebatos, pasiones o vicios. En consecuencia, la persona nacida en este día necesita aprender a autocontrolarse y adquirir el don de la paciencia y de la diplomacia.

Asimismo, *Antares* advierte que hay que vigilar la vista y que existe el peligro de heridas y hemorragias. Pronostica peligros para militares, políticos, fuerzas del orden público y deportistas. En el amor, hay un predominio de lo sexual-genital, de lo carnal, que se disimulará o no ante los demás. Augura rompimientos conyugales inesperados y altibajos hogareño-familiares. Para médicos y cirujanos pronostica éxitos profesionales, pero alejamiento de la familia o inestabilidad sentimental.

El carácter es audaz, lanzado y sin miedo, buscando satisfacer sus ambiciones al precio que sea. Hay un individualismo indomable y una persistencia obstinada y empecinada en abrirse camino con los estudios o profesión elegidos.

Es un día que incide de manera particular en todo lo que sean espectáculos, teatro, cine, artes interpretativas, coreografía, escenografía, ópera, canto, composición musical, instrumentación, orquesta…

Los nacidos en día de *luna nueva* (como los de 1937 noche, 1956 y 1994 noche) deben vigilar más su salud y estar alerta contra la actuación de enemigos y delincuentes.

Los nacidos en este día se hallan bajo el dominio y patronazgo de la estrella *Rastaban,* de la constelación del Dragón. El nombre deriva del árabe *Raz etz Tzaabán,* «la cabeza del Dragón», por hallarse el astro en dicha parte de la figura celeste de este animal. Según Joaquín García Campos *(De toponimia arábigo-estelar),* debería escribirse *Raseltabán.* También se la conoce por el nombre de *Alwaid.* Es una estrella amarilla intensa que brilla 545 veces más que el Sol. Vaticina pérdida de bienes o fortuna, accidentes y percances por imprudencias propias, asociaciones o amistades peligrosas, lo que deben tener muy en cuenta los nacidos en *luna nueva* (como los de 1937 madrugada, 1964 noche, 1975 madrugada y 1994 madrugada), quienes deben evitar el tabaco, el alcohol y los estimulantes si no quieren sufrir graves alteraciones de salud.

Como es una jornada que genera acontecimientos y accidentes tan oscuros como inexplicables, hay peligros por las armas y el fuego, además de situaciones caóticas internas y reacciones violentas.

En lo positivo, presagia éxitos en todo lo concerniente a viajes, contactos con el extranjero y estudios en otros países. La mentalidad es analítica y predispuesta a trabajos intelectuales, y suele combinarse con destreza manual y brillante oratoria.

Hay particular incidencia en el campo de la literatura, la filosofía, la filología, la psicología, la psiquiatría y las humanidades.

Los nacidos en *luna llena* (como los de 1941, 1960, 1979 y 1998) son muy temperamentales y tienen mayores posibilidades de destacar en su profesión y alcanzar fama o renombre.

Los nacidos en este día se hallan bajo el fuerte influjo de la estrella *Rastaban,* de la constelación del Dragón. El nombre deriva del árabe *Raz etz Tzaabán,* «la cabeza del Dragón», por hallarse en dicha parte de la figura celeste de ese animal mitológico. Es una estrella amarilla que pronostica pérdida de bienes o fortuna, accidentes y percances por imprudencias propias, asociaciones o amistades peligrosas. Deben evitarse, pues, las colaboraciones profesionales peligrosas o arriesgadas y las inversiones financieras audaces y las hipotecas sobre propiedades.

El carácter recibe mucha dosis de idealismo y romanticismo, pero no por ello es débil o titubeante. Los nacidos en esta jornada suelen ser empecinados en sus ideas y objetivos y tienen capacidad para influir, dirigir y destacar socialmente. Por un lado se es un individualista férreo, que puede llegar a convertirse en un solitario y, por otro, hay una clara tendencia dictatorial, autocrática y arbitraria. Muchos políticos, funcionarios estatales, militares, parlamentarios y senadores han nacido en este día.

La seguridad en sí mismos atrae y convence a sus semejantes. En lo creativo-profesional hay una clara inclinación por la literatura, el periodismo, los medios audiovisuales, las bellas artes, la decoración, el diseño…

Está acentuado el riesgo de mala salud por culpa de vicios, agotamiento, excesos en el trabajo, mala alimentación, poco descanso, tabaquismo, alcoholismo, etc., que afecta especialmente a los nacidos en día de *luna nueva* (como los de 1945, 1964, 1983 y 2002) y en día de *luna llena* (como los de 1968 noche), quienes deben cuidar mucho su aparato digestivo, hígado y páncreas. En general, han de preocupar los traumatismos, heridas y dolencias que afecten al aparto locomotor y circulación general.

En el amor, aunque exista falta de armonía, prefieren el matrimonio, el hogar, la pareja…, antes que estar solos.

El sistema nervioso ha de preocupar de manera especial a los nacidos bajo esta estrella.

Asimismo, se notan los efectos de la estrella *Alniat (Alnyat),* de la constelación de Escorpión. Otro nombre que viene del árabe *En Niat,* «cerca del corazón del animal», refiriéndose a su ubicación en la figura que lo representa. Es una estrella blanca que comunica coraje, temple y serenidad ante el peligro o la adversidad.

En este día aún se notan los influjos de la estrella *Rastaban* (o *Alwaid),* de la constelación del Dragón, pero de manera muy suave, si bien los efectos irán en aumento en la segunda mitad del siglo XXI y se intensificarán todavía más en el siglo XXII. Es una estrella poco favorable, ya que vaticina pérdida de bienes, accidentes, enfermedades, enemigos, contrincantes y luchas constantes. Con todo, los nativos de esta fecha rompen moldes y reúnen características tan singulares como temperamentales. El Sagitario de esta fecha pasa de lo blanco a lo negro, de lo armonioso a lo turbulento de manera tan rápida como repentina. El carácter es sufrido, aplicado, estudioso e incansable para el desarrollo de su profesión. No debe sorprender que sea un día que haya dado gran número de personalidades de renombre mundial, ya que se vive para lo creativo más que para lo pasivo o contemplativo, si bien estaría mejor decir que muere o mata uno por su trabajo, por su ambición, puesto que el amor y la salud son cosas secundarias.

El sector más conflictivo de los nacidos en este día es precisamente la salud, pues están dispuestos a cualquier sacrificio para alcanzar sus objetivos y, en muchos casos, generan enemigos mortales. Incluso han de preocupar los accidentes de tráfico. Se deben evitar los abusos en comida, tabaco, bebida, estimulantes, drogas…, ya que existe una especial inclinación a ellos. Hay que vigilar el sistema nervioso, las vías respiratorias, los pulmones, el aparato digestivo, el hígado, la dentadura, la garganta…

Aunque se poseen facultades para las letras, las ciencias y lo empresarial, esta jornada ha dado gran número de cantantes de todos los estilos y muchos dibujantes y pintores, todos ellos con cierto espíritu inconformista, rebelde, individualista y agresivo.

Es otro día que vaticina que lo extranjero, viajes internacionales, relaciones con otros países, idiomas, etc., serán decisivos para la autorrealización del sujeto.

El sector amoroso-sentimental será conflictivo, particularmente en la segunda mitad de la vida, por lo que no debe descartarse la separación o el divorcio, ya que la persona estará dispuesta a cambios y nuevas situaciones.

Los venidos al mundo en *luna llena* (como los de 1949, 1987 y 2006) tienen mayores posibilidades de triunfar en su carrera que de gozar de estabilidad hogareña y familiar.

También se notan las inducciones de la estrella blanca *Alniat,* de la constelación de Escorpión, la cual aumenta el temple, arrojo y afán de lucha para alcanzar las metas propuestas. Si bien, por otro lado, hace que el carácter sea más rencoroso y celoso.

Ya se nota el influjo, pero suave, de la estrella *Ras Algethi (Raselyati)* de la constelación de Hércules, aunque éste se acentuará en los días posteriores. Otra jornada que da vida a personalidades muy singulares y temperamentales, dinámicas y activas, agresivas y hasta violentas, que experimentan la necesidad biológica de elevarse y destacar. Profesional y creativamente consumen la mayor parte de su energía en proyectos y empresas que dan pocos beneficios o que luego abandonan. Si su agresividad está bien canalizada, inclina a trabajos y deportes en que pueden desarrollar su individualismo y su ego, como pueden ser la vida militar, el toreo, el fútbol, el ciclismo, la gimnasia, el atletismo, el automovilismo, el baloncesto... En lo negativo, cuando esa fuerza agresiva no queda bien controlada y dirigida, da personas violentas, antisociales, pendencieras, delictivas... Más de un destacado asesino ha nacido en un 6 de diciembre.

En general, hay inestabilidad en proyectos y trabajos, con aptitudes variopintas, por lo que la posición no se mantiene estable. Existe, incluso, el riesgo de sufrir abusos de confianza, traiciones, golpes bajos, calumnias, falacias, etc., por lo que se debe ser muy cauto y meticuloso con todo.

En otro plano, hay facultades para relaciones sociales y públicas, actividades políticas y conectadas con la pesca y la navegación, medios de comunicación social y audiovisuales, agricultura, empresas de alimentación...

Los nacidos en *luna nueva* (como los de 1934, 1953 y 1991) y en *cuarto menguante* (1955, 1974, 1993 y 2012) han de tener más prudencia en deportes y trabajos arriesgados y cuidar la salud de una manera más estricta, en particular el aparato digestivo, el sistema nervioso, el hígado y los pulmones.

ste día está dominado por el fuerte influjo de la estrella *Ras Al-gethi,* de la constelación de Hércules. El nombre deriva del árabe *Ras el Yátzi,* «la cabeza del arrodillado», seguramente porque en la antigüedad se representaba la constelación con la figura de Hércules en estado de genuflexión. Los astrónomos antiguos llamaban a esa constelación *el Arrodillado;* el nombre de Hércules empezó a divulgarse a partir del siglo xv. *Ras Algethi* (que en correcto castellano tendría que ser *Raselyati)* es una estrella doble gigante, irregular y variable, de color rojizo y azulado.

Constelación de Hércules

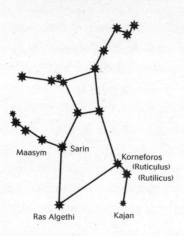

Confiere carácter enérgico, decidido, arrojado, audaz, intrépido…, capacitado para enfrentarse con problemas y conflictos de todo tipo. Vaticina fama, ayudas, favores, actividades sociales y públicas. Hay un cierto grado de exaltación. Los nacidos alrededor del mediodía tienen muchas más posibilidades de alcanzar renombre, popularidad y fortuna, pero con riesgo de dilapidar el dinero o los bienes en una etapa posterior. En cierta forma, se tiene una dosis de doble personalidad.

Esta jornada y esta estrella facultan para todo tipo de actividades cara al público: desde vender hasta cantar y bailar. También favorecen trabajos científicos y ayudan a todo tipo de descubrimientos, si no hay fuertes oposiciones de planetas lentos en la carta astral personal.

En otro plano, es una estrella y jornada que estimulan empleos y cargos vinculados con viajes, puertos, aeropuertos, empresas de aviación y navegación, empresas de importación-exportación, idiomas, aduanas, policía de fronteras, etc.

El espíritu es aventurero, osado, que busca siempre nuevos horizontes y que jamás se da por vencido, por lo que soporta muy mal los lazos hogareños. Incluso la fémina de este día prefiere una profesión o carrera antes que encerrarse en la cocina de la casa. Sentimental y conyugalmente pronostica fricciones y falta de armonía, con riesgo de crisis intensas alrededor de los 22, 33, 44 y 50 años de edad, principalmente. Por consiguiente, hay riesgo de tribulaciones hogareñas y familiares y no se descarta la viudez prematura.

En salud se ha de tener cuidado con el hígado, el páncreas, el aparato digestivo, los pulmones, las caderas y los procesos cardiovasculares.

Es otro día que pronostica que el alcohol, el tabaco y las grasas generarán graves problemas a la persona, tanto por lo que se refiere a su organismo como a su economía.

Además de las facultades para la música y los espectáculos, es una jornada que incide de manera particular en el campo de las leyes y la jurisprudencia, por lo que da muchos abogados, procuradores de tribunales, jueces, magistrados…

Los nacidos en día de *luna llena* (como los de 1938, 1957 y 1995 mañana) son los que pueden alcanzar más renombre, pero sin escapar a las disputas familiares.

Los nacidos en este día lo hacen bajo el intenso influjo de la estrella *Ras Algethi,* de la constelación de Hércules. El nombre deriva del árabe *Ras el Yátzi,* «la cabeza del arrodillado», seguramente porque en la antigüedad se representaba la constelación con la figura de Hércules en estado de genuflexión. Los astrónomos antiguos llamaban a esa constelación *el Arrodillado;* el nombre de Hércules empezó a divulgarse a partir del siglo xv.

Ras Algethi (que en correcto castellano tendría que ser *Raselyati*) es una estrella doble gigante, irregular y variable, de color rojizo y azulado. Confiere carácter enérgico, decidido, arrojado, audaz, intrépido…, capacitado para enfrentarse con problemas y conflictos de todo tipo. Favorece la obtención de fama profesional y pública, en particular para todo lo relacionado con artes escénicas, música, canto, bellas artes. Incluso ayuda a trabajos y empresas relacionados con perfumería, alta costura, belleza, desfile de modelos, esteticismo, trajes de baño, lencería, etc.

En el carácter puede haber un exceso de impulsividad y apasionamiento, lo que puede repercutir negativamente en el plano sentimental, al elegir pareja de acuerdo con arranques súbitos y enamoramientos rápidos de amargo despertar.

Los nacidos por la tarde, empiezan a notar, además, los efectos de la estrella *Sabik (Al Sabik),* de la constelación de Ofiuco. Su nombre viene del árabe *Es Sábik,* «el delantero», «el que va delante». Es una estrella que hace sincera y pródiga a la persona y estimula su coraje y valentía. Incluso vaticina honores, éxitos y homenajes conectados con el pueblo, con el público. Por consiguiente, no debe sorprender que hayan obtenido popularidad artística tantas personas nacidas en este día.

Los venidos al mundo en día de *luna llena* (como los de 1928, 1946, 1965, 1984 y 2003) gozarán de muchas facilidades para destacar en sociedad, política y profesión, pero sufrirán baches familiares, hogareños y económicos, por lo que deberán ser muy cautelosos con el dinero y autocontrolar las intemperancias de carácter.

En general, el talón de Aquiles de los nacidos en este día será lo sentimental y familiar, tanto por lo que se refiere al hogar paterno como en el propio. Y en la salud debe preocupar el aparato digestivo, el hígado y los procesos cardiovasculares. Hay que evitar el alcohol y los estimulantes.

Se halla bajo el fuerte dominio de la estrella *Sabik* o *Al Sabik,* de la constelación de Ofiuco. Su nombre viene del árabe *Es Sábik,* «el delantero», «el que precede», «el que va delante», seguramente refiriéndose a la estrella principal, ya que se trata de un astro doble. Comunica carácter sincero, coraje moral, firmeza de voluntad y prodigalidad, pero en lo negativo inclina a las bajas pasiones, a los negocios inmorales o fuera de la ley y a querer sobresalir al precio que sea. Y como ya sabemos, es una estrella que augura honores, premios, reconocimientos y éxitos.

En lo más elevado, da vida a luchadores idealistas, a empecinados por causas utópicas, a sociólogos y ecologistas que buscan el mejoramiento de la sociedad. Es un influjo de Ofiuco que dado singulares Sagitario políticos, médicos, investigadores, químicos, humanistas, cantantes y deportistas.

Los nacidos en *luna nueva* (como los de 1931, 1950, 1969, 1988 y 2007) corren mayor riesgo de inestabilidad en el hogar paterno y de conflictos matrimoniales o con la pareja.

En conjunto, los que pertenecen a esta fecha han de vigilar el aparato digestivo, el sistema nervioso, el hígado, los genitales, el páncreas…, por lo que deben evitar los excesos alimentarios y el alcohol, el tabaco y los estimulantes, incluido el café.

Aún persiste el influjo de la estrella *Sabik* o *Al Sabik,* de la constelación de Ofiuco, sobre todo por la mañana, si bien en el siglo XXI se intensificará su fuerza, y mucho más en el siglo XXII. Ya sabemos que el nombre viene del árabe *Es Sábik,* «el delantero», «el que va delante».

Esta jornada adquiere tonalidades literarias, poéticas e intelectualoides. El carácter es sincero, decidido y lanzado, pero con ramalazos emocionales y sentimentales muy intensos y hasta primitivos, para luego reaccionar e intentar ser menos tierno y romántico y tocar más con los pies en el suelo. La persona pasa por períodos de alto idealismo y ternura para caer luego en cotas muy materialistas, prácticas y egoístas. El Sagitario influido por esta estrella de Ofiuco desea la aventura misteriosa, la proyección hacia lo exótico, pero luego parece asustarse de su imaginación y osadía y regresa a lo conocido y trillado. En el hombre, hay riesgo de caer en la violencia de género, en especial si ha nacido en *luna llena* o en *luna nueva.* Quizá sea uno de los días más inestables o irregulares de Sagitario. Hay capacidad para relaciones públicas, congresos, simposios, entidades culturales, clubes deportivos, centros cívicos, etc. Pero la suerte pasa por altibajos muy acusados, por lo que no se debe confiar en la eternidad de ningún cargo o empleo.

Los nacidos en los años 1968, 1972, 1973, 1974, 1986, 1990, 1992, 1993 y 2005 serán muy individualistas e independientes y estarán dotados de fuertes ambiciones, que podrán ver realizadas si actúan con diplomacia y autocontrolan sus accesos agresivos y de fogosa impulsividad.

Los venidos al mundo en *luna llena* (como los de 1935, 1954, 1973 y 2011) deberán vigilar más su salud y sus reacciones intempestivas, mientras que los nacidos en *luna nueva* (años 1939 noche, 1958, 1977 y 1996) serán más melancólicos y depresivos.

En el plano de la salud, se tiene que poner especial atención en el sistema nervioso, el aparato digestivo, el páncreas, las caderas, el hígado, los pulmones…

Siguen percibiéndose los efluvios de la estrella *Sabik (Al Sabik)*, de la constelación de Ofiuco. Esta estrella doble blanquecina confiere carácter abierto, extravertido, sociable y casi ingenuo e infantil, al confiar excesivamente en los demás o en las promesas que le hacen. Además, se nota el influjo amplio y variopinto del cúmulo globular M 9, de la misma constelación.

En conjunto, la personalidad es afable y sincera con todo, sean amistades, personas desconocidas o situaciones diversas. Puede llegar a ser un relaciones públicas, pero se complica la existencia cuando pretende hacer aquello que desea y los otros no se lo permiten. Entonces sale el Sagitario (y a la vez Ofiuco) individualista e independiente a ultranza, capaz de medir sus fuerzas con las «serpientes humanas» más feroces o de lanzarse a la conquista del vellocino de oro. Por ello, las personalidades nacidas en este día presentan dos caras tan opuestas al mundo: afabilidad e ideales, y agresividad y odio, según los casos y circunstancias.

Como indican los influjos de Ofiuco, con destreza, calma y nervio se pueden domesticar las feroces serpientes, pero la cobardía, el nerviosismo y la impericia pueden hacer que el animal muerda con rabia. Ello explica la conveniencia de que los nativos de esta fecha estén siempre alerta contra la actuación de enemigos, opositores, intrigantes y competidores, ya que en cualquier instante puede surgir la mano hostil.

Como trasfondo del día hay atracción por lo misterioso, enigmático y científico, por lo que igual puede generar un investigador nato como un supersticioso u ocultista. No obstante, en general y por estadísticas, en esta jornada han venido al mundo muchos políticos, empresarios, industriales, financieros, etc., aunque creativamente predominan los escritores y los que se mueven en el mundo de los libros.

Los nacidos alrededor del mediodía tienen mayores posibilidades de triunfar con su trabajo o estudios. Y los que lo han hecho en *luna llena* (como los de 1924, 1943, 1962, 1981 y 2000) sufren mayor inestabilidad familiar y profesional, por lo que deben aprovechar oportunidades comerciales y de trabajo sin titubear, pues el bache o la alternancia de la suerte se presentará con independencia de la voluntad.

En el plano de la salud, deben cuidar el hígado, el aparato digestivo, los pulmones, el páncreas y evitar sobre todo el alcohol.

Este día se halla bajo el influjo del cúmulo globular M9, de la constelación de Ofiuco. Asimismo, se empiezan a notar los efectos, de manera muy suave, de la estrella blanca *Rasalhague*, de la misma constelación. En conjunto, los nativos de esta jornada son particularmente impulsivos y audaces, con mucho don de mando y organización. En general, son paternalistas, autoritarios y tienen espíritu de clan, de tribu, de grupo. Su moral en los negocios y empresas es dudosa, puesto que están dispuestos a satisfacer sus objetivos a cualquier precio, aunque se aparten de la estricta legalidad. Si les sale mal un proyecto se embarcan en seguida hacia nuevos horizontes.

Es una fecha que pronostica que los viajes a otros países tendrán importancia especial en el plano de los estudios y profesión. Incluso favorece empresas internacionales o multinacionales. El estudio de idiomas es esencial para los Sagitario de este día.

Aunque hay aptitudes para las ciencias y las artes, hay que destacar que es una jornada que ha dado gran número de cantantes y escritores de todos los estilos. Como trasfondo general, incide en las ciencias de la naturaleza.

En el plano de la salud, hay que vigilar el hígado, el estómago, los pulmones (cuidado con los resfriados mal curados) y, en especial, lo cardiovascular, por lo que sus principales enemigos son el colesterol, el alcohol, el tabaco, las drogas y el estrés.

Los nacidos en *luna nueva* (como los de 1947, 1966, 1985 y 2004) tendrán la salud más delicada y sufrirán más inestabilidad sentimental y familiar.

Los nacidos en este día se hallan bajo el influjo directo y patronazgo de la estrella *Rasalhague* o *Ras Alhague*, de la constelación de Ofiuco. El nombre deriva del árabe *Ras él Aaouá*, «la cabeza del portador o encantador de serpientes», refiriéndose al Serpentario u Ofiuco, por hallarse esa estrella en la testa de la figura mitológica que representaba a la constelación. De acuerdo con el arabista Joaquín García Campos, en castellano debería escribirse *Raselaouá*. Es una estrella blanca cuya potencia luminosa es treinta y cinco veces superior a la del Sol y vaticina peligros relacionados con intoxicaciones, envenenamientos, contaminación atmosférica, escapes de gases, animales venenosos, etc., por lo que se deberá ser siempre muy precavido con el gas, las comidas enlatadas, la ventilación de las habitaciones, estufas en lugares cerrados, picaduras de insectos, mordeduras de oficios, marisco, etc.

En lo positivo, como estrella del «encantador o domador de serpientes», confiere sentido de la autoridad, firmeza de carácter, voluntad férrea, perseverancia en las propias convicciones, magnetismo para atraer al prójimo a las propias ideas o doctrinas, superación de problemas y conflictos gracias al propio coraje, etc.

En lo profesional y creativo incide de manera particular en las bellas artes y los deportes. En segundo plano están las ciencias económicas y políticas, si bien también es un día que ha dado muchos domadores de animales y fieras.

Es una jornada que augura duras pruebas personales y tribulaciones, con éxito final en trabajo, empresas o política en la segunda parte de la existencia, una vez «domada la serpiente del peligro y de las pasiones» con habilidad y entereza.

Los nacidos alrededor del mediodía tendrán mayores facilidades para obtener renombre y riquezas. No obstante, para todos, ha de preocupar el hígado, el páncreas, el aparato digestivo, la circulación general, la próstata y lo neurológico. Y los venidos al mundo en día de *luna nueva* (como los de 1936 noche, 1974, 1993 y 2012) corren mayor peligro de sufrir problemas familiares y conyugales.

Además, se notan los influjos dispersos del cúmulo M9 (NGC 6333), de la constelación de Ofiuco.

Este día se halla bajo el influjo directo y patronazgo intenso de la estrella *Rasalhague* o *Ras Alhague,* de la constelación de Ofiuco. El nombre deriva del árabe *Ras el Aaouá,* «la cabeza del encantador de serpientes», refiriéndose al Serpentario u Ofiuco que configura la constelación en los mapas celestes antiguos. De acuerdo con el arabista Joaquín García Campos, en castellano debería escribirse *Raselaouá.*

Es una estrella blanca que vaticina peligros relacionados con tóxicos, venenos, contaminantes atmosféricos, escapes de gases, productos químicos, etc. Los obstáculos, conflictos y problemas que se presenten deben sortearse con astucia y diplomacia.

En lo positivo, como estrella del «encantador o domador de serpientes», confiere sentido de la autoridad, firmeza de carácter, voluntad férrea, perseverancia en las propias convicciones, magnetismo para atraer al prójimo, mentalidad filosófica, pensadora, especuladora e idealista.

En lo elevado, hay aptitudes para la astronomía, la historia, la filología, la dramaturgia, la novelística y las artes escénicas.

La personalidad es de tendencia muy disciplinada cuando se trata de poner un proyecto o una empresa en marcha. No le asustan tareas, esfuerzos ni opositores. Está tan segura de sí que se cree invencible o que puede superar todos los escollos o problemas. Por consiguiente, destacará en cualquier estudio, trabajo o investigación que elija. Además, y a causa de su alto idealismo, es una jornada que ha dado religiosos, pero del tipo estudioso, es decir, de los que tienen la mirada en el cielo pero los pies en la tierra. En el campo de los deportes hay particular incidencia en esquí, atletismo, ajedrez, fútbol, tenis, baloncesto, hípica, etc.

Es una jornada que vaticina que lo extranjero, los idiomas y las empresas internacionales jugarán un papel importante en la vida del sujeto. Incluso augura amores con extranjeros o enamoramiento imposible con persona de otro país.

En el plano de la salud, hay que vigilar el hígado, el páncreas y el aparato digestivo, por lo que las grasas animales, el tabaco y el alcohol son particularmente perjudiciales para los nacidos en este día.

Los nacidos en día de *luna llena* (como los de 1940, 1978 y 1997) pueden destacar más fácilmente en su profesión o cargo, pero con riesgo de inestabilidad conyugal y familiar.

En primer lugar, los nacidos en este día se hallan bajo el fuerte dominio de la estrella *Lesath* o *Lesat,* de la constelación de Escorpión. El nombre deriva del árabe *Lesâa,* «picadura del Escorpión», probablemente a causa de que la estrella se halla situada en el aguijón de la figura de la figura de dicho animal en los mapas celestes antiguos.

En realidad, *Lesat* es una estrella blanca cuádruple, por lo que sus efectos son tan diversos como imprevisibles; si bien en conjunto se sabe que, en lo positivo, comunica mentalidad aguda, capacidad para la lucha, individualismo batallador, golpes de suerte, logros debidos a la propia capacidad creativa, laboral o empresarial, etc.

En lo negativo, esta estrella o estrellas vaticinan peligros con productos químicos, gases, venenos, virus... Asimismo, existe el riesgo de dejarse arrastrar por empecinamientos, pasiones, odios o celos. Hay un trasfondo erótico muy intenso que la persona tiene que aprender a controlar con una buena moral, de lo contrario puede caer en vicios o relaciones inestables que perjudican su profesión.

Además, los nacidos por la mañana aún notan los suaves influjos de la estrella *Rasalhague* o *Ras Alhague,* de la constelación de Ofiuco. El nombre deriva del árabe *Ras el Aaouá,* «la cabeza del encantador de serpientes», refiriéndose al Serpentario u Ofiuco que configura la constelación en los mapas celestes antiguos. De acuerdo con el arabista Joaquín García Campos, en castellano debería escribirse *Raselaouá.*

Es una estrella blanca que vaticina peligros relacionados con tóxicos, venenos, contaminantes atmosféricos, escapes de gases, productos químicos, etc., lo que reafirma los peligros de las estrellas anteriores. En consecuencia, se deben evitar trabajos o profesiones que representen un riesgo con tales materias.

En lo positivo, como estrella del «encantador o domador de serpientes», confiere sentido de la autoridad, firmeza de carácter, voluntad férrea, perseverancia en las propias convicciones, magnetismo para atraer al prójimo a las propias ideas o proyectos, mentalidad filosófica, pensadora, especuladora e idealista.

En lo elevado, hay aptitudes científicas, literarias y para las artes escénicas, además de capacidad para investigaciones o experimentaciones en el campo de lo paranormal o que se salgan de lo conocido o trillado, aunque con riesgo de caer en exageraciones u obsesiones.

En general, en este día nacen personalidades individualistas e independientes que difícilmente se adaptan a las exigencias u obligaciones impuestas por los demás. En consecuencia, es un índice de inestabilidad sentimental y hogareña, puesto que predomina el egocentrismo por encima de cualquier otra circunstancia.

Los nacidos en día de *luna nueva* (como los de 1944 y 1982) o en día de *cuarto menguante* (años 1946, 1965, 1984 y 1995) son los que deben cuidar más su salud y alimentación y corren mayor riesgo de melancolías y depresiones emocionales.

Y los venidos al mundo en día de *luna llena* (años 1921, 1959 y 2005) tienen mayores posibilidades de alcanzar satisfacciones públicas y profesionales que de gozar de armonía familiar o conyugal.

Los nacidos en este día se hallan bajo el fuerte influjo de la estrella *Lesath* o *Lesat*, de la constelación de Escorpión. El nombre deriva del árabe *Lesâa*, «picadura del Escorpión», probablemente a causa de que la estrella se halla situada en el aguijón de la figura de dicho animal en los mapas celestes. En realidad, esta estrella blanca es cuádruple, por lo que sus efectos son tan diversos como imprevisibles; si bien en conjunto se sabe que, en lo positivo, comunica mentalidad aguda, capacidad para la lucha, individualismo batallador, golpes de suerte, logros debidos a la propia capacidad creativa o laboral, etc.

En lo negativo, esta estrella o estrellas vaticinan peligros con productos químicos, gases, venenos, virus… Asimismo, existe el riesgo de dejarse arrastrar por empecinamientos, odios o celos. Hay un trasfondo genital muy intenso y existe el peligro de dejarse dominar por pasiones y caer en perversiones sexuales y amores secretos. Incluso puede existir atracción por negocios fuera de la ley.

Los venidos al mundo en este día son propensos, en general, en la lucha solitaria por una ideología, creencia o vocación, pero con inclinación a los excesos y apasionamientos, con riesgo de dejarse arrastrar por obsesiones o fanatismos. Hay facultades muy destacadas para la meditación, el análisis, la literatura, la poesía, la filosofía… Aunque también hay un trasfondo místico-religioso y esotérico, es una jornada que ha dado muchos abogados, juristas, funcionarios de Justicia, políticos y militares.

En el aspecto conflictivo, es un día que contribuye a dar muchos enfermos alcohólicos y de tabaquismo, por lo que harán muy bien los nacidos en esta fecha en evitar el tabaco y las bebidas alcohólicas desde edad temprana.

Desde el punto de vista afectivo-amoroso, suelen ser personas incomprendidas e insatisfechas. Hay muchas más posibilidades de cobrar fama y recibir honores que de gozar de un hogar; estable, rutinario y armónico. Es una jornada que da singulares personalidades independientes y solitarias que trasmutan sentimientos hacia obras creativas.

Por otro lado, se reciben los influjos de la estrella blanca *Shaula*, de la constelación de Escorpión. Su nombre viene del árabe *Ash-Shaula*, «la cola levantada e invertida del escorpión». Brilla unas 1250 veces más que el Sol. Se cree que comunica coraje, afán de superación y audacia, pero con exceso de agresividad y mordacidad.

Los nacidos en este día se hallan bajo el influjo intenso, variopinto, irregular y vertiginoso del cúmulo estelar abierto de *Aculeos* (M 6 o NGC 6405), de la constelación de Escorpión, el cual contiene más de cincuenta estrellas importantes. El nombre deriva del latín y significa «aguijón», «punta», «púa», haciendo referencia al aguijón del alacrán. Es muy difícil –por no decir imposible– el precisar los influjos de tantas estrellas. Pero la práctica ha determinado que, en conjunto, ese cúmulo estelar confiere fuerte imaginación, idealismo, polifacetismo, creatividad artística compulsiva y desbordante, originalidad, vanguardismo, inconformismo, etc., tanto en lo pictórico y musical como en lo literario.

Es un día que facilita descubrimientos e invenciones, pero también hace que la persona sea muy nerviosa, variable y apasionada, por lo que es proclive a realizar varias cosas a la vez, buscar pluriempleo, iniciar estudios, trabajos, empresas y colaboraciones que no se terminan, que se interrumpen…, siempre en pos de algún otro proyecto que atraiga más. Se está dotado de un nervio creativo y laboral muy intenso y difícil de autocontrolar, por lo que es fácil sufrir estrés, alteraciones o arranques nerviosos, afecciones en el aparato digestivo e hígado, etc.

De manera especial, este cúmulo estelar vaticina afecciones en los ojos por imprudencia o dejadez. Por consiguiente, quienes experimenten algún tipo de molestia deben acudir al oftalmólogo lo más pronto posible y no dejar que las cosas se compliquen. Y no está de más el pedir colaboración de diagnóstico a otro especialista.

Como son especialmente nerviosos, siempre se generan fricciones tanto en el campo profesional como en el sentimental y doméstico. Como además se pertenece al signo solar de Sagitario, el simbolismo del centauro –medio hombre, medio caballo– debe interpretarse en el sentido de que se posee mucha vitalidad, energía, resistencia y fuerza primitivas, pero que deben canalizarse hacia lo positivo, en pos de lo elevado, tras lo humano… En otras palabras: civilizar la fuerza instintiva, autoeducarse hacia lo humano-idealista (parte superior de la figura del Centauro, con la flecha apuntando al cielo…).

Como trasfondo, aún se notan los efectos de la estrella *Shaula* (*véase* lo dicho el 16 de diciembre).

En primer lugar, los nacidos en este día se hallan bajo el influjo intenso, variopinto, irregular y especial del cúmulo estelar abierto de *Aculeos* (M 6 o NGC 6405), de la constelación de Escorpión, el cual contiene más de cincuenta estrellas importantes. El nombre deriva del latín y significa «aguijón», «punta», «púa», haciendo referencia al aguijón del alacrán. Es muy difícil –por no decir imposible– el precisar los influjos de tantas estrellas. Pero la práctica ha determinado que, en conjunto, ese cúmulo confiere fuerte imaginación, polifacetismo, creatividad artística compulsiva y desbordante, originalidad, vanguardismo, inconformismo, etc., tanto en lo pictórico y musical como en lo literario.

Facilita descubrimientos e invenciones, pero también hace que la persona sea muy nerviosa, variable y apasionada, por lo que es proclive a realizar varias cosas a la vez, buscar pluriempleo, iniciar estudios, trabajos y empresas que no se terminan, siempre en pos de algún proyecto que atrae más. Se está dotado de un nervio creativo muy intenso y difícil de autocontrolar, por lo que es fácil sufrir estrés, alteraciones o arranques nerviosos, afecciones en el aparato digestivo e hígado, etc.

De manera especial, este cúmulo estelar vaticina afecciones en los ojos por imprudencia o dejadez. Por consiguiente, quienes experimenten algún tipo de molestia deben acudir al oftalmólogo lo más pronto posible y no dejar que las cosas se compliquen. Y no está de más el pedir corroboración de diagnóstico a otro especialista.

En segundo lugar, en este día ya se nota de manera intensa el influjo de la estrella *Eltanín*, de la constelación del Dragón.

El nombre deriva del árabe *Ra's Etz Tzin-nin*, «cabeza del dragón». *Eltanín* o *Etamín* es una estrella amarilla que empuja y ayuda a obtener éxitos personales, logros creativos, honores, premios e inclina por lo insólito, enigmático o singular, pero que presagia pérdida de prestigio, reputación o cargo por culpa o traición de amistades o colaboradores. Por consiguiente, advierte del riesgo de altibajos profesionales, sociales y financieros por falta de madurez, ingenuidad o exceso de confianza en los demás.

Como además se pertenece al signo solar de Sagitario, el simbolismo del centauro –medio hombre, medio caballo– debe interpretarse en el sentido de que se posee mucha vitalidad, energía y fuerza primitivas, pero que deben canalizarse hacia lo positivo, hacia lo elevado, hacia lo humano… En otras palabras: civilizar la fuerza instintiva, autoeducarse hacia lo humano-idealista (parte superior de la figura del Centauro).

La estrella *Eltanín* también presagia la autodestrucción o el fracaso de uno mismo, sea por vicios o pasiones o por actuaciones alocadas o fuera de tono.

Con todo, es un día que da vida a personalidades tan singulares como intensas y vanguardistas, con mucha dosis de narcisismo y egocentrismo. Abundan políticos, empresarios, realizadores, deportistas, mánager, directores…, si bien no faltan músicos, pintores, escritores y actores y actrices de cine y teatro.

Los nacidos en día de *luna nueva* (como los de 1922, 1941, 1960 y 1998 noche) o en día de *luna llena* (años 1975 y 1994) corren mayor riesgo de inestabilidad sentimental, conyugal y familiar.

En conjunto, los venidos al mundo en este día han de vigilar el hígado, el páncreas, los intestinos, la cabeza, la vista y las caderas.

En primer lugar, hay que destacar que este día se halla bajo el influjo intenso de la estrella *Eltanín* o *Etamín,* de la constelación del Dragón. El nombre deriva del árabe *Ra's Ftz Tzin-nin,* «cabeza del dragón». Es una estrella que empuja y ayuda a obtener éxitos personales, logros creativos, honores, premios e inclina por lo insólito, presagia pérdida de prestigio, reputación o cargo por culpa de traición de amistades o colaboradores. Por consiguiente, advierte del riesgo de altibajos profesionales, sociales y financieros por ingenuidad o exceso de confianza en los demás.

Constelación del Dragón

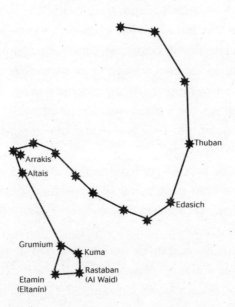

Asimismo, es una estrella que señala el peligro de fracaso personal o autodestrucción por los propios vicios o pasiones si uno se deja llevar por las intemperancias de carácter o por las falsas amistades. Como además se pertenece al signo de Sagitario, tanto por el Sol como por el nuevo horóscopo de las constelaciones, el simbolismo del centauro –medio hombre, medio caballo– debe interpretarse en el sentido de que se posee mucha vitalidad, energía y fuerza primitivas, pero que deben canalizarse hacia lo positivo, hacia lo elevado, hacia lo humano… En otras palabras: civilizar la fuerza instintiva, autoeducarse hacia lo humano (parte superior de la figura del Centauro).

Todo ello no es obstáculo para que esa estrella confiera audacia, valor, capacidad de crecerse ante el peligro, los obstáculos o los desafíos de la vida cotidiana. También insufla idealismo, firmeza de voluntad, perseverancia creativa, profesional o vocacional.

En segundo lugar, este día también se halla bajo el poderoso y versátil influjo del cúmulo estelar abierto *Acumen* (M7 o NGC 6475), de la constelación de Escorpión, el cual contiene muchas estrellas entre magnitud 6 y 8. El nombre viene del latín y significa «punta» (de la espada, lanza, estilete…), pero también «perspicacia, sutileza, ingenio, agudeza…», lo que da idea del influjo humano de ese cúmulo de estrellas.

Acumen es un cúmulo que comunica cualidades variopintas y polifacéticas, con inclinación a estudiar y practicar varios oficios, profesiones o tareas a lo largo de la existencia, buscando siempre la autorrealización a través de lo creativo, idealista y místico-espiritual. Pero como son tantas las estrellas que lo forman, vaticina que se cambiará muchas veces de tarea, proyectos y objetivos, sobreponiéndose las ambiciones y planes unos a otros, por lo que se tendrá que aprender a seleccionar y no dispersarse demasiado.

Este cúmulo de estrellas parece afectar a la vista, por lo que hay que vigilar los ojos, si bien para los nacidos en este día han de preocupar de manera particular el aparato digestivo, los pulmones, las vías respiratorias altas y la garganta.

Augura que se alcanzarán los fines propuestos después de un largo camino de luchas y tesón, aunque se adolece del defecto de querer hacer demasiadas cosas a la vez y de aprender y emprender varias empresas o proyectos que luego se interrumpen o abandonan, volviendo a empezar el camino con nuevas esperanzas e ilusiones. Se recibirán éxitos, premios y reconocimientos profesionales, pero acompañados de inestabilidad hogareña o familiar.

Como trasfondo, hay muchos deseos de libertad, individualismo, independencia, idealismo, misticismo, religiosidad, psicología, filosofía, humanidades, actividades sociales y políticas, investigación científica o paranormal, etc.

En lo artístico-creativo predomina lo literario, el dibujo, la decoración, la talla de madera, el grabado, la cerámica, las artes suntuarias…

Una de las jornadas Sagitario de lo más compulsiva, nerviosa y variopinta, ya que se combinan, alternan e interaccionan los influjos y las vibraciones de la estrella *Eltanín,* del cúmulo estelar *Acumen,* de la estrella *Sinistra* y del conjunto *Spiculum.*

En primer lugar, hay que señalar que la estrella *Eltanín* o *Etamín* pertenece a la constelación del Dragón. El nombre deriva del árabe *Ra's Etz Tzin-nin,* «cabeza del dragón». Es una estrella que empuja, estimula y ayuda a obtener éxitos personales, logros creativos, honores, premios e inclina por lo insólito, enigmático o singular, pero que presagia pérdida de prestigio, reputación o cargo por culpa o traición de amistades o colaboradores y financieros por ingenuidad o exceso de confianza en los demás.

Asimismo, es una estrella que señala el peligro de fracaso personal o autodestrucción por los propios vicios o pasiones si uno se deja llevar por las intemperancias de carácter o por las falsas amistades. Como además se pertenece al signo de Sagitario, tanto por el Sol como por el nuevo horóscopo de las constelaciones, el simbolismo del centauro –medio hombre, medio caballo– debe interpretares en el sentido de que se posee mucha vitalidad, energía y fuerza primitivas, pero que deben canalizares hacia lo positivo, hacia lo elevado, hacia el humanismo... En otras palabras: civilizar la fuerza instintiva, autoeducarse hacia lo humano e idealista (parte superior de la figura del Centauro).

Todo ello no es obstáculo para que esa estrella confiera audacia, valor, capacidad de crecerse ante el peligro, los obstáculos o los desafíos de la vida cotidiana. También insufla idealismo, firmeza de voluntad, perseverancia creativa, profesional o vocacional.

En segundo lugar, el poderoso y versátil cúmulo estelar abierto *Acumen* (M 7 o NGC 6475) pertenece a la constelación de Escorpión. Este cúmulo contiene muchas estrellas entre magnitud 6 y 8. El nombre viene del latín y significa «punta» (de la espada, lanza, estilete...), pero también «perspicacia, sutileza, ingenio, agudeza...», lo que da idea del influjo humano de ese cúmulo de estrellas.

Acumen es un cúmulo que comunica cualidades variopintas y polifacéticas, con inclinación a estudiar y practicar varios oficios, profesiones o tareas a lo largo de la existencia, buscando siempre la autorrealización a través de lo creativo, idealista y místico-espiritual. Pero como son tantas las estrellas que lo forman, vaticina que se cambiará muchas veces de tarea, proyectos y objetivos, sobreponiéndose las ambiciones y planes unos a otros, por lo que se tendrá que aprender a seleccionar y no dispersarse demasiado. Además, este cumulo estelar parece afectar a la vista, por lo que hay que vigilar los ojos, si bien los Sagitario de este día han de tener mucho cuidado con su aparato digestivo, su hígado y vías respiratorias.

Por su parte, la estrella *Sinistra* (de la constelación de Ofiuco) en latín significa «izquierda», «lado izquierdo», ya que se halla en la mano izquierda de la figura de Ofiuco con que se representaba dicha constelación de estrellas. Es una estrella que incrementa el idealismo, los ensueños y la audacia de la persona y comunica o insufla destreza y habilidad para trabajos manuales y mecánicos y para todo lo relacionado con animales, fieras y parques zoológicos. Sin embargo, advierte que deben preocupar los accidentes con cuadrúpedos, fieras y deportes arriesgados.

Y por lo que se refiere al conjunto o grupo *Spiculum* es un término latín que significa «punta de dardo o flecha» (en este caso de la flecha del Sagitario, por hallarse en esta constelación) y denomina a un cúmulo de estrellas (M 21), a la nebulosa de Láguna (M 8) y a la nebulosa Trífida (M 20), cuyos efectos combinados no están bien estudiados ni comprendidos pero que hacen que las personas nacidas en esta jornada sean muy difíciles de entender y tengan una personalidad muy compulsiva, dinámica, agresiva e imprevisible, con cambios constantes de humor y de proyectos, estudios y ambiciones.

En conjunto, es un día que confiere aptitudes variopintas de tipo profesional, creativo y deportista. Hay muchas facilidades para aprender cosas nuevas y supeditarse a nuevos empleos, cargos, empresas y circunstancias sociales y políticas. Vaticina que los idiomas, lo extranjero y los viajes largos (sean turísticos o profesionales) jugarán un papel importante en la vida de la persona. Es un día que ha dado bioquímicos, políticos, militares, arquitectos, empresarios, actores, actrices, abogados, literatos… Y en deporte incide con preferencia en piragüismo, baloncesto, hípica, motociclismo, automovilismo…

Los nacidos en día de *luna llena* (como los de 1934 noche, 1953, 1972 mañana y 1983 madrugada) corren mayor peligro de conflictos hogareños y conyugales y de tener problemas de salud.

Día de especiales connotaciones astrológicas y astronómicas de consecuencias tan poco conocidas y verificadas como imprevisibles, ya que dominan de manera intensa los influjos del grupo *Spiculum* y de la estrella *Sinistra*.

El conjunto o grupo *Spiculum* es un término latín que significa «punta de dardo o flecha» (en este caso de la flecha del Sagitario, por hallarse el grupo en esta constelación) y denomina a un cúmulo de estrellas (M 21), a la nebulosa de Laguna (M 8) y a la nebulosa Trífida (M 20), cuyos efectos combinados hacen que las personas nacidas en este jornada sean muy difíciles de entender y tengan una personalidad muy dinámica, agresiva, versátil e imprevisible, con cambios constantes en proyectos, estudios, ambiciones y sentimientos.

Aquí, el significado de «punta de la flecha» de *Spiculum* adquiere la variante de «acierta donde apunta», lo que presagia éxitos, objetivos alcanzados, fama, realizaciones, adquisición de bienes por los propios esfuerzos o destreza, etc.

Por lo que respecta a la estrella *Sinistra,* de la constelación de Ofiuco, en latín significa «izquierda», «lado izquierdo», ya que se halla en la mano izquierda de la figura de Ofiuco con que se representaba dicha constelación de estrellas. Es una estrella anaranjada que se considera que incrementa el idealismo, los ensueños y la audacia de la persona y comunica destreza y, habilidad para trabajos manuales y mecánicos y para todo lo relacionado con animales, fieras y parques zoológicos. Sin embargo, advierte que deben preocupar los accidentes con cuadrúpedos, fieras y deportes arriesgados.

En conjunto, también hay capacidad para la vida pública, política, profesional, creativa o deportiva. Lo hogareño-familiar queda relegado en último lugar.

Por otro lado, es un día de frontera entre los signos de Sagitario y Capricornio. Según el año de nacimiento, es un día que pertenece al primero, mientras que, otras veces, por la tarde ya se pertenece a Capricornio.

Por lo común, los nacidos en este día son muy individualistas, soñadores, apasionados en sus proyectos y ambiciones, independientes y rebeldes. Son tercos y luchan por sus ideas contra viento y marea y tienen problemas con los padres, maestros y educadores por su espíritu de rebeldía frente a las ideas y obligaciones que los demás quieren inculcarles. De adultos pasan por muchos altibajos personales, laborales, económicos y de salud, en particular los nacidos en día de *luna nueva* (como los de 1938, 1957 y 1976) o en día de *luna llena* (años 1980, 1991 y 2010).

En conjunto, es un día que incide particularmente en lo artístico (pintura, artes escénicas, música, instrumentación, etc.) y en lo deportivo (sobre todo fútbol, ciclismo, baloncesto, montañismo…). En segundo plano están la hípica, el esquí y el hockey.

Los nacidos en este día están dotados de una personalidad tan energética como compleja y difícil de entender, toda vez que se hallan bajo los influjos del grupo *Spiculum,* de la estrella *Sinistra* (en particular los nacidos por la mañana) y de la estrella *Al Nasl.*

El conjunto o grupo *Spiculum* es un término latín que significa «punta de dardo o flecha» (en este caso de la flecha del Sagitario, por hallarse en esta constelación) y denomina a un cúmulo de estrellas (M 21), a la nebulosa de Laguna (M 8) y a la nebulosa Trífida (M 20), cuyos efectos combinados no están bien estudiados ni comprendidos, pero que hacen que las personas nacidas en esta jornada sean muy difíciles de entender y tengan una personalidad muy dinámica, agresiva e imprevisible, con cambios constantes en proyectos, estudios y ambiciones.

La estrella *Sinistra* (de la constelación de Ofiuco) en latín significa «izquierda», «lado izquierdo», ya que se halla en la mano izquierda de la figura de Ofiuco con que se representaba dicha constelación de estrellas. Es una estrella incrementa el idealismo, los ensueños y la audacia de la persona y comunica destreza y habilidad para trabajos manuales y mecánicos y para todo lo relacionado con animales, fieras y parques zoológicos. Sin embargo, advierte que deben preocupar los accidentes con cuadrúpedos, fieras y deportes arriesgados.

Por su parte, la estrella *Al Nasl,* de la constelación de Sagitario, viene del árabe *En Nasl,* «el hierro», «el aguijón de la flecha», por hallarse la estrella en la punta de la flecha en la figura del Sagitario. También se conoce como *Nushaba* y *Nash.*

En conjunto, tales influjos e inducciones forman individualidades vivaces, vigorosas, tercas, agresivas, audaces, rebeldes y hasta hoscas y hurañas. Su firmeza de carácter adquiere tonalidades de terquedad, de empecinamiento, de inflexibilidad, con riesgo de caer en obsesiones o fobias.

En este día predominan las ambiciones sociales y profesionales sobre lo hogareño-familiar aunque como sedimento existe un fuerte erotismo o genitalidad. La existencia está llena de sobresaltos, giros y contragiros, pero la mayoría de tipo positivo. Se necesita quemar las energías en trabajos dinámicos y activos, a fin de dar salida a las compulsiones de su libido y evitar explosiones violentas en la familia. Atraen los viajes, lo extranjero, los desplazamientos, los deportes, las profesiones arriesgadas...

ornada singular que se aparta de normas estrictas o estereotipadas. Y eso se comprende porque por un lado perviven los vigorosos y variopintos influjos del grupo *Spiculum* (cúmulo M 21 y nebulosas M 8 y M 20), de la constelación de Sagitario. Y, por otro, se mantienen los de la estrella amarillo-anaranjada *Al Nasl* o *Nushaba,* también de la constelación de Sagitario. El nombre deriva del árabe *En Nasl,* «el hierro», «el aguijón de la flecha», por hallarse el astro en la punta de la flecha en la figura del Sagitario.

En conjunto, esta múltiple influencia genera problemas, conflictos, irritaciones, dificultades y hasta adversidades, pero ello no impide que los Capricornio salgan adelante con los propios ideales, proyectos o profesión. De la misma manera que aparecen contrincantes, opositores y enemigos, el destino o los hados hacen aparecer apoyos, ayudas, amigos y protecciones en los momentos más inesperados. Para bien o para mal, es un día estrechamente relacionado con honores, premios, éxitos, cargos de responsabilidad social o política, empresas de primera línea, multinacionales, asuntos internacionales y de importación-exportación, plazas religiosas…

La personalidad es fuerte, independiente, audaz, perseverante, segura de sí y de sus convicciones, por lo que muchas veces los problemas, percances o riesgos se los busca ella misma con su conducta, con su falta de flexibilidad. Con todo, es uno de los días que da más personajes populares, políticos prominentes, creativos y empresarios singulares, funcionarios estatales y municipales, deportistas sobresalientes, etc.

En el plano de la salud, hay que estar prevenido contra dolencias en las rodillas, la piel, los huesos, el hígado, la vesícula biliar…

Los nacidos en *luna llena* (como los de 1923, 1969 y 1988) o en *luna nueva* (años 1908, 1946 y 2003) corren mayor peligro de problemas de salud, afectivos y psicológicos.

Día que se halla bajo el influjo directo y patronazgo de la estrella *Polis,* de la constelación de Sagitario. Es una estrella triple blanco-azulada cuyo nombre parece ser de origen copto y que significa «potro». Se halla ubicada en la parte superior del arco del Sagitario. Empuja al liderazgo, a la toma de responsabilidades, a buscar el éxito, a sobresalir, y comunica carácter marcial y combativo. Hay inclinación a imponerse y dominar al prójimo. Si las circunstancias lo requieren, se hace gala de intrepidez, bravura, y hay tendencia al heroísmo, con un trasfondo de idealismo muy acusado, aunque el signo de Capricornio sea materialista.

Es una fecha que pronostica adquisición de conocimientos y sabiduría fuera de lo común. El espíritu es fuerte, investigador y matemático. Es una estrella que ayuda a obtener fama o popularidad, que pueden perdurar incluso después de muerta y hasta incrementarse.

Favorece la equitación, competiciones y deportes en los que intervenga el caballo.

También se considera una estrella que confiere «gracia especial» para lo oculto, esotérico y astrológico y que estimula lo místico y religioso.

En salud hay que vigilar el hígado, el páncreas, las piernas, las rodillas y los procesos reumáticos y artrósicos, en particular los nacidos en *luna nueva* (como los de 1927, 1973 y 1992). Los venidos al mundo en *luna llena* (años 1931 noche, 1950, 1996 y 2007) tienen mayores posibilidades de alcanzar renombre y honores.

os nacidos en este día se hallan bajo el influjo directo de la estrella *Polis,* de la constelación de Sagitario. Es una estrella triple, de colas blanco azulado, cuyo nombre parece ser de origen copto y que significa «potro». Empuja al liderazgo, a la toma de responsabilidades y comunica carácter marcial y combativo. Espíritu y mentalidad elevados, singulares, fuera de serie, con aptitudes para grandes empresas y realizaciones. Sentido racionalista y científico para buscar o investigar lo más conveniente, práctico o útil. Hay muchas posibilidades de alcanzar fama, renombre, situación social elevada y riqueza.

Lo extranjero juega un papel importante en la vida de los nacidos en esta fecha, por lo que queda recomendado el aprender idiomas. Aunque como trasfondo de este día hay un predominio de las ciencias políticas y sociales, es una fecha que también suele dar muchos practicantes de las bellas artes, en especial músicos, cantantes, compositores, actores, actrices, bailarinas, etc. En tercer plano quedan los periodistas de radio y televisión y los fotógrafos artísticos y de cine.

En lo negativo, han de preocupar los enemigos y conspiradores si se ocupan cargos políticos o militares. Para el resto de profesiones, cuidado con los accidentes de todo tipo; la mayoría se presentan por imprudencias, distracciones o temeridades.

Está acentuado el riesgo de conflictos hogareños, sentimentales, familiares y de salud para los nacidos en día de *luna nueva* y *eclipse de Sol,* como los nacidos en 1935, 1954 y 2000. Los venidos al mundo en día *de cuarto creciente* (como los de 1941, 1960, 1971 y 1990) tienen mayores posibilidades de éxitos profesionales o sociales que de estabilidad sentimental u hogareña.

Esta fecha se halla bajo el patronazgo directo de la estrella *Kaus Meridionalis* o *Kaus Media*, de la constelación de Sagitario. El nombre es una combinación del árabe *Kaus* y el latín *Media*, lo que quiere significar «el arco del centro o del medio», si bien lo correcto sería «la del centro del arco», es decir, haciendo referencia a la estrella que se halla en el centro del arco de la figura del Sagitario.

Es una estrella que confiere fuertes ambiciones, deseos de encumbramiento, pero que hace el carácter algo intransigente, terco, quisquilloso e individualista. Por tanto, el Capricornio de este día necesita adquirir un barniz de civismo, urbanidad y flexibilidad, ya que por su natural es demasiado primitivo y acostumbra a dejarse llevar por arrebatos temperamentales, lo que genera problemas de convivencia con todos. Son personas que aguantan muy mal las bromas y jugarretas de los amigos o conocidos.

Asimismo, es una estrella que advierte de riesgos con las armas y el fuego, por lo que se debe ser muy prudente y cauteloso al respecto, particularmente con armas de fuego y arrojadizas, sobre todo si es militar o policía.

Anímica y psicológicamente, se trata de una personalidad que se tortura y se preocupa por los problemas sociales, humanos y filosóficos.

En la salud hay que cuidar los huesos, las rodillas, la piel, el hígado…

Los nacidos en *luna nueva* (como los de 1924, 1962 noche y 1981) o en *luna llena* (años 1928, 1939, 1958 y 2004) han de aprender a ser tolerantes, diplomáticos y pacientes, puesto que las intemperancias de carácter les pueden crear muchos problemas familiares, sociales y económicos.

Los nacidos en este día se hallan bajo el influjo combinado de las estrellas *Kaus Meridionalis (Kaus Media)* y *Kaus Borealis,* ambas de la constelación de Sagitario. El nombre de la primera es una unión del término árabe *Kaus* y el del latín *Media,* lo que quiere significar «el arco del centro o del medio», si bien lo correcto sería «la del centro del arco», es decir, haciendo referencia a la estrella que se halla en el centro del arco de la figura estelar del Sagitario.

Es una estrella que confiere fuertes ambiciones, deseos de encumbramiento, pero que hace el carácter algo intransigente, quisquilloso e individualista. Por otro lado, advierte de riesgos o peligros con las armas y el fuego, por lo que se debe ser muy cauto y prudente al respecto, particularmente con armas de fuego y armas arrojadizas; y lo que deben tener muy en cuenta los esgrimistas, cazadores, policías, militares, deportistas de tiro, arqueros, etc.

Por lo que respecta a la *Kaus Borealis,* es una estrella anaranjada situada en la parte norte del arco del Sagitario, que es lo que significa su nombre, si bien en árabe se la llama *Káus ex Xemáli,* «el arco del Norte».

En conjunto, es una estrella positiva que confiere fuertes idealismos, sentido de justicia, ideas humanistas y vaticina éxito, notoriedad y honores. Hace el carácter intrépido, arrojado, valiente, emprendedor y predispuesto a altas empresas (incluidas las políticas). En lo negativo, comunica descaro, desfachatez, cambios de suerte o familiares (forzados por las circunstancias), acciones deshonrosas, etc.

Aunque el espíritu de los nacidos en este día sea del tipo justo y generoso, no deja de tener mucha dosis de individualismo, terquedad e introversión. Pese a los arranques temperamentales, se trabaja de manera ordenada, meticulosa y detallista. Se tiene un sentido comercial y económico muy intenso, con capacidad para la especulación financiera e inmobiliaria.

Es una jornada que ha dado muchos políticos, novelistas, dramaturgos, cantantes, poetas, músicos…

Los venidos al mundo en día de *luna llena* (como los de 1947, 1966 y 1985) pueden sobresalir en su medio ambiente social más fácilmente que los demás y alcanzar cargos sociales o políticos importantes, pero con riesgo de inestabilidad familiar.

Los venidos al mundo en este día se hallan bajo el influjo directo de la estrella *Kaus Borealis,* de la constelación de Sagitario. Es una estrella anaranjada que está situada en la parte norte del arco de la figura antigua del Sagitario, que es lo que significa su nombre; en árabe se la llama *Káus ex Xemáli,* «el arco del Norte».

En conjunto, es una estrella de carácter positivo que confiere fuertes idealismos, sentido de justicia, ideas humanistas; y vaticina éxito, notoriedad y honores gracias a la propia valía. El carácter es más bien intrépido, arrojado, decidido, emprendedor y predispuesto a altas empresas (incluidas las políticas).

Se está capacitado para comprender, estudiar y relatar el sufrimiento y angustia de vivir. De ahí que haya dado tantos narradores. No obstante, como trasfondo de este día, existe un interés especial por la ciencia y la tecnología, la astronomía, la invención e investigación, la historia, etc.

En lo más corriente, es una jornada unida particularmente a todo lo relacionado con jurisprudencia, tribunales, ministerio de justicia, juzgados, centros de reclusión, abogacía…

Es una estrella que facilita el éxito y el encumbramiento, por lo que hay mayores posibilidades de triunfos profesionales que de estabilidad sentimental u hogareña.

Los nacidos en día de *luna llena* (como los de 1993) tienen mayores posibilidades de éxito y triunfos, en particular si han nacido alrededor del mediodía.

Y los nacidos en día de *luna nueva* (como los de 1940 noche, 1951, 1970 y 1989) tienen que llevar una dieta equilibrada, evitar las grasas animales, el alcohol y el tabaco y vigilar su sistema nervioso, el hígado, el aparato digestivo y las rodillas. Asimismo, corren mayor riesgo de inestabilidad sentimental y familiar, incluso en el hogar paterno.

os nacidos en este día se hallan bajo el influjo directo, intenso, variopinto y muchas veces indescifrable del cúmulo o enjambre estelar *Facies* (M 22) o (NGC 6656) de la constelación de Sagitario. *Facies* es uno de los cúmulos globulares más brillantes del firmamento y uno de los más próximos a la Tierra; se considera que está constituido por más de medio millón de estrellas, lo que da idea de lo difícil que es comprender sus influjos.

El nombre es latín y significa «apariencia», «aspecto», «cara», etc., cuando sería mejor darle el nombre plural, puesto que son muchísimas las estrellas que influyen en los nacidos en esta jornada, y constituyen un cúmulo que da personalidades vigorosas, nerviosas, intrépidas, arrojadas, idealistas, emprendedoras, activas, polifacéticas, con capacidad y facultades para estudios diversos y varias profesiones. La persona corre el peligro de querer hacer demasiadas cosas a la vez, de dispersar energías, de no saber concentrarse en una sola dirección u objetivo.

Es un día que presagia luchas, violencias, enfrentamientos, pérdidas, percances…, debido a accidentes, guerras, revoluciones, huelgas, algaradas, calamidades naturales, por lo que se debe ser precavido evitando situaciones de riesgo y teniendo siempre los seguros al día.

En la juventud deben preocupar los altibajos de la suerte y el abandonar proyectos o estudios prematuramente. Hay mayor estabilidad en la edad madura. Y lo extranjero es más importante que el lugar de nacimiento con relación al futuro profesional.

Es otro día que, en general, favorece más lo profesional-creativo y lo deportivo que lo romántico-sentimental o lo hogareño-familiar. No debe descartarse un matrimonio a edad madura o el divorcio o viudez.

Además de habilidades marciales, capacidad para estrategia bélica y destrezas manuales, se reciben aptitudes de tipo intelectual, musical y pictórico. Hay que insistir que la personalidad es polifacética, con gusto por la historia y la arqueología.

Los venidos al mundo en este día deben vigilar la vista, los oídos, la garganta, el aparato digestivo, el hígado y las afecciones reumáticas y artrósicas, en particular los nacidos en día de *luna nueva* (como los de 1921, 1959, 1978 y 1997) o en día de *luna llena* (como los de 1944 y *eclipse de Luna,* 1955 y 1974).

igue el influjo intenso, diverso y variable del cúmulo estelar *Facies* (M 22), de la constelación de Sagitario. Personalidad individualista, soñadora, ambiciosa, idealista, pero con un trasfondo para la economía o finanzas muy acusado. Capacidad polivalente y polifacética, debido a la gran cantidad de estrellas que influyen en el nativo. Alternancia entre períodos de gran materialismo con otros de pura creatividad o estudio (o investigación), sin buscar resultados monetarios.

Además, a partir de la tarde, se suman los efectos de la estrella *Fi* (φ), de la constelación de Sagitario, que comunica más fortaleza de carácter y que hace a la persona algo terca e intransigente.

En la salud han de preocupar los golpes, caídas, fracturas, rodillas, en especial a los deportistas, mineros o trabajadores de la construcción.

Es un día que ha dado futbolistas, atletas, jugadores de baloncesto, automovilistas, deportistas de montaña…

Los nacidos en *luna llena* (como los de 1963, 1982, 2001 y 2020) tendrán más facilidades para destacar en su trabajo o profesión, al igual que los venidos al mundo en *cuarto creciente* (años 1942, 1984 y 2003), pero con menoscabo de sus relaciones sentimentales y hogareñas.

Este último día del año está gobernado por la estrella *Fi Sagittarii* (φ), que pertenece a la constelación de Sagitario. Confiere cualidades para todo lo relacionado con filosofía y letras, novelística, historia, arqueología, antropología, mundo editorial, periódicos, revistas, etc. Fuerte individualismo, con mayor terquedad e intransigencia que diplomacia.

En conjunto, es un día de suerte, pues vaticina golpes inesperados de ésta o ayudas que permiten salir de baches o fracasos económicos. Puede tratarse de premios de lotería o quinielas, de herencias, de ofertas inesperadas de trabajo y colaboraciones, de nuevos socios capitalistas, etc.

Tendencia a la longevidad. Son más afortunados los que vienen al mundo alrededor del mediodía que los que lo hacen por la noche.

En el plano de la salud, cuidado con los huesos, rodillas, articulaciones, piel…

Peligros con el agua y los cuadrúpedos los nacidos en *luna llena* (como los de 1933, 1952, 1971, 1990 y 2009), que además habrán de ser muy prudentes en los viajes y en lo referente a la salud.

Tu estrella de nacimiento

NOMBRE	DÍAS QUE DOMINA
Nunki	1, 2 y 3 de enero
Ascella	3, 4 y 5 de enero
Manubrium	4, 5 y 6 de enero
Vega	4, 5 y 6 de enero
Abaldah	7 de enero
Psi Sagittarii	8 de enero
Deneb al-Okab	8, 9 y 10 de enero
Rho Sagittarii	11 y 12 de enero
Terebellum	13, 14, 15, 16 y 17 de enero
Albireo	18, 19, 20, 21 y 22 de enero
Altair	21 y 22 de enero
Algedi	22, 23 y 24 de enero
Dabih	23, 24 y 25 de enero
Oculus	23, 24 y 25 de enero
Bos	24, 25 y 26 de enero
Psi Capricorni	27, 28 y 29 de enero
Nu Capricorni	27, 28 y 29 de enero
Armus	30, 31 de enero y 1 y 2 de febrero
Dorsum	1, 2, 3 y 4 de febrero
Sualocin	4, 5, 6 y 7 de febrero
Castra	7, 8 y 9 de febrero
Nashira	9, 10 y 11 de febrero
Sadalsuud	11, 12, 13, 14, 15, 16 y 17 de febrero
Deneb Algedi	11, 12, 13, 14, 15, 16 y 17 de febrero
Sadalmelik	18, 19, 20, 21, 22 y 23 de febrero

Fomalhaut		21, 22 y 23 de febrero
Deneb Adige		23, 24 y 25 de febrero
Ancha		25 y 26 de febrero
Sadachbia		25 y 26 de febrero
Skat		25, 26, 27 y 28 de febrero
Situla		29 de febrero y 1 de marzo
Eta Aquarii		1 y 2 de marzo
Lambda Aquarii		3 de marzo
Achernar		4, 5 y 6 de marzo
Psi Aquarii		7, 8 y 9 de marzo
Beta Piscium		10 y 11 de marzo
Markab		12, 13, 14, 15 y 16 de marzo
Scheat		17, 18, 19, 20 y 21 de marzo
Deneb Kaitos		22, 23, 24, 25 y 26 de marzo
Algenib		27, 28, 29, 30 y 31 de marzo
Alderamin		31 de marzo y 1, 2 y 3 de abril
Alpheratz		2, 3 y 4 de abril
Delta Piscium		5 y 6 de abril
Epsilon Piscium		7, 8 y 9 de abril
Baten Kaitos		10, 11 y 12 de abril
Revati		11 y 12 de abril
Psi Piscium		13 y 14 de abril
Al Pherg		14, 15, 16 y 17 de abril
Vertex		16, 17 y 18 de abril
Al Rischa		18, 19 y 20 de abril
Mirach		19 y 20 de abril
Mira Ceti		21 y 22 de abril
Sharatan		21, 22, 23, 24 y 25 de abril
Triangulum		24 y 25 de abril
Hamal		25, 26, 27, 28, 29 y 30 de abril
Sedir		26, 27, 28, 29 y 30 de abril
Nu Arietis		1 de mayo
Almach		2, 3 y 4 de mayo
✴ Menkar		4, 5 y 6 de mayo
✴ *Botein*		7 y 8 de mayo
✴ *Dseta Arietis*		9 de mayo
Tau Arietis		10 y 11 de mayo
Capulus		12, 13, 14 y 15 de mayo
Zaurak		12, 13, 14 y 15 de mayo

Algol	15, 16, 17 y 18 de mayo
Alcyone	19 20, 21, 22 y 23 de mayo
Las Pléyades	20, 21, 22 y 23 de mayo
Prima Hyadum	24, 25 y 26 de mayo
Las Hyades	24, 25, 26, 27, 28 y 29 de mayo
Secunda Hyadum	26 de mayo
Ain	27, 28, 29 y 30 de mayo
Aldebarán	27, 28, 29 y 30 de mayo
Tau Tauri	31 de mayo y 1 de junio
Cúmulo 1647	2, 3 y 4 de junio
Rigel	5, 6, 7 y 8 de junio
Bellatrix	9, 10 y 11 de junio
Capella	11 y 12 de junio
Phact	12 y 13 de junio
Mintaka	12 y 13 de junio
El Nath	12 y 13 de junio
Ensis	13 y 14 de junio
Alnilam	13 y 14 de junio
Alnitak	14, 15, y 16 de junio
Al Hecka	15, 16 y 17 de junio
Polaris	18 y 19 de junio
Betelgeuse	19 y 20 de junio
Menkalinan	20, 21 y 22 de junio
Tejat Prior	23, 24 y 25 de junio
Dirah (Tejat Posterior)	25, 26, 27 y 28 de junio
Alhena	29 y 30 de junio y 1 de julio
Mebsuta	2, 3 y 4 de julio
Sirius	4, 5 y 6 de julio
Canopus	6, 7 y 8 de julio
Al Wasat	9, 10 y 11 de julio
Propus	9, 10, 11, 12 y 13 de julio
Cástor	12, 13 y 14 de julio
Adara	12, 13 y 14 de julio
Wesen	13 y 14 de julio
Pollux	14, 15, 16 y 17 de julio
Procyon	17, 18, 19 y 20 de julio
Tegmeni	21 y 22 de julio
Eta Cancri	23 y 24 de julio
Altarf	24, 25 y 26 de julio

Iota Cancri	27 de julio
Praesaepe	28, 29, 30 y 31 de julio
Asellus Boreal	30 y 31 de julio y 1 de agosto
Asellus Austral	31 de julio y 1 y 2 de agosto
Kochab	3, 4, 5 y 6 de agosto
Acubens	4, 5 y 6 de agosto
Dubhe	6, 7, 8 y 9 de agosto
Merak	10, 11, 12 y 13 de agosto
Algenubi	12 y 13 de agosto
Rasalasad Boreal	14 y 15 de agosto
Subra	16 y 17 de agosto
Alfard	18, 19 y 20 de agosto
Adhafera	19 y 20 de agosto
Eta Leonis	20 y 21 de agosto
Algieba	20 y 21 de agosto
Regulus	21, 22, 23, 24, 25 y 26 de agosto
Rho Leonis	26, 27 y 28 de agosto
Alioth	29, 30 y 31 de agosto y 1 y 2 de septiembre
Zosma	2, 3 y 4 de septiembre
Chort	5 y 6 de septiembre
Mizar	6, 7, 8 y 9 de septiembre
Denebola	10, 11, 12, 13, 14 y 15 de septiembre
Copula	16, 17 y 18 de septiembre
Labrum	18 y 19 de septiembre
Benetnash	18 y 19 de septiembre
Zavijava	18, 19 y 20 de septiembre
Markeb	20, 21, 22, 23, 24 y 25 de septiembre
Zaniah	26, 27, 28, 29 y 30 de septiembre
Vindemiatrix	1, 2 y 3 de octubre
Porrima	1, 2, 3 y 4 de octubre
Algorab	5, 6 y 7 de octubre
Theta Virginis	8 y 9 de octubre
Seginus	9, 10, 11 y 12 octubre
Heze	12 y 13 de octubre
Foramen	14, 15 y 16 de octubre
Spica	16 y 17 de octubre
Arcturus	17 y 18 de octubre
Izar	19 y 20 de octubre
Ascellus	21, 22 y 23 de octubre

Syrma	24, 25, 26 y 27 de octubre
Princeps	25, 26 y 27 de octubre
Khambalia	28, 29, 30 y 31 de octubre
Mu Virginis	1 de noviembre
Acrux	2, 3 y 4 de noviembre
Alphecca	4, 5 y 6 de noviembre
Kiffa Australis	6, 7, 8, 9 y 10 de noviembre
Kiffa Borealis	9, 10, 11 y 12 de noviembre
Zubenelakrab	13 de noviembre
Unukalhai	13, 14 y 15 de noviembre
Agena	14, 15, 16, 17, 18 y 19 de noviembre
Rigil Kentaurus	19, 20, 21 y 22 de noviembre
Korneforos	23, 24 y 25 de noviembre
Yed Prior	23, 24 y 25 de noviembre
Dschubba	24 y 25 de noviembre
Acrab	24, 25, 26 y 27 de noviembre
Pi y Rho Scorpii	26 y 27 de noviembre
Han	28, 29 y 30 de noviembre y 1 de diciembre
Sigma Scorpii	29 y 30 de noviembre
Antares	1 y 2 de diciembre
Rastaban	3 y 4 de diciembre
Alniat	4 y 5 de diciembre
Ras Algethi	6, 7 y 8 de diciembre
Sabik	8, 9, 10 y 11 de diciembre
Rasalhague	12, 13, 14 y 15 de diciembre
Lesath	15 y 16 de diciembre
Shaula	16 y 17 de diciembre
Aculeos	17 y 18 de diciembre
Eltanín	18, 19 y 20 de diciembre
Acumen	19 y 20 de diciembre
Sinistra	20, 21 y 22 de diciembre
Spiculum	20, 21, 22 y 23 de diciembre
Al Nasl	22 y 23 de diciembre
Polis	24 y 25 de diciembre
Kaus Meridionales	26 y 27 de diciembre
Kaus Borealis	27 y 28 de diciembre
Facies	29 y 30 de diciembre
Fi Sagittarii	30 y 31 de diciembre

Índice de gráficos
de las constelaciones

La *Enciclopedia Mago Félix de los sueños* es sin duda la mejor y más acreditada puerta de entrada a un mundo maravilloso y apasionante al que todos podemos acceder. Regido por sus propias leyes, el universo de lo onírico subyace e impregna la realidad cotidiana. La correcta interpretación de los sueños es un método inmejorable para conocernos y comprendernos, así como para hacernos con las riendas de nuestras vidas.

A través de los sueños, el inconsciente nos guía y nos inunda de mensajes que normalmente no comprendemos. Este libro, un verdadero clásico, nos enseña a hacerlo. Apoyándose tanto en la ancestral tradición mágica como en la psicología moderna, el Mago Félix nos brinda un instrumento valiosísimo con el que podremos comprender nuestros sueños e interpretar lo que nos quieren decir.